# 최소 국어

KWON LAB

# 이 책의 차례

## 제1부 문법

**제0장** 문법 필수 개념 — 006
**제1장** 음운론 — 010
**제2장** 형태론 — 018
**제3장** 문장론 — 035
**제4장** 의미론 — 047
**제5장** 표준 발음법 — 050
**제6장** 고전 문법 — 056
**제7장** 언어의 본질 — 063

## 제2부 문학

**제1장** 시가 문학 — 072
**제2장** 서사 문학 — 130
**제3장** 문학 이론 — 146

## 제3부 독해

**제1장** 내용일치와 유기성 ⋯⋯⋯⋯⋯⋯⋯⋯⋯⋯⋯⋯⋯⋯⋯⋯ 152

**제2장** 제목 및 주제 찾기 ⋯⋯⋯⋯⋯⋯⋯⋯⋯⋯⋯⋯⋯⋯⋯⋯ 162

**제3장** 범위·사례형 문제 ⋯⋯⋯⋯⋯⋯⋯⋯⋯⋯⋯⋯⋯⋯⋯⋯ 169

**제4장** 접속어 찾기 ⋯⋯⋯⋯⋯⋯⋯⋯⋯⋯⋯⋯⋯⋯⋯⋯⋯⋯ 173

**제5장** 빈칸 추론 ⋯⋯⋯⋯⋯⋯⋯⋯⋯⋯⋯⋯⋯⋯⋯⋯⋯⋯⋯ 176

**제6장** 순서 맞추기 ⋯⋯⋯⋯⋯⋯⋯⋯⋯⋯⋯⋯⋯⋯⋯⋯⋯⋯ 182

**제7장** 논리적 오류 ⋯⋯⋯⋯⋯⋯⋯⋯⋯⋯⋯⋯⋯⋯⋯⋯⋯⋯ 188

**제8장** 설명 방식 ⋯⋯⋯⋯⋯⋯⋯⋯⋯⋯⋯⋯⋯⋯⋯⋯⋯⋯⋯ 194

**제9장** 화법·작문 ⋯⋯⋯⋯⋯⋯⋯⋯⋯⋯⋯⋯⋯⋯⋯⋯⋯⋯⋯ 200

**최소국어**

권규호공무원국어

# 제1부

# 문법

제0장  문법 필수 개념
제1장  음운론
제2장  형태론
제3장  문장론
제4장  의미론
제5장  표준 발음법
제6장  고전 문법
제7장  언어의 본질

# 제0장 • 문법 필수 개념

※ 꾸밈의 의미: 한정해 준다 or 구체적으로 설명한다.
**예)**
| 새 사람 | 멋진 사람 | 모든 사람 |
|---|---|---|
| 관형사 | 형용사 | 관형사 |
| 빠르게 간다 | 빨리 간다 | 천천히 간다 |
| 형용사 | 부사 | 부사 |

※ '-이, -히'가 결합하면 용언×

| | -고 | -아서/-어서 | -이 | -히 |
|---|---|---|---|---|
| 막다 | 막고 | 막아서 | × | × |
| 먹다 | 먹고 | 먹어서 | 먹이 | × |
| 보다 | 보고 | 보아서 | × | × |
| 기다 | 기고 | 기어서 | × | × |
| 같다 | 같고 | 같아서 | 같이 (조사 or 부사) | × |
| 빠르다 | 빠르고 | 빨라서 | 빨리 | × |
| 천천 | × | × | × | 천천히 |

## 1 품사와 문장 성분

### 1. 품사 vs 문장 성분

| | 품사 | 문장 성분 |
|---|---|---|
| 정의 | 단어의 갈래 | 어절의 갈래 |
| 찾는 방법 | 어절에다 조사까지 나눔 | 어절로 나눔 |
| 종류의 개수 | 5언(체언, 용언, 수식언, 관계언, 독립언) 9사(명사, 대명사, 수사, 동사, 형용사, 관형사, 부사, 조사, 감탄사) | 7어(주어, 서술어, 목적어, 보어, 관형어, 부사어, 독립어) |

① 세종대왕께서 / 한글을 / 창제하셨다.
　　주어　　　　목적어　　서술어

② 세종대왕 / 께서 / 한글 / 을 / 창제하셨다.
　명사(체언) 조사(관계언) 명사(체언) 조사(관계언) 동사(용언)

품사는 단어의 갈래로, 어절에다가 조사까지 나누어야 구별할 수 있고, 문장 성분은 어절의 갈래로, 어절 단위로 나누어야 구별할 수 있다. 따라서 ①처럼 어절 단위로 쪼갠 경우에는 문장 성분을 판별할 수 있고, ②처럼 어절에다 조사까지 쪼개면 품사를 판별할 수 있다. 간혹 '세종대왕께서'를 명사라고 구별하는 경우가 있는데, 이는 잘못된 것이다.

▶ 어절 단위로 구별한 후 품사가 무엇인지 말하지 말자. 품사 단위로 말하고 싶으면 반드시 어절에다가 조사까지 쪼갠 다음에 말해야 한다.

### 2. 품사 구별하기

| 기능 | 의미 | 정의 | 예시 |
|---|---|---|---|
| 체언: 활용×, 조사와 결합 가능 | 명사 | 사물의 이름 | 대한민국, 책상 |
| | 대명사 | 명사를 대신하는 말→영어의 인칭대명사와 대응됨 | 나, 너, 그녀, 이것 |
| | 수사 | 숫자나 순서의 이름 | 하나, 둘, 첫째, 둘째 |
| 용언: 활용 =어간/어미 =기본형 | 동사 | 움직임이나 변화를 나타내는 말 (현재형 어미 결합 가능) | 가다, 뛰다, 서다 |
| | 형용사 | 성질이나 상태를 나타내는 말 (현재형 어미 결합 불가능) | 기쁘다, 슬프다, 빠르다 |
| 수식언 (꾸밈O, 활용×) | 관형사 | 체언을 꾸며주는 말 | 새 옷, 헌 옷, 옛 사람 |
| | 부사 | 체언 외를 꾸며주는 말 | 더 많다, 아주 맵다 |
| 관계언 | 조사 | 앞 말의 문법적 관계를 표시하거나 뜻을 더해주는 말 | 학생이다→서술격 조사 우리의 가방→관형격 조사 은/는, 도, 만, 요→보조사 |
| 독립언 | 감탄사 | 놀람, 느낌, 부름, 응답 따위를 나타내는 말 | 아, 오, 네, 아싸… |

(1) **체언**: 활용하지 않으며 조사와 결합 가능한 단어들이다. 이에는 명사, 대명사, 수사가 있다.

(2) **용언**: 용언은 활용하는 단어이다. 활용한다는 것은 '먹다, 먹고, 먹니, 먹어라'처럼 문장에서 형태가 바뀔 수 있다는 것이다. 이렇게 활용하면 반드시 어간(=변하지 않는 부분)과 어미(=변하는 부분)로 구분된다. 어떤 용언이든 어간만 또는 어미만 단독으로 존재할 수 없다. 그리고 활용하는 단어는 '-다' 형태로 끝나는 기본형을 가진다.

| 기본형 | 연결 '-고' | 의문 '-니' | 명령 '-어라' |
|---|---|---|---|
| 먹 다 | 먹고 | 먹니 | 먹어라 |
| 싸우 다 | 싸우고 | 싸우니 | 싸워라 |

- 어간 = 자음으로 시작하는 어미와 결합했을 때 변화하지 않는 부분
  - 예 아름답다 – 아름답고, 아름답니, 아름다운 (것)   ∴ 어간은 아름답 –
    짓다 – 짓고, 짓니, 지어, 지은 (것)    ∴ 어간은 짓 –

▶ 용언 = 활용하는 것 = 문장 속에서 형태 변화 = '어간/어미'로 구분 가능 = 기본형이 있음.

- 동사 – 형용사 구별하기: '판별하다 / 슬퍼지다 / 비슷하다'

| 먹다 | 과거 | 먹었다 |
|---|---|---|
| | 현재 | 먹는다 |
| | 미래 | 먹겠다 |

| 가다 | 과거 | 갔다 |
|---|---|---|
| | 현재 | 간다 |
| | 미래 | 가겠다 |

동사는 현재형 어미 '– ㄴ/는 –'이 결합할 수 있고, 형용사는 그럴 수 없다. '판별하다'는 '판별한다'가 가능하므로 동사, '슬퍼지다'는 '슬퍼진다'가 가능하므로 동사, '비슷하다'는 '비슷한다'가 불가능하므로 형용사이다.

▶ 동사는 현재형 어미 '– ㄴ/는 –'이 결합할 수 있고, 형용사는 그럴 수 없다.

※ 용언 우선의 법칙:
① 먹기가 어렵다.    ② 빠른 비행기    ③ 새 삶(cf. 새롭다)    ④ 먹이가 맛있다.
   동사              형용사             관형사                  명사

조사와 결합하거나 꾸밈의 기능을 가지고 있어도 활용하면 용언이다. 활용하는지 여부를 알고 싶으면 기본형을 조사해야 한다. ①의 '먹기'는 '먹다'라는 기본형이 있으므로 용언이며 '먹는다'처럼 현재형 어미가 결합 가능하므로 동사이다. 조사가 결합한다고 체언 중 하나인 명사라고 착각해서는 안 된다. ②의 '빠른' 역시 '빠르다'라는 기본형이 있으므로 용언이며 '빠른다'는 불가능하므로 형용사이다. 꾸밈의 기능이 있다고 관형사라고 착각해서는 안 된다. 반면 ③의 '새'는 '– 다'로 끝나는 기본형이 없으므로 용언이 될 수 없다. ④의 '먹이'는 '먹다'라는 기본형이 있는 것처럼 보이지만 사실은 그렇지 않다. '– 이'나 '– 히'로 끝나는 단어들은 결코 기본형을 가질 수 없다. 즉 용언이 될 수 없다. 따라서 '먹이'는 활용할 수 없으나 조사와 결합하므로 명사라고 해야 한다.

▶ 조사와 결합하거나 꾸밈의 기능을 가지고 있어도 활용하면 용언이다. 활용하는지 여부를 알고 싶으면 기본형을 조사해야 한다.
▶ 단 '– 이'나 '– 히'가 결합하면 절대 용언이 될 수 없다.

(3) 수식언: 수식언은 활용하지 않으나 꾸밈의 기능을 지닌 단어이다. 꾸미는 단어인 수식언은 꾸며주는 단어인 피수식언을 구체적으로 설명해 주고, 한정(= 범위 지정)해 준다. 이런 수식언에는 체언을 수식하는 관형사와 체언 외를 수식해 주는 부사가 있다.
① 나는 밥을 안 먹었다.
              부사

①에서 '안'은 '아니다'가 활용한 것이 아니다. 따라서 용언이 아닌 수식언이며 체언 외를 수식해 주므로 부사이다.

▶ '안 먹는다'에서 '안'은 기본형이 존재하지 않는 부사이다.

(4) 관계언: 관계언은 다른 말과의 문법적 관계(= 문장 성분)를 나타내거나 특정한 뜻을 더해 주는 단어이다. 관계언에는 조사가 있고, 조사는 다시 격조사와 접속 조사, 보조사로 구분할 수 있다.

(5) 독립언: 독립언은 다른 단어와 어울리지 않고 독립적으로 쓰이는 단어를 뜻한다.
※ '먹을 것 좀 다오'에서 '것'의 품사는?
명사(∵ '먹을 것(을) 다오'처럼 '것'은 조사와 결합할 수 있고, 활용하지 않으므로 체언이며 명사이다.)

## 완전학습

품사를 구별할 수 있어야 한다.

### 001  2014 서울시 9급
다음 예문의 밑줄 친 단어 가운데 품사가 다른 하나는?

─ 보기 ─
봄·여름·가을·겨울, 두루 사시(四時)를 두고 자연이 우리에게 내리는 혜택에는 제한이 없다. 그러나 그중에도 그 혜택을 가장 풍성히 아낌없이 내리는 시절은 봄과 여름이요, 중에도 그 혜택이 가장 아름답게 나타나는 것은 봄, 봄 가운데도 만산(萬山)에 녹엽(綠葉)이 우거진 이때일 것이다.
 – 이양하, <신록예찬> 중에서

① 두루   ② 가장   ③ 풍성히
④ 아낌없이   ⑤ 아름답게

### 002  2018 소방직 9급
밑줄 친 부분의 품사가 다른 하나는?
① 새 신발을 신으니 발이 아프다.
② 과연 우리는 앞으로 어떻게 될까?
③ 그는 해외로 출장을 자주 다닌다.
④ 철수는 이번 시험을 위해 정말 열심히 공부했다.

### 정답과 해설
**001** ⑤ 부사와 부사형 전성 어미가 붙은 용언을 구별하는 문제이다. '아름답게'의 '-게'는 부사형 전성 어미이므로 '아름답게'는 형용사 '아름답다'의 활용형이다.
**002** ① '새'는 '신발'을 수식하는 관형사이다. 다른 선택지의 밑줄 친 부분은 모두 부사이다.

## 완전학습

문장 성분을 정확히 파악할 수 있어야 한다.

**003** 2018 해양직 2차
다음 문장에서 확인할 수 없는 문장 성분은?

> 영미는 커서 결국 해양경찰이 되었다.

① 주어
② 보어
③ 관형어
④ 서술어

**004** 2013 서울시 기술직
다음 밑줄 친 단어 중 문장 성분이 다른 하나는?

① 동네에 있는 것은 <u>산이</u> 아니다.
② 바위가 많은 <u>산이</u> 동네에 있다.
③ 철수가 사는 고장에는 <u>산도</u> 많이 있구나.
④ <u>산조차</u> 아름답다니, 이 동네는 정말 좋다.
⑤ <u>산이</u> 있는 곳에 살고 싶다.

### 연습문제

1. 다음 문장에서 품사를 구분해 보자.
   ① 나만 숙제를 안 했구나.
   　나 / 만 / 숙제 / 를 / 안 / 했구나
   　대명사 / 조사 / 명사 / 조사 / 부사 / 동사
   ② 그가 철수에게 작은 컵을 주었다.
   　그 / 가 / 철수 / 에게 / 작은 / 컵 / 을 / 주었다
   　대명사 / 조사 / 명사 / 조사 / 형용사 / 명사 / 조사 / 동사
   ③ 모르는 사람이 찾아와서 문을 두드렸다.
   　모르는 / 사람 / 이 / 찾아와서 / 문 / 을 / 두드렸다
   　동사 / 명사 / 조사 / 동사 / 명사 / 조사 / 동사

2. 다음 단어들의 품사를 적어 보자.
   → 불, 어서, 그대, 아이고, 숙제, 웃으니까, 제발, 유일한, 많다, 외딴
   　명사, 부사, 대명사, 감탄사, 명사, 동사, 부사, 형용사, 형용사, 관형사

### 3. 문장 성분

| 종류 | | 의미 | 예시 |
|---|---|---|---|
| 주성분 | 주어 | 문장의 주체를 나타내는 문장 성분 | 달이 뜬다.<br>아리가 밥을 먹었다. |
| | 서술어 | 주어의 동작, 성질, 상태 등을 서술하는 기능을 하는 문장 성분 | 철수가 집에 간다.<br>학생이 글을 읽는다. |
| | 목적어 | 서술어의 대상이 되는 문장 성분: '을/를'이 있거나 '을/를'과 결합할 수 있는 것<br>체언+목적격 조사(을/를), 체언+보조사 | 나는 과일을 좋아한다.<br>철수는 하나를 배우면 둘은 안다. |
| | 보어 | '되다, 아니다' 앞에 '이/가'가 결합한 것 | 철수는 학생이 아니다. (O)<br>물이 얼음이 되었다. (O)<br>물이 얼음으로 되었다. (X) |
| 부속성분 | 관형어 | 체언을 수식하는 문장 성분<br>활용 여부를 따지지 않음 | 저 아이를 관찰해라.<br>대한민국의 심장은 서울이다.<br>붉은 노을이 보인다. |
| | 부사어 | 용언, 관형어, 부사어, 문장 전체 등을 수식하는 문장 성분<br>활용 여부를 따지지 않음 | 로켓이 매우 빨리 날아간다.<br>장미가 곱게 피었다. |
| 독립성분 | 독립어 | 문장의 어느 성분과도 직접적인 관련이 없는 문장 성분 | 아! 단풍이 곱게 물들었구나. |

(1) 주어: 문장의 주체를 나타내는 문장 성분이다. 서술어가 서술하려는 대상이다.

(2) 서술어: 주어의 동작이나 성질, 상태를 서술하는 문장 성분이다. 문장의 핵이면서 문장 맨 끝에 오는 문장 성분이다.

(3) 목적어: 서술어의 대상이 되는 문장 성분으로 '을/를'이 있거나 '을/를'과 결합할 수 있는 문장 성분이다.

(4) 보어: '되다, 아니다' 앞에 '이/가'가 결합한 문장 성분이다. '이/가' 대신 '으로'가 결합되어 있으면 보어가 아닌 부사어가 된다.

(5) 관형어: 체언을 꾸며주는 문장 성분이다. 관형사와 달리 활용하는 단어가 오더라도 체언을 꾸며주면 무조건 관형어가 된다.

(6) 부사어: 체언 외를 꾸며주는 문장 성분이다. 부사와 달리 활용하는 단어가 오더라도 체언 외를 꾸며주면 무조건 부사어가 된다. 부사어를 찾는 게 상당히 어려우므로 문장에서 어떤 문장 성분인지 모르겠는데, 서술어와 연결된다면 부사어라고 생각하면 된다.

(7) 독립어: 문장에서 독립적으로 존재하는 문장 성분이다.

> ▶ 문장 성분을 따질 때에는 활용하는지 여부를 신경쓰지 않는다.
> ▶ '되다, 아니다' 앞에 '이/가'가 결합하면 보어, '(으)로'가 결합하면 부사어이다.
> ▶ 무엇인지 잘 모르는 문장 성분은 대부분 부사어인 경우이다.

### 정답과 해설

**003** ③ 해당 문장은 '영미는(주어) 커서(부사어) 결국(부사어) 해양경찰이(보어) 되었다(서술어).'의 구조로 되어 있다. 따라서 다음 문장에서 확인할 수 없는 문장 성분은 관형어이다.

**004** ① 주어와 보어를 구별하는 문제이다. 보통 주어는 체언이나 명사구, 명사절에 주격 조사인 '이/가, 서, 께서, 에서' 등이 결합한 형태를 취한다. 하지만 주격 조사 대신 보조사가 결합할 수 있으므로 이런 경우에도 본래 문장 성분을 찾아낼 수 있어야 한다.
다른 선택지는 모두 주어이나, '동네에 있는 것은 산이 아니다.'의 '산이'는 보격 조사 '이'가 사용된 보어이다. 서술어 '되다, 아니다'가 사용된 문장에는 보격 조사 '이/가'가 사용된 보어가 존재하므로 주의해야 한다.

## ✓ 연습문제

1. 각 문장에서 문장 성분을 구별해 보자.
   ① 영수가 자신의 새 논문을 철수에게 소개했다.
   　주어/관형어/관형어/목적어/부사어/서술어
   ② 아이들이 나를 자꾸 귀찮게 따라다닌다.
   　주어/목적어/부사어/부사어/서술어
   ③ 아버지는 그 아이를 수양아들로 삼으셨다.
   　주어/관형어/목적어/부사어/서술어

2. 각 어절이 어떤 문장 성분으로 쓰이고 있는지 파악해 보자.
   ① 책에서　　부사어　　　　② 한글을　　목적어
   ③ 선생님께서　주어　　　　④ 슬픈　　　관형어
   ⑤ 받았다　　서술어　　　　⑥ 총으로　　부사어
   ⑦ 요구하는　관형어　　　　⑧ 행복하게　부사어
   ⑨ 슬기로운　관형어　　　　⑩ 충격적이다　서술어

## 🟦 완전학습

형태소를 이해하자.

**005**　　　　　　　2018 소방직 9급
다음 문장을 형태소 단위로 나눌 때, 적절한 것은?

> 하늘이 맑고 푸르다.

① 하늘이/ 맑고/ 푸르다
② 하늘/ 이/ 맑고/ 푸르다
③ 하늘/ 이/ 맑고/ 푸르/ 다
④ 하늘/ 이/ 맑/ 고/ 푸르/ 다

## 2 형태소

### 1. 형태소

형태소란 **뜻**을 가지고 있는 최소 단위이다.
　예) 나는　　풋나물을　　먹었다.

### 2. 실질 형태소와 형식 형태소

(1) **실질** 형태소: 어휘적 의미를 지닌 형태소('**어간**'은 반드시 실질 형태소이다!)
　　　　　　　= **단독** 또는 **조사**와 결합하여 어절 구성○. 단 어간은 무조건 실질.
　예) 나, 나물, 먹-

(2) **형식** 형태소: 문법적 의미를 지닌 형태소
　　　　　　　= **단독** 또는 **조사**와 결합하여 **어절** 구성×.
　예) 는, 풋-, 을, -었-, -다

> ▶ 실질 형태소는 단독 또는 조사와 결합하여 **어절**을 구성할 수 있지만 형식 형태소는 그렇지 못하다.
> 단 **어간**은 **어절**을 구성할 수 없지만 예외적으로 실질 형태소로 인정한다.

## ✓ 연습문제

1. 실질과 형식 형태소로 구별해 보시오.

| 하늘 | 풋나물 | 개고기 | 보다 | 슬기롭다 | 개살구 |
|---|---|---|---|---|---|
| 실질 | 형/실 | 실/실 | 실/형 | 실/형/형 | 형/실 |

※ 형태소 분석 시 주의사항: 알고 있던 단어가 있으면 무조건 쪼갠다. 쪼갠 후의 형태소가 이상해 보이더라도 쪼갤 수 있으면 무조건 쪼갠다. 따라서 '잎사귀'는 **2**개의 형태소로 쪼갤 수 있다.

## 정답과 해설

**005** ④ '형태소'는 뜻을 가지고 있는 최소 단위이다. 따라서 해당 문장은 '하늘/이/맑/고/푸르/다'로 나눌 수 있다. 형태소 단위로 나눌 때는 어간과 어미, 어근과 접사까지 나누어야 한다는 점을 주의해야 한다.

# 제1장 • 음운론

## 완전학습
최소 대립쌍을 구별할 수 있어야 한다!

**001** 2018 경찰직
음운은 의미를 변별해 주는 최소의 단위이다. 다음 중 음운의 유형으로 가장 적절하지 않은 것은?
① '태/테'에서의 모음
② '밤:/밤'에서의 장단
③ '가지/바지'에서의 어두 자음
④ '시름/주름'에서의 첫째 음절

## 완전학습
자음 표를 정확히 암기할 수 있어야 한다.

**002** 2013 지방직 9급
조음 기관이 좁혀진 사이로 공기가 마찰하여 나는 소리가 들어 있지 않은 것은?
① 개나리    ② 하얗다
③ 고사리    ④ 싸우다

**003** 2014 경찰직 1차
다음 중 'ㄷ', 'ㄸ', 'ㅌ' 소리의 공통 자질로만 묶어 놓은 것은?

| ㉠ 공기가 코를 통과하면서 나오는 소리 |
| ㉡ 조음 기관의 어떤 부분이 장애를 받아 나는 소리 |
| ㉢ 혀의 앞부분이 딱딱한 입천장에 닿아서 나는 소리 |
| ㉣ 소리를 낼 때 공기가 빠져나가면서 마찰이 나는 소리 |
| ㉤ 폐에서 나오는 공기를 일단 막았다가 그 막은 자리를 터뜨리면서 내는 소리 |

① ㉠, ㉣    ② ㉡, ㉤
③ ㉢, ㉣    ④ ㉣, ㉤

## 정답과 해설

**001** ④ 음운의 종류에 대해 묻는 문제이다. '시름/주름'의 첫째 음절은 '시'와 '주'이다. 음절 단위는 음운 단위보다 더 크기 때문에 음운의 유형으로 적절하지 않다. 음운의 유형으로는 분절 음운과 비분절 음운이 있다. 분절 음운은 글자로 표현할 수 있는 음운으로 자음과 모음이 이에 해당한다. 비분절 음운은 글자로 표현할 수 없는 음운으로 장단(길이), 고저(억양), 강약이 이에 해당한다.

**002** ① '조음 기관이 좁혀진 사이로 공기가 마찰하여 나는 소리'인 마찰음은 'ㅅ, ㅆ, ㅎ'이므로 실제 발음에서 마찰음이 포함되어 있지 않은 것은 '개나리'이다. 한편 '하얗다'의 경우에는 마찰음이 두 개 들어간 것이 아니다. 음운론은 실제 발음의 양상을 살피므로 '하얗다'의 발음인 [하야타]를 기준으로 하여 마찰음을 찾아야 한다. 따라서 '하얗다'에 사용된 마찰음은 'ㅎ'으로 1개이다.

**003** ② ㉡은 자음에 대한 설명이다. 자음은 목, 입, 혀 등의 발음 기관에 의해 구강 통로가 좁아지거나 완전히 막히는 따위의 장애를 받으며 나는 소리이다. ㉤은 파열음(=ㅂ, ㅃ, ㅍ, ㄷ, ㄸ, ㅌ, ㄱ, ㄲ, ㅋ)에 대한 설명이다. 따라서 'ㄷ, ㄸ, ㅌ'에 대한 설명으로 적절한 것은 ㉡, ㉤이다.

---

## 1 음운과 음성

### 1. 음운의 개념과 종류

(1) 음성과 음운
  ① 음성: 의사소통을 위해 사람의 발음 기관을 통하여 나오는 물리적 말소리
  ② 음운: 말의 뜻을 구별하는 소리의 가장 작은 단위, 심리적 · 추상적 소리

(2) 음운의 종류
  ① 분절 음운(음소): 분절성이 있는 음운
    ㉠ 자음: 조음 시 발음 기관의 장애를 받으면서 나는 소리
    ㉡ 모음: 조음 시 발음 기관의 장애를 받지 않고 나는 소리
  ② 비분절 음운(운소): 분절성이 없는 음운
    ㉠ 장단: 소리의 길이, 모음에서만 나타난다.
      예 말[말:]-참말[참말]
    ㉡ 억양: 말소리의 높낮이
  ※ 최소 대립쌍: 하나의 음운만 다르고 나머지는 같은 단어의 쌍. 언어의 음운 목록(=자음과 모음)을 파악할 수 있게 하는 것.
    예 곰-공(○)    자다-주다(○)    곰-강(×)

## 2 국어의 음운 체계

### 1. 자음

발음 기관의 장애를 받으면서 나는 소리

| 조음 방법 | | 조음 위치 | 입술소리 (양순음) | 잇몸소리 (치조음, 설단음) | 센입천장소리 (경구개음) | 여린입천장소리 (연구개음) | 목청소리 (후음) |
|---|---|---|---|---|---|---|---|
| 안울림 소리 (무성음) | 파열음 | 예사소리 | ㅂ | ㄷ | | ㄱ | |
| | | 된소리 | ㅃ | ㄸ | | ㄲ | |
| | | 거센소리 | ㅍ | ㅌ | | ㅋ | |
| | 파찰음 | 예사소리 | | | ㅈ | | |
| | | 된소리 | | | ㅉ | | |
| | | 거센소리 | | | ㅊ | | |
| | 마찰음 | 예사소리 | | ㅅ | | | ㅎ |
| | | 된소리 | | ㅆ | | | |
| 울림소리 (유성음) | 비음 | | ㅁ | ㄴ | | ㅇ | |
| | 유음 | | | ㄹ | | | |

**TIP** "바닷조개흐 / 마누라야"

(1) **울림소리**: 성대의 진동을 동반한 소리
   ① 비음(=ㄴ, ㅁ, ㅇ): 코로 기류를 내보내면서 나는 소리
   ② 유음(=ㄹ): 혀의 양옆으로 기류가 통과되는 소리

(2) **안울림소리**: 성대의 진동을 동반하지 않은 소리
   ① 파열음(=ㅂ, ㅃ, ㅍ, ㄷ, ㄸ, ㅌ, ㄱ, ㄲ, ㅋ): 기류를 일단 막았다가 터뜨리며 내는 소리
   ② 파찰음(=ㅈ, ㅉ, ㅊ): 파열음과 마찰음의 성격을 함께 갖는 소리
   ③ 마찰음(=ㅅ, ㅆ, ㅎ): 좁은 통로를 지나면서 마찰하는 소리

(3) **삼지적 상관속**: 예사소리(=평음) – 된소리(=경음) – 거센소리(=격음)
   → 한국어가 지닌 특질

## 2. 모음

성대의 진동을 동반한 장애 없이 나는 소리

(1) **단모음**: 혀나 입술이 고정되어 한 번에 발음되는 모음.

| 혀의 위치<br>입술 모양<br>혀의 높이 | 전설 모음 | | 후설 모음 | |
|---|---|---|---|---|
| | 평순 | 원순 | 평순 | 원순 |
| 고모음 | ㅣ | ㅟ | ㅡ | ㅜ |
| 중모음 | ㅔ | ㅚ | ㅓ | ㅗ |
| 저모음 | ㅐ | | ㅏ | |

**TIP** 'ㅡ, ㅓ, ㅏ'

* 현재 'ㅔ'와 'ㅐ'를 잘 구별하지 못하는데, 그 이유는 혀의 높낮이와 관련된 자질을 인식하는 게 어렵기 때문이다.

(2) **이중 모음**: 혀나 입술이 움직이면서 발음되는 모음. 총 11개.
반모음(=반자음)과 단모음이 결합된 것

| | ㅣ | ㅟ | ㅔ | ㅚ | ㅐ | ㅡ | ㅜ | ㅓ | ㅗ | ㅏ |
|---|---|---|---|---|---|---|---|---|---|---|
| j/y계 | | | ㅖ | | ㅒ | ㅢ | ㅠ | ㅕ | ㅛ | ㅑ |
| w계 | | | ㅞ | | ㅙ | | | ㅝ | | ㅘ |

※ 모음 조화 양상에 따른 모음 분류

| 양성 모음 | ㅏ, ㅗ, · |
|---|---|
| 중성 모음 | ㅣ |
| 음성 모음 | ㅓ, ㅜ, ㅡ |

---

### 완전학습
단모음 표를 정확히 파악할 수 있어야 한다.

**004**    2016 기상직 9급
모음을 발음할 때 혀의 위치가 가장 높은 것으로만 묶은 것은?
① 위, 수, 그
② 죄, 너, 도
③ 개, 라, 네
④ 이, 베, 가

**005**    2014 경찰직 2차
다음의 설명을 고려할 때, 제시된 예들 중에서 이중 모음이 아닌 것은?

> 모음은 소리를 내는 도중에 입술이나 혀가 고정되어 움직이지 않아 소리의 처음과 끝이 동일한 단모음과 입술이나 혀가 움직여서 소리의 처음과 끝이 다른 이중 모음으로 나누어진다.

① ㅕ [여]
② ㅢ [의]
③ ㅘ [와]
④ ㅔ [에]

**006**    2017 국가직 9급
설명이 옳지 않은 것은?
① 'ㄴ, ㅁ, ㅇ'은 유음이다.
② 'ㅅ, ㅆ, ㅎ'은 마찰음이다.
③ 'ㅡ, ㅓ, ㅏ'는 후설 모음이다.
④ 'ㅟ, ㅚ, ㅗ, ㅜ'는 원순 모음이다.

---

### 정답과 해설

**004** ① 혀의 위치가 가장 높은 고모음으로 구성된 것은 'ㅟ, ㅜ, ㅡ'로 구성된 '위, 수, 그'이다.
**오답피하기** ② 'ㅚ, ㅓ, ㅗ'는 중모음이다. ③ 'ㅐ, ㅏ'는 저모음이며, 'ㅔ'는 중모음이다. ④ 'ㅣ'는 고모음이며, 'ㅔ'는 중모음이고, 'ㅏ'는 저모음이다.

**005** ④ 단모음과 이중 모음을 구별하는 문제이다. 단모음은 'ㅏ, ㅐ, ㅓ, ㅔ, ㅗ, ㅚ, ㅜ, ㅟ, ㅡ, ㅣ'로 10개이다. 따라서 ④번은 단모음이다.

**006** ① 자음과 모음의 체계를 확인하는 문제이다. 'ㄴ, ㅁ, ㅇ'은 울림소리 중에서도 코로 기류를 내보내면서 나는 소리인 비음에 속한다. 유음은 혀의 양옆으로 기류를 내보내면서 나는 소리를 뜻하며 'ㄹ'이 이에 속한다.

## 완전학습

음운의 개수를 정확히 셀 수 있어야 한다.

**007** 2015 경찰직 2차

〈보기〉의 문장에서 밑줄 친 부분에 쓰인 우리말 음운은 몇 개인가?

보기
총알이 창을 <u>깨고 날아갔다</u>.

① 13개 ② 14개
③ 15개 ④ 16개

**008** 2018 3월 서울시 7급

〈보기〉 중 음운변동으로 음운의 수에 변화가 있는 단어를 모두 고른 것은?

보기
ㄱ. 발전　　ㄴ. 국화
ㄷ. 솔잎　　ㄹ. 독립

① ㄱ, ㄴ ② ㄱ, ㄹ
③ ㄴ, ㄷ ④ ㄷ, ㄹ

## 3 음절과 제약

### 1. 음절
발음의 최소 단위

### 2. 음절의 구조
초성, 중성, 종성으로 구성

### 3. 음절의 제약

(1) **초성**: 자음 1개까지. 단 'ㅇ' 제외.
   예) 끝[끋], 앙[앙]

(2) **중성**: 모음, 음절의 핵.
   예) 워[워], 원[원], 권[권]

(3) **종성**: 자음 최대 1개까지.
   예) 닭[닥], 삶[삼]
   'ㄱ, ㄴ, ㄷ, ㄹ, ㅁ, ㅂ, ㅇ'만, 그 외는 'ㅂ, ㄷ, ㄱ' 중 하나로 바뀜
   예) 박[박], 반[반], 싣다[싣따], 일[일], 밤[밤], 밥[밥], 맛[맏], 방[방], 맞다[맏따], 숯[숟], 부엌[부억], 맡다[맏따], 갚다[갑따], 히읗[히은], 밖[박], 있다[읻따]

### 4. 음운, 음절의 개수 세기

(1) 음운의 개수 세기
   ① 초성의 'ㅇ'은 zero 음가
      예) 앙 → 2개 음운
   ② 된소리는 1개
      예) 꿈 → 3개 음운
   ③ 이중 모음은 1개
      예) 원 → 2개 음운
   ④ **축약**이나 **탈락**에 주의
      예) 닭 → 3개 음운
   ⑤ 첨가에 주의
      예) 솔잎 → 6개 음운

(2) 음절의 개수: 모음의 개수
   예) 미나리[미나리] → 3개, 솔잎[솔립] → 2개, 급행열차[그팽녈차] → 4개

---

### 정답과 해설

**007** ① '깨고 날아갔다[깨고 나라갇따]'의 음운의 수는 'ㄲ,ㅐ,ㄱ,ㅗ,ㄴ,ㅏ,ㄹ,ㅏ,ㄱ,ㅏ,ㄷ,ㄸ,ㅏ'로 13개이다.

**008** ③ '국화'는 [구콰]로 발음된다. 음운의 수가 5개(ㄱ,ㅜ,ㄱ,ㅎ,ㅘ)에서 4개(ㄱ,ㅜ,ㅋ,ㅘ)로 바뀌었다. '솔잎'은 [솔립]으로 발음된다. 음운의 수가 5개(ㅅ,ㅗ,ㄹ,ㅣ,ㅍ)에서 6개(ㅅ,ㅗ,ㄹ,ㄹ,ㅣ,ㅂ)로 바뀌었다.
**오답피하기** ㄱ. '발전'은 [발쩐]으로 발음된다. 따라서 음운 변동이 일어나기 전후의 음운의 수가 6개로 동일하다.
ㄹ. '독립'은 [동닙]으로 발음된다. 따라서 음운 변동이 일어나기 전후의 음운의 수가 6개로 동일하다.

## 4 음운 변동

음운 변동이란 특정 환경에서 음운이 다른 음운으로 교체되거나, 탈락하거나, 새로운 음운이 추가되거나, 두 음운이 축약되는 현상을 뜻한다.

### 1. 음절 끝소리 현상

음절 끝에는 종성에 존재하는 두 가지 제약 조건 때문에 다음의 현상이 나타난다.

(1) **홑받침 규칙**: 음절 끝 자음은 [ㄱ, ㄴ, ㄷ, ㄹ, ㅁ, ㅂ, ㅇ] 등의 7개의 자음만 발음된다는 제약 조건 때문에 생기는 현상(=칠종성법)
그 외 자음이 올 경우 'ㄱ, ㄷ, ㅂ' 중 하나로 바꾼다.(즉 파열음 예사소리로 바뀜)

(2) **겹받침 규칙**: 종성부에 자음이 1개만 존재할 수 있으므로 겹받침이 올 경우 하나가 탈락하는 현상(=자음군 단순화)
일반적으로 뒤쪽 자음이 'ㅍ, ㄱ, ㅁ'일 때 외에는 앞의 것 발음
- 예) 값[갑], 몫[목], 삶[삼], 맑다[막따]
- 예) '읊다'의 경우: 읊다 → 읇다 → 읇따 → 읍따
  <u>홑받침   된소리되기   겹받침</u>

cf) '읊다'의 일반적인 음운 변동 순서
읊다 → 읖다 → 읍다 → 읍따
<u>겹받침   홑받침   된소리되기</u>

※ 음절 끝소리 규칙의 적용 조건
① 모음으로 시작하는 **형식** 형태소 앞에서는 음절 끝소리 규칙 적용×
② 모음으로 시작하는 **실질** 형태소 앞에서는 음절 끝소리 규칙 적용○
- 예) 옷+이→[오시], 닭+이→[달기], 겉+옷→[거돋]
(※연음은 자리를 이동한 것일 뿐 음운의 탈락이 일어난 것이 아니다!)

### 2. 된소리되기

(1) 된소리되기란?
된소리가 아닌 것이 된소리로 바뀌는 현상

(2) 된소리되기 조건
① 안울림소리가 연달아 나타났을 때
- 예) 작다[작따], 덮개[덥깨]

② 어간 말 자음 'ㄴ(ㄵ)' 또는 'ㅁ(ㄻ)' 뒤
- 예) 감다[감:따], 신지[신:찌], 얹지만[언찌만]

③ 어미 'ㄹ' 뒤
- 예) 할 게 없다[할께업따], 좋을지라도[조을찌라도]

④ 한자어 'ㄹ' 받침 뒤 'ㄷ, ㅅ, ㅈ'
- 예) 갈등(葛藤)[갈뜽]   몰살(沒殺)[몰쌀]   발각(發覺)[발깍]
예외) 몰지각(沒知覺)[몰지각] → 3음절 이상 한자어에서는 수의적!
※ 이상의 4가지에 속하지 않으면 사잇소리 현상 예) 손등[손뜽]

※ 한자어란?

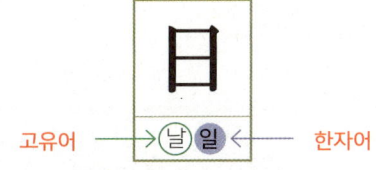

고유어 ← 날 일 → 한자어

---

### 완전학습
음절 끝소리 규칙과 연음의 차이점을 알고 있어야 한다.

**009** 자체 문제
다음 중 음절 끝소리 규칙이 적용된 것은?
① 묶이   ② 비옷
③ 않고   ④ 먹고

**010** 자체 문제
다음 중 음운 끝에서 교체 현상과 탈락 현상이 모두 나타나는 것은?
① 꽂힌   ② 읊다
③ 않다   ④ 닭이

### 완전학습
된소리되기의 조건을 구별할 수 있어야 한다.

**011** 2019 국가직 7급
㉠~㉣에 해당하는 예를 바르게 연결한 것은?

> 경음화는 장애음 중 평음이 일정한 환경에서 경음으로 바뀌는 현상이다. 한국어의 대표적인 경음화 유형은 다음과 같다.
> ㉠ 'ㄱ, ㄷ, ㅂ' 뒤에 연결되는 평음은 경음으로 발음된다.
> ㉡ 비음으로 끝나는 용언 어간에 연결되는 어미의 첫소리는 경음으로 발음된다.
> ㉢ 관형사형 어미 '-(으)ㄹ' 뒤에 연결되는 평음은 경음으로 발음된다.
> ㉣ 한자어에서 'ㄹ' 뒤에 연결되는 'ㄷ, ㅅ, ㅈ'은 경음으로 발음된다.

|   | ㉠ | ㉡ | ㉢ | ㉣ |
|---|---|---|---|---|
| ① | 잡고 | 담고 | 갈 곳 | 하늘소 |
| ② | 받고 | 앉더라 | 발전 | 물동이 |
| ③ | 놓습니다 | 삶더라 | 열 군데 | 절정 |
| ④ | 먹고 | 껴안더라 | 어찌할 바 | 결석 |

**012** 자체 문제
다음 중 경음화의 양상이 다른 하나는?
① 굵지만   ② 앉을수록
③ 품을 적에   ④ 얇을지라도

---

### 정답과 해설

**009** ② '비옷'은 음절 끝에 'ㄱ, ㄴ, ㄷ, ㄹ, ㅁ, ㅂ, ㅇ' 이외의 자음이 오면 7개의 자음 중 하나로 바꾸는 음절 끝소리 규칙이 적용되어 [비옫]으로 발음된다.

**010** ② '읊다'는 홑받침 규칙, 된소리되기, 겹받침 규칙이 적용되어 [읍따]로 발음된다. 따라서 교체 현상과 탈락 현상이 모두 나타난다.

**011** ④ ㉠ 먹고: 'ㄱ, ㄷ, ㅂ' 뒤에 연결되는 평음은 경음으로 발음되므로, [먹꼬]로 발음된다. ㉡ 껴안더라: 비음으로 끝나는 용언 어간에 연결되는 어미의 첫소리는 경음으로 발음되므로, [껴안떠라]로 발음된다. ㉢ 어찌할 바: 관형사형 어미 '-(으)ㄹ' 뒤에 연결되는 평음은 경음으로 발음되므로, [어찌할빠]로 발음된다. ㉣ 결석: 한자어에서 'ㄹ' 뒤에 연결되는 'ㄷ, ㅅ, ㅈ'은 경음으로 발음되므로, [결썩]으로 발음된다.

**012** ① '굵지만'은 비음으로 끝나는 용언 어간에 연결되는 어미의 첫소리는 경음으로 발음되므로, [굼찌만]으로 발음된다. 반면, '앉을수록', '품을 적에', '얇을지라도'는 관형사형 어미 '-(으)ㄹ'이나 '-(으)ㄹ'로 시작되는 어미 뒤에 연결되는 평음은 경음으로 발음되는 유형에 해당한다.

## 완전학습

1. 동화와 동화가 아닌 것을 구별할 수 있어야 한다.
2. 숨어 있는 음절 끝소리 현상을 찾을 수 있어야 한다.
3. 동화의 방향을 파악할 수 있어야 한다.

**013** 2013 소방직 9급
다음 중 밑줄 친 단어의 음운 규칙이 다른 하나는?
① 나는 라면의 국물을 다 먹었다.
② 종로로 갈까요, 영등포로 갈까요.
③ 줄넘기를 많이 하니 살이 빠졌다.
④ 빛나는 졸업장을 가슴에 안고 졸업을 했다.

**014** 2018 서울시 7급
동화의 방향이 다른 것은?
① 손난로   ② 불놀이
③ 찰나     ④ 강릉

**015** 2015 법원직 9급
〈보기〉를 참고했을 때, ㉠과 ㉡이 동시에 드러난 사례를 고르면?

―보기―
㉠음절 끝소리 규칙은 받침 위치에 있는 자음이 'ㄱ, ㄴ, ㄷ, ㄹ, ㅁ, ㅂ, ㅇ'의 7개 자음으로만 발음되는 현상이다. 밖[박], 부엌[부억], 낮[낟], 숲[숩]과 같은 경우를 예로 들 수 있다.
㉡비음화는 비음이 아닌 자음이 비음의 영향을 받아 비음 'ㄴ, ㅁ, ㅇ'으로 동화되는 현상이다. 닫는다[단는다], 접는다[점는다], 먹는다[멍는다]를 예로 들 수 있다.

① 입는다[임는다]   ② 돋는[돈는]
③ 낫다[낟따]       ④ 앞만[암만]

---

## 3. 동화 현상

두 음운이 조음 방법이나 조음 위치가 서로 닮게 되는 현상(=비음화, 유음화, 구개음화)

(1) 자음 동화
  ① 비음화: 비음이 아닌 것이 비음으로 교체되는 현상
    예) 국민[궁민]
        종로[종노]
    ※ 비음화와 음절 끝소리 규칙 중 음절 끝소리 규칙이 먼저 일어난다.
      예) 앞문 → [압문] → [암문]
  ② 유음화: 유음이 아닌 것(=ㄴ)이 유음(=ㄹ)으로 교체되는 현상
    예) 찰나[찰라]
        앓는[알른]

(2) 구개음화: 구개음이 아닌 것(=ㄷ, ㅌ)이 조사, 접미사의 'ㅣ' 또는 반모음 'ㅣ'와 만나 구개음(=ㅈ, ㅊ)으로 교체되는 현상
  예) 굳이[구지]
      같이[가치]
      붙였다[부쳗따]
  ※ 현재에도 이북 지방은 구개음화가 적용되지 않는다.

(3) 모음 동화: 'ㅣ' 모음 역행 동화
  ① 'ㅣ' 모음 역행 동화: 후설 모음(=ㅓ, ㅏ, ㅗ, ㅜ)이 'ㅣ'를 만나 전설 모음(=ㅔ, ㅐ, ㅚ, ㅟ)으로 교체되는 현상. 움라우트, 비표준발음.
    예) 아기→애기
        어미→에미
        고기→괴기
  ※ 표준어로 인정되는 것: 냄비를 내동댕이치다니 여간내기가 아닌걸

(4) 동화의 종류: 역행/순행/상호, 완전/불완전

| 종로[종노] | 순행, 불완전 | 밥물[밤물] | 역행, 완전 |
|---|---|---|---|
| 섭리[섬니] | 상호, 불완전 | 신라[실라] | 역행, 완전 |

(5) 표준 발음으로 인정되지 않는 동화: 조음 위치 동화
  ① 연구개음화
    예) 숟가락[숙까락]
        감기[강기]
  ② 양순음화
    예) 꽃바구니[꼽빠구니]

---

## 정답과 해설

**013** ③ '국물[궁물]', '종로[종노]', '빛나는[빈나는]'에서는 비음이 아닌 자음이 비음인 'ㄴ, ㅁ, ㅇ'으로 바뀌는 비음화가 나타난다. 그러나 '줄넘기[줄럼끼]'에는 유음화와 된소리되기가 나타난다.

**014** ① 순행 동화와 역행 동화를 구별해야 하는 문제이다. '손난로[손날로]'에서 '난'의 받침 'ㄴ'은 인접한 'ㄹ'의 영향으로 [ㄹ]로 발음된다. 이는 유음화 현상이며, 뒤 자음이 앞 자음에 영향을 준 것이므로 역행 동화에 해당한다. 나머지 선택지는 앞 자음이 뒤 자음에 영향을 준 순행 동화의 예이다.

**015** ④ '앞만[암만]'은 ㉠(=음절 끝소리 규칙)에 따라 받침 'ㅍ'이 [ㅂ]으로 바뀌어 [압만]이 되었다가, ㉡(=비음화)에 따라 'ㅂ'이 'ㅁ'의 영향을 받아 [ㅁ]으로 바뀌어 [암만]으로 발음되므로 ㉠과 ㉡이 동시에 드러난다.

## 4. 음운의 축약

2개의 음운이 1개의 음운으로 줄어드는 현상. 하나로 축약되지만 본래의 음운적 특성이 그대로 살아남게 된다.

(1) 자음 축약(=거센소리되기, 유기음화)(=음운 축약)
  ① 정의: 'ㅎ'이 'ㄱ, ㄷ, ㅂ, ㅈ'과 만나 'ㅋ, ㅌ, ㅍ, ㅊ'으로 축약되는 현상
    예) 몇 해 → [면 해] → [며태]
            홑받침    축약

(2) 모음 축약(=음절 축약)
  ① 정의: 두 단모음이 만나 하나의 이중 모음으로 합쳐지는 현상
    예) 뜨이다→띄다    먹이어→먹여

## 5. 음운의 탈락

두 개의 음운 중 하나가 탈락하여 하나가 남는 현상

(1) 자음 탈락
  ① 자음군 단순화: 'ㅍ, ㄱ, ㅁ' 외에는 앞의 것을 발음한다.
  ② 'ㄹ' 탈락
    예) 겨울+-내→겨우내    열+닫이→여닫이    활+살→화살
  ③ 'ㅅ' 탈락
    예) 긋-+-아/어→그어
  ④ 'ㅎ' 탈락
    예) 낳-+-은→[나은]    많-+-아/어→[마:나]

(2) 모음 탈락
  ① 'ㅡ' 탈락: 'ㅡ'는 'ㅏ/ㅓ'로 시작하는 어미 앞에서 탈락
    예) 끄-+-아/어→꺼    쓰-+-아/어→써

※ 축약과 탈락 구별하기: 용언이 나오면 항상 기본형을 파악하고 '막먹보기'를 떠올려라!

| 따님 | 다달이 | 바느질 | 집을 놓아 |
|---|---|---|---|
| 딸+님→'ㄹ' 탈락 | 달+달이 →'ㄹ' 탈락 | 바늘+질 →'ㄹ' 탈락 | [노아] →'ㅎ' 탈락 |
| 맏형 | 여닫이 | 의자에 앉히고 | 슬피 우는 사람 |
| [마텽]→축약 | 열+닫이 →'ㄹ' 탈락 | [안치고]→축약 | 울+는 →'ㄹ' 탈락 |
| 소나무 | 미닫이 | 도서관에 들러 | 반성문을 써라 |
| 솔+나무 →'ㄹ' 탈락 | 밀+닫이 →'ㄹ' 탈락 | 들르+어 →'ㅡ' 탈락 | 쓰-+-어라 →'ㅡ' 탈락 |
| 리듬에 맞춰 | 화살 | 눈에 띄다 | 거기 둬 |
| 맞추+어→축약 | 활+살→'ㄹ' 탈락 | 뜨+이다→축약 | 두+어→축약 |
| 부나비 | 마소 | 딸을 낳아 | 차지다 |
| 불+나비 →'ㄹ' 탈락 | 말+소→'ㄹ' 탈락 | [나아] →'ㅎ' 탈락 | 찰+지다 →'ㄹ' 탈락 |

---

### 완전학습

축약과 탈락을 구별할 수 있어야 한다. 특히 용언의 축약, 탈락에 주의해야 한다.

**016**    2013 기상직 9급

밑줄 친 단어 중 다음에서 설명하는 음운 현상이 일어나지 않는 것은?

> 두 음운이 합쳐져서 하나의 음운으로 줄여 소리 나는 현상

① 화가 난 지수가 미닫이를 세게 닫으면서 들어왔다.
② 영수는 미술 시간에 국화를 멋있게 그렸다.
③ 맏형인 그는 집안의 모든 일을 책임지고 있다.
④ 영희가 준비물을 책상 위에 놓고 갔다.

**017**    2015 경찰직 1차

다음 중 밑줄 친 단어에 적용된 음운 변동의 성격이 나머지 셋과 다른 것은?

① 책상 위에 책을 둬.
② 너는 이번 일에 대한 반성문을 써라.
③ 철수가 와서 나는 기분이 좋았다.
④ 밖을 볼 수 없도록 구멍이 막혀 있었다.

**018**    2012 서울시 7급

다음 중 음운의 변화가 나머지와 다른 것은?

① 국화      ② 바느질
③ 소나무    ④ 들러
⑤ 갔다

---

### 정답과 해설

**016** ① '국화[구콰]', '맏형[마텽]', '놓고[노코]'에는 음운 축약 중에서도 'ㅎ'과 'ㄱ, ㄷ, ㅂ, ㅈ'이 인접할 때 나타나는 자음 축약이 적용된다. 이와 달리 '미닫이[미다지]'에는 구개음화가 적용된다.

**017** ② '둬', '와서', '막혀'에는 축약이, '써라'에는 탈락이 나타난다. '써라'는 어간 '쓰-'와 명령형 종결 어미 '-어라'가 결합한 것으로, 'ㅡ' 탈락 현상에 의해 '쓰'의 'ㅡ'가 탈락하여 '써라'가 된 것이다.

**018** ① 음운 탈락과 음운 축약을 구별하는 문제이다. '바느질', '소나무', '들러', '갔다'는 음운이 결합되는 과정에서 어느 한 음운이 없어지는 음운 탈락이 나타난다. 그와 달리 '국화'는 두 음운이 합쳐져 하나의 음운으로 줄어드는 음운 축약이 나타난다. '국화[구콰]'는 음운 축약에 의해 'ㄱ'이 'ㅎ'과 합쳐져 [ㅋ]으로 줄어들어 소리 난다.

## 완전학습

동모음 탈락을 파악할 수 있어야 한다.

### 019
2017 서울시 7급

밑줄 친 부분이 <보기>에 해당하지 않는 것은?

> 보기
> 국어에는 동일한 모음이 연속될 때 하나가 탈락하는 현상이 나타난다.

① 늦었으니 어서 자.
② 여기 잠깐만 서서 기다려.
③ 조금만 천천히 가자.
④ 일단 가 보면 알 수 있겠지.

### 020
2016 기상직 7급

밑줄 친 부분 중 음운 변동의 성격이 다른 것은?

① 그는 떨리는 마음으로 무대 위에 섰다.
② 그녀는 가운데 과녁을 향해 활을 쐈다.
③ 명절이 되면 부모님을 따라 큰집에 갔다.
④ 우는 아이를 달래기 위해 우스꽝스러운 표정을 지었다.

## 완전학습

교체, 첨가, 축약, 탈락을 파악할 수 있어야 한다.

### 021
2014 사회복지직 9급

다음에서 설명하고 있는 음운 변동의 예로 적절하지 않은 것은?

> 음운 변동은 그 결과에 따라 한 음운이 다른 음운으로 바뀌는 교체(交替), 원래 있던 음운이 없어지는 탈락(脫落), 없던 음운이 추가되는 첨가(添加), 두 개의 음운이 합쳐져서 하나로 되는 축약(縮約) 등으로 분류할 수 있다.

① 교체 - 부엌[부억]
② 탈락 - 굳이[구지]
③ 첨가 - 솜이불[솜니불]
④ 축약 - 법학[버팍]

---

② **동모음 탈락**: 동일 모음이 연속될 때 하나의 모음이 탈락 / 기본형의 어간+어미로 구별한 다음에 어미에 '아/어'를 결합하여 '막먹보기'에 대입시켜 보기

예 집에 가(○) 집에 가서(○)    집에 가자(×)

|  | -고 | -아/-어 | -아서/-어서 | -자 |
|---|---|---|---|---|
| 막다 | 막고 | 막아 | 막아서 | 막자 |
| 먹다 | 먹고 | 먹어 | 먹어서 | 먹자 |
| 보다 | 보고 | 보아 | 보아서 | 보자 |
| 기다 | 기고 | 기어 | 기어서 | 기자 |
| 서다 | 서고 | 서어→서 | 서어서→서서 | 서자 |
| 가다 | 가고 | 가아→가 | 가아서→가서 | 가자 |
| 건너다 | 건너고 | 건너어→건너 | 건너어서→건너서 | 건너자 |

※ 기출 동모음 탈락 판단하기
1. 어간 단독 형태로 보이면 무조건 동모음 탈락
2. '어간+어미'로 분리한 후 '어미'에 '아/어'를 추가해서 '막먹보기'에 대입
   - 어서 자 → 동모음 탈락○
   - 잠깐만 서서 → 동모음 탈락○
   - 천천히 가자 → 동모음 탈락×
   - 일단 가 보자 → 동모음 탈락○
   - 봄이 가고 → 동모음 탈락×
   - 먼저 가도 돼? → 동모음 탈락○
   - 학교에 가면 → 동모음 탈락×
   - 집에 갔다 → 동모음 탈락○
   - 무대에 섰다 → 동모음 탈락○
   - 활을 쐈다 → 동모음 탈락×

## 6. 첨가

(1) 반모음 'ㅣ' 첨가
   예 되어[되여]

(2) 'ㄴ' 첨가: 뒷말이 'ㅣ'나 반모음 'ㅣ'로 시작할 때 'ㄴ' 첨가(→수의적, 'ㄹ' 첨가×)
   예 솜-이불[ 솜:니불 ],
   휘발-유[ 휘발류 ],
   콩-엿[ 콩녇 ]

## 7. 교체(대치)·축약·탈락·첨가 그리고 동화

(1) 교체(대치)·축약·탈락·첨가: '축약, 탈락, 첨가' 아니면 '교체(대치)'

| 교체(대치) | 홑받침 규칙(=음절 끝소리 규칙), 비음화, 유음화, 구개음화, 된소리되기 |
|---|---|
| 축약 | 자음 축약(=거센소리되기), 모음 축약 |
| 탈락 | 겹받침 규칙(=자음군 단순화), 'ㄹ, ㅎ, ㅅ, ㅡ' 탈락, 동모음 탈락 |
| 첨가 | 사잇소리 현상 |

---

### 정답과 해설

**019 ③** 다른 선택지와 달리 '조금만 천천히 가자'의 '가자'는 용언 '가다'의 어간 '가-'와 청유의 뜻을 지닌 종결 어미 '-자'가 결합한 형태이므로 모음의 탈락이 나타나지 않는다. '늦었으니 어서 자'의 '자'는 '자-'+'-아'의 구조이고, '여기 잠깐만 서서 기다려'의 '서서'는 '서-'+'-어서'의 구조이며, '일단 가 보면 알 수 있겠지'의 '가'는 '가-'+'-아'의 구조로 동모음 탈락이 나타난다.

**020 ②** '쐈다'는 '쏘-'+'-았-'+'-다'의 형태로, 모음 축약에 의해 '쏘았다'에서 'ㅗ'와 'ㅏ'가 축약되었다. 나머지 '섰다'(서+었+다)는 동모음 탈락, '따라'(따르+아)는 'ㅡ' 탈락, '우는'(울+는)은 'ㄹ' 탈락이 나타난 예이다.

**021 ②** '굳이[구지]'는 교체 현상에 해당하는 구개음화가 나타나는 단어이다. '굳-'의 'ㄷ'이 접미사 '-이'의 영향을 받아 [ㅈ]으로 바뀌게 된다. 이는 하나의 음운이 다른 음운으로 바뀐 것이므로 교체 현상이며, 탈락 현상이 아니다.

## 8. 실전 문제 풀이 전략

### (1) 음운 변동의 순서
예) 휘발유    훑다    읊다

① 'ㄴ첨가'부터 먼저 찾아본다.
   예) 휘발뉴
② '홑-된-겹'의 순서를 적용한다.
   예) 훑다→훑ㄷ따
       읊다→읖따
③ 최종 발음과 비교한다.
   예) 휘발류 (100% 적용×, '읊다'는 겹-된)

### (2) 'ㅎ'의 발음
① 'ㅎ'이 보이면 축약시킬 수 있으면 축약부터

| | 도출 과정 | |
|---|---|---|
| | 적절○ | 적절× |
| | /꽂히다/ | /꽂히다/ |
| 구개음화 ↓ | | |
| 사잇소리 현상 (ㅅ, ㄴ 첨가) ↓ | | |
| 음절의 끝소리 규칙(교체) ↓ | | 꼳히다 |
| 자음 축약 ↓ | 꼬치다 | 꼬티다 |
| 된소리되기 ↓ | | |
| 자음군 단순화 ↓ | | |
| 장애음의 비음화 ↓ | | |
| 유음화, /ㄹ/의 비음화 | | (구개음화) 꼬치다 |

② 주의해야 할 'ㅎ'의 발음
- 않던[안턴]
- 닳지[달치]
- 닿소[다쏘]
- 낮 한때[나탄때]
- 놓는[논는]
- 놓아[노아]
- 않는[안는]
- 쌓다[싸타]

---

### 완전학습
표기만 보고 교체, 첨가, 축약, 탈락을 파악할 수 있어야 한다.

### 022
2019 국가직 9급

국어의 주요한 음운 변동을 다음과 같이 유형화할 때, '부엌일'에 일어나는 음운 변동 유형으로 옳은 것은?

| 변동 전 | | 변동 후 |
|---|---|---|
| ㉠ XaY | → | XbY(교체) |
| ㉡ XY | → | XaY(첨가) |
| ㉢ XabY | → | XcY(축약) |
| ㉣ XaY | → | XY(탈락) |

① ㉠, ㉡        ② ㉠, ㉣
③ ㉡, ㉢        ④ ㉡, ㉣

### 023
2018 국가직 9급

'깎다'의 활용형에 적용된 음운 변동에 대한 설명으로 옳은 것은?

- 교체: 한 음운이 다른 음운으로 바뀌는 현상
- 탈락: 한 음운이 없어지는 현상
- 첨가: 없던 음운이 생기는 현상
- 축약: 두 음운이 합쳐져서 또 다른 음운 하나로 바뀌는 현상
- 도치: 두 음운의 위치가 서로 바뀌는 현상

① '깎는'은 교체 현상에 의해 '깡는'으로 발음된다.
② '깎아'는 탈락 현상에 의해 '까까'로 발음된다.
③ '깎고'는 도치 현상에 의해 '깍꼬'로 발음된다.
④ '깎지'는 축약 현상과 첨가 현상에 의해 '깍찌'로 발음된다.

### 024
2019 지방직 9급

다음에 대한 설명으로 적절한 것은?

| ㉠ 가을일[가을릴] | ㉡ 텃마당[턴마당] |
|---|---|
| ㉢ 입학생[이팍쌩] | ㉣ 흙먼지[흥먼지] |

① ㉠: 한 가지 유형의 음운 변동이 나타난다.
② ㉡: 인접한 음의 영향을 받아 조음 위치가 같아지는 동화 현상이 나타난다.
③ ㉢: 음운 변동 전의 음운 개수와 음운 변동 후의 음운 개수가 서로 다르다.
④ ㉣: 음절 끝에 'ㄱ, ㄴ, ㄷ, ㄹ, ㅁ, ㅂ, ㅇ' 이외의 자음이 오면 이 7개의 자음 중 하나로 바뀌는 규칙이 적용된다.

### 정답과 해설

**022** ① 음운 변동의 유형에 대해 묻는 문제이다. '부엌일'은 'ㄴ'이 첨가되어 '부엌닐'이 되고, 받침 'ㅋ'은 자음 앞에서 홑받침 규칙이 적용된 후 뒤에 첨가된 'ㄴ'에 동화되어 [부엉닐]로 발음된다. 홑받침 규칙과 비음화는 ㉠ 교체에 해당하고, 'ㄴ' 첨가는 ㉡ 첨가에 해당하므로 '부엌일'에는 ㉠, ㉡이 일어난다고 볼 수 있다.

**023** ① '깎는[깡는]'은 교체 현상이 나타나는 단어이다. 홑받침 규칙에 따라 음절말 'ㄲ'이 대표음인 [ㄱ]으로 교체되어 [깍는]이 되었다가, 비음화에 의해 'ㄱ'이 'ㅇ'으로 교체되어 [깡는]으로 발음하게 된다. '깎아[까까]'는 종성 'ㄲ'이 연음되어 [까까]로 발음된다. 연음은 탈락이 아니다.

**024** ③ '입학생'은 음운 변동 전에는 'ㅣ/ㅂ/ㅎ/ㅏ/ㄱ/ㅅ/ㅐ/ㅇ'처럼 음운이 8개이지만, 음운 변동 후에는 축약과 된소리되기(교체)현상으로 인해 'ㅣ/ㅍ/ㅏ/ㄱ/ㅆ/ㅐ/ㅇ'처럼 음운이 7개로 줄었다. 따라서 음운 변동 전과 후의 음운 개수가 다르다.

# 제 2 장 • 형태론

## 완전학습

1. 간단한 문장의 형태소 개수를 파악할 수 있어야 한다.
2. 실질 형태소-형식 형태소, 자립 형태소-의존 형태소를 구별할 수 있어야 한다.
3. 실질 형태소이면서 의존 형태소인 것은 '어간'밖에 없음을 알고 있어야 한다.

### 001　　　　　　　　　　　　　　2018 소방직 9급
다음 문장을 형태소 단위로 나눌 때, 적절한 것은?

> 하늘이 맑고 푸르다.

① 하늘이/ 맑고/ 푸르다
② 하늘/ 이/ 맑고/ 푸르다
③ 하늘/ 이/ 맑고/ 푸르/ 다
④ 하늘/ 이/ 맑/ 고/ 푸르/ 다

### 002　　　　　　　　　　　　　　2017 기상직 9급
<보기>에 사용된 단어의 개수와 형태소의 개수를 모두 더하면?

> ─ 보기 ─
> 이 고기는 매우 기름지다.

① 10　② 11　③ 12　④ 13

### 003　　　　　　　　　　　　　　2017 경찰 1차
다음 문장에서 실질 형태소이면서 의존 형태소인 것은?

> 저 나뭇잎은 참 빨갛다.

① 저　　　② 은
③ 참　　　④ 빨갛-

## 1 형태소와 단어

### 1. 형태소
뜻을 가지고 있는 최소 단위

**(1) 자립 형태소와 의존 형태소**
① 자립 형태소: 자립할 수 있는 형태소(= 어절○)
② 의존 형태소: 다른 형태소와 결합해야 쓰일 수 있는 형태소(= 어절×)

**(2) 실질 형태소와 형식 형태소**
① 실질 형태소: 어휘적 의미를 지닌 형태소
② 형식 형태소: 문법적 의미를 지닌 형태소

| 문장 | 내가 풋나물을 먹었다. | | | | | | | |
|---|---|---|---|---|---|---|---|---|
| 형태소 분석 | 내 | 가 | 풋 | 나물 | 을 | 먹 | 었 | 다 |
| 형태소 개수 | ① | ② | ③ | ④ | ⑤ | ⑥ | ⑦ | ⑧ |
| 자립-의존 | 자립 | 의존 | 의존 | 자립 | 의존 | 의존 | 의존 | 의존 |
| 실질-형식 | 실질 | 형식 | 형식 | 실질 | 형식 | 실질 | 형식 | 형식 |

**(3) 이형태**: 하나의 형태소가 환경에 따라서 그 모습을 달리하는 것
① 음운론적 이형태: 음운론적으로 설명이 가능한 이형태(자모, 모음조화)
　㉠ '이/가'
　　예) 형수가 일을 끝냈다. / 순영이 철희를 사랑했다.
　㉡ '-아/-어'
　　예) 어서 빨리 잡아. / 어서 빨리 먹어.
② 형태론적 이형태: 형태론적으로 설명이 가능한 이형태(특정 단어=하다)
　㉠ '-았/었- vs -였-'
　　예) 막았다 / 먹었다 / 하였다

**(4) 형태소 개수 세기**
① 문법 개념별 개수 세는 방법

| | 방법 | 예시 문장 | 개수 |
|---|---|---|---|
| 문장 성분 | 어절 단위로 나눈다. | 우리는 / 긴 / 여름방학을 / 보냈다. | 4개 |
| 단어 | 조사를 한 번 더 나눠준다. | 우리/는 / 긴 / 여름방학/을 / 보냈다. | 6개 |
| 형태소 | 복합어는 형태소별로 나누고, 용언은 어간, 어미를 구별해서 나눈다. | 우리/는 / 길/ㄴ / 여름/방/학/을 / 보내/었/다. | 11개 |

---

## 정답과 해설

**001** ④ 해당 문장은 '하늘/ 이/ 맑/ 고/ 푸르/ 다'로 나눌 수 있다. 형태소 단위로 나눌 때는 어간과 어미, 어근과 접사까지 나누어야 한다는 점을 주의해야 한다.

**002** ③ <보기>를 단어 단위로 나누면 '이(관형사)/고기(명사)/는(보조사)/매우(부사)/기름지다(형용사)'로 분석할 수 있으므로, 단어의 개수는 5개이다. 또한 <보기>를 형태소 단위로 나누면 '이(관형사)/고기(명사)/는( 보조사)/매우(부사)/기름(명사)/지-(형용사 파생 접미사)/-다(종결 어미)'로 분석할 수 있으므로, 형태소의 개수는 7개이다. 따라서 단어의 개수와 형태소의 개수를 모두 더하면 12개이다.

**003** ④ 실질 형태소는 어휘적 의미를 지닌 형태소를 뜻하며, 의존 형태소는 다른 형태소와 결합해야 쓰일 수 있는 형태소를 뜻한다. 이때, 실질 형태소이면서 의존 형태소인 것은 용언의 어간이다. 따라서 해당 문장에서 실질 형태소이면서 의존 형태소인 것은 '빨갛다'의 어간인 '빨갛-'이다.

## 2 각 품사별 특징

### 1. 명사

사람이나 사물의 이름을 나타내는 말

| 기준 | 종류 | 예시 |
| --- | --- | --- |
| 사용 범위 | 보통 명사 | 사람, 책상, 지우개… |
| | 고유 명사 | 대한민국, 철수, 한강… (인명, 지명, 상호명 등등) |
| 자립성 여부 | 자립 명사 | 사람, 책상, 철수, 한강… |
| | 의존 명사 | 수, 데, 줄, 것, 지… |
| 감정 표현 가능 여부 | 유정 명사 | 사람, 어머니, 강아지… |
| | 무정 명사 | 바다, 돌, 바위, 산… |
| 시각적 인식 여부 | 구체 명사 | 사람, 철수, 사탕… |
| | 추상 명사 | 민주주의, 모음, 사랑… |

**(1) 의존 명사: 형식성 의존 명사 / 단위성 의존 명사**

① 정의: 자립성이 없어 관형어의 수식을 반드시 받아야 하는 명사
   예) 할 수가 없다, 새 것으로 바꿔 와라, 네가 이럴 줄 몰랐다.

② 관형어 뒤면 의존 명사, 체언이나 조사 뒤면 조사, 그 외는 일반적으로 어미
   예) 이 사람이 내가 좋아하는 사람이다. ⋯⋯⋯⋯⋯⋯⋯⋯ 관형사
   나를 반겨줄 이 있겠소? ⋯⋯⋯⋯⋯⋯⋯⋯ 의존 명사
   예) 본 대로 말해야 한다. ⋯⋯⋯⋯⋯⋯⋯⋯ 의존 명사
   법대로 살면 된다. ⋯⋯⋯⋯⋯⋯⋯⋯ 조사

③ 자립 명사 중에서는 의존 명사처럼 기능하는 경우도 있음
   예) 한 숟가락만 주면 안 돼? ⋯⋯⋯⋯⋯⋯⋯⋯ 자립 명사

---

### 완전학습

1. 의존 명사와 대명사를 구별할 수 있어야 한다.
2. 의존 명사의 특징을 알고 있어야 한다.

**004** 2000 서울시 9급
다음 중 의존명사가 들어있지 않은 것은?
① 열심히 공부할 뿐이다.
② 먹을 만큼 먹어라.
③ 너대로 할 일을 해라.
④ 학생인 양 행동한다.
⑤ 잘난 척하지 말아라.

**005** 2017 기상직 9급
문장의 밑줄 친 부분 중 품사가 다른 것은?
① 어머니는 당신께서 기른 채소를 종종 드셨어.
② 벌써 거기까지 갔을 리가 없지 않니?
③ 우리가 다니는 학교는 참 시설이 좋아.
④ 대영아, 조기 한 두름만 사오너라.

**006** 2017 경찰직 2차
다음 <보기> 중 밑줄 친 단어들에 대한 설명으로 가장 적절한 것은?

<보기>
㉠ 사람을 기르는 것이 중요해.
㉡ 그것은 그가 할 따름이죠.
㉢ 우리가 할 만큼은 했어.
㉣ 선생님 한 분이 새로 오신대요.

① 명사를 대신하여 대상을 가리키는 말이다.
② 사용 범위에 따라 고유 명사와 보통 명사로 나뉜다.
③ 사물의 수량을 가리키는 양수사와 순서를 가리키는 서수사로 나뉜다.
④ 실질적 의미가 희박한 형식성 의존 명사와 수량 등의 단위를 나타내는 단위성 의존 명사로 나뉜다.

---

### 정답과 해설

**004** ③ 의존 명사와 다른 품사를 구별하는 문제이다. 해당 문장에는 2인칭 대명사인 '너'와 일반 명사인 '일'이 있으며, 의존 명사는 찾을 수 없다. '대로'가 의존 명사나 보조사로 쓰일 수 있는 단어이나, 이 문장에서는 '너'라는 대명사 뒤에서 쓰였으므로 보조사로 쓰인 것으로 봐야 한다.

**005** ① 밑줄 친 단어 중 '리, 학교, 두름'은 명사이다. 하지만 '당신'은 3인칭 재귀 대명사 '자기'의 높임말이다.

**006** ④ <보기>의 밑줄 친 '것, 따름, 만큼, 분'은 자립성이 없어 반드시 다른 관형어의 수식을 받아야 하는 '의존 명사' 이다. 선택지 중에서 의존 명사에 대한 설명은 '실질적 의미가 희박한 형식성 의존 명사와 수량 등의 단위를 나타내는 단위성 의존 명사로 나뉜다.'이다.

**오답피하기** ③ 사물의 수량이나 순서를 나타내는 '수사'에 대한 설명이다.

## 완전학습

1. 대명사의 인칭을 구별할 수 있어야 한다.
2. '우리'의 용법 차이를 파악할 수 있어야 한다.
3. '이-그-저'의 의미 차이를 알고 있어야 한다.

### 007
2017 2차 지방직 9급

㉠~㉢에 대한 설명으로 적절하지 않은 것은?

> ○ 형님은 ㉠자기 자신을 애국자라고 생각했다.
> ○ 형님은 ㉡당신 스스로 애국자라고 생각했다.
> ○ 형님은 ㉢그의 선물을 나에게 주었다.

① ㉠과 ㉡은 모두 형님을 가리킨다.
② ㉠은 1인칭이고 ㉡은 2인칭이다.
③ ㉡은 ㉠보다 높임 표현이다.
④ ㉢은 ㉠과 달리 형님 이외의 다른 대상을 가리킬 수 있다.

### 008
2014 지방직 7급

대명사 '우리'의 용법이 나머지와 다른 하나는?

① A: 어제는 너한테 미안했어. 우리가 너무 심하게 한 것 같아.
   B: 아니야, 내가 잘못했어. 너희 잘못이 아니야.
② A: 어제는 정말 좋았어. 우리 언제 또 그런 기회를 가질 수 있겠니?
   B: 그래, 나도 좋았어. 우리 다음에도 또 그런 자리 마련해 보자.
③ A: 우리는 점심에 스파게티를 자주 먹어.
   B: 그래? 우리는 촌스러워서 그런지 스파게티 같은 건 잘 못 먹어.
④ A: 정말 미안하지만 우리 입장도 좀 생각해 줘.
   B: 알겠어. 다음에 기회가 되면 도와주길 바랄게.

### 009
2022 국가직 9급

다음 대화의 ㉠~㉤에 대한 설명으로 적절하지 않은 것은?

> 이진: 태민아, ㉠이 책 읽어 봤니?
> 태민: 아니, ㉡그 책은 아직 읽어 보지 못했어.
> 이진: 그렇구나. 이 책은 작가의 문체가 독특해서 읽어 볼 만해.
> 태민: 응, 꼭 읽어 볼게. 한 권 더 추천해 줄래?
> 이진: 그럼 ㉢저 책은 어때? 한국 대중문화를 다양한 시각에서 다룬 재미있는 책이야.
> 태민: 그래, ㉣그 책도 함께 읽어 볼게.
> 이진: (두 책을 들고 계산대로 간다.) 읽어 보겠다고 하니, 생일 선물로 ㉤이 책 두 권 사 줄게.
> 태민: 고마워. 잘 읽을게.

① ㉠은 청자보다 화자에게, ㉡은 화자보다 청자에게 가까이 있는 대상을 가리킨다.
② ㉢은 화자보다 청자에게 멀리 있는 대상을 가리킨다.
③ ㉢과 ㉣은 같은 대상을 가리킨다.
④ ㉤은 ㉠과 ㉢ 모두를 가리킨다.

## 2. 대명사

명사를 대신 나타내는 단어

| 인칭 대명사 | 정의 | 용례 |
| --- | --- | --- |
| 1인칭 대명사 | 화자 | 저, 저희, 나, 본인(本人) ; 우리 |
| 2인칭 대명사 | 청자 | 너, 너희, 당신, 그대, 여러분… |
| 3인칭 대명사 | 화·청자가 아닌 인물 | 이자, 그자, 저자, 그, 저, 제, 저희, 이이, 그이, 저이, 이분, 그분, 저분 |
| 미지칭 대명사 | 이름이나 신분을 모르는 **특정** 인물<br>= **의문사**로 대체 가능 | 누구 |
| 부정칭 대명사 | **특정** 대상을 지칭하지 않은 경우 | 누구, 아무 |
| 재귀 대명사 | 3인칭 주어의 반복을 피하기 위한 대명사 | 자기, 저 ; 저희 |
| | | 당신 |

※ 인칭 구별하기
- 당신 누구요? → 2인칭
  할아버지는 당신의 펜을 아끼셨다. → 3인칭
- 저희가 할게요. → 1인칭
  애들이 저희밖에 모른다. → 3인칭

### ♂ 보충 설명 1

'우리'는 '나와 너'일 수도 있고, '나'일 수도 있다.
① 우리 앞으로도 함께 가자. → '너와 나' 지칭
② 우리 남편은 그거 별로 안 좋아하더라. → '나'만 지칭

### ♂ 보충 설명 2

| '이-그-저'의 의미 차이 | | |
| --- | --- | --- |
| '이' | 말하는 사람(=화자)에게 가까운 것을 가리킬 때 | 이것, 이곳, 요것 |
| '그' | 듣는 사람(=청자)에게 가까운 것을 가리킬 때 | 그것, 그곳, 고것 |
| '저' | 말하는 이(=화자)와 듣는 이(=청자) 모두에게 먼 것 | 저것, 저곳, 조것 |

## 3. 수사

사물의 수량(=**양수사**)이나 순서(=**서수사**)를 지칭하는 말

※ 수사는 체언이기 때문에 **조사**와 결합한다. 반면 수관형사는 수식언이기 때문에 **조사**와 결합이 안 되고, **꾸밈**의 기능을 한다.

> 예 사과 하나 있다. → **수사**
> 사탕 한 개 → **관형사**

### 정답과 해설

**007** ② 인칭 대명사에 대한 적절하지 않은 설명을 고르는 문제이다. 재귀 대명사는 일반적으로 3인칭 주어가 사용된 문장에서 나타난다. 따라서 ㉠, ㉡은 모두 3인칭이다.

**008** ② ②번에서 '우리가 언제 또 그런 기회를 가질 수 있겠니?'와 '우리 다음에도 또 그런 자리 마련해 보자.'의 '우리'는 모두 특정한 자리에 참석한 '너(청자)'를 포함하는 뜻으로 쓰였다.

**009** ② ㉢은 화청자 모두에게 멀리 떨어져 있는 대상이다.

# 4. 동사, 형용사

## (1) 동사와 형용사의 개념

① **동사**: 움직임이나 작용, 변화를 나타내는 말. **현재형 어미**(-는/ㄴ-)와 결합.
  ㉠ **자동사**: 목적어를 필요로 하지 않는 동사
    예) 걷다, 자다
  ㉡ **타동사**: 목적어를 필요로 하는 동사
    예) 잡다, 읽다

② **형용사**: 성질이나 상태, 감정 등을 드러내는 말. '**있다**', '**없다**'를 제외하고는 **현재형 어미**(-는/ㄴ-)와 결합하지 못함.
  ㉠ **성상 형용사**: 성질이나 상태를 표현하는 형용사 예) 푸르다
  ㉡ **지시 형용사**: 지시성을 띠는 형용사 예) 그러하다

③ 동사와 형용사의 차이점

| 품사<br>분류 기준 | 동사 | 형용사 |
| --- | --- | --- |
| 의미 | 주어의 동작이나 과정 | 주어의 성질이나 상태 |
| 현재 시제 어말 어미<br>'-는다/ㄴ다' | 예) 새순이 솟는다.(○)<br>침대에서 일어난다.(○) | 예) 사과가 달는다.(×)<br>그녀는 아름답는다.(×) |
| 현재 관형사형 전성 어미<br>'-는' | 예) 세상 보는 눈(○) | <예외> '없다', '있다'<br>예) 진짜가 없는 세상(○)<br>덕이 있는 사람(○)<br>예) 깨알처럼 작는 글씨(×) |
| '-어라(명령형)'과<br>'-자(청유형)' | 예) 일어나라.(○)<br>우리 일어나자.(○)<br><예외> 작용 동사<br>예) 해야 솟아라(×) | 예) 너는 아름다워라.(×)<br>우리 아름답자.(×)<br><예외> '있다'<br>예) 여기에 있어라/있자.(○) |
| '-려(의도)',<br>'-러(목적)' | 예) 아기가 일어나려 한다.(○)<br><예외> 작용 동사<br>예) 솟으려 한다.(×) | 예) 그가 좋으려 한다.(×) |

## ♂ 보충 설명

'있다'의 동사적 용법: '있는다'(현재형), '있어라'(명령형)
예) 그 일은 현재 진행 중에 있다. vs 그는 내일 집에 있는다고 했다.
　　　　　　　　　　형용사　　　　　　　　　　　　동사

※ 암기해야 할 동사·형용사

| | | |
| --- | --- | --- |
| 동사 | 맞다 | 네 답이 맞는다(○) |
| | 늙다 | 사람은 누구나 늙는다(○) |
| 형용사 | 걸맞다 | 지위에 걸맞는(×) 사람 |
| | 알맞다 | 정답으로 알맞는(×) 것은? |
| | 급급하다 | 시간에 급급하는(×) 사람이 되지 말자. |

※ 동사/형용사로 쓰이는 단어

| | 동사 | 형용사 |
| --- | --- | --- |
| 길다 | 짧게 깎았던 머리가 꽤 많이 길었다.(=자라다) | 해안선이 길다.<br>여름에는 낮이 밤보다 길다. |
| 밝다 | 조금 있으면 날이 밝는다.(=환해지다) | 전등을 밝게 켜다.<br>밝은 갈색 머리<br>세상 물정에 밝다. |
| 크다 | 아이는 하루가 다르게 큰다.(=자라다)<br>소나무가 척박한 땅에서도 잘 컸다. | 가구가 크다.<br>나는 큰 집에서 살고 싶다.<br>힘든 만큼 기쁨이 크다. |

## 🔖 완전학습

1. 동사와 형용사의 문법적 차이를 이해해야 한다.
2. 용언 중 품사를 착각할 수 있는 단어를 암기해야 한다.

### 010　　　　　　　　　　2004 국회직 8급
국어의 동사와 형용사에 대한 설명이다. 잘못된 것은?
① 둘 다 활용 어미를 취하여 서술어를 만든다.
② 동사는 현재형 종결 어미로 '-는다'나 '-ㄴ다'를 취한다.
③ 형용사는 현재형 관형사형 어미로 '-은'이나 '-ㄴ'을 취한다.
④ 동사로는 명령형과 청유형을 만드나 형용사로는 그럴 수 없다.
⑤ 형용사는 현재형 종결 어미로 '-ㄴ다'만을 취한다.

### 011　　　　　　　　　　2011 지방직 9급 변형
다음 중 품사가 다른 하나는?
① 요즘 별일 없으시죠?
② 그는 귀신이 없다고 믿었다.
③ 그 일은 현재 진행 중에 있다.
④ 그는 내일 집에 있는다고 했다.

### 012　　　　　　　　　　자체 제작
다음 중 문법적으로 적절한 것은?
① 이번에는 철수의 답이 맞는다.
② 시간에 급급하는 사람이 많다.
③ 정답으로 알맞는 것을 골라라.
④ 지위에 걸맞는 사람이 되어야 한다.

### 013　　　　　　　　　　2017 국회직 9급
다음 중 밑줄 친 단어의 품사가 다른 것은?
① 아무런 증세가 없어서 조기 발견이 어렵다.
② 키가 몰라보게 컸구나.
③ 앞으로 사흘 있으면 추석이다.
④ 내일 아침이 밝으면 떠나겠다.
⑤ 사람은 늙거나 병들면 죽는다.

### 정답과 해설

**010** ⑤ 동사와 형용사의 공통점과 차이점을 아는지 묻는 문제이다. 동사와 형용사는 문장에서 서술어의 기능을 할 수 있는 용언이지만 활용 양상에는 차이가 존재한다. 일반적으로 형용사는 현재형 종결 어미로 '-ㄴ다'를 취하지 않는다. '예쁜다, 큰다'가 어색한 것에서 이를 확인할 수 있다. 현재형 종결 어미로 '-ㄴ다'를 취할 수 있는 것은 '달린다, 생각한다'에서 알 수 있듯 동사이다. 형용사는 현재형 종결 어미 없이도 현재상태를 나타낼 수 있다.

**011** ④ 현재 시제 선어말 어미 '-는-'은 동사와만 결합이 가능하므로 동사와 형용사를 구별하는 표지가 된다. 따라서 '있는다'에도 '-는-'이 사용되었으므로 이를 동사로 볼 수 있다. 이 경우 '있다'의 뜻은 '사람이나 동물이 어느 곳에서 떠나거나 벗어나지 아니하고 머물다.'이다.

**012** ① '맞다'는 동사이기 때문에 현재형 표현 '맞는다'가 가능하다.

**013** ① 동사와 형용사를 구별하는 문제이다. 밑줄 친 '크다, 있다, 밝다, 늙다'는 동사인 반면 '없다'는 형용사이다. '어떤 일이나 현상이나 증상 따위가 생겨 나타난 상태가 아니다.'의 뜻을 지닌다.

## 완전학습

1. 어간 말 'ㄹ' 다음에 '으'가 올 수 없음을 이해해야 한다.
2. 어간 말 'ㄹ'이 왔을 때 명사형 표기가 어떻게 되는지 이해해야 한다.

### 014
2012 지방직 9급

밑줄 친 용언의 활용형을 잘못 고친 것은?
① 아름다운 서울에서 살으렵니다. → 살렵니다.
② 우리 부부는 둘 다 돈을 벌으므로 여유가 있습니다. → 벌므로
③ 그는 땀에 전 작업복을 갈아 입었다. → 절은
④ 모두 힘을 모아 차를 밀읍시다. → 밉시다.

### 015
2012 사회복지직 / 인천지방직 9급

밑줄 친 명사형 표기가 잘못된 것은?
① 추운 날씨로 계곡에 얼음 얾.
② 불우 이웃에게 온정을 베품.
③ 빠른 걸음으로 걸음.
④ 고기를 맛있게 구움.

---

(2) **규칙 활용과 불규칙 활용**: 기본형에서 시작하여 '-아/어' 결합시키기

① 규칙 활용
  ㉠ 'ㅡ' 탈락: '-아/어'로 시작하는 어미 앞에서

|  | -아/어 | -았/었- | -오/우 |
|---|---|---|---|
| 잠그다 | 잠가(잠궈×) | 잠갔다 | 잠그오 |
| 치르다 | 치러(치뤄×) | 치렀다 | 치르오 |
| 담그다 | 담가(담궈×) | 담갔다 | 담그오 |

  ㉡ 'ㄹ' 탈락: 'ㄴ, ㄹ, ㅂ, ㅅ, 오' 앞에서
   • 알다 → 그것을 아는 사람
   • 날다 → 높이 난 새
   ※ 어간 'ㄹ'+'으' → 'ㄹ'과 자폭시키거나 'ㄹ'만 남겨야 함
   예 서울에서 살으렵니다 → 살렵니다.
      모두 힘을 모아 차를 밀읍시다. → 밉시다.
      그는 땀에 절은 작업복을 갈아 입었다. → 전

#### ♂ 보충 설명

**'ㄹ' 탈락 용언의 명사형**
어간 말음이 'ㄹ'인 용언은 명사형 전성 어미 '-(으)ㅁ'과 결합할 때 'ㄹ'은 모음으로 인정하여 '-ㅁ'이 결합하여 'ㄻ' 형태가 된다.

| 어간 말음이 'ㄹ'인 경우 | 얼다[氷] → 얾, 날다[飛] → 낢<br>주의: 얼음(×), 날음(×) |
|---|---|
| 어간 말음이 'ㄹ'이 아닌 경우 | 좋다[好] → 좋음, 보다[見] → 봄 |

---

### 정답과 해설

**014** ③ 규칙 활용인 'ㄹ' 탈락에 대해 묻는 문제이다. '절다'는 용언 어간이 'ㄹ'로 끝나는 'ㄹ' 탈락 용언이다. 'ㄹ' 탈락 용언은 'ㄴ, ㄹ, ㅂ, ㅅ, 오로 시작하는 어미와 결합할 때 용언 어간의 말음인 'ㄹ'이 탈락하며, 이때 매개 모음 '으'가 붙지 않는다. 그러므로 어간 '절-'에 관형사형 어미 '-ㄴ'이 결합한 형태는 어간의 'ㄹ'이 탈락한 '전'이다. 따라서 매개 모음 '으'를 넣은 '절은'은 잘못 고친 형태이다.

**015** ② 규칙 활용인 'ㄹ' 탈락에 대해 묻는 문제이다. '베풀다'는 용언 어간이 'ㄹ'로 끝나는 'ㄹ' 탈락 용언이다. 이때 명사형 전성 어미 '-(으)ㅁ'은 'ㄹ'을 탈락시키는 어미가 아니므로 '베풀다'가 '-(으)ㅁ'과 결합한 명사형은 '베풂'이 된다.

② 불규칙 활용: '-아/어'와 결합 후 어미나 어간이 달라짐(단, '으, ㄹ 탈락'은 무조건 규칙 활용)
　㉠ 어간이 바뀌는 불규칙: 바뀌기 전 어간의 명칭
　㉡ 어미가 바뀌는 불규칙: 바뀐 후 어미의 명칭
　㉢ 어간·어미가 바뀌는 불규칙: 'ㅎ' 불규칙
　　예 파랗다 / 퍼렇다

| 명칭 | 내용 | 명칭 | 내용 |
|---|---|---|---|
| 'ㄷ' 불규칙 | ㄷ → ㄹ<br>• 듣-+-어 → 들어 | '여' 불규칙 | '하-'+-어/아 → 여<br>• 하-+-어/아 → 하여 |
| 'ㅂ' 불규칙 | ㅂ → 오/우<br>• 돕-+-아 → 도와 | '러' 불규칙 | '르-'+-어 → 러<br>• 노르-+-어 → 노르러<br>• 푸르-+-어 → 푸르러 |
| 'ㅅ' 불규칙 | 'ㅅ' 탈락<br>• 짓-+-어 → 지어 | '오' 불규칙 | '달-/다-'의 명령형 어미가 '오'로 바뀜.<br>• 다-+-아 → 다오 |
| '르' 불규칙 | 르 → ㄹ.ㄹ 형태<br>• 빠르-+-아 → 빨라<br>• 흐르-+-어 → 흘러 | '우' 불규칙 | '우' 탈락<br>• 푸-+-어 → 퍼(1개) |
| 'ㅎ' 불규칙 | 어간 'ㅎ'+-어/아 → 어간 'ㅎ', 어미 '-어/아' 탈락, 어간에 'ㅣ' 더하기<br>• 하양+아/어→하얘<br>• 허영+아/어→허예<br>어간 'ㅎ'+-으 → 어간 'ㅎ' 탈락<br>• 하양+은→하얀<br>• 허영+은→허연<br>'-니'와 결합할 때에는 'ㅎ'이 탈락한다.<br>• 빨강+니→빨가니<br>'-네'와 결합할 때에는 'ㅎ'이 탈락하지 않아도 된다.<br>• 빨강 +네→빨갛네, 빨가네<br>※ 커다랗+았+습니다→ 커다랬습니다(O), 커다랗습니다(×) | | |

## 연습문제

※ 규칙-불규칙 활용 양상 파악하기

| 푸다→'우' 불규칙 | 좋다→규칙 | 싣다→'ㄷ' 불규칙 |
|---|---|---|
| 누르다[壓]→'르' 불규칙 | 퍼렇다→'ㅎ' 불규칙 | 알다→규칙 |
| 짓다→'ㅅ' 불규칙 | 굽다[曲]→규칙 | 굽다[火]→'ㅂ' 불규칙 |
| 잠그다→규칙 | 푸르다→'러' 불규칙 | 돕다→'ㅂ' 불규칙 |

## 완전학습

불규칙 활용을 이해하자.

### 016
2015 교육행정직 9급

〈보기〉의 ㉠과 ㉡에 해당하는 예로만 묶은 것은?

> 불규칙 용언은 그 활용형에 따라 ㉠어간만이 불규칙적으로 바뀌는 것, 어미만이 불규칙적으로 바뀌는 것, ㉡어간과 어미 모두가 불규칙적으로 바뀌는 것으로 나뉜다.

|  | ㉠ | ㉡ |
|---|---|---|
| ① | (고기를) 굽다 | (진실을) 깨닫다 |
| ② | (고기를) 굽다 | (하늘이) 파랗다 |
| ③ | (들판이) 푸르다 | (진실을) 깨닫다 |
| ④ | (들판이) 푸르다 | (하늘이) 파랗다 |

### 017
2017 2차 국가직 9급

밑줄 친 단어의 불규칙 활용 유형이 같은 것은?
① 나뭇잎이 누르니 가을이 왔다.
　나무가 높아 오르기 힘들다.
② 목적지에 이르기는 아직 멀었다.
　앞으로 구르기를 잘한다.
③ 주먹을 휘두르지 마라.
　머리를 짧게 자른다.
④ 그를 불운한 천재라 부른다.
　색깔이 아주 푸르다.

### 018
2010 국가직 7급

밑줄 친 단어의 쓰임이 맞는 것은?
① 은행잎이 노라니 가을이구나.
② 그는 짐 보따리를 리어카에 실고 떠났다.
③ 그 자동차는 아주 커다랐습니다.
④ 어머니는 밥통에서 밥을 푸었다.

### 019
2019 서울시 9급

불규칙 활용을 하는 용언이 아닌 것은?
① 묻다(問)　② 덥다(暑)
③ 낫다(愈)　④ 놀다(遊)

### 정답과 해설

**016** ② '굽다'는 어간 '굽-'의 'ㅂ'이 '우'로 바뀐 '구워'가 된다. 이는 ㉠'어간만이 불규칙적으로 바꾸는 것'에 속한다. '파랗다'는 'ㅎ' 불규칙 용언이다. 따라서 모음으로 시작되는 어미 '-아'와 결합하였을 때 어간의 'ㅎ'이 탈락하고 어미의 형태도 변화하여 '파래'가 된다. 이는 ㉡'어간과 어미 모두가 불규칙적으로 바꾸는 것'에 속한다.

**017** ③ 불규칙 활용 유형을 구별하는 문제이다. '휘두르다'와 '자르다'는 모두 '르' 불규칙 용언으로, '-아/어'와 결합할 때 어간의 '르'가 'ㄹㄹ'로 바뀐다. 따라서 '휘두르다'가 '-어'와 결합한 활용형은 '휘둘러'가 되며, '자르다'가 '-아'와 결합한 활용형은 '잘라'가 된다.
이처럼 불규칙 활용 용언은 어미 '-아/어'와 결합했을 때 나오는 어간과 어미의 변화 양상을 통해 확인할 수 있다.

**018** ① '노라니'는 '노랗다'의 올바른 활용형이다. '노랗다'는 'ㅎ' 불규칙 용언이므로 어미 '-(으)니'와 결합하는 경우에 어간의 'ㅎ'이 탈락한다.
**오답피하기** 실고(×)→싣고(O), 커다랬습니다(×)→커다랬습니다(O), 푸었다(×)→펐다(O)

**019** ④ '놀다(遊)'는 '놀아, 노니, 노오'처럼 활용한다. '놀다'처럼 용언 어간의 말음인 'ㄹ'이 'ㄴ, ㄹ(관형격), ㅂ, ㅅ, 오'로 시작하는 어미와 결합할 때 탈락하는 것은 규칙적으로 일어나는 현상이다. 따라서 '놀다(遊)'는 불규칙 활용이 아닌 규칙 활용의 예이다.

## 완전학습

1. 용언의 기본형을 파악할 수 있어야 한다.
2. 용언의 활용이 잘못된 경우를 찾아내야 한다.

**020**  2018 2차 서울시 7급

밑줄 친 용언의 활용형 중 가장 옳지 않은 것은?
① 아주 곤혹스런 상황에 빠졌다.
② 할아버지께 여쭈어 보시면 됩니다.
③ 라면이 붇기 전에 빨리 먹어라.
④ 내 처지가 너무 설워서 눈물만 나온다.

※ 'ㅂ' 불규칙: 'ㅂ' 불규칙이 일어나면 'ㅂ'은 'ㅗ/ㅜ'로 바뀌게 된다.
∴ 사랑스럽-+-은 → 사랑스러운(○), 사랑스런(×)
자랑스럽-+-은 → 자랑스러운(○), 자랑스런(×)
단, '여쭙+어→여쭈워', '여쭈+어→여쭤'가 된다.

※ 용언의 기본형 파악하기
- 설운 사람→섧다
- 그녀의 고운 음성→곱다
- 가게에 들렀다가 가라→들르다
- 땀에 전 수건→절다
- 무를 강판에 가니→갈다
- 오래되어 불은 국수→붇다
- 주의사항을 일러 주었다. →이르다
- 은행이 노라니→노랗다

※ 용언의 올바른 활용
- 세상에 섫은 사람→설운
- 리어카에 실고 가다→싣고
- 마음이 고은 사람→고운
- 친척집에 들렸다가→들렀다가
- 라면이 불고 맛이 없다→붇고
- 정말 곤혹스런 상황이다→곤혹스러운

### 정답과 해설

**020** ① 밑줄 친 용언의 기본형을 파악하고 풀어야 하는 문제이다. '곤혹스럽다'는 'ㅂ' 불규칙 용언이므로 모음으로 시작하는 어미와 결합할 때, 어간 말 'ㅂ'이 '오/우'로 바뀌게 된다. 따라서 '곤혹스럽다'의 어간에 '-(으)ㄴ'이 결합한 형태는 '곤혹스러운'이며 '곤혹스런'은 적절하지 않다.

(3) 용언의 구조: 어간 - (선어말 어미) - 어말 어미

- 어말 어미
  - 종결 어미: 평서형, 의문형, 명령형, 청유형, 감탄형
  - 연결 어미: '-고', '-(으)며', '-(으)면', '-(으)니', '-아/-어'
  - 전성 어미: 명사형 전성 어미('-ㅁ/음, -기'), 관형사형 전성 어미('-ㄴ, -는, -ㄹ, -던'), 부사형 전성 어미('-게, -아서/어서')

① '-(으)ㅁ', '-기'의 용법 구별하기
  ㉠ '-(으)ㅁ', '-기'가 결합한 단어가 관형어의 수식을 받으면 **명사**가 되고, 부사어의 수식을 받으면 **용언**이 됨
    ㄱ. 약속하자! 지금부터는 앞만 보고 잘 달리기! ········· 동사
    ㄴ. 2바퀴째부터는 빠른 달리기로 전환하는 것 잊지 말고! ········· 명사
    ㄷ. 걔는 어때? / 응, 생각보다는 잘 춤. ········· 동사
    ㄹ. 당신의 주특기는? / 현란한 춤 ········· 명사
  ㉡ 관형어나 부사어의 수식이 없을 경우, 앞에 만들어 본다.
    예) 그는 죽음을 각오하였다. → 그는 멋진 죽음을 각오하였다.
       그가 죽음을 아무도 몰랐다. → 그가 멋지게 죽음을 아무도 몰랐다.

(4) 본용언과 보조 용언
① 본용언과 보조 용언의 정의
  ㉠ **본용언**: 본래적인 의미를 지닌 용언. 단독으로 **존재 가능**.
  ㉡ **보조** 용언: 보조적 의미를 지닌 용언. 단독으로 **존재 불가능**.
② 보조 용언 구별하기:
  ㉠ **본래**적 의미가 살아있는가
    예) 외적의 침공을 막아 내다. / 일단 해 보고 생각하자.
  ㉡ **혼자서** 존재할 수 있는가
    예) 수건을 한번도 사용하지 않았다. / 정말 난 먹고 싶다.
  ㉢ **체언+하다**의 결합인가
    예) 집에 온 듯하다. / 그 집은 갈 만하다.

※ 본용언의 '-아/-어'는 '-아서/-어서'로 바꿀 수 있지만 보조 용언은 그렇지 못하다.
  예) 물고기를 쪄 먹자 → 물고기를 쪄서 먹자
  ※ 단, '젊어 보인다'는 본용언+본용언의 결합 구조인데, '젊어서 보인다'처럼 '-서'로 바꾸면 문장이 성립되지 않는다.

### ✅ 연습문제

※ 활용 양상 파악하기
01 창문 너머로 날이 밝아 온다. → 보조
02 동생이 내 과자를 먹어 버렸다. → 보조
03 우체국에 들러 선배의 편지를 부쳐 주었다. → 보조
04 그는 환갑이 지났지만 40대처럼 젊어 보인다. → 본

---

### 🔖 완전학습

1. '-(으)ㅁ, -기'가 결합된 단어의 품사를 구별할 수 있어야 한다.
2. '본용언+본용언'의 구성과 '본용언+보조 용언'의 구성을 구별할 수 있어야 한다.

#### 021
2015 기상직 9급

㉠~㉣ 중 다음 밑줄 친 '먹기'와 품사가 같은 것을 모두 고른 것은?

> 나는 배가 고파 더 많이 먹기 시작했다.

- 그는 밤새 믿기지 않는 ㉠꿈을 꾸었다.
- 그는 '초상화를 잘 ㉡그림'이라고 썼다.
- 그의 ㉢바람은 내가 건강해지는 것이었다.
- 그는 빙그레 ㉣웃음으로써 마음을 전했다.

① ㉠, ㉡    ② ㉠, ㉣
③ ㉡, ㉢    ④ ㉡, ㉣

#### 022
2015 국가직 9급

밑줄 친 부분 중 보조 용언이 결합되지 않은 것은?

① 창문 너머로 날이 밝아 온다.
② 동생이 내 과자를 먹어 버렸다.
③ 우체국에 들러 선배의 편지를 부쳐 주었다.
④ 그는 환갑이 지났지만 40대처럼 젊어 보인다.

#### 023
2018 2차 서울시 9급

'본용언+보조 용언' 구성이 아닌 것은?

① 영수는 쓰레기를 주워서 버렸다.
② 모르는 사람이 나를 아는 척한다.
③ 요리 맛이 어떤지 일단 먹어는 본다.
④ 우리는 공부를 할수록 더 많은 것을 알아 간다.

---

### 정답과 해설

**021** ④ '먹기'는 부사어 '많이'의 수식을 받고 있으므로 동사이다. '먹기'와 같이 부사어의 수식을 받고 있는 동사는 ㉡ '그림'과 ㉣ '웃음'이다. 그와 달리 ㉠ '꿈'은 관형어인 '않는'의 수식을 받고 있으므로 명사이다. 또한 ㉢ '바람'도 관형어인 '그의'의 수식을 받고 있으므로 명사이다.

**022** ④ '본용언-본용언'이 사용된 문장과 '본용언-보조 용언'이 사용된 문장을 구별해야 하는 문제이다. '젊어 보인다'의 '보이다'는 본용언으로 쓰인 것으로, 해당 문장에는 '대상을 평가하다'의 의미인 '보다'의 피동사로 쓰였다.

**023** ① '본용언+본용언'의 구성과 '본용언+보조 용언'의 구성을 구별하는 문제이다. 해당 문장의 '주워서 버렸다'는 '영수는 쓰레기를 주웠다.'와 '영수는 쓰레기를 버렸다.'처럼 각각의 용언을 서술어로 쓸 수 있으므로 '본용언+본용언' 구성이다.

## 완전학습

조사의 쓰임에 대해서 이해해야 한다.

**024** 2014 경찰직 2차

〈보기〉의 밑줄 친 표현들 중에서 주어를 구성하는 주격 조사가 아닌 것은?

┌보기─────────────
│ ㉠ 철수는 학생이 아니다.
│ ㉡ 정부에서 학생들에게 장학금을 주었다.
│ ㉢ 영수가 물을 마신다.
│ ㉣ 할아버지께서 집에 오셨다.
└───────────────

① ㉠의 '이'  ② ㉡의 '에서'
③ ㉢의 '가'  ④ ㉣의 '께서'

**025** 2018 서울시 9급

밑줄 친 부분 중에서 목적어가 아닌 것은?
① 우리는 그의 제안을 수용할지를 결정하지 못했다.
② 사공들은 바람이 불기를 기다렸다.
③ 아이들이 건강하지를 않아 걱정이다.
④ 나는 일이 어렵고 쉽고를 가리지 않는다.

**026** 2018 2차 서울시 7급

국어의 조사에 대한 설명으로 가장 옳지 않은 것은?
① '에서'는 '집에서 가져 왔다'의 경우에는 부사격 조사이지만 '우리 학교에서 우승을 차지했다'의 경우에는 주격 조사이다.
② '는'은 '그는 학교에 갔다'의 경우에는 주격 조사이지만 '일을 빨리는 한다'의 경우에는 보조사이다.
③ '가'는 '아이가 운동장에서 놀고 있다'의 경우에는 주격 조사이지만 '그것이 종이가 아니다'의 경우에는 보격 조사이다.
④ '과'는 '눈과 같이 하얗다'의 경우에는 부사격 조사이지만 '책과 연필이 있다'의 경우에는 접속 조사이다.

**027** 2011 법원직 9급

밑줄 친 부분이 〈보기〉의 ㉠~㉢의 성격을 모두 갖는 것은?

┌보기─────────────
│ ㉠ 앞말에 특별한 뜻을 더하여 주는 조사는 보조사이다.
│ ㉡ 상대 높임을 나타낸다.
│ ㉢ 어절이나 문장의 끝에 결합한다.
└───────────────

① 조용히 해 주십시오.
② 인생은 짧고 예술은 길다.
③ 죽은 소와 돼지가 불쌍하지요.
④ 이것은 닭이요 저것은 돼지입니다.

### 정답과 해설

**024** ① ㉠의 '이'는 '되다/아니다' 앞에 붙어서 선행 체언에 보어 자격을 부여하는 보격 조사이다.

**025** ③ 목적어는 일반적으로 체언에 목적격 조사 '을/를'이 결합되어 실현된다. 그런데 '를'은 조사 '에, 으로', 연결 어미 '-아, -게, -지, -고', 받침 없는 일부 부사 뒤에서 강조하는 뜻을 나타내는 보조사로도 사용된다.

**026** ② '는'은 보조사로만 쓰인다. '그는 학교에 갔다'에서 '는'은 주격 조사 '가'를 대신하여 쓰이고 있지만, 다른 문장 성분(=목적어 등)과도 결합할 수 있는 보조사이다.

**027** ③ 보조사 '요'를 구별하는 문제이다. 보조사(㉠) 중에서 상대 높임(청자 높임)의 뜻(㉡)을 나타내면서, 어절이나 문장의 끝에 결합할 수 있는 것(㉢)은 '요'이다. 보조사 '요'가 사용된 것은 '죽은 소와 돼지가 불쌍하지요.'이다.

---

## 5. 조사

**(1) 정의**: 다른 말들과의 문법적 관계를 표시하거나 뜻을 더해주는 말

**(2) 종류**

| 종류 | 특징 및 형태 |
|---|---|
| 격 조사 | 한 문장에서 선행하는 체언으로 하여금 일정한 자격을 갖도록 해 주는 조사<br>예 주격, 목적격, 보격, 서술격, 관형격, 부사격, 호격 |
| 접속 조사 | 두 단어를 같은 자격으로 이어주는 조사<br>예 와/과, 하고, 이랑, 며, (이)나 |
| 보조사 | 특별한 뜻을 더해 주는 조사<br>예 은/는, 도, 만, 요 |

① 격 조사
　㉠ '에서'의 경우: 주격 조사일 수도 있고, 부사격 조사일 수도 있다. '에서'가 주격 조사로 쓰일 경우 주어는 반드시 '단체를 의미하는 무정 명사'여야 하며, '이/가'로 대체가 가능하다.
　　예 우리 학교에서 우승했다. → 주격 조사
　　　 cf) 우리 학교에서 축구하자. → 부사격 조사
　㉡ '이/가'는 주격 조사일 수도 있고, 보격 조사일 수도 있다.
　　예 나는 의사가 아니다. → 보격 조사
　　　 비행기는 속도가 빠르다. → 주격 조사
　㉢ '을/를'의 경우 체언 외에 조사, 연결 어미 뒤에 붙어 뜻을 강조하는 보조사로 쓰일 수 있다.
　　예 이번에는 꼭 만나를 봐라. → 보조사
　　　 오늘은 꼭 집에를 갈 것이다. → 보조사

② 접속 조사: 영어에서 and, or
　㉠ 접속 조사('와/과')가 문장 내에 사용될 경우, 문장은 다시 두 개로 나눌 수 있다.
　　예 나는 고기와 과일을 좋아한다. → 나는 고기를 좋아한다. / 나는 과일을 좋아한다.
　㉡ 대칭 용언에서 사용된 '와/과' 등은 비교 부사격 조사이다. 이 경우, 두 개의 문장으로 나눠지지 않는다.
　　예 나는 그녀와 싸웠다. / 그녀는 철수하고 결혼했다.

③ 보조사: 특별한 뜻을 더해주는 조사로 대표적으로 '은/는, 도, 만, 요'가 있다. 이러한 보조사는 결코 격조사가 될 수 없다.
　㉠ 격조사와 보조사의 차이: 격조사는 주어와 목적어 모두에 결합할 수 없지만 보조사는 주어와 목적어 모두에 결합할 수 있다.
　　예 경수가 숙제를 했다.
　　　 → 경수가 숙제가 했다. (×)
　　　 → 경수를 숙제를 했다. (×)
　　　 → 경수도 숙제를 했다. (○)
　　　 → 경수가 숙제도 했다. (○)

### 연습문제

※ '까지'는 격조사일까? 보조사일까?
　보조사

㉡ 본래 조사는 체언과만 결합하고, 어미는 용언과만 결합하지만 보조사는 특이하게 체언, 용언 모두와 결합 가능하다. 그래서 보조사와 어미는 헷갈릴 수 있다. 이럴 경우 '생략 가능 여부'로 확인해 보자. 생략이 가능하면 보조사이고, 그렇지 않으면 어미이다.
　예 아직 밥을 먹지는 않았다. → 보조사
　　 그건 먹는 것이 아니다. → 어미
　　 어서 오시오(○)　어서 오시요(×)　그러면 안 돼요(○)　그러면 안 되요(×)

## 6. 관형사

(1) 정의: 체언을 꾸며주는 말(활용×)

(2) 종류

| 종류 | 개념 | 예 |
|---|---|---|
| 성상 관형사 | 명사의 성질이나 상태를 꾸며 줌 | 온갖, 새, 헌, 순(純), 주(主)...... 갖은, 외딴...... |
| 지시 관형사 | 어떤 대상을 가리킴 | 이, 그, 저, 요, 고, 조, 이런, 그런, 저런, 다른(他), 뭇, 무슨, 아무 |
| 수 관형사 | 수량을 나타냄 | 한, 두, 세(석, 서), 네(넉, 너), 몇몇, 여러, 모든, 첫, 첫째, 제일(第一), 제이(第二), 한두째, 두어째, 몇째, 여남은째 |

※ '갖은, 허튼'은 관형사이지 용언이 아니다!

## 7. 부사

(1) 정의: 체언 외를 꾸며주는 말(활용×) / 문장 부사의 경우 감탄사로 착각하는 경우가 있으므로 주의해야 한다! / '-이', '-히'가 결합하면 활용하지 못하므로 용언이 될 수 없다.

(2) 종류

| 종류 | 개념 | 의미 | 예 |
|---|---|---|---|
| 성분 부사 | 한 성분을 수식 | 성상 부사 | 오직, 바로, 겨우, 단지(但只), 유독(惟獨), 무려(無慮), 약(若), 따뜻이, 잘, 즐거이, 모두, 다 |
| | | 지시 부사 | 이리, 그리, 저리, 이리저리, 요리조리, 접때, 입때, 여태 |
| | | 부정 부사 | 못, 안(아니) |
| | | 의성 부사 | 쾅쾅, 철썩철썩 |
| | | 의태 부사 | 느릿느릿, 울긋불긋 |
| 문장 부사 | 문장 전체를 수식 | 양태 부사 | 과연, 분명히, 미상불, 어찌, 도리어, 설마 |
| | | 접속 부사 | 그리고, 그런데, 그러나, 그러니까, 하지만, 즉, 또, 또한, 및, 내지 |

※ 부사가 꾸며주는 문장 성분 파악하기: 부사와 연결되는 말을 찾아야 한다.
   예 이 고추는 아주 많이 맵다.
   : '아주 많이'는 자연스럽지만 '아주 맵다'는 부자연스럽다. 따라서 '아주'는 '많이'를 꾸밈을 알 수 있다.

## 8. 감탄사

(1) 정의: 화자의 놀람, 느낌, 부름, 응답, 입버릇 등을 나타내는 말

---

### 완전학습

1. 용언과 수식언을 구별할 수 있어야 한다.
2. 부사가 꾸며주는 성분이 무엇인지 파악할 수 있어야 한다.

**028**       2019 기상직 9급

〈보기〉의 ㉠~㉣ 중 품사가 나머지와 다른 것은?

〈보기〉
관형어는 체언 앞에서 체언의 뜻을 꾸며 주는 구실을 하는 문장 성분이다. 동사나 형용사의 관형사형, 또는 관형사 등이 문장에서 관형어로 기능한다.
㉠ 긴 이불을 팔다.     ㉡ 한 이불을 덮다.
㉢ 저 이불을 빨다.     ㉣ 새 이불을 사다.

① ㉠   ② ㉡   ③ ㉢   ④ ㉣

**029**       2018 경찰직 2차

다음 중 국어의 부사에 대한 설명으로 가장 적절하지 않은 것은?

① "그녀는 정말 많이 운다."에서 '정말'은 동사를 꾸며준다.
② "과연 그는 훌륭한 예술가로구나."에서 '과연'은 문장을 꾸며준다.
③ "영이는 아주 새 사람이 되었다."에서 '아주'는 관형사를 꾸며준다.
④ "아이는 맨 흙투성이로 집에 들어왔다."에서 '맨'은 명사를 꾸며준다.

**030**       2014 서울시 9급

다음 예문의 밑줄 친 단어 가운데 품사가 다른 하나는?

봄·여름·가을·겨울, 두루 사시(四時)를 두고 자연이 우리에게 내리는 혜택에는 제한이 없다. 그러나 그중에도 그 혜택을 가장 풍성히 아낌없이 내리는 시절은 봄과 여름이요, 그중에도 그 혜택이 가장 아름답게 나타나는 것은 봄, 봄 가운데도 만산(萬山)에 녹엽(綠葉)이 우거진 이때일 것이다.
— 이양하, 〈신록예찬〉 중에서

① 두루   ② 가장   ③ 풍성히
④ 아낌없이   ⑤ 아름답게

### 정답과 해설

**028** ① 품사 구별에 대한 문제이다. ㉠ '긴'은 형용사 '길다'의 활용형이며, 뒤에 있는 체언 '이불'을 수식하므로 관형어이다. ㉠의 '긴'만 형용사이고, ㉡~㉣의 밑줄 친 부분은 관형사이다.

**029** ① 부사는 체언 외 품사를 꾸며주는 말이다. '그녀는 정말 많이 운다.'의 '정말'은 '거짓이 없이 말 그대로'의 뜻으로 부사인 '많이'를 수식하고 있다.

**030** ⑤ 부사와 부사형 전성 어미가 붙은 용언을 구별하는 문제이다. '아름답게'의 '-게'는 부사형 전성 어미이므로 '아름답게'는 형용사 '아름답다'의 활용형이다.

## 완전학습

단어의 품사를 정확히 구별할 수 있어야 한다.

### 031
2018 2차 서울시 7급

'의존명사-조사'의 짝이 아닌 것은?

① ┌ 할 만큼 했다.
　└ 나는 밥통째 먹으리만큼 배가 고팠다.
② ┌ 들어오는 대로 전화 좀 해 달라고 전해 주세요.
　└ 네 멋대로 일을 처리하면 안 된다.
③ ┌ 10년 만에 우리는 만났다.
　└ 너만 와라.
④ ┌ 시키는 대로 할 뿐이다.
　└ 그래야 우리는 다섯뿐이다.

### 032
2013 국가직 7급

밑줄 친 단어 중 품사가 다른 것은?
① 쌍둥이도 성격이 <u>다른</u> 경우가 많다.
② 그 사람은 <u>허튼</u> 말을 하고 다닐 사람이 아니다.
③ 그는 <u>갖은</u> 양념을 넣어 정성껏 음식을 만들었다.
④ 사람의 그림자조차 보이지 않는 <u>외딴</u> 집이 나타났다.

### 033
2017 2차 국가직 9급

밑줄 친 단어의 품사가 같은 것은?
① 모두 제 <u>잘못</u>입니다.
　심판은 규칙을 <u>잘못</u> 적용하여 비난을 받았다.
② 집에 도착하는 <u>대로</u> 편지를 쓰다.
　큰 것은 큰 것<u>대로</u> 따로 모아 두다.
③ <u>비교적</u> 교통이 편리한 곳에 사무실이 있다.
　우리나라의 출산율은 <u>비교적</u> 낮은 편이다.
④ <u>이</u> 사과가 맛있게 생겼다.
　<u>이</u>보다 더 좋을 수는 없다

## 9. 품사 구별 심화

### (1) 명사와 그 외 구별

① 관형어 뒤면 의존 명사, 체언이나 조사 뒤면 조사, 그 외는 일반적으로 어미

　예) 열심히 공부할 뿐이다. vs 나에게는 너뿐이다.
　　　　　　　의명　　　　　　　　조사

　예) 너만큼 할 수 있다. vs 먹을 만큼만 덜어라.
　　　조사　　　　　　　　의명

　사람인 듯했다. vs 비가 내리듯 물이 쏟아졌다.
　　　　의명　　　　　　어미

### (2) 수사와 '수관형사, 명사' 구별

① 수사-수관형사: 수사는 조사와 결합하지만, 수관형사는 조사와 결합하지 못하고 꾸밈의 기능이 있다.

　예) 사과 하나만 줘 → 수사
　　　사과 한 개만 줘 → 수관형사
　　　농부 한둘 눈에 띌 뿐이었다. → 수사

### (3) 형용사-관형사

① 다르다-다른: '딴'으로 대체가 되면 관형사이고, 문장의 의미를 유지한 채, '다르다'의 형태로 변환할 수 있으면 형용사이다.

　예) 다른 사람은 안 왔니? → 관형사
　　　성질이 다른 물질이다. → 형용사

### (4) 부사-조사

① '같이'
　㉠ 우리 같이 가자. → 부사
　㉡ 손이 얼음장같이 차갑다. → 조사

② '보다'
　㉠ 보다 높게 뛴다. → 부사
　㉡ 너보다 내가 낫지. → 조사

---

### 정답과 해설

**031** ① '할 만큼 했다.'에서 '만큼'은 관형어 '할'의 수식을 받는 의존 명사이다. 그러나 '나는 밥통째 먹으리만큼 배가 고팠다.'에서 '-으리만큼'은 '-을 정도로'의 뜻을 나타내는 연결 어미이다.

**032** ① 해당하는 단어의 품사를 구별하는 문제이다. 해당 문장의 '다른'의 품사는 형용사로, 어간에 관형사형 전성 어미 '-ㄴ'이 결합된 형태이다. 밑줄 친 '다른'은 '딴'으로 바꿀 수 없으므로 관형사가 아니다. 나머지 '허튼, 갖은, 외딴'은 모두 관형사이다.
**오답피하기** ② '허튼'은 '쓸데없이 헤프거나 막된'의 뜻을 지닌 관형사이다. ③ '갖은'은 '골고루 다 갖춘, 또는 여러 가지의'의 뜻을 지닌 관형사이다. ④ '외딴'은 '외따로 떨어져 있는'의 뜻을 지닌 관형사이다.

**033** ③ '비교적'은 각 문장에서 형용사 '편리한, 낮은'을 수식하는 '부사'로 쓰였다.
**오답피하기** ① '모두 제 잘못입니다.'의 '잘못'은 명사이며, '심판은 규칙을 잘못 적용하여 비난을 받았다.'의 '잘못'은 부사이다. ② '집에 도착하는 대로 편지를 쓰다'의 '대로'는 의존 명사이며, '큰 것은 큰 것대로 따로 모아 두다.'의 '대로'는 조사이다. ④ '이 사과가 맛있게 생겼다.'의 '이'는 관형사이며, '이보다 더 좋을 수는 없다.'의 '이'는 대명사이다.

**(5) 의존 명사 - 대명사 - 관형사: 이, 그, 저**

① 대명사: 조사와 결합할 수 있다.
② 관형사: 조사와 결합할 수 없고, 꾸밈의 기능이 있다.
③ 의존 명사 '이': 사람을 의미한다.
   예) 강단에서 열심히 말하는 이가 누구지? → 명사
   이보다 더 좋을 수는 없다. → 대명사
   이 사람을 보라. → 관형사

**(6) 부사가 체언을 수식하는 경우: '바로, 오직, 다만, 단지, 겨우…'**

부사가 체언을 수식하는 경우가 있다. 이 경우에도 관형사가 아닌 부사로 인정된다.
① 바로: 집에 바로 가거라, 바로 뒤에 앉았다. → 부사
② 오직: 오직 공부에만 열중했다. → 부사

**(7) 접미사 '-적'**

① 명사 '-적': 조사가 결합한다.
② 관형사 '-적': 체언을 꾸며준다.
③ 부사 '-적': 체언 외를 꾸며준다.
   예) 파격적인 행동, 파격적으로 인사를 단행했다. → 명사
   비교적 쉬운 문제, 그런 일은 가급적 하지 마라. → 부사
   파격적 행동, 파격적 인사, 비교적 연구 → 관형사

---

**034** 2017 국가직 7급 1차

밑줄 친 단어가 같은 품사로 묶인 것은?

① 이것 말고 다른 물건을 보여 주세요.
   질소는 산소와 성질이 다른 원소이다.
② 나 보기가 역겨워 가실 때에는 말없이 보내 드리겠습니다.
   철수는 떡국을 떠먹어 보았다.
③ 그 사과는 크고 빨개서 먹음직스럽다.
   아이가 크면서 점점 총명해졌다.
④ 김홍도의 그림은 한국적이다.
   이 그림은 한국적 정취가 물씬 풍긴다.

**035** 2019 국가직 9급

밑줄 친 단어의 품사를 같은 것끼리 묶은 것은?

○ 쌍둥이도 서로 성격이 ㉠다른 법이다.
○ 날씨가 건조하면 나무가 잘 ㉡크지 못한다.
○ 남부 지방에 홍수가 ㉢나서 많은 수재민이 생겼다.
○ 그 사람이 농담은 하지만 ㉣허튼 말은 하지 않는다.
○ 상대에게 자유를 주는 것이 진정한 사랑이 ㉤아닐까?

① ㉠, ㉡    ② ㉡, ㉢
③ ㉢, ㉣    ④ ㉣, ㉤

---

**정답과 해설**

**034** ② '보기'는 목적어로 '나'를 취하고 있으므로 서술성을 유지하고 있다. 따라서 '보기'는 동사 '보다'의 어간에 명사형 전성 어미 '-기'가 결합한 동사의 명사형이다. '보았다'는 본용언 '떠먹어' 뒤에서 쓰인 보조 용언으로 '시험 삼아 함'을 뜻하므로 보조 동사로 볼 수 있다.

**035** ② ㉡ '크다'는 동사나 형용사로 쓰일 수 있는 단어이다. '크지'는 '자라지'로 바꿔볼 수 있으므로 '동식물의 몸의 길이가 자라다.'를 뜻하는 동사이다.
㉢ '나다'는 '홍수, 장마 따위의 자연재해가 일어나다.'를 뜻하는 동사이다.
**오답피하기** ㉠ '다른'은 관형사나 형용사의 관형사형으로 쓰일 수 있는 단어이다. '성격이 다른'은 어미를 종결 어미로 바꾸면 '성격이 다르다'로 바꿀 수 있으므로 형용사의 관형사형으로 볼 수 있다. ㉣ '허튼'은 '쓸데없이 헤프거나 막된'의 뜻을 지닌 관형사로 뒤에 오는 체언 '말'을 수식하고 있다. ㉤ '아니다'는 '(의문형으로 쓰여) 물음이나 짐작의 뜻을 나타내는 말'을 뜻하는 형용사이다.

## 완전학습

합성어와 파생어, 단일어를 구별할 수 있어야 한다.

### 036
2015 국가직 9급

( ) 안에 들어갈 말로 적절한 것은?

> '개살구', '잠', '새파랗다' 등은 어휘 형태소인 '살구', '자-', '파랑-'에 '개-', '-ㅁ', '새-'와 같은 접사가 덧붙어서 파생된 단어들이다. 이처럼 직접 구성 요소 중 접사가 확인되는 단어들을 '파생어'라고 한다. 반면, ( ) 등은 각각 실질적 의미를 지닌 두 요소가 결합하여 한 단어가 된 경우인데, 이를 '파생어'와 구분하여 '합성어'라고 한다.

① 고추장, 놀이터, 손짓, 장군감
② 면도칼, 서릿발, 쉰둥이, 장난기
③ 깍두기, 선생님, 작은형, 햇바지
④ 김치찌개, 돌다리, 시나브로, 암탉

### 037
2017 2차 국가직 9급

단어에 대한 설명으로 옳지 않은 것은?

① '바다', '맑다'는 어근이 하나인 단일어이다.
② '회덮밥'은 파생어 '덮밥'에 새로운 어근 '회'가 결합된 합성어이다.
③ '곁눈질'은 합성어 '곁눈'에 접미사 '-질'이 결합된 파생어이다.
④ '웃음'은 어근 '웃-'에 접미사 '-음'이 붙어 명사가 된 파생어이다.

## 3 단어의 형성

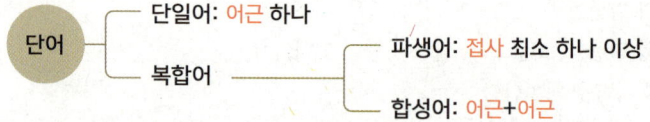

### 1. 단어의 구조

**(1) 어근과 접사의 개념**

① 어근: 실질적 의미를 나타내는 부분 / 어절 구성 ○
② 접사: 형식적 의미를 나타내는 부분. 어근에 덧붙어 새로운 의미나 문법적 기능을 나타내는 형태소. / 어절 구성 ×

**(2) 단어의 구조를 분석할 때의 주의사항**

① 어미는 없는 것(=zero)으로 보고, 단어를 2토막으로 분절한 후
  예) 하늘: 형태소 1개의 단순한 구조
  풋사과 → 풋- + 사과: 형태소 2개의 복잡한 구조

② 어근은 실질 형태소, 접사는 형식 형태소로 봐야 한다.

| 하늘 | 풋- | 사과 | 개 | 고기 |
|------|-----|------|-----|------|
| 어근 | 접사 | 어근 | 어근 | 어근 |

| 보- | -다 | 슬기 | -롭- | 다 |
|-----|-----|------|------|---|
| 어근 | × | 어근 | 접사 | × |

| 돌- | -아 | 가- | -다 | 나들이 | 옷 |
|-----|-----|-----|-----|--------|-----|
| 어근 | × | 어근 | × | 어근 | 어근 |

2순위 ③ 한자어의 경우 각각이 독립된 의미를 지닌다 하여 '등교' 같은 경우 합성어로 본다. 그러나 몇몇 한자어들은 접사로 인정되는 것들이 있다. '신여성, 신학문…', '내배엽, 내출혈…' 등의 '신(新)-', '내(內)-'는 접사로 처리되기도 한다.

### 2. 단어의 종류

**(1) 단일어:** 하나의 어근으로 이루어진 단어

**(2) 복합어:** 둘 이상의 어근이나 접사가 결합해 이루어진 단어

① 파생어: (최종 결합에서) 접사가 최소 하나 이상 존재하는 단어
② 합성어: (최종 결합에서) 어근끼리 결합한 단어

| 주의해야 하는 어근 | ① '짓'(몸을 놀려 움직이는 동작) - 손짓, 발짓 **CF.** 짓밟다<br>② '장'(간장, 된장, 고추장을 통틀어 이르는 말) - 간장, 된장, 고추장<br>③ '감'(옷을 만드는 재료, 자격을 갖춘 사람) - 장군감, 한복감 | |
|---|---|---|
| 주의해야 하는 접사 | ① '찰-'(끈기가 있고 차진) - 찰떡, 찰흙<br>② '참-'(진실하고 올바른) - 참사랑, 참뜻<br>③ '늦-'(늦은) - 늦더위, 늦잠<br>④ '설-'(충분하지 못하게) - 설익다, 설깨다 | |
| 구조를 파악하기 쉽지 않은 복합어 | ① '지붕'(집의 맨 꼭대기 부분을 씌우는 덮개) - '집+웅'<br>② '마무리'(일의 끝맺음) - '마무르+이'<br>③ '무덤'(송장이나 유골을 땅에 묻어 놓은 곳) - '묻+엄'<br>④ '마중'(사람을 맞이함) - '맞+웅'<br>⑤ '마개'(병의 아가리나 구멍 따위에 끼워서 막는 물건) - '막+애'<br>⑥ '바가지'(나무나 플라스틱으로 그와 비슷하게 만들어 물을 푸거나 물건을 담는 데 쓰는 그릇) - '박+아지' | |
| 동일한 형태의 접사와 어근 | ① '올-'(빨리 여무는) - 올벼, 올콩 | '올'(현재의 해) - 올해 |
| | ② '되-'(도로) - 되돌리다, 되살리다 | '되다'(농도가 짙다, 몹시 심하다) - 된서리 |
| | ③ '개-'(헛된, 심한) - 개죽음, 개망나니 | '개'(갯과의 포유류) - 개고기 |
| | ④ '뒤-'(마구, 반대로) - 뒤섞다, 뒤바꾸다 | '뒤'(향하고 있는 방향과 방향이 반대인 곳) - 앞뒤 |

## 정답과 해설

**036** ① 해당 문제는 합성어인 단어들을 구별하는 문제이다. '고추장', '놀이터', '손짓', '장군감'은 모두 합성어이다. '고추장'은 명사 어근 '고추'와 명사 어근 '장'이 결합하여 만들어진 합성어이다. '놀이터'는 명사 어근 '놀이'와 명사 어근 '터'가 결합하여 만들어진 합성어이다. '손짓'도 명사 어근 '손'과 명사 어근 '짓'이 결합하여 만들어진 합성어이다. '장군감'은 명사 어근 '장군'과 명사 어근 '감'이 결합하여 만들어진 합성어이다.

**037** ② '덮밥'은 파생어가 아니라 어근 '덮-'과 '밥'이 결합된 합성어이다. 따라서 '회덮밥'은 합성어 '덮밥'에 새로운 어근 '회'가 결합된 합성어로 볼 수 있다.

| ⑤ '날-'(가공하지 않은) - 날고기 | '날'(날다의 어근) - 날짐승 |
|---|---|
| ⑥ '한-'(한창인) - 한여름 | '한'(수량이 하나) - 한술 |
| ⑦ '군-'(쓸데없는, 덧붙은) - 군식구, 군소리 | '군'(굽다의 관형사형) - 군밤, 군고구마 |
| ⑧ '제-'(그 숫자에 해당되는 차례) - 제일, 제이 | '제'(3인칭 대명사 '저'의 변형, 여러) - 제아무리, 제 비용 |
| ⑨ '맨-'(다른 것이 없는) - 맨다리, 맨손 | '맨'(더 할 수 없을 정도나 경지에 있음) - 맨꼭대기 |
| ⑩ '-차'(목적) - 연구차, 인사차 | '차'(차례, 어떠한 일을 하던 기회나 순간) - 제일 차 세계 대전, 당신을 만나러 가려던 차였는데 |
| ⑪ '-순'(차례) - 도착순, 선착순, 가나다순 | '순'(돌아오는 차례) - 너의 순을 기다려라. |

※ 기출된 단어

| 개고기 | 개살구 | 개떡 | 개죽음 |
|---|---|---|---|
| 합성어 | 파생어 | 파생어 | 파생어 |
| 건널목 | 검붉다 | 바가지 | 부나비 |
| 합성어 | 합성어 | 파생어 | 합성어 |
| 마무리 | 지붕 | 풋고추 | 늦더위 |
| 파생어 | 파생어 | 파생어 | 합성어 |
| 손바닥 | 돌다리 | 부슬비 | 지우개 |
| 합성어 | 합성어 | 합성어 | 파생어 |
| 군말 | 얕보다 | 덧가지 | 짓누르다 |
| 파생어 | 합성어 | 파생어 | 파생어 |
| 논밭 | 눈치 | 밤낮 | 똥오줌 |
| 합성어 | 파생어 | 합성어 | 합성어 |
| 한겨울 | 볶음밥 | 이것 | 올벼 |
| 파생어 | 합성어 | 합성어 | 파생어 |
| 맛있다 | 톱질 | 슬픔 | 잡히다 |
| 합성어 | 파생어 | 파생어 | 파생어 |
| 접칼 | 작은아버지 | 치솟다 | 헛고생 |
| 합성어 | 합성어 | 파생어 | 파생어 |
| 김치찌개 | 어른스럽다 | 새해 | 구경꾼 |
| 합성어 | 파생어 | 합성어 | 파생어 |
| 돌보다 | 참숯 | 헌옷 | 풋과일 |
| 합성어 | 파생어/합성어 | 합성어 | 파생어 |
| 첫눈 | 먹이다 | 헛손질 | 넓이 |
| 합성어 | 파생어 | 파생어 | 파생어 |
| 낮추다 | 드높다 | 여닫다 | 사랑스럽다 |
| 파생어 | 파생어 | 합성어 | 파생어 |
| 손목 | 눈물 | 할미꽃 | 어깨동무 |
| 합성어 | 합성어 | 합성어 | 합성어 |
| 굳세다 | 날뛰다 | 잠보 | 점쟁이 |
| 합성어 | 합성어 | 파생어 | 파생어 |
| 일꾼 | 덮개 | 조용히 | 군것질 |
| 파생어 | 파생어 | 파생어 | 파생어 |
| 선생님 | 먹히다 | 거멓다 | 고프다 |
| 파생어 | 파생어 | 단일어 | 단일어 |

## 038
2018 서울시 9급

단어 형성 원리에 대한 설명으로 가장 옳은 것은?

① 형용사 '기쁘다'에 동사 파생접미사 '-하다'가 붙으면 동사 '기뻐하다'가 생성된다.
② '시누이'와 '선생님'은 접미파생명사들이다.
③ '빗나가다'와 '공부하다'는 합성동사들이다.
④ '한여름'은 단일명사이다.

## 039
2016 서울시 9급

다음 중 단어의 짜임이 <보기>와 같은 것은?

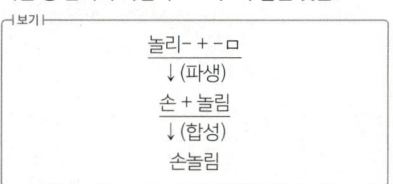

① 책꽂이
② 헛소리
③ 가리개
④ 흔들림

### 정답과 해설

**038** ① 형용사 '기쁘다'에 동사 파생접미사 '-하다'가 결합하면 동사 '기뻐하다'가 생성된다.
**오답피하기** ② '시누이'는 접두사 '시-'에 어근 '누이'가 결합한 접두파생명사이고, '선생님'은 어근 '선생'에 접미사 '-님'이 결합한 접미파생명사이다. ③ '빗나가다'는 접두사 '빗-'과 어근 '나가다'가 결합한 파생어이고, '공부하다'는 명사 어근 '공부'에 동사 파생접미사 '-하다'가 결합된 파생어이다. ④ '한여름'은 접두사 '한-'과 어근 '여름'이 결합한 파생어이다.

**039** ① <보기>의 '손놀림'은 명사 어근 '손'과 동사 '놀리다'의 어간에 명사화 접미사 '-ㅁ'이 결합한 '놀림'이 결합한 합성 명사이다. 단어의 짜임이 이와 비슷한 것은 '책꽂이'이다. 이는 명사 어근 '책'이 동사 '꽂다'의 어간에 명사화 접미사 '-이'가 결합한 '꽂이'와 결합한 합성 명사이다. 나머지 '헛소리, 가리개, 흔들림'은 모두 파생어이다.

| 맨손 | 군소리 | 풋사랑 | 시누이 |
|---|---|---|---|
| 파생어 | 파생어 | 파생어 | 파생어 |
| 빗나가다 | 새파랗다 | 바다 | 맑다 |
| 파생어 | 파생어 | 단일어 | 단일어 |
| 회덮밥 | 곁눈질 | 웃음 | 기뻐하다 |
| 합성어 | 파생어 | 파생어 | 파생어 |
| 공부하다 | 나무꾼 | 뒤엎다 | 병마개 |
| 파생어 | 파생어 | 파생어 | 합성어 |
| 엿보다 | 강마르다 | 짙푸르다 | 헛되다 |
| 파생어 | 파생어 | 합성어 | 파생어 |
| 고무신 | 새빨갛다 | 놀이 | 얽매다 |
| 합성어 | 파생어 | 파생어 | 합성어 |
| 굶주리다 | 까막까치 | | |
| 합성어 | 합성어 | | |

(3) 직접 성분 분석

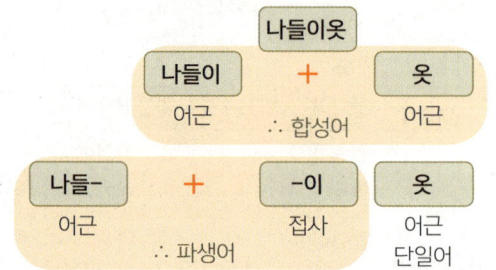

## 3. 파생어

### (1) 한정적 접사 - 지배적 접사

① 한정적 접사: 어근의 뜻만 한정하는 접사

  예) 덧신, 드높다, 장난꾸러기

② 지배적 접사: 어근의 **품사**를 바꾸는 접사 또는 **문장**의 구조(=**피사동**)를 바꾸는 접사(=이/히/리/기/우/구/추)

  예) 믿음(동사→명사), 길이(형용사→명사), 공부하다(명사→동사)
  먹히다(능동문→피동문), 먹이다(주동문→사동문)

### (2) 접두사와 접미사

① 접두사의 특징
  ㉠ 어근의 앞에 위치하여 어근의 뜻을 제한한다.
  ㉡ 어근의 품사를 바꾸지는 못한다.(한정적 접사)

② 접미사의 특징
  ㉠ 어근의 뒤에 위치한다.
  ㉡ 어근의 품사를 바꾸거나 문장 구조를 바꿀 수 있다.(지배적 접사)

### (3) 다의적 접두사

| | 의미 | 예 |
|---|---|---|
| 강- | ① 다른 것이 섞이지 않고 그것만으로 이루어진 | 강굴, 강된장, 강소주, 강밥 |
| | ② 마른, 물기가 없는 | 강기침, 강모, 강서리 |
| | ③ 억지스러운 | 강다짐, 강울음, 강호령 |
| 개- | ① 야생 상태의, 질이 떨어지는 | 개금, 개꽃, 개꿀, 개떡 |
| | ② 헛된, 쓸데없는 | 개꿈, 개수작, 개죽음 |
| | ③ 정도가 심한 | 개망나니, 개망신, 개잡놈 |
| 군- | ① 쓸데없는 | 군기침, 군말, 군불, 군살, 군소리, 군침 |
| | ② 가외로 더한, 덧붙은 | 군사람, 군식구 |
| 들-¹ | 야생으로 자라는 | 들국화, 들장미, 들깨, 들기름, 들개 |
| 들-² | 무리하게 힘을 들여, 마구, 몹시 | 들끓다, 들뛰다, 들볶다, 들쑤시다 |
| 막-¹ | ① 거친, 품질이 낮은 | 막고무신, 막과자, 막국수, 막그릇, 막담배 |
| | ② 닥치는 대로 하는 | 막노동, 막말, 막벌이, 막일 |
| | ③ 주저 없이, 함부로 | 막가다, 막거르다, 막벌다, 막살다 |
| 막-² | 마지막 | 막잔, 막차, 막판 |
| 참- | ① 진짜, 진실하고 올바른 | 참사람, 참사랑, 참뜻 |
| | ② 품질이 우수한 | 참먹, 참숯(합성어로 보기도 함) |
| | ③ 먹을 수 있는 | 참꽃, 참배 |

---

### 완전학습

1. 품사를 바꿔주는 접사, 문장 구조를 바꿔주는 접사를 구별할 수 있어야 한다.
2. 접두사의 의미 차이를 구별할 수 있어야 한다.

**040** 2007 대구 지방직 9급

어근에 접두사와 접미사가 모두 붙은 단어는?
① 헛손질  ② 맏아들
③ 새롭다  ④ 들볶다

**041** 2015 서울시 9급

다음 중 <보기>의 설명에 해당되지 않는 단어는?

<보기>
접미사는 품사를 바꾸거나 자동사를 타동사로 바꾸는 기능을 한다.

① 보기  ② 낯섦
③ 낮추다  ④ 꽃답다

**042** 2016 지방직 7급

밑줄 친 단어 가운데 품사를 바꾸어 주는 접사가 포함된 것은?
① 그 남자가 미간을 좁혔다.
② 청년이 여자의 어깨를 밀쳤다.
③ 이 말에 그만 아버지의 울화가 치솟았다.
④ 나는 문틈 사이에 눈을 대고 바깥을 엿보았다.

**043** 2017 국가직 9급 1차

밑줄 친 접두사가 한자에서 온 말이 아닌 것은?
① 강염기  ② 강타자
③ 강기침  ④ 강행군

---

### 정답과 해설

**040** ① 해당 문제는 단어 안의 접두사와 접미사를 찾아내는 문제이다. '헛손질'은 '보람 없는'의 뜻을 더하는 '헛-'과 명사 어근 '손'과 '그 신체 부위를 이용한 어떤 행위'의 뜻을 더하는 접미사인 '-질'이 결합한 파생어이다.

**041** ② 해당 문제는 접미사와 타 성분을 구별하는 문제이다. 접미사는 어근의 뒤에 위치하여 어근의 품사를 바꾸거나 문장 구조를 바꾸는 기능을 한다.
'낯섦'은 형용사 '낯설다'의 어간 '낯설-'에 명사형 전성 어미 '-ㅁ'이 결합된 것으로 '낯섦'의 품사는 '낯설다'와 마찬가지로 형용사이기 때문에 <보기>의 설명에 나온 접미사가 사용되었다고 볼 수 없다.

**042** ① 해당 문제는 접사의 종류를 구별하는 문제이다. 보통 품사를 바꾸어주는 지배적 접사는 접미사이므로, 접미사가 쓰인 단어 중에서 정답을 골라야 한다. '좁다'라는 형용사가 사동 접미사 '-히-'가 붙으면서 '좁히다'라는 동사로 바뀌었으므로 '-히-'를 품사를 바꾸어주는 접사로 볼 수 있다.

**043** ③ '강기침'은 마른기침을 뜻하는 단어로, 이 뜻을 고려할 때 '강-'은 '마른' 또는 '물기가 없는'의 뜻을 더하는 접두사임을 알 수 있다. 다른 단어들의 '강(强)-'은 '매우 센' 또는 '호된'을 뜻하는 접두사이다.

## 완전학습

1. 대등, 종속, 융합 합성어를 구별할 수 있어야 한다.
2. 통사적 합성어와 비통사적 합성어를 구별할 수 있어야 한다.

### 044  2013 기상직 9급 변형
다음 중 비통사적 합성어에 해당하는 것은?
① 작은형  ② 철들다
③ 부슬비  ④ 힘쓰다

### 045  2016 지방직 9급
비통사적 합성어로만 묶인 것은?
① 열쇠, 새빨갛다
② 덮밥, 짙푸르다
③ 감발, 돌아가다
④ 젊은이, 가로막다

### 046  2013 국가직 9급 변형
다음 중 종속 합성어에 해당하는 것은?
① 손발  ② 논밭
③ 책가방  ④ 연세

## 4. 합성어

어근끼리 결합한 복합어를 합성어라 한다.

### (1) 합성어의 의미 관계

① **대등** 합성어: 어근의 의미 관계가 대등한 것. 수식하는 관계×
　예) 앞뒤, 똥오줌, 논밭, 마소
② **종속** 합성어: 한 어근이 다른 어근의 의미에 종속되어 있는 것. 수식하는 관계○
　예) 도시락밥, 돌다리, 국밥
③ **융합** 합성어: 기존의 의미 외에 새로운 의미가 더해지는 것
　예) 연세(年歲), 산수(山水), 춘추(春秋), 광음(光陰), 돌아가다

### ✓ 연습문제

'책가방'의 의미 관계는?
**종속 합성어**

### (2) 통사적 합성어 – 비통사적 합성어

① **통사적** 합성어: 합성어의 배열 관계가 우리말 통사적 구성과 일치하는 합성어
　예) 집안, 마소, 새마을, 첫사랑, 늙은이, 잘나다, 열쇠, 얼룩소
② **비통사적** 합성어: 합성어의 배열 관계가 우리말 통사적 구성과 일치하지 않는 합성어
　㉠ **관형사형 전성**어미가 생략된 경우
　　예) 검버섯, 접칼, 꺾쇠, 덮밥
　㉡ **용언의 연결**어미가 생략된 경우
　　예) 굳세다, 날뛰다, 오르내리다, 굶주리다
　㉢ **부사**와 체언이 직접 연결된 경우
　　예) 부슬비, 산들바람, 오랫동안, 척척박사, 촐랑새, 살짝곰보

### (3) 합성어와 구(句), 절(節)

어근끼리의 결합으로 새로운 **의미**가 추가되거나 오랫동안 그렇게 써온 **관습**이 인정되는 단어는 합성어로 처리한다. 단 후자의 경우에는 암기가 필요하다.
① 문이 작은 집 → **구**
② 이번 명절에는 작은집에서 모이기로 했다. → **합성어**
③ 그는 안절부절못했다. → **합성어**

---

## 정답과 해설

**044** ③ 해당 문제는 통사적 합성어와 비통사적 합성어를 구별하는 문제이다. '부슬비'는 부사 어근 '부슬'과 명사 '비'가 결합된 비통사적 합성어이다.
**오답피하기** ① '작은형'은 형용사 '작다'의 관형사형 '작은'과 명사 어근 '형'이 결합된 통사적 합성어이다. ② '철들다'는 주어 '철'과 서술어 '들다'가 결합된 통사적 합성어이다. ④ '힘쓰다'는 명사 목적어 '힘'과 서술어 '쓰다'가 결합된 통사적 합성어이다.

**045** ② 해당 문제는 비통사적 합성어를 구별하는 문제이다. '덮밥'은 동사 '덮다'의 어간 '덮-'과 명사 어근 '밥'이 관형사형 전성 어미 없이 결합한 것이므로 비통사적 합성어이고, '짙푸르다'도 형용사 '짙다'와 '푸르다'가 연결 어미 없이 결합되었으므로 비통사적 합성어이다.
**오답피하기** ① '열쇠'는 동사 '열다'의 관형사형 '열'과 명사 어근 '쇠'가 결합한 통사적 합성어이며, '새빨갛다'는 '매우 짙고 선명하게'의 뜻을 더하는 접두사 '새-'와 형용사 '빨갛다'가 결합한 파생어이다. ③ '감발'은 동사 '감다'의 어간 '감-'과 명사 어근 '발'이 결합한 비통사적 합성어이나, '돌아가다'는 동사 '돌다'와 '가다'가 연결 어미 '-아'로 결합되어 있는 통사적 합성어이다. ④ '젊은이'는 형용사 '젊다'의 관형사형 '젊은'과 의존명사 어근 '이'가 결합한 통사적 합성어이며, '가로막다'는 '왼쪽에서 오른쪽의 방향으로, 또는 옆으로 길게'의 뜻을 지닌 부사 어근 '가로'와 동사 '막다'가 결합한 통사적 합성어이다.

**046** ③ 해당 문제는 대등 합성어, 종속 합성어, 융합 합성어를 구별하는 문제이다. '책가방'은 어근 '책'과 '가방'의 결합으로, 어근 '책'이 '가방'의 의미에 종속되어 있어서, '가방'이 중심 의미가 되므로 종속 합성어로 볼 수 있다.

# 제 3 장 • 문장론

## 1 문장론의 문법 단위

### 1. 문장 성분

(1) 문장 성분의 정의와 특징
  ① 문장 성분: 어절의 종류

(2) 문장 성분의 종류
  ① 주성분: 문장을 이루는데 필수적으로 필요한 문장 성분.
    ㉠ 주어: 문장의 주체를 나타내는 문장 성분.
      ※ '서', '에서'와 결합한 주어
        예) 셋이서 길을 나섰다, 이번에는 우리 학교에서 우승을 했다.  cf) 이번에는 학교에서 축구하자.
          → '이/가'로 대체 가능. ∴ 주어                              → 부사어
    ㉡ 서술어: 주어를 서술하는 말.
      ※ '본용언＋보조용언'은 하나의 서술어로 본다.
        예) 밥을 다 먹어 버렸다. → 서술어 1개
             본용언  보조용언
    ㉢ 목적어: 동작의 대상이 되는 문장 성분. '을/를'로 대체가 가능하다.
        예) 철수가 영희를 사랑한다, 아기가 우유는 마신다.
    ㉣ 보어: 보충해 주기 위한 문장 성분. '되다, 아니다' 앞에 '이/가'가 결합한 것만 인정.
        예) 물이 얼음이 되었다. → 보어
             물이 얼음으로 되었다. → 부사어
  ② 부속 성분: 주성분을 수식하는 문장 성분.
    ㉠ 관형어: 체언을 수식하는 문장 성분.
        예) 멋진 집
    ㉡ 부사어: 체언 이외를 수식하는 문장 성분.
        예) 우리가 이 대회에서 우승을 한 것은 우연이 아니다.
  ③ 독립 성분: 문장 구성과 직접적인 관련 없는 문장 성분.
    ㉠ 독립어: 다른 성분과 긴밀한 관계없이 독립적으로 쓰이는 문장 성분.
        예) 오, 이제 왔니? / 영희야, 어디에 있었느냐?

(3) 주의해야 할 문장 성분 파악
  ① 격조사 생략: 문장 흐름에 적절한 격조사로 대체해 보자.
      예) 콜라나 마시자! / 시원한 곳으로는 학교도 있다.
           목적어              주어
          이 책은 아직까지 내가 읽은 적이 없다. → 목적어
  ② 주어와 보어 구별: 주어와 보어는 구별이 쉽지 않다. 이를 항상 주의하자.
      예) 동네에 있는 것은 산이 아니다. / 바위가 많은 산이 동네에 있다.
                          보어                        주어
  ③ '에서'와 문장 성분 구별: 주격조사 '이/가'로 대체될 수 있으면 주어, 그렇지 못하면 부사어가 된다.
      예) 어느 학교의 동창회에서 있었던 일이다. → 부사어
           정부에서 실시한 조사 결과가 여기 있다. → 주어
  ④ 명사로만 이루어진 관형어
      '집 안'에서 '집'과 같이 명사 그 자체만으로 관형어가 될 수 있음에 유의한다.

※ 필수적으로 구별해야 하는 문장 성분
  • 그는 나에게 맹물만 주었다.                    → 목적어
  • 그 사람 말은 사실도 아니었다.                  → 보어
  • 정부에서 실시한 조사 결과가 여기 있다.         → 주어
  • 우리가 사고를 미연에 방지하지 못했다.          → 부사어
  • 그런 춤은 아무도 못 춘다.                      → 목적어
  • 이번 대회는 우리 학교에서 열린다.              → 부사어
  • 고향의 사투리까지 싫어할 이유는 없었다.        → 목적어

---

## 완전학습

1. '에서', '이/가'가 결합한 성분의 종류를 구별하자.
2. 격조사가 없는 성분의 종류를 구별하자.

### 001                                      2015 국가직 7급
밑줄 친 부분의 문장 성분이 다른 것은?
① 어느 학교의 동창회에서 있었던 일이다.
② 손에 익은 연장이라서 일이 빨리 끝나겠다.
③ 정부에서 실시한 조사 결과가 드디어 발표되었다.
④ 그 고마운 마음에 보답하고자 편지를 드리려고 합니다.

### 002                                      2012 국가직 7급
다음 예문에서 밑줄 친 문장 성분을 잘못 파악한 것은?

> ○ 그녀는 ㉠아름다운 꽃을 품에 ㉡가득 안고 왔다.
> ○ 하루 종일 ㉢비가 왔다. ㉣다행히도 마음만은 즐거웠다.

① ㉠: 관형어      ② ㉡: 부사어
③ ㉢: 주어        ④ ㉣: 독립어

### 003                                      2013 서울시 기술직
다음 밑줄 친 단어 중 문장 성분이 다른 하나는?
① 동네에 있는 것은 산이 아니다.
② 바위가 많은 산이 동네에 있다.
③ 철수가 사는 고장에는 산도 많이 있구나.
④ 산조차 아름답다니, 이 동네는 정말 좋다.
⑤ 산이 있는 곳에 살고 싶다.

### 004                                      2015 교육행정직 9급
밑줄 친 부분이 주성분이 아닌 것은?
① 그는 나에게 맹물만 주었다.
② 그 사람 말은 사실도 아니었다.
③ 우리가 사고를 미연에 방지하지 못했다.
④ 정부에서 그 일을 적극적으로 추진하고 있다.

### 정답과 해설

**001** ③ '정부에서'는 주어이다. 이는 '에서'를 '이/가'로 고치더라도 문장의 흐름이 자연스럽다는 점에서 알 수 있다. 다른 선택지의 밑줄 친 말은 부사어이다.

**002** ④ ㉣은 '마음만은 즐거웠다'라는 문장 전체를 수식하는 부사어의 역할을 한다.

**003** ① 다른 선택지는 모두 주어이나, '동네에 있는 것은 산이 아니다.'의 '산이'는 보격 조사 '이'가 사용된 보어이다. 서술어 '되다, 아니다'가 사용된 문장에는 보격 조사 '이/가'가 사용된 보어가 존재하므로 주의해야 한다.

**004** ③ '미연에'는 부사격 조사 '에'가 사용되었으므로 부사어이다.

## 완전학습

1. 서술어 자릿수를 세는 법을 터득하자.
2. 필수적 부사어와 수의적 부사어의 차이를 이해하자.

### 005
2016 서울시 7급

다음 중 서술어의 자릿수를 잘못 제시한 것은?
① 우정은 마치 보석과도 같단다. → 두 자리 서술어
② 나 엊저녁에 시험 공부로 녹초가 됐어. → 두 자리 서술어
③ 철수의 생각은 나와는 아주 달라. → 세 자리 서술어
④ 원영이가 길가 우체통에 편지를 넣었어. → 세 자리 서술어

### 006
2018 2차 서울시 7급

밑줄 친 부사어의 문장 내에서의 역할이 나머지 셋과 가장 다른 것은?
① 고기가 까맣게 탔다.
② 비겁하게 굴지 마라.
③ 두 사람은 격렬하게 싸웠다.
④ 이 술은 시원하게 마셔야 맛있다.

---

(4) 서술어 자릿수
　① 정의: 온전한 문장이 되기 위해서 서술어가 필요로 하는 필수적 문장 성분의 개수
　　㉠ 새가 날아간다. → 한 자리
　　㉡ 그는 연극을 보았다. → 두 자리
　　㉢ 할아버지께서는 우리들에게 세뱃돈을 주셨다. → 세 자리
　② 서술어 자릿수를 세는 법
　　㉠ 서술어를 제외한 필수적인 문장 성분(주어, 목적어, 보어, 필수적 부사어)의 개수를 센다.
　　㉡ 일반적인 관형어나 부사어는 서술어 자릿수에 포함되지 않는다.
　　　※ 일반적으로 수여 행위와 관련된 동사의 서술어 자릿수는 세 자리이다.
　③ 필수적 부사어: 서술어 자릿수에 포함시킨다.(처소×, 원인×, 방향성○, 생략 불가능○)
　　㉠ 우정은 보석과 같다. → 두 자리
　　㉡ 할아버지께서는 우리들에게 세뱃돈을 주셨다. → 세 자리
　　㉢ 어제 시험 공부로 녹초가 됐어. → 두 자리
　　㉣ 그는 편지를 우체통에 넣었다. → 세 자리
　④ 의미에 따른 서술어 자릿수의 변화: 다의어의 경우, 문맥적 의미에 따라 서술어 자릿수가 달라질 수 있다.
　　예 그는 수학적 지식을 잘 안다(→ 두 자리)
　　　그는 그녀를 이모로 알았다(→ 세 자리)
　　　날이 밝다(→ 한 자리), 그는 세상 물정에 밝았다(→ 두 자리)

## 2. 구(句)와 절

(1) 구(句): 둘 이상의 단어가 모인 것. 일반적으로 중심이 되는 말의 품사를 따름.

예
| 고작 다섯 | 사람만 |
|---|---|
| 관형사구 | |
| 명사구 | |

| 예쁜 꽃이 | 많이 피었다. |
|---|---|
| 명사구 | 동사구 |

(2) 절(節): 주어, 서술어를 갖추었으나 독립하여 쓰이지 못하고 문장의 한 성분처럼 쓰이는 것을 말한다. 일반적으로 절은 형용사, 동사, 서술격 조사 '이다'처럼 활용할 수 있는 단어와 밀접한 관련이 있음.
　예 많은 학생이 등교한다. / 그림 그리기가 쉽지 않다.
　　　관형절　　　　　　　　　명사절

## 3. 문장

(1) 정의: 생각이나 감정 등 완결된 내용을 나타내는 최소의 단위

(2) 문장 종결 표지: ? ! .

(3) 문장의 구성: 주어부 + 서술부
　예 나는 + 학생이다. / 많은 사람이 + 집으로 향한다.
　　　주어부　서술부　　　주어부　　　　서술부

---

### 정답과 해설

**005** ③ '철수의 생각은 나와는 아주 달라.'의 '다르다'는 '나는 너와 다르다.'에서처럼 주어와 필수적 부사어를 요구하는 두 자리 서술어이다. 해당 문장도 '철수의(관형어) 생각은(주어) 나와는(필수적 부사어) 아주(부사어) 달라(서술어).'의 구조이므로, '다르다'가 두 자리 서술어로 쓰였다.

**006** ② 해당 문장의 '비겁하게'는 생략할 경우 문장의 의미가 온전해지지 않아 생략할 수 없는 '필수적 부사어'이다. 반면, 다른 문장들의 밑줄 친 부사어는 생략해도 온전한 문장이 성립되는 수의적 부사어이다.

## 2 문장의 종류

### 1. 문장의 종류

(1) 홑문장과 겹문장

① 홑문장: **1**개의 **절**로 이루어진 문장
- 예) 나는 집으로 갔다. / 철수는 영수와 닮았다.

② 겹문장: **2**개 이상의 **절**로 이루어진 문장. 두 개 이상의 문장으로 분리해 낼 수 있음.
- 예) 그림 그리기가 어렵다.

　　예쁜 꽃이 피었다.

　　비행기가 빠르게 날아간다.

　　영희는 "네가 잘못했다"라고 철수에게 말했다.

　　코끼리는 코가 길다.

　　하늘은 맑고, 땅은 넓다.

　　비가 와서, 땅이 질다.

### ♂ 내용 정리

- **문장의 종류를 찾을 때 주의 사항**
  : 일반적으로 서술성이 있는 것(=활용 가능+'-이'가 결합한 부사)의 개수만큼 절 존재
  - 예) 그녀는 소리도 **없이** 떠났다. → 서술성이 있는 부사절, 품사는 부사로 활용하지는 못함

- ① **서술절 vs 보어가 있는 문장**
  - 예) 그는 학생이 아니다. → **홑문장**  vs  그는 시간이 많다. → **겹문장**

- ② 대칭 용언과 접속 조사
  - ㉠ '와/과' 등 **접속** 조사가 사용된 문장은 두 개의 문장으로 분리가 가능하다. 따라서 **접속** 조사가 쓰인 문장은 **겹**문장으로 처리된다.
    - 예) 내가 수박과 사과를 샀다. → 내가 수박을 샀다.(○) / 내가 사과를 샀다.(○)
  - ㉡ 대칭 용언: 대칭 용언의 '와/과'의 경우 **홑문장**으로 처리한다.
    - 예) 영희는 철수와 닮았다. → 영희는 닮았다.(×) / 철수는 닮았다.(×)
    - 선화와 은주가 함께 만났다. → 선화가 함께 만났다.(×) / 은주가 함께 만났다.(×)

- ③ 본-보조 용언과 홑문장
  본-보조 용언은 하나의 서술어로 인정된다. 본-본용언이 나타난 문장은 **겹**문장이 된다.
  - 예) 밥을 다 먹어 버렸다. → **홑문장**
    　　　　본용언+보조 용언
    생선을 쪄 먹었다. → **겹문장**
    　　본용언+본용언

### ✓ 연습문제

'철수는 불어와 영어와 독어를 할 줄 안다'는 홑문장일까 겹문장일까?
**겹문장**

---

### 🔖 완전학습

1. 절은 곧 서술성을 지닌 것임을 이해하자.
2. 서술절이 안긴 문장을 구별하자.
3. '와/과'가 있는 문장의 종류를 구별하자.
4. 본-보조 용언이 있는 문장을 구별하자.

**007**　　　　　　　　　　　　　　　2006 경북 소방직

다음 중 겹문장이 아닌 것은?
① 철수와 영희 둘이서 오늘 약혼했다.
② 코끼리는 코가 길다.
③ 철수는 밥을 먹었고, 순이는 차를 마셨다.
④ 엄마에게 기분이 좋은 일이 생겼다.

**008**　　　　　　　　　　　　　　　2015 경찰직 1차 변형

다음 중 문장의 유형이 나머지 셋과 다른 것은?
① 그는 큰 차를 샀다.
② 나는 그 책을 읽고 싶다.
③ 토끼는 앞발이 짧다.
④ 나는 기차가 떠났음을 알았다.

**009**　　　　　　　　　　　　　　　2016 국가직 9급

안긴문장이 주성분으로 쓰이지 않은 것은?
① 그 학교는 교정이 넓다.
② 농부들은 비가 오기를 학수고대했다.
③ 아이들이 놀다 간 자리는 항상 어지럽다.
④ 대화가 어디로 튈지 아무도 몰랐다.

### 🔖 완전학습

안은-안긴 문장과 종속적으로 이어진 문장을 구별하자.

**010**　　　　　　　　　　　　　　　2014 서울시 9급

다음 예문 중 문장 구조가 다른 하나는?
① 철수는 그 예쁜 소녀가 자꾸 생각났다.
② 농부들은 비가 오기를 고대했다.
③ 봄이 되니까 온 강산에 꽃이 가득 피었다.
④ 돌이는 지금이 중요한 때임을 직감했다.
⑤ 철수는 김 선생님이 돌아가셨다고 말했다.

### 정답과 해설

**007** ① '철수'와 '영희' 중 하나라도 빠지게 되면 문장이 어색해지므로 '와'는 부사격 조사이다. 따라서 '철수와 영희 둘이서 오늘 약혼했다.'는 여러 문장으로 쪼갤 수 없는 홑문장이다.

**008** ② '읽고 싶다'는 '본용언-보조 용언'의 관계이다. 이러한 '본용언-보조 용언'의 서술어는 하나의 서술어로 본다. 따라서 ②번은 홑문장이다.

**009** ③ 안긴문장이 주성분(주어, 목적어, 보어, 서술어)으로 쓰이지 않은 문장을 찾는 문제이다. '아이들이 놀다 간 자리는 항상 어지럽다.'에 안긴문장은 관형절인 '아이들이 놀다간'이다. 이는 '자리'라는 명사를 수식하고 있으므로 관형어의 역할을 한다. 관형어는 주성분을 수식하는 부속 성분이므로, 해당 문장은 안긴문장이 주성분으로 쓰이지 않았다.

**010** ③ 겹문장은 이어진 문장과 안은문장으로도 나뉜다. ③번은 종속적으로 이어진 문장으로, '봄이 되다.'와 '온 강산에 꽃이 피다.'라는 두 문장이 종속적 연결 어미 '-니까'를 사용하여 연결되었다. 나머지 선택지는 안은문장이다.

## 완전학습

동격 관형절과 관계 관형절을 구별하자.

### 011
2017 서울시 사회복지직 9급

다음 예문 중에서 관형절의 성격이 다른 하나는?

① 비가 오는 소리가 들린다.
② 철수는 새로 맞춘 양복을 입었다.
③ 나는 길에서 주운 지갑을 역 앞 우체통에 넣었다.
④ 윤규가 지하철에서 만났던 사람은 의사이다.

### 012
2016 경찰 1차

다음 중 문장의 구성이 다른 것은?

① 꽃이 피는 봄이 되었다.
② 재물을 보기를 돌같이 하라.
③ 누나가 시험에 합격했음을 알렸다.
④ 운동을 매일 하는데도 건강이 안 좋다.

## 완전학습

대등하게 이어진 문장과 종속적으로 이어진 문장을 구별하자.

### 013
2016 교육행정직 7급

대등하게 이어진 문장은?

① 동주는 그 글을 읽고서 생각이 달라졌다.
② 밤이 새도록 학생들은 토론을 계속하였다.
③ 날씨가 풀리면서 여기저기 물웅덩이가 생겨났다.
④ 소금은 물에 잘 녹지만 휘발유에는 잘 녹지 않는다.

## 2. 안긴문장-안은문장

### (1) 안긴문장의 종류

① **명사절로 안긴문장**: 명사처럼 기능하는 절
　예) 그가 천재임이 드러났다. / 밥을 빨리 먹기가 어렵다.

② **관형절로 안긴문장**: 관형어처럼 기능하는 절
　※ 피수식어가 관형절 내에서 어떤 문장 성분인지 묻는 문제가 출제될 수 있다.
　　예) 이건 내가 어제 읽은 책이다.
　　　　→ 관형절 내에서 **목적**어
　　많은 사람들이 거리에 있다.
　　　　→ 관형절 내에서 **주**어
　　우리가 만난 공원에서 축제가 열렸다.
　　　　→ 관형절 내에서 **부사**어

2순위
　㉠ **동격** 관형절: 관형절 내 생략된 문장 성분이 없는 경우. 관형절을 '~**다**' 형태로 바꾸어도 문장이 성립한다.
　㉡ **관계** 관형절: 관형절 내 생략된 문장 성분이 있는 경우. 피수식어가 관형절의 적절한 문장 성분이 된다.
　　예) 이건 내가 어제 읽은 책이다. / 그가 학생인 사실이 밝혀졌다.
　　　　　관계　　　　　　　　　　　동격

③ **부사절로 안긴문장**: **부사어**처럼 기능하는 절
　예) 비행기가 빠르게 날아간다.
　※ 부사 파생 접사 '-이'가 결합된 부사절
　　예) 비가 소리도 없이 내린다.

④ **서술절로 안긴문장**: '**주어+주어+서술어**' 구성으로 되어 있다면 뒤의 '주어+서술어'는 **서술**절이다.
　예) 비행기가 속도가 빠르다.　　cf) 철수는 학생이 아니다.

⑤ **인용절로 안긴문장**: 조사 '**고**'-'는', '**라고**'-'라는'이 결합한 절. 직접 인용에는 '**라고**', 간접 인용에는 '**고**'가 결합한다.
　예) 우리는 그가 죄를 지었다고 판단했다.
　　영희가 나에게 "이렇게 멋질 수가 없다!"라고 말했다.

## 3. 이어진 문장

### (1) 이어진 문장의 종류

① **대등하게 이어진 문장**: **등위 접속** 관계(교호성 ○)
② **종속적으로 이어진 문장**: 앞뒤 절이 **등위 접속** 관계가 아니게 연결된 문장(교호성 ×)
　예) 철수는 밥을 먹고, 영희는 간식을 먹는다. **대등**
　　집에 가려고 책가방을 쌌다. **종속**
　　내가 일찍 일어나서 아버지께 칭찬받았다. **종속**
　　철수는 밥을 먹으나, 영희는 밥을 굶는다. **대등**
　　철수는 노래를 부르며 춤을 춘다. **대등**
　　배를 먹든지, 사과를 먹든지 내키는 대로 먹어라. **대등**
　　착하게 살면 인생이 충만해진다. **종속**
　　※ 교호성이란? 앞뒤 절의 위치를 바꾸었을 때 의미가 유지되는 성격

### ♻ 보충 설명

학교 문법에서는 부사절을 안은문장과 **종속적으로 이어진** 문장이 절의 위치에 따라서 구분된다고 본다.
　예) 비가 소리도 없이 내린다. → **부사절을 안은문장**
　　소리도 없이 비가 내린다. → **종속적으로 이어진 문장**

## 정답과 해설

**011** ① 관형절의 종류를 구별하는 문제이다. 다른 선택지의 관형절은 생략된 문장 성분으로 관형절의 피수식어를 사용할 수 있는 관계 관형절이다. 하지만 '비가 오는 소리가 들린다.'의 '비가 오는'은 생략된 문장 성분이 없고, 그 자체로 '비가 오다'라는 완결된 문장을 만들 수 있으므로 동격 관형절이다.

**012** ④ '운동을 매일 하는데도 건강이 안 좋다.'는 이어진 문장이다. '운동을 매일 한다.'와 '건강이 안 좋다.'라는 두 문장이 연결 어미 '-는데'와 보조사 '도'로 연결된 이어진 문장이다. 또한 선후절의 순서를 바꾼 '건강이 안 좋은데도 운동을 매일 한다.'는 원래 문장과 의미가 다르므로 이 문장은 종속적으로 이어진 문장이다. 나머지 선택지의 문장은 모두 안은문장이다.

**013** ④ '소금은 물에 잘 녹지만 휘발유에는 잘 녹지 않는다.'는 '소금은 물에 잘 녹는다.'와 '소금은 휘발유에는 잘 녹지 않는다.'라는 상반된 내용의 두 문장이 연결 어미 '-지만'으로 연결된 이어진 문장이다. 이는 '소금은 휘발유에는 잘 녹지 않지만 물에는 잘 녹는다.'로 선후절의 순서를 바꾸어도 문장의 뜻이 달라지지 않는 대등하게 이어진 문장이다.

## 3 문법 요소

### 1. 문장 종결 표현

(1) 평서문
  ① 정의: 화자의 생각을 평범하게 서술하는 문장 종결 표현

(2) 의문문
  ① 정의: 화자가 청자에게 질문을 하는 문장 종결 표현
  ② 종류: 화자가 원하는 청자의 대답 유형에 따라서 판정 의문문, 설명 의문문, 수사 의문문으로 나누어진다.
    ㉠ 판정 의문문: '네, 아니요'로 대답할 수 있는 의문문
    ㉡ 설명 의문문: '네, 아니요'로 대답할 수 없고, 청자의 설명을 요구하는 의문문
    ㉢ 수사 의문문: 대답을 요구하지 않고, 자신의 느낌이나 생각, 의도를 강조하기 위한 의문문
      예) 그는 어떤 색깔의 옷을 입었니? → 설명
          어제 일찍 잤니? → 판정
          우리 여행 가서 정말 재미있었지? → 수사
          어서 빨리 대답하지 못해? → 수사

**보충 설명**

"너 밥 먹었니?" / "나는 아침을 굶진 않지."
위의 대화에서 나타난 의문문은 판정 의문문이다.

(3) 명령문
  ① 정의: 청자에게 무엇을 시키거나 어떤 행동을 요구하는 종결 표현
  ② 특징
    ㉠ 간접 인용절로 쓰일 때에는 종결 어미가 '-(으)라'로 바뀐다.
      예) 빨리 밥을 먹어라. → 빨리 밥을 먹으라고 한다.
    ㉡ 부탁이나 요청 등도 어떤 행동을 요구하는 것이므로 명령문에 해당한다.
      예) 이것 좀 옮겨 주세요. / 이것 좀 드십시오.
    ㉢ 형용사에는 쓸 수 없다.
      예) 너는 느려라!(×)

(4) 청유문
  ① 정의: 청자에게 같이 행동할 것을 요청하는 문장
    예) 모두 같이 가세. → 청유형 종결 어미
  ② 특징: 상황에 따라 함께 행동하지 않는 경우도 있다.
    예) 우리 아리 약 좀 먹자. → 청자만 행동하는 의미로 쓰였다.
        좀 조용히 합시다. → 청자만 행동하는 의미로 쓰였다.
        밥 좀 먹읍시다. → 화자만 행동하는 의미로 쓰였다.

(5) 감탄문
  ① 정의: 화자가 자신의 느낌을 표현한 종결 표현
    ※ 직접 발화-간접 발화: 표현과 의도가 일치할 경우 직접 발화, 그렇지 않을 경우 간접 발화라고 한다.
      예) 더운데 창문 좀 열어라 → 직접 발화
          (늦게 온 아들에게) 너 지금 시간이 몇 신 줄 알아? → 간접 발화

---

**완전학습**

1. 청유문의 특성을 이해하자.
2. 직접 발화와 간접 발화를 구별하자.

**014** 2014 사회복지직 9급
밑줄 친 부분에 해당하는 표현으로 옳은 것은?

청유문은 화자가 청자에게 같이 행동할 것을 요청하는 문장이다. 즉, 청유문은 청유형 어미 '-자', '-(으)ㅂ시다' 등이 붙는 서술어의 행동을 화자와 청자가 공동으로 하도록 유발하는 것이다. 그러나 간혹 청자만 행하기를 바라거나 화자만 행하기를 바랄 때에도 쓰인다.

① (반장이 떠드는 친구에게) 조용히 좀 하자.
② (식사를 먼저 마친 사람들이 귀찮게 말을 걸 때) 밥 좀 먹읍시다.
③ (회의에서 논의가 길어질 때) 이 문제는 나중에 다시 다루도록 합시다.
④ (같은 반 친구에게) 영화표가 두 장 생겼어. 오늘 나와 같이 보러 가자.

**015** 2018 교육행정직 9급
청유형 종결 어미가 포함된 것은?
① 이따가 가세.
② 자리에 앉아라.
③ 자네 이것 좀 먹게.
④ 옷이 무척 예쁘구려.

**016** 2018 지방직 9급 변형
다음 중 간접 발화로 보기 어려운 것은?
① (친한 사이에서 돈을 빌릴 때) 돈 가진 것 좀 있니?
② (창문을 열고 싶을 때) 얘야, 방이 너무 더운 것 같구나.
③ (갈림길에서 방향을 물을 때) 김포공항은 어느 쪽으로 가야 합니까?
④ (선생님이 과제를 내주고 독려할 때) 우리 반 학생들은 선생님 말씀을 아주 잘 듣습니다.

**정답과 해설**

**014** ② ②번 문장은 이미 식사를 마친 사람들에게 말하는 것이므로, 화자인 '나'가 밥을 먹겠다는 내용을 전달하는 문장이다.

**015** ① '-세'는 하게체의 어떤 행동을 함께 하자는 뜻을 나타내는 청유형 종결 어미이다.

**016** ③ ③번의 질문은 김포공항의 방향에 대한 답을 요구하는 의문문이라는 문장의 유형과 '방향'을 묻는 발화의 의도가 일치하기 때문에 '직접 발화'의 예에 해당한다.

## 완전학습

1. 높임법의 종류를 구별하자.
2. 잘못된 간접 높임말을 구별하자.

### 017 · 2017 지방직 9급
"숙희야, 내가 선생님께 꽃다발을 드렸다."의 문장을 다음 규칙에 따라 옳게 표시한 것은?

> 우리말에는 주체 높임, 객체 높임, 상대 높임 등이 있다. 주체 높임과 객체 높임의 경우 높임은 +로, 높임이 아닌 것은 －로 표시하고 상대 높임의 경우 반말체를 －로, 해요체를 ＋로 표시한다.

① [주체－], [객체＋], [상대－]
② [주체＋], [객체－], [상대＋]
③ [주체－], [객체＋], [상대＋]
④ [주체＋], [객체－], [상대－]

### 018 · 2009 서울시 7급
다음 존대법의 사례 중 객체 높임법에 해당하지 않는 것은?

① 말하다 → 여쭈다
② 보다 → 뵙다
③ 주다 → 드리다
④ 자다 → 주무시다
⑤ 데려가다 → 모시고 가다

### 019 · 2018 1차 서울시 7급
높임법이 가장 옳지 않은 것은?

① 부장님의 따님은 집에 계신가요?
② 담임 선생님은 키가 굉장히 크시다.
③ 할아버지, 지팡이가 아주 멋지세요.
④ 선생님, 비가 오는데 우산 있으세요?

### 020 · 2019 경찰직 1차 >>
높임법(존대법) 표현으로 가장 적절하지 않은 것은?

① 할머니께서는 항상 북녘을 바라보며 여기에 앉아 계셨습니다.
② 이제는 꽃가마에 누워 저 멀리 가십니다.
③ "할머니! 아버지도 그 뜻을 압니다!"
④ 할머니의 유지가 이곳에 머물러 계십니다.

---

### 정답과 해설

**017** ① '숙희야, 내가 선생님께 꽃다발을 드렸다.'에서는 문장의 부사어인 '선생님께'에서 '께'와 '드리다'를 통해서 객체인 '선생님'을 높이는 표현이 나타났다. 그러나 주체와 상대 높임 표현은 보이지 않는다.

**018** ④ '주무시다'는 주체 높임법 어휘이다.

**019** ① 부장님의 따님은 집에 있으신가요?(O): 해당 문장에는 주체인 '부장님'과 관련된 대상인 '따님'을 높이는 간접 높임법이 나타난다. 따라서 특수 어휘인 '계시다'를 '-(으)시-'가 사용된 '있으시다'로 고쳐야 한다.

**020** ④ 계십니다(×) → 있으십니다(O): 간접 높임법은 특수 어휘가 아니라 선어말 어미 '-(으)시-'를 통해서 실현된다. 따라서 특수 어휘인 '계시다'를 '-(으)시-'가 사용된 '있으시다'로 고쳐야 한다.

---

## 2. 높임 표현

높임법
- 주체 높임법: 주체(≒주어)를 높이는 높임법
- 객체 높임법: 객체(＝목적어 또는 부사어)를 높이는 높임법
- 상대 높임법: 상대(＝청자)를 높이는 높임법

### ✓ 연습문제

※ 주체·객체·상대 높임법 표지 찾기
01 '할아버지께서 댁으로 가셨어요.'
　　　　주체 주체　　　주체 상대
02 '제가 선생님을 모시고 병원으로 갔습니다.'
　　상대　　　　객체　　　　　　　상대
03 '할머니, 할머니께서는 할아버지께 언제 편지를 부치셨나요?'
　　　　　　　주체　　　　　객체　　　　　　　　주체 상대

### (1) 주체 높임법

① 정의: 문장의 주체를 높이는 높임법. 일반적으로 문장의 주체는 주어.
② 종류
　㉠ 직접 높임법: 주체인 주어를 직접 높이는 높임법
　㉡ 간접 높임법: 주체와 관련된 언행, 소유물, 신체, 친분 관계의 사람을 '-(으)시-'를 통해 높임으로써 주체를 간접적으로 높여주는 높임법

### ♂ 내용 정리

> **간접 높임법의 제약**
> ① 간접 높임법에서는 특수 어휘를 사용해서는 안 된다.
> 　예) 교장 선생님의 말씀이 계시겠습니다.(×)→있으시겠습니다.
> ② 상품이나 금원 등은 간접 높임의 대상으로 삼을 수 없다.
> 　예) 주문하신 아메리카노 나오셨습니다. → 나왔습니다.
> 　거스름돈 300원 여기 있으십니다. → 있습니다.

③ 압존법: 친족 등 사적 관계에서 주체가 비록 화자보다는 높지만 청자보다 낮을 경우, 청자를 우선시하여 주체 높임을 사용하지 않는 것.(＝청자 높임)
　예) 할아버지, 아버지께서 퇴근하시었어요. → 할아버지, 아버지가 퇴근했어요.

### (2) 객체 높임법

① 정의: 문장의 대상, 즉 객체를 높이는 높임법. 객체는 문장의 목적어 또는 부사어.

### ✓ 연습문제

'잡수시다, 편찮으시다, 드리다, 뵙다, 주무시다, 여쭈다, 돌아가시다, 계시다, 여쭙다'에서 객체 높임 특수 어휘는?
드리다, 뵙다, 여쭈다, 여쭙다

### (3) 상대 높임법

① 정의: 청자(＝상대방)를 높이는 높임법. 총 6종류로 격식체와 비격식체로 나뉨

| | 높임 표현 | | 낮춤 표현 | |
|---|---|---|---|---|
| 격식체 | 하십시오체(아주 높임) 예) 가십시오 | 하오체(예사 높임) 예) 가오, 가구려 | 하게체(예사 낮춤) 예) 가네, 가세, 가게 | 해라체(아주 낮춤) 예) 가라 |
| 비격식체 | 해요체(두루 높임) 예) 가요 | | 해체(두루 낮춤) 예) 가 | |

### (4) 주의해야 할 높임법 및 언어예절

① '-(으)시-', '-께', 특수 어휘를 생략하거나 잘못 쓴 경우
- 예 철수야, 선생님께서 너 지금 교무실로 오시래. → 철수야, 선생님께서 너 지금 교무실로 **오라셔**.
- 예 할아버지께서 댁으로 간다. → 할아버지께서 댁으로 **가신다**.
- 예 하시라면 해야죠 → **하라시면 해야죠**
- 예 철수는 과장님에게 책을 드렸다. → **께**
- 예 할아버지께서 이제야 집에 가시는군요. → **댁**

② 적절하지 않은 어휘 사용: 높임 또는 낮춤의 의미를 지닌 단어를 적절하게 써야 한다.
- 예 할아버지, 어머니께서 밥 드시래요. → 할아버지, 어머니께서 **진지** 드시래요.
- 예 선생님, 저를 가르치시느라 대단히 수고하셨습니다/고생하셨습니다. → 선생님, 저를 가르쳐 주셔서 대단히 **감사합니다**.(어른께 **수고했다**, 고생했다, **야단맞다** 등을 사용해서는 안 된다. 각각 '감사했다 또는 애 많이 쓰셨습니다, 꾸중을 듣다' 등으로 바꾸어야 한다.)
- 예 (선생님과의 대화에서) 선생님, 저는 김해 김씨입니다. → 선생님, 저는 김해 김**가**입니다.

③ 화자인 본인을 높인 경우: 화자가 본인을 높이는 표현을 해서는 안 된다.
- 예 그 문제는 어제 내 딸이 나에게 여쭤 보았다. → 그 문제는 어제 내 딸이 나에게 **물어** 보았다.

④ 특수 어휘 '말씀'을 사용하는 경우: '말씀'은 높임의 의미, 낮춤의 의미 모두 다 사용할 수 있다.
- 예 할아버지, 제가 말씀을 올리겠습니다. → '말씀'이 **낮춤**의 의미로 쓰였음.
- 예 할아버지의 말씀을 듣고 싶습니다. → '말씀'이 **높임**의 의미로 쓰였음.

⑤ 명령문에서 '-실게요'를 쓰는 경우: 명령문을 완곡하게 표현하기 위해 '-실게요'를 사용하는데, 이는 잘못이다. 예 손님, 이리 오실게요. → 손님, 이리 **오세요**.

⑥ 간접 높임법을 잘못 사용하는 경우:
- 예 손님, 주문하신 햄버거 나오셨습니다. → 손님, 주문하신 햄버거 **나왔습니다**.
- 예 교수님은 두 살 된 따님이 계시다. → 교수님은 두 살 된 따님이 **있으시다**.

⑦ 방송 매체에서 사람을 소개할 때: 연령대가 다양한 시청자들을 위해 과도한 높임 표현은 자제한다.
- 예 (방송 사회자가) "배우 ○○씨를 모시겠습니다." → "배우 ○○씨를 **소개합니다**."

⑧ 부모님 성함을 말할 때에는 성에는 '자'를 붙이지 않고, 타인에게 부모에 대해서 말할 때에는 항상 높인다. 자기 부모를 '아버님, 어머님'으로 지칭해서는 안 된다. 친족을 타인에게 소개할 때에는 **친족**부터 먼저 소개한다.
- 예 선생님께 "제 아버지께서는 김 자(金字), 동 자(東字), 식 자(植字)를 쓰십니다."라고 말하였다. → 제 아버지께서는 **김, 동 자, 식 자**를 쓰십니다.
- 예 어머니와 길을 가다 선생님을 만났을 때 "저의 어머니십니다."라고 어머니를 선생님께 먼저 소개한다.

⑨ 자기의 직함을 소개할 때 **직함을 이름** 앞에 둔다. **이름** 뒤에 두면 높임 표현이 된다. 또한 직장에서는 **압존**법을 쓰지 않아야 하며, 윗사람에게는 '**야단**'이라는 말을 쓸 수 없으므로 '꾸중' 또는 '걱정'이라고 해야 한다.
- 예 저는 시청에 근무하는 전우치 과장입니다. → 저는 시청에 근무하는 **과장 전우치**입니다.
- 예 (평사원이 전무에게) 과장님께서는 지금 외근 나갔습니다. → 과장님께서는 지금 외근 **나가셨습니다**.
- 예 "오늘 김 부장님께 야단 들었어." → 오늘 김 부장님께 **꾸중** 들었어 or **걱정** 들었어.

⑩ 나라는 낮춤의 대상이 아니므로 '**저희나라**'가 아닌 '**우리나라**'로 표현한다.
- 예 저희나라 국민들은 독도 문제에 대해 매우 민감합니다. → **우리나라** 국민들은 독도 문제에 대해 매우 민감합니다.

⑪ 조문 드릴 때에는 '삼가 조의를 표합니다.' 또는 **아무 말**도 하지 않는 것이 좋다.
- 예 (문상을 가서 상주에게) 삼가 조의를 표합니다.

⑫ '**식사**'에는 높임의 의미가 없다 → '점심, 저녁' 등으로 바꿔야 한다. 또한 '감사했습니다'가 아닌 '**감사합니다**'를 써야 한다.
- 예 부장님 식사 하셨어요? → 부장님 점심 드셨어요?
- 예 졸업식 행사에 좋은 화분을 보내주셔서 감사했습니다. → 졸업식 행사에 좋은 화분을 보내주셔서 **감사합니다**.

⑬ 특정인을 지칭하는 경우에는 '-님'을 붙일 수 있으나 그렇지 않은 경우에는 '-님'을 붙이지 말아야 한다. '사장실'의 경우, '김 사장실, 이 사장실' 같은 특정인을 지칭하는 표현이 불가능하므로 '사장님실'은 '**사장실**'로 바꾸어야 한다.

⑭ 전화 예절
   ㉠ 나이 어린 사람의 경우 어른이 전화를 받으면 먼저 통화하고 싶은 사람과 어떤 **관계**인가를 밝혀야 한다.
   - 예 '안녕하십니까? 저는 ○○[친구]의 친구 ○○[이름]입니다.'
   ㉡ 통화하고 싶은 사람이 없으면 '죄송합니다만, ○○(이름)한테서 전화 왔었다고 전해 주시겠습니까?', '말씀 좀 전해 주시겠습니까?'라는 말을 사용할 수 있다. 이때 '전해 주시겠습니까?'를 '전해 주시면 고맙겠습니다.'로 바꾸어 쓸 수 있다.

---

### 완전학습
잘못된 높임 표현을 구별하자.

**021** 2014 지방직 7급
우리말 표현으로 옳지 않은 것은?
① (같은 반 친구에게) 동건아, 선생님이 너 빨리 교실로 오라셔.
② (간호사가 환자에게) 이제 주사 맞으실게요.
③ (점원이 손님에게) 총금액이 65만원 나왔습니다.
④ (평사원이 전무에게) 과장님은 지금 외근 나가셨습니다.

**022** 2017 국가직 7급 1차
높임법 사용이 옳은 것은?
① 교수님, 연구실에서 교수님을 직접 보고 말씀을 드리겠습니다.
② 큰아버지, 오늘 약주를 많이 드셨는데, 제가 집까지 모셔다 드리겠습니다.
③ 김 과장님, 부장님께서 빨리 오시라는데 오후에 시간 계십니까?
④ 철수야, 이것은 중요한 문제니까 부모님께 여쭤 보고 결정할게.

**023** 2017 2차 국가직 7급
높임법의 사용이 자연스럽지 않은 것은?
① 제 말씀을 그렇게 곡해하시다니 정말 섭섭합니다.
② 그분은 항상 걱정이 많으시니 각별히 배려해 드려야 합니다.
③ 당신께서 생전에 아끼시던 물품이라 당장 처분하기는 어렵습니다.
④ 아버님께서는 집안의 대소사에 대해 항상 아랫사람들에게 여쭈어 보십니다.

---

**정답과 해설**

**021** ② 명령문을 완곡하게 표현하기 위해 '-실게요'를 사용하는 경우가 있는데, 이는 잘못된 표현이다. '맞으세요'로 고치는 것이 적절하다.

**022** ④ 여쭈어(○): '여쭈다'는 부사어 '부모님께'를 높여 주는 객체 높임법 어휘이므로 적절하게 쓰였다.
오답피하기 ① 보고(×) → 뵙고(○), ② 집(×) → 댁(○), ③ 계십니까(×) → 있으십니까(○)

**023** ④ 아버님께서는 집안의 대소사에 대해 항상 아랫사람들에게 물어 보십니다.(○): 해당 문장의 주체는 '아버님'이고, 객체는 '아랫사람들'이므로 객체를 높이는 용언인 '여쭈어'의 사용은 적절하지 않다. 따라서 '여쭈어'를 '물어'로 바꿔 써야 자연스럽다.

## 완전학습

주의해야 할 호칭어와 지칭어를 암기하자.

**024**      2018 소방직 9급

높임법의 쓰임이 적절한 것은?
① 고객님이 주문하신 커피 나오셨습니다.
② 할아버지께서 네 방으로 오라고 하셨어.
③ 지금부터 사장님의 말씀이 계시겠습니다.
④ 어머니께서 제게 시간을 여쭤어 보셨어요.

**025**      2022 지방직 9급

언어 예절로 가장 적절한 것은?
① 지금부터 회장님의 말씀이 계시겠습니다.
② (시누이에게) 고모, 오늘 참 예쁘게 차려 입으셨네요?
③ (처음 자신을 소개하면서) 처음 뵙겠습니다. 박혜정입니다.
④ (다른 사람에게 자기 아내를 가리키며) 이쪽은 제 부인입니다.

ⓒ 전화가 잘못 걸렸을 때는 '**죄송합니다**. 전화가 잘못 걸렸습니다.' 또는 '**미안합니다**. 전화가 잘못 걸렸습니다.'라고 예의를 갖추어 정중히 말해야 한다.
ⓔ 전화를 끊을 때는 '안녕히 계십시오.', '고맙습니다.' 하고 인사한 후 끊는다. 이때 '**들어가세요**'는 사용하지 말아야 한다.

⑮ 세배를 드릴 때에는 그 자체가 인사이므로 '새해 복 많이 받으세요'를 쓰지 않는다.

### (5) 주의해야 할 호칭어–지칭어

① 당사자를 간접 호칭으로 불러서는 안 된다. 가령 남편의 여동생을 일컬을 때에는 '아가씨, 아기씨'는 괜찮지만 '고모'라고 해서는 안 된다. (2020년 3월 국립국어원에서 발표한 자료에서는 자녀와의 관계에 기대어 'ㅇㅇ[자녀 이름] 고모'로 부를 수 있다고 설명하고 있다.)
② 기혼 여부에 따라서 호칭이 달라지는 것에 주의해야 한다. 가령 결혼한 남편의 남동생은 '서방님'으로 불러야지, '도련님'으로 불러서는 안 된다.
③ 생존 자기 아버지, 어머니를 부를 때 '아버지, 어머니'는 가능하지만 '아버님, 어머님'은 안 된다.
④ 자기 아내를 지칭하거나 다른 사람에게 자신을 소개할 때에는 '~ 부인입니다'라고 해서는 안 된다. '~ 처입니다, 아내입니다'라고 해야 한다.
⑤ 자기 남편을 호칭할 때에는 오빠라고 해서는 안 된다. (2020년 3월 국립국어원에서 발표한 자료에서는 결혼 전에 '자기', '오빠'와 같이 부르던 습관이 결혼 후에도 남아 있는 가정이 있으며, 부부간에는 부르는 말을 자유롭게 선택하여 쓸 수 있다고 설명하고 있다.) 여보나 ㅇㅇ 아버지라고 해야 한다. 또한 시부모님께 남편을 지칭할 경우에는 '아범', '아비'를 사용하며, 아이가 없을 경우에는 '그이'를 사용할 수 있다. 남편의 형은 '아주버님'으로 부를 수 있으며, 미혼인 남편의 동생은 '도련님'으로 부를 수 있다. 남편의 남동생의 아내는 '동서'로 부를 수 있다.

---

### 정답과 해설

**024** ② '오다'의 주체는 높임의 대상이 아닌 청자 '너'이고, '하다'의 주체는 높임의 대상인 '할아버지'이다. 따라서 '할아버지'를 높이기 위해 '-(으)시-'가 적절하게 쓰였다.
**오답피하기** ① 나오셨습니다(×) → 나왔습니다(○) / ③ 계시겠습니다(×) → 있으시겠습니다(○) / ④ 여쭤어(×) → 물어(○)

**025** ③ 처음 자신을 소개하면서 '처음 뵙겠습니다. ㅇㅇㅇ입니다.'라고 말하는 것은 적절한 언어 예절이다.
**오답피하기** ① 계시겠습니다(×) → 있으시겠습니다(○): 간접 높임에는 특수 어휘가 쓰일 수 없다. 회장님의 '말씀'은 높여야 할 주체와 관련된 대상이므로, '계시다'가 아니라 '있으시다'와 어울려 써야 한다. ② 고모(×) → 형님(○) / 아가씨, 아기씨(○): 남편의 누나나 여동생을 가리키는 '시누이'는 '형님', '아가씨, 아기씨'라고 불러야 하며, 간접 호칭인 '고모'라고 해서는 안 된다. (다만, 2020년 3월 국립국어원에서 발표한 자료에서는 자녀와의 관계에 기대어 'ㅇㅇ[자녀 이름] 고모'로 부를 수 있다고 설명하고 있다.) ④ 부인(×) → {아내, 안사람, 집사람, 처}입니다(○): '부인'은 남의 아내를 높이 이르는 말이다. 자신의 아내를 '부인'이라고 지칭하는 것은 적절하지 않다. 자신의 아내를 지칭할 때에는 '아내, 안사람, 집사람, 처'라고 해야 한다.

## 3. 시간 표현(시제와 상)

### 📖 내용 정리

**동사와 형용사의 관형사형 전성 어미**

① 동사

| | 관형사형 전성 어미 | 예시 |
|---|---|---|
| 과거 | -(으)ㄴ | 가ㄴ 곳, 먹은 것 |
| 현재 | -는 | 가는 곳, 먹는 것 |
| 미래 | -(으)ㄹ | 가ㄹ 곳, 먹을 것 |

② 형용사

| | 관형사형 전성 어미 | 예시 |
|---|---|---|
| 과거 | -던 | 예쁘던, 어리석던 |
| 현재 | -(으)ㄴ | 예쁘ㄴ, 어리석은 |

**(1) 절대 시제와 상대 시제**

① 절대 시제: 발화시를 기준으로 결정되는 시제
  ㉠ 과거 시제: 사건시>발화시
    예 나는 어제 집에 있었다.
  ㉡ 현재 시제: 사건시=발화시
    예 나는 지금 밥을 먹는다.
  ㉢ 미래 시제: 사건시<발화시
    예 이제 곧 시험을 치겠다.

② 상대 시제: 사건시를 기준으로 결정되는 시제
  상대 시제는 주절의 사건시를 기준으로 과거, 현재, 미래 시제를 따지는 것을 말한다. 일반적으로 관형사형 전성 어미의 시간 표현으로 나타난다.
  ㉠ 과거 시제: 해당 절의 사건시>주절의 사건시
    예 나는 간식을 먹은 철수와 눈이 마주쳤다.
  ㉡ 현재 시제: 해당 절의 사건시=주절의 사건시
    예 나는 간식을 먹는 철수와 눈이 마주쳤다.
  ㉢ 미래 시제: 해당 절의 사건시<주절의 사건시
    예 나는 간식을 먹을 철수와 눈이 마주쳤다.

**(2) 동작상**

① 완료상: 동작이 끝난 상태. 동작의 결과가 지속되고 있는 상태.
  ㉠ '-아 있다'
    예 나는 지금 앉아 있다.
  ㉡ '버렸다'
    예 다 먹어 버렸다.
  ㉢ '-고서'
    예 그는 나에게 얼른 눈짓을 하고서 나가 버렸다.

② 진행상: 동작이 끝나지 않고, 지속되고 있는 상태.
  ㉠ '-고 있다'
    예 나는 지금 밥을 먹고 있다.
  ㉡ '-(으)면서'
    예 나는 영화를 보면서 밥을 먹는다.

③ 주의해야 할 동작상 표현
  ㉠ 도착하다: 도착하다는 완료의 의미를 내포하기 때문에 진행상으로 표현해서는 안 된다.
    예 그때 나는 도착하고 있었다.(×) → 그때 나는 도착했다.(○)
  ㉡ '-고 있다'의 중의성: 때때로 '-고 있다'는 진행상, 완료상 모두를 뜻하는 중의성을 띠게 된다.
    예 나는 지금 넥타이를 매고 있다. → 넥타이를 매는 동작을 하고 있다는 진행상의 의미로 받아들일 수도 있고, 넥타이를 이미 다 맨 상태로 있다는 완료상의 의미로 받아들일 수도 있다.

※ '-겠-'의 의미 파악
  ① 미래의 일이나 추측을 나타내는 어미.    예 지금 떠나면 새벽에 도착하겠구나.
  ② 주체의 의지를 나타내는 어미.    예 나는 시인이 되겠다.
  ③ 가능성이나 능력을 나타내는 어미.    예 그런 것은 삼척동자도 알겠다.

---

### 🎯 완전학습

1. 관형사형 전성 어미의 시제를 구별하자.
2. 완료상과 진행상을 구별하자.

**026**  2016 기상직 9급
밑줄 친 부분의 시제가 다른 것은?
① 친구가 도서관에서 책을 빌렸다.
② 그녀의 아름다운 마음씨가 예쁘다.
③ 잘 익은 사과를 보니 기분이 좋다.
④ 나는 그에게 받은 것이 전혀 없다.

**027**  2004 국가직 7급
다음 중 밑줄 친 부분과 같은 의미의 동작 상황을 나타내는 문장은?

> 영수는 의자에 앉아 있다.

① 영수는 부산에 가고 있다.
② 영수는 수업이 시작되었지만 여전히 모자를 쓰고 있다.
③ 영수는 문을 두드리고 있다.
④ 영수가 도착하고 있다.

**028**  2018 국가직 지역인재 9급
밑줄 친 부분과 문맥적 의미가 가장 가까운 것은?

> 그는 낚시하러 가겠다고 한사코 우겼다.

① 참 특이한 사람 다 보겠군.
② 지금 떠나면 내일 새벽에 도착하겠지.
③ 이번 달까지 꼭 목표량을 달성하겠다.
④ 대통령 내외분이 식장으로 입장하시겠습니다.

---

### 정답과 해설

**026** ② 밑줄 친 어휘 중 '빌리다, 익다, 받다'는 모두 동사이다. 따라서 '빌렸다'에 사용된 선어말 어미 '-었-'과 '익은, 받은'에 사용된 관형사형 전성 어미 '-(으)ㄴ'을 통해 과거 시제를 나타낼 수 있다. 하지만 '아름답다'는 형용사이며, '아름다운'에 사용된 관형사형 전성 어미 '-(으)ㄴ'은 현재 시제를 나타낸다. 형용사에 과거 시제를 부여하는 관형사형 어미는 '-던'이다.

**027** ② 제시된 '앉아 있다'는 앉는 동작이 완료된 상황을 뜻하므로 완료상 표현에 해당한다. 선택지 중에서 '-고 있다'가 완료상으로 쓰인 것은 모자를 계속해서 착용하고 있음을 나타내는 '모자를 쓰고 있다'이다.

**028** ③ 제시된 문장의 선어말 어미 '-겠-'은 주체의 의지를 나타낸다. '-겠-'이 이와 같은 의미로 쓰인 것은 '이번 달까지 꼭 목표량을 달성하겠다.'이다. 이 문장에서도 '-겠-'은 목표량 달성에 대한 주체의 의지를 나타내고 있다.

## 완전학습
피·사동 표현을 이해하자.

**029** 2007 대구 지방직 9급

다음에 제시된 피동문을 능동문으로 바꾸려 할 때, 능동문으로 바꿀 수 없는 문장은?

① 철수가 감기에 걸렸다.
② 토끼가 사냥꾼에 잡혔다.
③ 그 책은 많은 사람들에게 읽혔다.
④ 그 문제는 어떤 수학자에 의해 풀렸다.

**030** 2015 국가직 7급

밑줄 친 말이 가장 자연스러운 것은?

① 닫혀진 마음을 열 길이 없구나.
② 저쪽 복도에 놓여진 화분은 엄청 예쁘구나.
③ 그 토의에서 궁극적으로 받아들여진 것이 결국 뭐지?
④ 장마로 인해 끊겨진 통신 선로가 드디어 복구되었군요.

**031** 2018 지방직 9급

사동법의 특징을 고려할 때 밑줄 친 단어의 쓰임이 옳은 것은?

① 그는 김 교수에게 박 군을 소개시켰다.
② 돌아오는 길에 병원에 들러 아이를 입원시켰다.
③ 생각이 다른 타인을 설득시킨다는 건 참 힘든 일이다.
④ 우리는 토론을 거쳐 다양한 사회적 갈등을 해소시킨다.

### 정답과 해설

**029** ① ①번의 피동문 '철수가 감기에 걸렸다.'를 능동문으로 바꾸면 '감기가 철수를 걸었다.'라는 비문이 된다. 따라서 해당 문장은 능동문으로 바꿀 수 없다.

**030** ③ 이중 피동이 아닌 표현을 찾는 문제이다. 밑줄 친 '받아들여지다'는 사동사인 '받아들이다'의 어간에 통사적 피동을 만드는 표현인 '-어지다'가 결합한 것이므로 이중 피동이 아니다.

**031** ② '입원'은 사동의 뜻이 없는 단어이다. 그런데 해당 문장은 대상인 '아이'를 입원하게 만드는 사동문이므로, '-시키다'와 결합한 '입원시키다'가 사용되어야 한다.

## 4. 피동 표현

### (1) 정의

① **정의**: 주어가 행위를 당하는 것. 주어가 행동을 직접 하는 **능동**의 반대적 개념.

② **이해**: 능동 문장의 **목적어**가 주어로 바뀌면서 나타나는 문장. 이때 능동 문장의 주어는 피동 문장에서는 일반적으로 **부사어**가 된다.

<능동 표현> 사냥꾼이 토끼를 잡았다.
                   (목적어)

<피동 표현> 토끼가 사냥꾼에게 잡**히**었다.(=잡혔다) → 단형 피동('-이, 히, 리, 기-')
      (주어)        ('-**히**-'라는 접사가 추가됨)
      토끼가 사냥꾼에게 잡**아지**었다.(잡아졌다) → 장형 피동
      (주어)        ('-**어/아지다**'라는 보조 용언이 결합됨)

| 순서 | 유형 | 피동법 | 용례 | 비고 |
|---|---|---|---|---|
| ㄱ | 단형 피동 (파생적) | 타동사 어근 + 이, 히, 리, 기 → 피동사 | 보이다, 먹히다, 들리다, 안기다 | |
| ㄴ | 장형 피동 (통사적) | 용언 어간 + -아/어지다 → 피동문 | 보아지다, 먹어지다, 들어지다, 안아지다, 예뻐지다, 높아지다 | |
| | | 단형 피동 + -아/어지다 → 피동문 | 보여지다, 먹혀지다, 들려지다, 안겨지다 | 이중 피동 |
| | | 체언, 용언 어간 + -되어지다, -지게 되다 | 생각되어지다, 해결되어지다, 잡아지게 되다 | 이중 피동 |

| 용언 | 단형 피동 | 장형 피동 | 이중 피동 |
|---|---|---|---|
| 보다 | 보이다 | 보아지다 | 보여지다 |
| 끊다 | 끊기다 | 끊어지다 | 끊겨지다 |
| 잡다 | 잡히다 | 잡아지다 | 잡혀지다 |
| 듣다 | 들리다 | 들어지다 | 들려지다 |
| 얻다 | × | 얻어지다 | × |
| 만나다 | × | 만나지다 | × |
| 요청하다 | 요청되다 | × | 요청되어지다 |

### (2) 주의해야 할 이중 피동:

예) 공무원 시험에 합격했다는 사실이 믿겨지지 않는다.
                               (믿+기+어+지+지)

그는 교내에서 천재로 불리어졌다.
                 (부르+이+어+지+었+다)

※ '여겨지다', '받아들여지다'는 이중 피동이 아니다.

## 5. 사동 표현

### (1) 정의

① **정의**: 주어가 타인에게 행동을 **시키는** 표현. 행위를 **전가**하는 표현. 주어가 직접 행동을 하는 **주동**의 반대적 개념.

② **이해**: **주어**가 아닌 타인(=**대상**)이 그 행동을 해야 한다.

예) 선생님께서 학생들을 자습시키신다.(○) → 자습하신다.(×)
선생님께서 학생들을 교육시키신다.(×) → 교육하신다.(○)

<주동 표현> 아이가 옷을 입는다.
<사동 표현> **엄마가** 아이에게 옷을 입**힌**다. → 단형 사동('-이, 히, 리, 기, 우, 구, 추-')
     (새로운 **주어**)        ('-**히**-'가 추가됨)
     **엄마가** 아이에게 옷을 입**게 한다**. → 장형 사동
     (새로운 **주어**)        ('-**게 하다**'라는 연결 어미와 보조 용언이 결합함)

| 순서 | 유형 | 사동법 | 용례 |
|---|---|---|---|
| ㄱ | 단형 사동 (파생적) | 용언 어근 + -이-, -히-, -리-, -기-, -우-, -구-, -추- → 사동사 | 속이다, 묻히다, 들리다, 맡기다, 지우다, 달구다, 낮추다 |
| | | 서술성 있는 일부 명사 + '-시키다' | 공부시키다, 이해시키다 |
| ㄴ | 장형 사동 (통사적) | 용언 어간 + -게 하다 → 사동문 | 속게 하다, 묻게 하다, 들게 하다, 맡게 하다, 지게 하다, 낮게 하다 |

| 어근 | 단형 사동 | 장형 사동 | 이중 사동 |
|---|---|---|---|
| 속다 | 속이다 | 속게 하다 | 속이게 하다 |
| 익다 | 익히다 | 익게 하다 | 익히게 하다 |
| 알다 | 알리다 | 알게 하다 | 알리게 하다 |
| 맡다 | 맡기다 | 맡게 하다 | 맡기게 하다 |
| 서다 | 세우다 | 서게 하다 | 세우게 하다 |
| 낮다 | 낮추다 | 낮게 하다 | 낮추게 하다 |
| 공부 | 공부시키다 | | |

(2) 본래 사동의 의미가 있는 단어: '소개, 분리, 개선, 가동, -화'

| 단어 | 예문 |
|---|---|
| 소개 | 그는 철수를 사람들에게 소개시켰다. → 소개했다. |
| 분리 | 과학자는 성분을 분리시켰다. → 분리했다. |
| 개선 | 박 과장은 사무실 환경을 개선시켰다. → 개선했다. |
| 가동 | 작업자가 곧장 기계를 가동시켰다. → 가동했다. |
| -화 | 영업부의 예산을 최소화시켰다. → 최소화했다. |

(3) 피동문과 사동문의 구별

① 구별법: 접사가 '-어/아지다'로 대체 가능하면 피동문, '-게 하다'로 대체 가능하면 사동문이 된다.

ㄱ. 사냥꾼이 토끼를 잡게 하다. → 사동
ㄴ. 토끼가 사냥꾼에게 잡혔다. → 피동
ㄷ. 사자에게 먹이를 먹이다 → 사동
ㄹ. 토끼가 사자에게 먹히다 → 피동
ㅁ. 요리로 입맛을 돋우다 → 사동
ㅂ. 그는 그녀를 웃기다 → 사동
ㅅ. 물을 팔팔 끓이다 → 사동
ㅇ. 사람들에게 소식을 알리다 → 사동
ㅈ. 아기가 엄마에게 안기다 → 피·사동
ㅊ. 뿌리가 뽑히다 → 피동

(4) 이중 사동 표현: '재우다, 채우다, 세우다, 씌우다' vs '깨우다'

| 주동 | 사동 |
|---|---|
| 자다 | 자+ㅣ+우+다→재우다 |
| 차다 | 차+ㅣ+우+다→채우다 |
| 서다 | 서+ㅣ+우+다→세우다 |
| 쓰다 | 쓰+ㅣ+우+다→씌우다 |
| 깨다 | 깨+우+다→깨우다 |

## 032
2016 서울시 9급

다음 중 <보기>에 대한 이해로 적절하지 않은 것은?

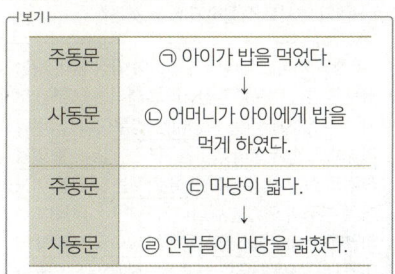

① ㉡, ㉣을 보니, 사동문에는 두 가지 유형이 있군.
② ㉡, ㉣을 보니, 주동문의 주어는 사동문에서 다른 문장성분으로 나타날 수 있군.
③ <보기>를 보니, 동사만 사동화될 수 있군.
④ <보기>를 보니, 주동문을 사동문으로 바꾸면 서술어의 자릿수가 변화할 수 있군.

## 033
2018 지방직 7급

사동 표현이 없는 것은?
① 목동이 양들에게 풀부터 뜯겼다.
② 아이들은 종이비행기만 하늘로 날렸다.
③ 태희는 반지마저 유진에게 보여 주었다.
④ 소영의 양손에 무거운 보따리가 들려 있다.

## 034
2007 인천 지방직

다음 중 밑줄 친 부분이 이중 사동 접미사가 쓰인 것이 아닌 것은?
① 아이의 잠을 재우다.
② 빈 잔에 물을 채우다.
③ 잠자는 동생을 깨우다.
④ 새로운 나라를 세우다.
⑤ 무대에 붉은 천을 씌우다.

### 정답과 해설

**032** ③ <보기>를 보면 형용사인 '넓다'가 사용된 문장도 사동문을 만들 수 있다. 따라서 동사만 사동화될 수 있다는 것은 잘못된 말이다.

**033** ④ '들려'는 피동 표현인 '-어지다'와 결합하여 '들어져'로 바꾸어 볼 수 있으므로 '들다'의 피동사로 볼 수 있다.

**034** ③ 이중 사동이 아닌 단어를 고르는 문제이다. 일부 사동사는 사동 접미사 '-이-'와 '-우-'가 모두 결합한 이중 사동 형태지만 표준어로 인정받는다. 이와 달리 '깨우다'는 용언 '깨다'의 어근 '깨-'에 사동 접미사 '-우-'만 결합한 형태이다. 따라서 '깨우다'는 이중 사동 접미사가 쓰인 것이 아니다.

## 035
**2015 국회직 8급**

다음은 국어의 부정(否定) 표현에 대한 설명이다. ㉠~㉤의 예시로 적절하지 않은 것은?

> 부정의 의미를 나타내기 위하여 가장 많이 사용하는 방법은 이른바 부정소라고 불리는 ㉠부정 부사나 부정 서술어를 사용하는 경우이다. 그러나 이 밖에도 ㉡부정의 의미를 가지는 접두사를 이용하기도 하고 ㉢부정의 뜻을 가지는 어휘를 이용하여 부정의 의미를 나타내기도 한다. 더욱이 우리말에는 ㉣부정소를 사용하지 않아도 부정의 의미를 내포하는 경우도 있고 반대로 ㉤부정소를 사용하였더라도 의미상으로는 긍정인 경우도 있다.

① ㉠: 너무 시끄럽게 떠들지 마라.
② ㉡: 이번 계획은 너무나 비교육적이다.
③ ㉢: 나는 그녀의 마음을 잘 모른다.
④ ㉣: 제가 어찌 그 일을 하지 않을 수 있겠습니까?
⑤ ㉤: 그가 이번 일을 그렇게 못 하지는 않았다.

## 036
**2018 2차 서울시 7급**

밑줄 친 단어 중 그 의미가 나머지 셋과 가장 다른 것은?

① 그는 음식이 너무 매워 거의 먹지 <u>못했다</u>.
② 장군은 흐르는 눈물 때문에 말을 잇지 <u>못했다</u>.
③ 그 아이는 부모의 바람만큼 똑똑하지 <u>못했다</u>.
④ 오늘은 너무 바빠서 동창회에 가지 <u>못했다</u>.

---

## 6. 부정 표현

### (1) 정의와 종류

① **정의**: 부정의 의미를 나타내는 부정소인 부사 '안, 못' 또는 용언 '아니다, 아니하다, 못하다, 말다'를 통해 문장의 의미를 부정하는 표현

② **종류**

| 의미 \ 형태 | 단형 부정 | 장형 부정 | 장형 부정 (청유문, 명령문) |
|---|---|---|---|
| 능력 부정 | 못 | -지 못하다 | 말아, 마, 마라, 말아라, 말자 |
| 의지 부정 / 단순 부정 | 안, 아니 | -지 아니하다, 않다 | |

㉠ **능력 부정**(='못' 부정문): 하고자 하는 의지는 있지만 능력이 없는 경우
  예) <단형 부정> 나는 수영을 못 한다.
  <장형 부정> 나는 수영을 하지 못한다.

㉡ **의지 부정**(='안' 부정문): 할 수 있는 능력은 있지만 의지가 없는 경우
  예) <단형 부정> 나는 수영을 안 한다.
  <장형 부정> 나는 수영을 하지 않는다.

㉢ **단순 부정**: 능력 또는 의지를 부정하는 것이 아니라 단순히 사실이 아님을 부정하는 경우
  예) 그는 그녀의 동생이 아니다.
  철수는 크지 않다.

### (2) '안' 부정문의 중의성

① '안' 부정문의 중의성
  '안' 부정문은 문장 성분의 개수만큼 중의적으로 해석된다.
  예) 영희가 어제 택시를 타지 않았다.
  → ㉠ 주어 '영희'를 부정하는 경우: 어제 택시를 탄 것은 영희가 아니었다는 의미
  ㉡ 부사어 '어제'를 부정하는 경우: 영희가 택시를 탄 것은 어제가 아니었다는 의미
  ㉢ 목적어 '택시를'을 부정하는 경우: 영희가 어제 탄 것은 택시가 아니었다는 의미
  ㉣ 서술어 '타다'를 부정하는 경우: 영희가 어제 택시를 타지는 않고, 불렀다거나 부수었다거나 등등의 행위를 했다는 의미

② '안' 부정문의 중의성 해소
  '안' 부정문의 중의성을 해소하기 위해서는 부정하고자 하는 문장 성분에 보조사 '는'을 결합시킨다.

---

### 정답과 해설

**035** ④ 부정 표현에 대한 예시로 적절하지 않은 것을 고르는 문제이다. '하지 않을 수'의 '않다(아니하다)'에는 '아니'라는 부정소가 존재한다. 따라서 해당 문장은 ㉣'부정소를 사용하지 않아도 부정의 의미를 내포하는 경우'로 볼 수 없다.

**036** ③ 보조 동사이자 형용사인 '못하다'를 구별하는 문제이다. '똑똑하지 못했다'의 '못하다'는 형용사 '똑똑하지'의 뒤에서 앞말이 뜻하는 상태를 부정하는 보조 형용사이다. 나머지 선택지의 '못하다'는 앞말이 뜻하는 행동을 부정하는 보조 동사이다. 보통 '-지 못하다' 구성인 경우에 본용언이 형용사이면 '못하다'도 보조 형용사이며, 본용언이 동사이면 '못하다'도 보조 동사이다.

# 제 4 장 • 의미론

## 1 단어 간의 의미 관계

### 1. 유의 관계

(1) **유의** 관계: 서로 비슷한 뜻을 가진 단어들의 관계. 이들 단어를 유의어라고 함.

(2) 유의어를 파악하는 방법: **계열** 관계(수직 관계)를 따진다. 즉 유의어끼리 서로 대치 가능한지 알아본다.

  예) 철수가 죽었다.
   = 숨졌다.
   = 사망했다.

(3) 유의 관계는 고유어 대 고유어, 한자어, 외래어, 전문어냐에 따라서 그 종류를 세분화할 수 있다.

(4) **상하위** 관계는 유의 관계가 아니다.

### ✓ 연습문제

**01** 어휘의 의미 관계가 ㉠:㉡과 다른 것은?  2011 지방직 9급

> 아침에 볕에 시달려서 마당이 부스럭거리면 그 소리에 잠을 깨입니다. 하루는 '짐'이 마당에 가득한 가운데 새빨간 잠자리가 병균처럼 활동합니다. 끄지 않고 잔 석유 등잔에 불이 그저 켜진 채 소실된 밤의 흔적이 낡은 조끼 단추처럼 남아 있습니다. ㉠작야(昨夜)를 방문할 수 있는 '요비링'입니다. ㉡지난밤의 체온을 방 안에 내어던진 채 마당에 나서면 마당 한 모퉁이에는 화단이 있습니다.
> – 이상, '산촌 여정' 중에서 –

① 항용 : 늘
② 미소 : 웃음
③ 간혹 : 이따금
④ 백부 : 큰아버지

정답 | ②
유의 관계가 아닌 단어를 찾는 문제이다. 유의 관계는 비슷한 뜻을 지닌 단어들의 관계이다. 제시문의 ㉠'작야(昨夜)'와 ㉡'지난밤'은 모두 '어젯밤'을 뜻하는 단어이므로 유의 관계로 묶을 수 있다. '항용 : 늘', '간혹 : 이따금', '백부 : 큰아버지'도 마찬가지로 유의 관계에 속한다.
그러나 '미소'와 '웃음'은 상하 관계이다. 상하 관계는 한 단어가 의미적으로 다른 단어에 포함되는 경우를 뜻한다. '미소'의 의미가 '소리 없이 빙긋이 웃음'이므로, '웃음'의 범위 안에 '미소'가 포함된다. 이때 포함하는 단어를 상의어, 포함되는 단어를 하의어로 구분한다. 따라서 '웃음'이 상의어, '미소'가 하의어이다.

### 2. 반의 관계

(1) **반의** 관계: 서로 반대되는 의미를 가진 단어들의 관계. 이들 단어를 반의어라고 함.

(2) 반의어의 특징:

① 반의어는 **공통**된 의미 자질을 지니고 있으며, 단지 **한** 가지 의미 자질만 다르다.

| 예 | | | | |
|---|---|---|---|---|
| | 아주머니 | [-남성](=[+여성]) | [+성인] | [+기혼] |
| | 아저씨 | [+남성](=[-여성]) | [+성인] | [+기혼] |

② 하나의 일정 기준 하에 성립되므로 기준에 따라 여러 가지 반의어가 나타날 수 있다.

| 예 | | 기준 | 반의어 |
|---|---|---|---|
| | 뛰다 | <속도> | 걷다 |
| | | <위아래> | 내리다 |

---

### 🎯 완전학습

1. 유의 관계와 상하 관계를 구별하자.
2. 반의 관계의 종류를 구별하자.

**001**  2014 경찰 2차

다음의 설명을 고려할 때, 유의문의 관계에 있는 문장끼리 연결되지 않은 것은?

> 유의문의 형태는 다르지만 의미가 같거나 비슷한 문장들을 이른다.

① 철수는 책방에 갔다. – 철수는 서점에 갔다.
② 경찰이 도둑을 잡았다. – 도둑이 경찰에게 잡혔다.
③ 나는 영수를 만나지 못했다. – 나는 영수를 못 만났다.
④ 철수가 영수에게 책을 주었다. – 영수에게 철수가 책을 받았다.

**002**  2018 1차 국가직 9급

반의 관계 어휘에 대한 설명으로 옳지 않은 것은?

① '크다/작다'의 경우, 두 단어를 동시에 긍정하거나 부정하면 모순이 발생한다.
② '출발/도착'의 경우, 한 단어의 부정이 다른 쪽 단어의 부정과 모순되지 않는다.
③ '참/거짓'의 경우, 한 단어의 부정은 다른 쪽 단어의 긍정을 함의한다.
④ '넓다/좁다'의 경우, 한 단어의 의미가 다른 쪽 단어의 부정을 함의한다.

**003**  2019 지방직 9급

다음에 해당하는 사례로 적절하지 않은 것은?

> 대립쌍을 이루는 단어들이 일정한 방향성을 이루고 있다.

① 성공(成功) : 실패(失敗)
② 시상(施賞) : 수상(受賞)
③ 판매(販賣) : 구매(購買)
④ 공격(攻擊) : 방어(防禦)

---

### 정답과 해설

**001** ④ '철수가 영수에게 책을 주었다.'의 올바른 유의문은 '영수가 철수에게 책을 받았다.'가 되어야 한다.

**002** ① '크다'와 '작다'는 크지도 작지도 않은 중간항을 인정할 수 있으므로 반대 관계이다. 따라서 두 단어를 동시에 부정하더라도 모순이 발생하지 않는다.

**003** ① '대립쌍을 이루는 단어들이 일정한 방향성을 이루고 있다.'라는 설명은 '방향 반의어'를 뜻한다. '성공(成功)'과 '실패(失敗)'는 서로 일정한 방향성을 이루고 있다고 보기 어렵기 때문에 '방향 반의어'의 사례로 적절하지 않다.

## 완전학습

다의어의 문맥적 의미를 파악하자.

### 004
2018 1차 서울시 7급

〈보기〉의 내용 중 밑줄 친 '쓰다'의 쓰임이 다의 관계를 보이는 것은?

┌ 보기 ─────────────
ㄱ. 연습장에 붓글씨를 쓰다.
ㄴ. 그는 억울하게 누명을 썼다.
ㄷ. 공원묘지에 묘를 쓰다.
ㄹ. 그는 아무에게나 반말을 쓴다.
ㅁ. 입맛이 써서 맛있는 게 없다.
ㅂ. 아르바이트를 하는 데 시간을 많이 썼다.
└────────────────

① ㄱ-ㄷ        ② ㄴ-ㅁ
③ ㄷ-ㄹ        ④ ㄹ-ㅂ

### 005
2014 지방직 9급

밑줄 친 부분의 의미와 가장 가까운 것은?

┌──────────────────
농악에는 우리 민족의 정서가 배어 있다.
└──────────────────

① 욕이 입에 배어 큰일이다.
② 그는 속이 너무 배어 큰 인물은 못 된다.
③ 갓난아이 몸에는 항상 젖내가 배어 있다.
④ 이 책에는 아이에 대한 부모의 고민과 애정이 배어 있다.

### 006
2015 국가직 7급

밑줄 친 부분의 의미와 가장 가까운 것은?

┌──────────────────
회초리 맞은 자리에 멍이 들었다.
└──────────────────

① 높은 자리에 있는 사람을 만났다.
② 금 간 자리를 흙으로 말끔히 메웠다.
③ 그는 적성에 맞는 자리를 구하고 있다.
④ 방이 좁아서 책상을 들여놓을 자리가 없다.

---

(3) 반의 관계의 종류-1

① **모순** 관계: **중간항**이 없는 반의 관계. 한쪽을 부정하면 반대쪽이 되는 것.
   예 남자-여자
   → 이 같은 경우 '그는 많이 남자이다.(×)'와 같이 **정도부사**의 수식을 받을 수 없고 '철수가 영민이보다 더 남자이다.(×)'처럼 **비교** 표현도 불가능하다.
   ※ 단, 모순 관계 중에는 비교 표현이 가능한 경우도 있다. 이를 '정도 상보어'라고 지칭한다.
      예 정직하다-부정직하다, 익다-설다, 편하다-편찮다, 확실하다-불확실하다

② **반대** 관계: **중간항**이 있는 반의 관계
   예 이기다-지다(중간항: 비기다), 검정-하양(중간항: 노랑, 빨강, 초록)
   ※ 구별법: 한쪽을 부정하면 반대쪽을 의미하는지를 본다.
      예 남자가 아니다 → 반드시 여자다.(○)
         익지 않았다 → 반드시 설익었다.(○)
         이기지 않았다 → 반드시 졌다.(×)
         길지 않다 → 반드시 짧다.(×)

(4) 반의 관계의 종류-2

① 정도 반의어: 정도의 차이를 표현하는 반의어
   예 길다-짧다, 빠르다-느리다
② 상보 반의어: 모순 관계
   예 남자-여자
③ 방향 반의어: 마주 선 방향이나 이동의 측면 또는 인간관계적 측면의 반대 관계
   예 동쪽-서쪽(a는 b의 동쪽이다/b는 a의 서쪽이다), 앞-뒤(a는 b의 앞이다/b는 a의 뒤이다), 부모-자식(a는 b의 부모이다/b는 a의 자식이다), 가다-오다(a 입장에서는 가는 게, b입장에서는 오는 것이다), 사다-팔다(a가 b에게 사다/b가 a에게 팔다)

## 3. 동음이의 관계와 다의 관계

(1) **동음이의** 관계: 소리는 같으나 의미가 다른 단어들의 관계. 이들 단어를 동음이의어라고 한다.
   예 배1[舟] 배2[腹] 배3[梨]

(2) **다의** 관계: **중심**적 의미와 **주변**적 의미 사이의 관계.
   예 발을 딛다(신체 부위)-발이 빠르다(걸음)

(3) 다의 관계와 동음이의 관계: 앞서 언급한 것처럼 **의미**적, **어원**적으로 연결되면 다의 관계이고, 연결되지 못하면 동음이의 관계가 된다.

(4) 다의어의 의미를 구별할 때에는 동의어나 반의어를 찾아서 대응해 본다.
   예 먹다: 밥을 먹다(=배 속으로 보내다. ↔ 뱉다) vs 욕을 먹다(=듣다, ↔ 하다)

## 4. 상하 관계

(1) **상하** 관계: 한 단어가 의미적으로 다른 단어에 포함될 때의 관계. 의미 범위가 적은 단어(=포함되는 단어)를 하의어, 의미 범위가 넓은 단어(=포함하는 단어)를 상의어라고 한다.
   예 생물⊃동물⊃척추동물⊃포유류⊃영장류⊃인류

(2) 상의어일수록 **추상**적이고, 하의어일수록 **구체**적이다.

(3) 하의어는 상의어의 예시가 된다. 가령 '생물의 예로 동물을 들 수 있다'가 성립한다.

---

### 정답과 해설

**004** ④ ㄱ은 '붓, 펜, 연필로 쓰다'라는 뜻이고, ㄴ은 '누명 따위를 가지거나 입게 되다.'라는 뜻, ㄷ은 '시체를 묻고 무덤을 만들다.'라는 뜻이며, ㄹ은 '어떤 말이나 언어를 사용하다.'라는 뜻이다. ㅁ은 '몸이 좋지 않아서 입맛이 없다.'라는 뜻이고, ㅂ은 '일을 하는 데 시간이나 돈을 들이다.'라는 뜻이다.

**005** ④ 제시된 문장의 '배다'는 '느낌, 생각 따위가 깊이 느껴지거나 오래 남아 있다.'의 뜻으로 쓰였다. 이 경우 '배다'의 주어는 '느낌, 생각'과 연관이 있는 단어여야 한다. 따라서 ④번이 정답이다.

**006** ② 밑줄 친 '자리'는 '사람의 몸이나 물건이 어떤 변화를 겪고 난 후 남은 흔적'을 뜻한다. 이와 유사한 뜻으로 쓰인 것은 '금 간 자리를 흙으로 말끔히 메웠다.'에서이다.

## 2 의미 변화

### 1. 의미 변화의 원인

**(1) 언어적 원인**: 단어와 단어 간의 결합이 긴밀할 때 일어나는 의미 변화

| 통사적 전염 | 전혀, 별로 | '전혀, 별로' 등은 부정 의미가 없었으나 '~하지 않다, ~아니다' 등의 단어와 결합하여서 후에 부정의 의미를 지니게 되었다. |
|---|---|---|
| 생략 | 나름대로 | 본래 '제 나름대로, 자기 나름대로'로 써야 하나 계속 '제, 자기'와 결합하다 보니 '제, 자기'가 생략된 채로 쓰더라도 문제가 없게 되었다. |

**(2) 역사적 원인**: 단어가 지시하는 내용이 바뀌게 된 의미 변화

| 바가지 | 본래는 박 속을 비워 만든 용기를 뜻했으나 현대에는 플라스틱으로 만든 것도 포함하게 되었다. |
|---|---|
| 배 | 본래는 나무로 만든 것만을 뜻했으나 현대에는 쇠로 만든 배도 포함하게 되었다. |

**(3) 사회적 원인**: 사회 구조나 계층의 변화로 인해 나타나는 의미 변화

| 영감 | 본래는 '당상관 이상의 벼슬'을 일컫다가 현대에는 '판·검사'를 일컬음 |
|---|---|
| 공양 | 본래 불교 용어였으나 지금은 부모님을 잘 살핀다는 의미를 지니게 됨 |
| 컴퓨터 | 'computer'가 유입되면서 이를 지칭할 명칭이 필요해서 생겨남 |

**(4) 심리적 원인**: 비유법이나 완곡어법으로 인한 의미 변화

| 곰 | '둔한 사람'을 빗댄 표현으로 자주 쓰다 보니 그러한 의미를 지니게 됨 |
|---|---|
| 돌아가시다 | '죽다'는 표현을 피하려고 쓰던 표현이 '죽다'의 의미까지 지니게 됨 |

### 2. 의미 변화의 유형

(1) **의미의 확대**: 단어의 의미 영역이 넓어지는 일반화 현상.

(2) **의미의 축소**: 단어의 의미 영역이 좁아지는 현상.

(3) **의미의 전이**: 단어의 의미 영역이 넓어지거나 좁아지는 일 없이 단어의 의미가 변화하는 현상.

### 연습문제

01 영감: 정2품, 정3품 벼슬아치의 호칭 → 남성 노인 **확대**

02 세수: 손을 씻다. → 손과 얼굴을 씻다. **확대**

03 도련님: '도령'의 높임말 → 결혼하지 않은 시동생 **축소**

04 겨집>계집: 일반 여성을 가리키는 말 → 여성을 비하하는 말 **축소**

05 아자비(앗+아비)>아저씨: 숙부 → 성인 남성 **확대**

06 놈: 일반적인 사람 → 남자나 사람을 낮잡아 이르는 말 **축소**

07 감토>감투: 벼슬아치가 머리에 쓰는 모자 → 벼슬 **전이**

08 마누라: 상전, 마님을 일컫는 말 → 중년 여인을 속되게 이르는 말 **축소**

09 미인: 아름다운 사람(남녀) → 아름다운 여인 **축소**

10 방송(放送): 석방 → 음성이나 영상을 전파로 내보내는 일 **전이**

11 두꺼비집: 두꺼비의 집 → 전기 개폐기 **전이**

12 어리다: 어리석다. 현명하지 못하다. → 나이가 적다. **전이**

13 즁싱 > 즘싱 > 즘승 > 짐승(생물 전체 → 동물 → 짐승: 사람이 아닌 동물/ 중생: 사람) **축소**

14 다리: 사람이나 짐승의 다리 → 사람, 짐승의 다리를 포함해서 물건을 지탱하는 하체 부분 **확대**

15 어엿브다>어여쁘다: 불쌍하다 → 예쁘다 **전이**

16 겨레: 종친(宗親) → 동포, 민족 **확대**

17 인정(人情): 뇌물 → 사람 사이의 정 **전이**

---

## 완전학습

의미 변화 유형을 구별하자.

### 007
2014 서울시 9급

국어의 어휘 의미 변화에 대한 다음의 진술 중 올바르지 못한 것은?

① '다리(脚)'가 사람이나 짐승의 다리만 가리켰으나 현대에는 책상에도 쓰인다.
② '짐승'은 衆生에서 온 말로 생물 전체를 가리켰으나 지금은 사람을 제외한 동물을 가리킨다.
③ '사랑하다'는 '생각하다'라는 의미가 있었으나 지금은 이 의미가 없다.
④ '어여쁘다'는 '조그맣다'라는 뜻이었으나 지금은 '아름답다'의 의미이다.
⑤ '어리다'는 '어리석다'의 뜻이었다가 지금은 '나이가 적다'의 의미로 쓰인다.

### 008
2012 서울시 7급

밑줄 친 부분에 해당하는 용례로 가장 적절하지 않은 것은?

> 언어도 생명처럼 시간이 흐름에 따라 생멸의 과정을 겪는다. 특히 의미는 음운이나 문법구조보다 변화가 많은데 그 결과는 두 가지 측면에서 주로 논의된다. 의미 영역의 변화와 의미에 대한 평가의 변화가 그것이다. 의미 영역 변화에는 변화 전에 비해 의미가 축소되는 경우와 의미가 확대되는 경우가 있다. 전자의 경우를 의미의 특수화, 후자의 경우를 의미의 일반화라고 부르기도 한다. 그리고 어떤 단어의 의미 영역이 확대 또는 축소되는 일이 없이 그 단어의 의미가 전혀 다른 의미로 변화된 것이 있다.

① 미인     ② 짐승
③ 어리다     ④ 도련님
⑤ 얼굴

### 정답과 해설

**007** ④ '어여쁘다'는 과거에는 '불쌍하다'라는 뜻으로 쓰였으나, 현대에는 '예쁘다'라는 뜻으로 쓰인다.

**008** ③ 밑줄 친 부분은 의미의 특수화를 뜻한다. 의미의 특수화는 의미가 변화하면서 단어의 의미 영역이 축소되는 현상을 뜻한다.
'어리다'는 '어리석다. 현명하지 못하다.'의 뜻을 지닌 단어에서 오늘날의 '나이가 적다.'의 뜻을 지닌 단어가 되었다. 이는 단어의 의미 영역이 넓어지거나 좁아지는 일 없이 단어의 의미가 변화하는 의미 전이 현상에 해당된다.

# 제 5 장 • 표준 발음법

## 완전학습
1. 'ㅖ'의 발음을 암기하자.
2. 'ㅢ'의 발음을 구별하자.
3. '져, 쪄, 쳐'는 [저, 쩌, 처]로 발음됨을 암기하자.

### 001
2018 국가직 7급

밑줄 친 발음이 표준 발음이 아닌 것은?
① 연계[연계] 교육
② 차례[차례] 지내기
③ 충의의[충이의] 자세
④ 논의[노늬]에 따른 방안

### 002
2011 국가직 9급

다음을 '표준 발음법'에 따라 발음하지 않은 것은?

민주주의의 의의

① [민주주의에 으ː이]
② [민주주의 의ː의]
③ [민주주이에 의ː의]
④ [민주주이에 의ː이]

### 003
2014 경찰직 1차 변형

다음 중 〈표준 발음법〉 규정에 비추어 이중 모음의 발음이 바르지 않은 것은?
① 우리의[우리에]   ② 계시다[게ː시다]
③ 귀띔[귀뜸]   ④ 차례[차례]

---

### 정답과 해설
**001** ② 표준 발음법 제5항(다만2)에 따라 '례'의 'ㅖ'는 [ㅖ]로만 발음한다. 따라서 '차례'는 [차례]로만 발음한다. 참고로 '예, 례' 이외의 'ㅖ'는 [ㅔ]로도 발음할 수 있다.

**002** ① 단어의 첫음절 '의'를 [으]로는 발음할 수 없으므로 [민주주의에 으ː이]는 잘못된 발음이다.

**003** ③ 자음을 첫소리로 가지고 있는 음절의 'ㅢ'는 [ㅣ]로 발음한다. 따라서 '띔'은 [띰]으로 발음해야 한다. 즉 '귀띔'의 올바른 발음은 [귀띰]이다.

---

## 제1장 총칙

**제1항** 표준 발음법은 표준어의 **실제 발음**을 따르되, 국어의 **전통성**과 **합리성**을 고려하여 정함을 원칙으로 한다.

## 제2장 자음과 모음

**제2항** 표준어의 자음은 다음 19개로 한다.
ㄱ ㄲ ㄴ ㄷ ㄸ ㄹ ㅁ ㅂ ㅃ ㅅ ㅆ ㅇ ㅈ ㅉ ㅊ ㅋ ㅌ ㅍ ㅎ

**제3항** 표준어의 모음은 다음 21개로 한다.
ㅏ ㅐ ㅑ ㅒ ㅓ ㅔ ㅕ ㅖ ㅗ ㅘ ㅙ ㅚ ㅛ ㅜ ㅝ ㅞ ㅟ ㅠ ㅡ ㅢ ㅣ

**제4항** 'ㅏ ㅐ ㅓ ㅔ ㅗ ㅚ ㅜ ㅟ ㅡ ㅣ'는 단모음(單母音)으로 발음한다.
[붙임] 'ㅚ, ㅟ'는 이중 모음으로 발음할 수 있다.

**제5항** 'ㅑ ㅒ ㅕ ㅖ ㅘ ㅙ ㅛ ㅝ ㅞ ㅠ ㅢ'는 이중 모음으로 발음한다.
　다만 1. 용언의 활용형에 나타나는 '져, 쪄, 쳐'는 [**저, 쩌, 처**]로 발음한다.
　　가지어 → 가져[가저]　　찌어 → 쪄[쩌]　　다치어 → 다쳐[다처]
　다만 2. '**예, 례**' 이외의 'ㅖ'는 [ㅔ]로도 발음한다.
　　계시다[계ː시다/게ː시다]　개폐[개폐/개페](開閉)
　　혜택[혜ː택/헤ː택](惠澤)　차례[차례]　예의[예의/예이]
　다만 3. 자음을 첫소리로 가지고 있는 음절의 'ㅢ'는 [ㅣ]로 발음한다.
　　늴리리[닐리리]　닁큼[닝큼]　씌어[씨어/씨여]
　다만 4. 단어의 첫음절 이외의 '의'는 [ㅣ]로, 조사 '의'는 [ㅔ]로 발음함도 허용한다.
　　주의[주의/주이]　우리의[우리의/우리에]　협의[혀븨/혀비]

### ✚ 내용 정리

※ **모음의 발음**
① 'ㅚ'는 [ㅚ/ㅞ]로 발음한다. @ 최근[최ː근/췌ː근]
② '져, 쪄, 쳐'는 [저, 쩌, 처]로 발음한다. @ 가져[가저], 쪄[쩌], 다쳐[다처]
③ '예, 례' 이외의 'ㅖ'는 [ㅖ/ㅔ]로 발음한다. @ 계시다[계ː시다/게ː시다], 개폐[개폐/개페], 차례[차례]

※ **'의'의 발음**
① 자음을 표기로 가지고 있으면 무조건 'ㅣ'로만 @ 늴리리[닐리리], 귀띔[귀띰]
② 자음을 표기로 가지고 있지 않고 첫음절이면 무조건 'ㅢ' @ 의자[의자]
③ 자음을 표기로 가지고 있지 않고 조사면 'ㅢ/ㅔ'로, 두 번째 음절 이하면 'ㅢ/ㅣ'로 발음 가능
@ 협의[혀븨/혀비], 우리의[우리의/우리에]

| | 민 | 주 | 주 | 의 | 의 | 의 | 의 |
|---|---|---|---|---|---|---|---|
| 원칙 | 민 | 주 | 주 | 의 | 의 | 의 | 의 |
| 허용 | 민 | 주 | 주 | 이 | 에 | 의 | 이 |

## 제3장 음의 길이

**제6항** 모음의 장단을 구별하여 발음하되, 단어의 첫음절에서만 긴소리가 나타나는 것을 원칙으로 한다.
　(1) 많다[만ː타]　말하다[말ː하다]　눈보라[눈ː보라]
　(2) 수많이[수ː마니]　참말[참말]　첫눈[천눈]
다만, 합성어의 경우에는 둘째 음절 이하에서도 분명한 긴소리를 인정한다.
　반신반의[반ː신바ː늬/반ː신바ː니]
[붙임] 용언의 단음절 어간에 어미 '-아/-어'가 결합되어 한 음절로 축약되는 경우에도 긴소리로 발음한다.
　보아 → 봐[봐ː]　기어 → 겨[겨ː]　되어 → 돼[돼ː]　하여 → 해[해ː]
다만, '**오아 → 와**, 지어 → 져, 찌어 → 쪄, 치어 → 쳐' 등은 긴소리로 발음하지 않는다.

**제7항** 긴소리를 가진 음절이라도, 다음과 같은 경우에는 짧게 발음한다.
    1. 단음절인 용언 어간에 모음으로 시작된 어미가 결합되는 경우
        감다[감ː따] – 감으니[가므니]    밟다[밥ː따] – 밟으면[발브면]
        다만, 다음과 같은 경우에는 예외적이다.(끌벌많 없썰 떫다!)
        끌다[끌ː다] – 끌어[끄러]    떫다[떨ː따] – 떫은[떨ː븐]
        벌다[벌ː다] – 벌어[버ː러]    썰다[썰ː다] – 썰어[써ː러]
        없다[업ː따] – 없으니[업ː쓰니]    많다[만ː타] – 많아[마ː나]
    2. 용언 어간에 피동, 사동의 접미사가 결합되는 경우
        감다[감ː따] – 감기다[감기다]    밟다[밥ː따] – 밟히다[발피다]
        다만, 다음과 같은 경우에는 예외적: 끌리다[끌ː리다]   벌리다[벌ː리다]   없애다[업ː쌔다]
    [붙임] 다음과 같은 합성어에서는 본디의 길이에 관계없이 짧게 발음한다.
        밀-물    썰-물    쏜-살-같이    작은-아버지

### 💡 내용 정리

※ 발음의 장단
① 긴소리는 첫음절 모음에서만 나타난다. 단 '반신반의'처럼 합성된 경우는 예외!
  예) 눈보라[눈ː보라]-첫눈[천눈], 반신반의[반ː신바ː늬/반ː신바ː니]
② 모음으로 시작하는 어미가 결합하거나 피·사동 접사가 결합하는 경우에는 무조건 짧게 발음한다.
  예) 감다[감ː따]-감으니[가므니]-감기다[감기다]
③ 단 '끌벌많 없썰 떫'다는 모음으로 시작하는 어미가 결합하든, 피사동 접사가 결합하든 무조건 길게 발음한다.
  예) 끌다[끌ː다]-끌어[끄ː러]-끌리다[끌ː리다]    없다[업ː따]-없으니[업ː쓰니]-없애다[업ː쌔다]

## 제4장 받침의 발음

**제8항** 받침소리로는 'ㄱ, ㄴ, ㄷ, ㄹ, ㅁ, ㅂ, ㅇ'의 7개 자음만 발음한다.

**제9항** 받침 'ㄲ, ㅋ', 'ㅅ, ㅆ, ㅈ, ㅊ, ㅌ', 'ㅍ'은 어말 또는 자음 앞에서 각각 대표음 [ㄱ, ㄷ, ㅂ]으로 발음한다.

**제10항** 겹받침 'ㄳ', 'ㄵ', 'ㄼ, ㄽ, ㄾ', 'ㅄ'은 어말 또는 자음 앞에서 각각 [ㄱ, ㄴ, ㄹ, ㅂ]으로 발음한다.
    다만, '밟–'은 자음 앞에서 [밥]으로 발음하고, '넓–'은 다음과 같은 경우에 [넙]으로 발음한다.
    (1) 밟다[밥ː따]    밟소[밥ː쏘]    밟는[밥ː는→밤ː는]    밟아[발바]
    (2) 넓-죽하다[넙쭈카다]    넓-둥글다[넙뚱글다]    넓-적하다[넙쩌카다]

**제11항** 겹받침 'ㄺ, ㄻ, ㄿ'은 어말 또는 자음 앞에서 각각 [ㄱ, ㅁ, ㅂ]으로 발음한다.
    다만, 용언의 어간 말음 'ㄺ'은 'ㄱ' 앞에서 [ㄹ]로 발음한다.
    맑게[말께]    묽고[물꼬]    (cf. 흙과[흑꽈])

**제12항** 받침 'ㅎ'의 발음은 다음과 같다.
    1. 'ㅎ(ㄶ, ㅀ)' 뒤에 'ㄱ, ㄷ, ㅈ'이 결합되는 경우에는, 뒤 음절 첫소리와 합쳐서 [ㅋ, ㅌ, ㅊ]으로 발음한다.
        놓고[노코]    좋던[조ː턴]    많고[만ː코]    닳지[달치]
    [붙임 1] 받침 'ㄱ(ㄺ), ㄷ, ㅂ(ㄼ), ㅈ(ㄵ)'이 뒤 음절 첫소리 'ㅎ'과 결합되는 경우에도, 역시 두 음을 합쳐서 [ㅋ, ㅌ, ㅍ, ㅊ]으로 발음한다.
        밝히다[발키다]    맏형[마텽]    넓죽해요[넙쭈캐요]
    [붙임 2] 규정에 따라 [ㄷ]으로 발음되는 'ㅅ, ㅈ, ㅊ, ㅌ'의 경우에도 이에 준한다.
        옷 한 벌[오탄벌]    낮 한때[나탄때]    숱하다[수타다]
    2. 'ㅎ(ㄶ, ㅀ)' 뒤에 'ㅅ'이 결합되는 경우에는, 'ㅅ'을 [ㅆ]으로 발음한다.
        많소[만ː쏘]    싫소[실쏘]
    3. 'ㅎ' 뒤에 'ㄴ'이 결합되는 경우에는, [ㄴ]으로 발음한다.
        놓는[논는]    쌓네[싼네]
    [붙임] 'ㄶ, ㅀ' 뒤에 'ㄴ'이 결합되는 경우에는, 'ㅎ'을 발음하지 않는다.
        않는[안는]    뚫는[뚤는→뚤른]
    4. 'ㅎ(ㄶ, ㅀ)' 뒤에 모음으로 시작된 어미나 접미사가 결합되는 경우에는, 'ㅎ'을 발음하지 않는다.
        낳은[나은]    놓아[노아]
    ※ 단, 한자어나 복합어에서 'ㅎ'은 본음대로 발음한다. 가령 '경제학[경제학], 광어회[광어회/광어훼], 신학[신학], 전화[전화]'

---

### 📚 완전학습

1. 긴소리로 발음할 수 없는 경우를 숙지하자.
2. 반드시 긴소리로 발음해야 하는 경우를 숙지하자.

**004**    2007 경기도 지방직 9급

다음 중 긴소리로 발음해야 하는 것으로 옳은 것은?
① 감으니[가ː므니]
② 반신반의[반ː신바ː니]
③ 첫눈[천눈ː]
④ 참말[참ː말]

### 📚 완전학습

1. 겹받침의 발음을 암기하자.
2. 겹받침 'ㄼ'의 발음을 암기하자.
3. 겹받침 'ㄺ'의 발음을 암기하자.
4. '않은, 않는, 뚫는, 낳은'의 발음을 암기하자.

**005**    2008 국가직 7급

다음 중 발음이 옳지 않은 것은?
① 잔디를 밟지[밥ː찌] 마시오.
② 오늘은 하늘이 맑게[말께] 갰네요.
③ 시간이 나면 책을 읽지[일찌] 그러니.
④ 넓고[널꼬] 넓은 바다가 온통 기름으로 얼룩졌습니다.

**006**    2010 경찰 정보통신

다음 중 단어의 발음이 옳은 것은 모두 몇 개인가?

| 밝고[박꼬] | 흙과[흘꽈] | 넓다[넙따] |
| 여덟[여덥] | 핥다[할따] | 있다[잇따] |

① 없음    ② 1개    ③ 2개    ④ 3개

**007**    2017 서울시 사회복지직 9급 변형

다음 중 표준 발음으로 옳지 않은 것은?
① 바지가 다 닳아서[다라서] 못 입게 되었다.
② 저녁 반찬으로 찌개를 끓이고[끄리고] 있다.
③ 가지고 온 책은 책상 위에 놓아[노아] 두렴.
④ 기회를 놓치지 않은[안는] 사람이 결국에는 성공하더라.

### 정답과 해설

**004** ② 합성어 '반신반의'는 [반ː신바늬/반ː신바니]로 발음할 수 있다.

**005** ③ 읽지[일찌](×) → 읽지[익찌](○): 겹받침 'ㄺ'은 자음 앞에서 [ㄱ]으로 발음한다.

**006** ② '핥다'의 겹받침 'ㄾ'은 어말 또는 자음 앞에서 [ㄹ]로 발음하기 때문에 '핥다'는 [할따]로 발음한다.

**007** ④ 않은[안는](×)→않은[아는](○): 'ㅎ(ㄶ, ㅀ)' 뒤에 모음으로 시작된 어미나 접미사가 결합되는 경우에는, 'ㅎ'을 발음하지 않는다. 따라서 '않은'의 'ㅎ'은 발음하지 않으므로, 'ㄴ'을 연음하여 [아는]으로 발음해야 한다.

## 완전학습

1. 모음으로 시작하는 형식 형태소, 실질 형태소가 왔을 때의 받침 발음을 구별하자.
2. '멋있다, 맛있다'의 발음을 암기하자.
3. 한글 자모의 명칭 다음에 모음으로 시작하는 형식 형태소가 왔을 때의 발음을 암기하자.

### 008
2004 국가직 7급 변형

우리말 받침의 발음에 대한 설명 중 옳지 않은 것은?

① 국어 표준 발음에서 음절의 끝소리로 발음될 수 있는 자음은 'ㄱ, ㄴ, ㄷ, ㄹ, ㅁ, ㅂ, ㅇ' 7개 자음이다.
② 겹받침의 경우 'ㄼ, ㄺ'의 발음은 불규칙적이다.
③ 모음으로 시작되는 형식 형태소(조사, 어미, 접미사)가 오는 '흙을'의 발음은 [흘글]이다.
④ 모음(ㅏ)으로 시작되는 실질 형태소가 오는 '닭 앞'의 발음은 [닥압]이다.

### 009
2010 국회직 9급

밑줄 친 단어 중에서 발음 표기가 옳지 않은 것은? (단, 발음 표기에서 음의 장단은 무시한다.)

① 과수원에서 바로 따 먹는 제철 과일은 언제나 맛있다[마싣따].
② 가시는 걸음걸음 놓인 그 꽃을 사뿐히 즈려 밟고[발꼬] 가시옵소서.
③ 최고 권력을 거머쥔 황제의 다음 소망은 늙지[늑찌] 않고, 죽지 않는 것이었다.
④ 우리 강산 푸르고 맑게[말께] 가꾸어 후손에 부끄럽지 않은 세대가 되어야 한다.
⑤ 조금만 기다려라. 내가 곧 갈게[갈께].

### 010
2013 서울시 7급

다음의 밑줄 친 부분에 대한 표준 발음으로 옳은 것은?

① 그녀의 얼굴에는 더 이상 애써 짓는 헛웃음[허수슴]은 보이지 않았다.
② 그 소년의 미소가 밝고[발꼬] 귀여웠다.
③ 밭을[바틀] 가는 황소의 몸이 무거워 보였다.
④ 30분 동안 앉아 있었더니 무릎이[무르비] 저리다.
⑤ 연변에 살던 분들은 한글 자모 '지읒을'[지으즐] 서울사람과는 달리 발음한다.

## 내용 정리

※ 받침의 발음
① 겹받침의 경우 일반적으로 뒤의 것이 'ㅍ, ㅁ, ㄱ'일 때 외에는 앞의 것을 발음한다.
   예 읊고[읍꼬], 핥다[할따]
② '밟다, 넓죽하다, 넓적하다, 넓둥글다'의 겹받침 'ㄼ'의 경우 [ㅂ]으로 발음한다.
   예 밟다[밥:따], 넓죽하다[넙쭈카다], 넓둥글다[넙뚱글다], 넓적하다[넙쩌카다]
③ 겹받침 'ㄺ' 다음에 'ㄱ'이 올 경우에는 [ㄹ]로 발음한다.(단 용언일 경우)
   예 맑게[말께]   묽고[물꼬]   (cf. 흙과[흑꽈])
④ '않은, 않는, 뚫는, 낳은'의 발음을 암기해야 한다.
   예 않은[아는], 않는[안는], 뚫는[뚤는→뚤른], 낳은[나은]

제13항 홑받침이나 쌍받침이 모음으로 시작된 조사나 어미, 접미사와 결합되는 경우에는, 제 음가대로 뒤 음절 첫소리로 옮겨 발음한다.

제14항 겹받침이 모음으로 시작된 조사나 어미, 접미사와 결합되는 경우에는, 뒤엣것만을 뒤 음절 첫소리로 옮겨 발음한다.(이 경우, 'ㅅ'은 된소리로 발음함.)

제15항 받침 뒤에 모음 'ㅏ, ㅓ, ㅗ, ㅜ, ㅟ'들로 시작되는 실질 형태소가 연결되는 경우에는, 대표음으로 바꾸어서 뒤 음절 첫소리로 옮겨 발음한다.
다만, '맛있다, 멋있다'는 [마싣따], [머싣따]로도 발음할 수 있다.
[붙임] 겹받침의 경우에는, 그중 하나만을 옮겨 발음한다.

제16항 한글 자모의 이름은 그 받침소리를 연음하되, 'ㄷ, ㅈ, ㅊ, ㅋ, ㅌ, ㅍ, ㅎ'의 경우에는 특별히 다음과 같이 발음한다.
※ 원칙: 한글 자모의 명칭에 한해서 모음으로 시작하는 조사 앞에서 받침이 연음되는 것이 아니라, 'ㄷ, ㅌ, ㅈ, ㅊ, ㅎ'은 'ㅅ'이 연음되고, 'ㅋ'은 'ㄱ'이, 'ㅍ'은 'ㅂ'이 연음된다. 가령 'ㅌ'은'의 표기는 '티읕은'이고, 발음은 [티으슨]이다.

## 내용 정리

※ 받침 다음에 모음으로 시작하는 형태소가 오는 경우
① 모음으로 시작하는 실질 형태소가 오는 경우에는 음절 끝소리 규칙을 적용한 후 연음한다.
   예 헛웃음[허두슴], 닭 앞에[다가페]
② 모음으로 시작하는 형식 형태소가 오는 경우에는 그대로 연음한다.(단 한글 자모의 명칭 제외)
   예 닭을[달글], 밭을[바틀]
③ '맛있다, 멋있다'는 예외적으로 [마딛따/마싣따], [머딛따/머싣따]로 발음한다.
④ 한글 자모의 명칭은 모음으로 시작하는 형식 형태소가 오더라도 대표음으로 바꾸어 연음하되, 'ㄷ, ㅌ, ㅈ, ㅊ, ㅎ'의 경우 대표음은 'ㅅ'이다.
   예 기역이[기여기]-키읔이[키으기], 비읍을[비으블]-피읖을[피으블], 디귿이[디그시]-티읕이[티으시]-지읒이[지으시]

## 정답과 해설

008 ④ '닭 앞'은 겹받침 'ㄺ' 중에 'ㄱ'을 다음 음절의 첫소리로 옮겨 [다갑]으로 발음한다.
009 ② '밟고'는 [밥꼬]로 발음한다. 겹받침 'ㄼ'은 일반적으로 자음 앞에서 [ㄹ]로 발음한다. 하지만 예외적으로 '밟-'은 자음 앞에서 [ㅂ]으로 발음한다.
010 ② '밝고'의 발음은 [발꼬]가 맞다. 표준 발음법 제11항(다만)에 따라 용언의 어간 말음 'ㄺ'은 'ㄱ'으로 시작하는 어미 앞에서 [ㄹ]로 발음한다.

# 제5장 음의 동화

**제17항** 받침 'ㄷ, ㅌ(ㄾ)'이 조사나 접미사의 모음 'ㅣ'와 결합되는 경우에는, [ㅈ, ㅊ]으로 바꾸어서 뒤 음절 첫소리로 옮겨 발음한다.

  [붙임] 'ㄷ' 뒤에 접미사 '히'가 결합되어 '티'를 이루는 것은 [치]로 발음한다.
  　　　굳히다[구치다]　　　닫히다[다치다]

**제18항** 받침 'ㄱ(ㄲ, ㅋ, ㄳ, ㄺ), ㄷ(ㅅ, ㅆ, ㅈ, ㅊ, ㅌ, ㅎ), ㅂ(ㅍ, ㄼ, ㄿ, ㅄ)'은 'ㄴ, ㅁ' 앞에서 [ㅇ, ㄴ, ㅁ]으로 발음한다.

  [붙임] 두 단어를 이어서 한 마디로 발음하는 경우에도 이와 같다.
  　　　책 넣는다[챙넌는다]　　　밥 먹는다[밤멍는다]

**제19항** 받침 'ㅁ, ㅇ' 뒤에 연결되는 'ㄹ'은 [ㄴ]으로 발음한다.
  　　　침략[침ː냑]　　　　　　강릉[강능]

  [붙임] 받침 'ㄱ, ㅂ' 뒤에 연결되는 'ㄹ'도 [ㄴ]으로 발음한다.
  　　　막론[막논→망논]　　　협력[협녁→혐녁]

**제20항** 'ㄴ'은 'ㄹ'의 앞이나 뒤에서 [ㄹ]로 발음한다.
  (1) 광한루[광ː할루]　　　　대관령[대ː괄령]
  (2) 줄넘기[줄럼끼]

  [붙임] 첫소리 'ㄴ'이 'ㅀ', 'ㄾ' 뒤에 연결되는 경우에도 이에 준한다.
  　　　닳는[달른]　　　뚫는[뚤른]　　　핥네[할레]

  다만, 다음과 같은 단어들은 'ㄹ'을 [ㄴ]으로 발음한다.
  　　　의견란[의ː견난]　　　입원료[이붠뇨]　　　생산량[생산냥]　　　결단력[결딴녁]
  　　　횡단로[횡단노]　　　동원령[동ː원녕]　　　상견례[상견례]　　　공권력[공꿘녁]
  　　　이원론[이ː원논]　　　임진란[임ː진난]　　　구근류[구근뉴]

**제21항** 위에서 지적한 이외의 자음동화는 인정하지 않는다.
  　　　감기[감ː기](×[강ː기])　　　옷감[옫깜](×[옥깜])　　　있고[읻꼬](×[익꼬])
  　　　꽃길[꼳낄](×[꼭낄])　　　젖먹이[전머기](×[점머기])　　　꽃밭[꼳빧](×[꼽빧])

**제22항** 다음과 같은 용언의 어미는 [어]로 발음함을 원칙으로 하되, [여]로 발음함도 허용한다.
  　　　되어[되어/되여]　　　피어[피어/피여]

  [붙임] '이오, 아니오'도 이에 준하여 [이요, 아니요]로 발음함을 허용한다.

## ✚ 내용 정리

> ※ **음의 동화**
> ① 'ㄴㄹ'이나 'ㄹㄴ'이 'ㄹㄹ'로 발음되는 다음의 경우에 주의해야 한다.
>   예) 동원령[동ː원녕], 상견례[상견례], 공권력[공꿘녁], 이원론[이ː원논]　　cf) 선릉[설릉]
> ② 반모음 'ㅣ'가 첨가되는 다음의 경우에 주의해야 한다.
>   예) 되어[되어/되여], 피어[피어/피여], 이오[이오/이요], 아니오[아니오/아니요]
> ③ '짧네요'의 발음은 [짤레요]이다.

---

### 🎯 완전학습

1. 'ㄹㄹ'로 발음되는 경우를 암기하자.
2. 반모음 'ㅣ'가 첨가되는 경우를 암기하자.
3. '짧네요'의 발음을 이해하자.

**011**　　　　　　　　　　2005 국가직 7급

다음 〈보기〉의 영희의 생각에 따라 발음한다면, 이에 해당하는 예로 옳은 것은?

  〈보기〉
  철수: 서울 지하철 2호선에 '선릉'역이 있는데 이 역에 대한 정확한 발음을 아니?
  영희: 내 생각으로는 [설릉]이 맞는 거 같아.
  철수: 나는 [선릉]이 맞는 거 같은데…….

① 이원론　　　　② 공권력
③ 의견란　　　　④ 광한루

**012**　　　　　　　　　　2013 국회직 9급

다음 중 그 발음이 틀린 것은?
① 되어 → 원칙[되어], 허용[되여]
② 피어 → 원칙[피어], 허용[피여]
③ 맛없다 → 원칙[마덥따], 허용[마섭따]
④ 아니오 → 원칙[아니오], 허용[아니요]
⑤ 멋있다 → 원칙[머딛따], 허용[머싣따]

**013**　　　　　　　　　　2017 국회직 9급

다음 문장의 밑줄 친 부분을 표준발음법에 맞게 발음한 것은?

  "이 바지는 길이가 너무 짧네요."

① [짬네요]　　　　② [짤브네요]
③ [짭네요]　　　　④ [짤레요]
⑤ [짤네요]

---

### 정답과 해설

**011** ④ '선릉'은 [설릉]으로 발음한다. 이와 같은 유음화 현상이 일어난 단어는 '광한루[광ː할루]'이다.

**012** ③ '맛없다'는 [마덥따]로만 발음하며 [마섭따]로 발음하지 않는다. '맛있다, 멋있다'는 각각 [마딛따/마싣따], [머딛따/머싣따]로 발음할 수 있다.

**013** ④ 짧네요[짤레요] (○): 겹받침 'ㄼ'은 자음 앞에서 [ㄹ]로 발음한다. 따라서 [짤네요]가 된 후 'ㄹ'로 인해 'ㄴ'이 유음화되어 최종적으로 [짤레요]로 발음한다.

## 완전학습

1. 경음화의 조건을 숙지하며 표준발음을 파악하자.
2. 사잇소리와 관련된 내용을 암기하자.

### 014
2012 지방직 7급

밑줄 친 단어의 발음이 옳지 않은 것은?

① 집 안은 따뜻하니 겉옷[거돋]은 벗으려무나.
② 요즘 사람들은 예전보다 참 늙지[늑찌] 않는다.
③ 그 액체는 묽고[물꼬] 짙은 정도에 따라 농도를 따진다.
④ 나야 그 사람이 그렇게 하라니 그렇게 할밖에[할 바께].

### 015
2009 서울시 9급

다음 중 발음이 옳은 것은?

① 아이를 안고[앙꼬] 힘겹게 계단을 올라갔다.
② 그는 이웃을 웃기기도[우:끼기도]하고 울리기도 했다.
③ 무엇이 흘렸는지 넋이[넉씨] 다 나간 모습이었지.
④ 무릎과[무릅과] 무릎을 맞대고 협상을 계속한다.
⑤ 차례[차례]대로 주사를 맞아야 한다.

### 016
2013 지방직 9급

표준 발음으로 바르지 않은 것은?

① 난치병[난치뼝]    ② 면허증[면:허쯩]
③ 사기죄[사기쬐]    ④ 유리잔[유리짠]

### 017
2011 기상직 9급

다음 중 표준 발음으로 인정되는 것은?

① 촛불[초뿔]    ② 밥맛[밤맛]
③ 한국[항:국]    ④ 꽃받침[꼽빧침]

---

### 정답과 해설

**014** ④ 표준 발음법 제27항에 따라 '-(으)ㄹ'로 시작되는 어미에서 'ㄹ' 뒤의 'ㅂ'은 된소리로 발음한다. 따라서 '할밖에'는 [할빠께]로 발음한다.

**015** ③ '넋이'는 겹받침 'ㄳ'이 모음으로 시작된 조사 '이'와 결합한 것이다. 이 경우 제14항에 따라 뒤엣것만을 뒤 음절의 첫소리로 옮겨 발음한다. 제 음가대로 뒤 음절의 첫소리로 옮겨 발음하여 [넉시]가 되었다가 받침 'ㄱ' 뒤에 'ㅅ'이 연결되는 경우이므로 경음화에 의해 'ㅅ'을 된소리로 발음한다. 따라서 '넋이'의 발음은 [넉씨]가 된다.

**016** ④ '유리잔'은 사잇소리 현상이 일어나지 않는 단어이므로 [유리잔]으로 발음한다.

**017** ① '촛불'은 '초+불'이 결합하고 그 사이에 사이시옷이 들어간 단어이므로 '촛불'은 [초뿔/촏뿔]으로 발음한다.

---

## 제6장 경음화

**제23항** 받침 'ㄱ(ㄲ, ㅋ, ㄳ, ㄺ), ㄷ(ㅅ, ㅆ, ㅈ, ㅊ, ㅌ), ㅂ(ㅍ, ㄼ, ㄿ, ㅄ)' 뒤에 연결되는 'ㄱ, ㄷ, ㅂ, ㅅ, ㅈ'은 된소리로 발음한다.

**제24항** 어간 받침 'ㄴ(ㄵ), ㅁ(ㄻ)' 뒤에 결합되는 어미의 첫소리 'ㄱ, ㄷ, ㅅ, ㅈ'은 된소리로 발음한다.
다만, 피동, 사동의 접미사 '-기-'는 된소리로 발음하지 않는다.

**제25항** 어간 받침 'ㄼ, ㄾ' 뒤에 결합되는 어미의 첫소리 'ㄱ, ㄷ, ㅅ, ㅈ'은 된소리로 발음한다.

**제26항** 한자어에서, 'ㄹ' 받침 뒤에 연결되는 'ㄷ, ㅅ, ㅈ'은 된소리로 발음한다.
다만, 같은 한자가 겹쳐진 단어의 경우에는 된소리로 발음하지 않는다.
　　허허실실[허허실실](虛虛實實)　　　절절-하다[절절하다](切切-)

**제27항** 관형사형 '-(으)ㄹ' 뒤에 연결되는 'ㄱ, ㄷ, ㅂ, ㅅ, ㅈ'은 된소리로 발음한다.
다만, 끊어서 말할 적에는 예사소리로 발음한다.
　　[붙임] '-(으)ㄹ'로 시작되는 어미의 경우에도 이에 준한다.

**제28항** 표기상으로는 사이시옷이 없더라도, 관형격 기능을 지니는 사이시옷이 있어야 할(휴지가 성립되는) 합성어의 경우에는, 뒤 단어의 첫소리 'ㄱ, ㄷ, ㅂ, ㅅ, ㅈ'을 된소리로 발음한다.

### 내용 정리

※ 경음화
① 경음화의 조건을 숙지하고, 다음의 발음에 주의한다.
　예 안기다[안기다], 할밖에[할빠께]
② 사이시옷이 결합되어 뒷말이 된소리로 발음되는 경우에는 사이시옷을 발음하지 않는 것을 원칙으로 하되, 사이시옷을 [ㄷ]으로 발음하는 것을 허용한다.
　예 냇가[내:까/낻:까]　　콧등[코뜽/콛뜽]
③ 다음의 경우에 주의한다.

| | |
|---|---|
| 'ㅅ' 첨가가 나타나지 않는 것 | 농사일을 하다 고래기름을 얻어, 유리잔과 모래집에 담아 고가도로에서 팔아서 동아줄을 샀더니 치수가 매우 길었다.<br>편지글에 머리글로 머리말을 썼는데, 먼저 인사말로 예사말과 반대말을 썼다. |
| 'ㅅ' 첨가가 나타나는 것 | 타짜: 불세출의 날짐승이 손사래를 치며 속임수를 시도했다. |
| 이중 발음이 가능해진 것 | 이제 똥 누는 데 안간힘을 줄 때 김밥을 먹으며 인기척을 내면 불법이 되었다. 그러나 관건은 그 효과이다. |
| 'ㄴ' 첨가가 일어나지 않는 것 | 월요일부터 금요일까지 촬영 송별연을 했더니 간염에 걸려서 등용문 담임 함유진을 보았다. |

---

## 제7장 음의 첨가

**제29항** 합성어 및 파생어에서, 앞 단어나 접두사의 끝이 자음이고 뒤 단어나 접미사의 첫음절이 '이, 야, 여, 요, 유'인 경우에는, 'ㄴ' 음을 첨가하여 [니, 냐, 녀, 뇨, 뉴]로 발음한다.
　　색-연필[생년필]　　　직행-열차[지캥녈차]　　　늑막-염[능망념]
　　식용-유[시굥뉴]　　　국민-윤리[궁민뉼리]　　　밤-윷[밤:뉻]
다만, 다음과 같은 말들은 'ㄴ' 음을 첨가하여 발음하되, 표기대로 발음할 수 있다.
　　이죽-이죽[이중니죽/이주기죽]　　　야금-야금[야금냐금/야그먀금]
　　검열[검:녈/거:멸]　　　　　　　　　욜랑-욜랑[욜랑뇰랑/욜랑욜랑]
　　금융[금늉/그뮹]　　　　　　　　　　이글이글[이글니글/이그리글]
[붙임 1] 'ㄹ' 받침 뒤에 첨가되는 'ㄴ' 음은 [ㄹ]로 발음한다.
　　설-익다[설릭따]　　물-약[물략]　　휘발-유[휘발류]　　유들-유들[유들류들]
[붙임 2] 두 단어를 이어서 한 마디로 발음하는 경우에도 이에 준한다.
　　서른여섯[서른녀섣]　　3 연대[삼년대]　　1 연대[일련대]
다만, 다음과 같은 단어에서는 'ㄴ(ㄹ)' 음을 첨가하여 발음하지 않는다.
　　6·25[유기오]　　3·1절[사밀쩔]　　송별-연[송:벼련]　　등-용문[등용문]

**제30항** 사이시옷이 붙은 단어는 다음과 같이 발음한다.

1. 'ㄱ, ㄷ, ㅂ, ㅅ, ㅈ'으로 시작하는 단어 앞에 사이시옷이 올 때는 이들 자음만을 된소리로 발음하는 것을 원칙으로 하되, 사이시옷을 [ㄷ]으로 발음하는 것도 허용한다.
   냇가[내ː까/낻ː까]   콧등[코뜽/콛뜽]

2. 사이시옷 뒤에 'ㄴ, ㅁ'이 결합되는 경우에는 [ㄴ]으로 발음한다.
   콧날[콛날→콘날]   뒷마루[뒫ː마루→뒨ː마루]

3. 사이시옷 뒤에 '이' 음이 결합되는 경우에는 [ㄴㄴ]으로 발음한다.
   베갯잇[베갣닏→베갠닏]   깻잎[깯닙→깬닙]

### ❖ 내용 정리

**※ ㄴ첨가**

① ㄴ첨가는 수의적인 현상이므로 다음의 경우에는 ㄴ첨가가 일어나지 않음을 숙지한다.

| 'ㄴ' 첨가가 일어나지 않는 것 | 월요일부터 금요일까지 촬영 송별연을 했더니 간염에 걸려서 등용문 담임 함유진을 보았다. |
| --- | --- |

② 위의 경우 외에는 뒷말이 'ㅣ'나 반모음 'ㅣ'로 시작할 경우 'ㄴ'을 첨가한다.(기출 문제 내에서만 적용되는 규칙임!)
   예) 휘발유[휘발류], 결막염[결망념], 늑막염[능망념], 3 연대[삼년대]

---

### 🔖 완전학습

ㄴ첨가와 관련된 내용을 암기하자.

**018**  2012 국회직 9급

다음 중 〈표준 발음법〉에 맞게 발음하지 않은 것은?

① 되어[되여]   ② 송별연[송별련]
③ 읊다[읍따]   ④ 맛있다[마싣따]
⑤ 협의[혀비]

**019**  2010 국가직 7급

밑줄 친 부분의 발음 중 〈표준 발음법〉에 맞지 않는 것은?

① 그는 작년에 늑막염[능마겸]을 앓았다.
② 신병들은 3연대[삼년대]에 배속되었다.
③ 그녀의 나이는 서른여섯[서른녀섣]이다.
④ 우리는 서울역[서울력]에서 만났다.

### 정답과 해설

**018** ② 'ㄴ'이 첨가되지 않는 예를 알고 있는지 묻는 문제이다. '송별연'은 'ㄴ' 첨가 현상의 예외에 해당하므로 [송ː벼련]으로 발음한다.

**019** ① 'ㄴ'이 첨가되는 예를 알고 있는지 묻는 문제이다. 표준 발음법 제29항에 따라 '늑막염'은 합성어의 앞 단어(늑막)의 끝이 자음이고, 뒤 단어(염)의 첫 음절이 'ㅕ'로 시작하므로 'ㄴ'을 첨가한 [능망념]으로 발음한다.

# 제6장 • 고전 문법

## 완전학습

1. 초성 17자의 제자 원리를 암기하자.
2. 중성 11자의 제자 원리를 암기하자.
3. 병서와 연서자는 창제 글자가 아님을 암기하자.

---

**001**  2011 기상직 9급

한글의 기본자가 무엇의 형상을 본떠 만든 것인지에 대한 다음 설명 가운데 틀린 것은?

① 모음 가운데 'ㅡ'는 평평한 땅을 본떠 만들었다.
② 모음 가운데 'ㅣ'는 서 있는 인간의 모습을 본떠 만들었다.
③ 자음 가운데 'ㄱ'은 발음할 때 혀의 모양을 본떠 만들었다.
④ 자음 가운데 'ㅇ'은 입 모양을 본떠 만들었다.

---

**002**  2011 국가직 9급

휴대 전화의 문자 입력 방식 중, 훈민정음 창제에 나타난 '가획(加劃)의 원리'에 해당하는 것은?

① 'ㄱ'을 두 번 누르면 'ㄲ'이 되고, 'ㄷ'을 두 번 누르면 'ㄸ'이 된다.
② 'ㄱ' 다음에 '*'를 누르면 'ㅋ'이 되고, 'ㄴ' 다음에 '*'를 누르면 'ㄷ'이 된다.
③ 'ㅣ' 다음에 'ㆍ'를 누르면 'ㅏ'가 되고, 'ㆍ' 다음에 'ㅡ'를 누르면 'ㅗ'가 된다.
④ 'ㅏ' 다음에 'ㅣ'를 누르면 'ㅐ'가 되고, 'ㅗ' 다음에 'ㅏ'를 누르면 'ㅘ'가 된다.

---

**003**  2015 경찰 2차

'훈민정음'에 대한 설명으로 가장 바르지 못한 것은?

① 'ㄱ, ㄴ, ㅁ, ㅅ, ㅇ'은 각각 발음 기관을 상형하여 만들었다.
② 'ㄴ'에 가획(加劃)의 원리를 적용하여 'ㄷ, ㅌ, ㄸ'를 만들었다.
③ 모음 자모 'ㆍ, ㅡ, ㅣ'는 각각 하늘, 땅, 사람을 상형하여 만들었다.
④ 'ㄹ, ㅿ'을 살펴보면 다른 한글 자모에 쓰인 가획의 원리와 차이가 있다.

---

**004**  2017 국가직 9급

훈민정음의 28 자모(字母) 체계에 들지 않는 것은?

① ㆆ  ② ㅿ  ③ ㅠ  ④ ㅸ

---

## 정답과 해설

**001** ④ 'ㅇ'은 후음(喉音)의 기본자로 목구멍의 모양을 본떠 만든 글자이다. 입의 모양을 본떠 만든 글자는 순음(脣音)의 기본자인 'ㅁ'이다.

**002** ② 'ㅋ'은 'ㄱ'의 가획자이며, 'ㄷ'은 'ㄴ'의 가획자이므로 모두 가획의 원리와 관련이 있다.

**003** ② 'ㄸ'은 가획이 아닌 옆으로 나란히 쓰는 '병서(竝書)의 원리'에 따라 만든 글자이다.

**004** ④ 연서자나 병서자는 28자모에 속하지 않는다. 'ㅸ'은 연서자이므로 제자 글자가 아니다.

---

## 1 훈민정음(訓民正音)

- '훈민정음'이란 '백성을 가르치는 바른 소리'
- 창제 연도: 1443년, 반포 연도: 1446년
- 구성: 한문본 – '해례본(解例本)' ('예의, 해례, 서문'으로 구성)
  한글본 – '언해본(諺解本)' ('예의'편만 국문 수록)

### 1. 제자 원리

**(1) 초성(17자):** 안 보고 쓸 수 있어야 한다!

| 五音 | 기본자<br>(상형의 원리) | 해례 제자해<br>(解例 制字解) | 가획자<br>(소리의 세기○) | 이체자<br>(소리의 세기×) |
|---|---|---|---|---|
| 아음<br>(牙音) | ㄱ | 牙音 ㄱ 象舌根閉喉之形<br>(어금닛소리 ㄱ은 혀뿌리가 목구멍을 막은 모양) | ㅋ | ㆁ |
| 설음<br>(舌音) | ㄴ | 舌音 ㄴ 象舌附上齶之形<br>(설음 ㄴ은 혀가 윗잇몸에 닿은 모양) | ㄷ ㅌ | ㄹ |
| 순음<br>(脣音) | ㅁ | 脣音 ㅁ 象口形<br>(순음 ㅁ은 입의 모양) | ㅂ ㅍ | |
| 치음<br>(齒音) | ㅅ | 齒音 ㅅ 象齒形<br>(치음 ㅅ은 이의 모양) | ㅈ ㅊ | ㅿ |
| 후음<br>(喉音) | ㅇ | 喉音 ㅇ 象喉形<br>(후음 ㅇ은 목구멍의 모양) | ㆆ ㅎ | |

※ 다음 자음은 창제 글자가 아니다!
- 병서: ㄲ, ㄸ, ㅃ, ㅆ, ㅉ, ㆅ
- 연서: ㅸ, ㆄ, ㅹ, ㅱ

**(2) 중성(11자)**

| 상형 원리 | 기본자 | | 합성 원리 | 초출자 | | 합성 원리 | 재출자 |
|---|---|---|---|---|---|---|---|
| 하늘 | ㆍ | | ㆍ+ㅡ | ㅗ | | ㆍ+ㆍ+ㅡ | ㅛ |
| 땅 | ㅡ | | ㅣ+ㆍ | ㅏ | | ㅣ+ㆍ+ㆍ | ㅑ |
| | | | ㅡ+ㆍ | ㅜ | | ㅡ+ㆍ+ㆍ | ㅠ |
| 사람 | ㅣ | | ㆍ+ㅣ | ㅓ | | ㆍ+ㆍ+ㅣ | ㅕ |

**(3) 종성**

'종성부용초성(終聲復用初聲)': 모든 초성자를 종성으로 다시 쓸 수 있다는 의미. 단, 이는 세종 때의 『용비어천가』, 『월인천강지곡』에서만 적용됨.(乃냉終즁ㄱ 소리ᄂᆞᆫ 다시 첫소리를 ᄡᅳᄂᆞ니라)

### 2. 문자의 운용

**(1) 연서(連書)-니ᅀᅥ쓰기(이어쓰기)**

① 본문 내용: ㅇ를 입시울쏘리 아래 니ᅀᅥ쓰면 입시울 가비야ᄫᆞᆯ 소리 ᄃᆞ외ᄂᆞ니라
   (ㅇ을 입술소리 아래 이어 쓰면 입술 가벼운 소리가 된다)

② 특징
  ㉠ 연서는 세로로 글자를 나란히 쓰는 것을 말한다. '순음'과 'ㅇ'을 세로로 써 가벼운입술소리(순경음)를 표현하였다.
  ㉡ 연서로 쓰여진 'ㅸ, ㆄ, ㅹ, ㅱ' 중에서 'ㅸ'만이 국어에서 쓰였고, 나머지는 한자음 표기에 사용되었다.
  ㉢ 세종과 세조 당시에만 사용되고 현대 국어에서는 이와 같은 자음은 소실되었다.

(2) 병서(竝書)-골<sup>ᄫ</sup>쓰기(나란히쓰기)
  ① 본문 내용: 첫소리를 어울워 뚫디면 골ᄫ쓰라 냉듕소리도 ᄒᆞᆫ가지라
              (초성을 어울려 쓰려면 나란히 써야 하니 종성도 같다)
  ② 종류
    ㉠ 각자병서: 서로 같은 자음을 옆으로 나란히 쓰는 법(ㄲ, ㄸ, ㅃ, ㅆ, ㅉ, ㆅ)
    ㉡ 합용병서: 서로 다른 자음을 옆으로 나란히 쓰는 법(ㄳ, ㄵ, ㄶ, ㄺ, ㅄ…)
  ③ 특징
    합용병서는 흔히 어두 자음군이라고도 한다. 초성 합용병서자에는 ㅅ계에 'ㅺ, ㅼ, ㅽ' 등이 있고 ㅂ계에 'ㅵ, ㅶ, ㅷ, ㅳ' 등이 있으며 ㅄ계에 'ㅴ, ㅵ' 등이 있다.

(3) 부서(附書)-브텨쓰기(붙여쓰기)
  ① 본문 내용: ㆍ와 ㅡ와 ㅗ와 ㅜ와 ㅛ와 ㅠ와란 첫소리 아래 브텨쓰고
              ㅣ와 ㅏ와 ㅓ와 ㅑ와 ㅕ와란 올ᄒᆞᆫ녀긔 브텨쓰라
              (ㆍ와 ㅡ와 ㅗ와 ㅜ와 ㅛ와 ㅠ는 첫소리 아래 붙여 쓰고, ㅣ와 ㅏ와 ㅓ와 ㅑ와 ㅕ는 첫소리 오른쪽에 붙여 쓰라)
  ② 특징: 부서법이란 초성과 중성을 어떻게 표기할 것인지를 나타내고 있다. 크게 모음을 자음의 오른쪽에 붙여 쓰는 방법(=우서법)과 모음을 자음 아래로 붙여 쓰는 방법(=하서법)으로 나눌 수 있다.

(4) 성음법(聲音法)-음절 이루기
  ① 본문 내용: 믈읫 字ᄍᆞᆼㅣ 모로매 어울어ᅀᅡ 소리이ᄂᆞ니
              (무릇 글자는 모름지기 합쳐져야 음절을 이룰 수 있다)
  ② 특징: 성음법이란 초성과 중성 등이 합하여야 소리가 난다는 의미이다. 띄어쓰기는 하지 않았다.

(5) 성조(聲調)-방점(傍點)
  ① 본문 내용: :왼녀·긔흔 點뎜·을 더으·면 ·ᄆᆞᆺ노·ᄑᆞᆫ 소·리·오 點:뎜·이 :둘히·면 上:썅聲셩·이·오 點:뎜·이 :업스·면 平뼝聲셩·이·오 入·십聲셩·은 點:뎜더·우·믄 ᄒᆞᆫ가·지로·ᄃᆡ ᄲᆞᄅᆞ·니·라
    (왼쪽에 한 점을 찍으면 거성이오, 점이 둘이면 상성이오, 점이 없으면 평성이오, 입성은 점 찍는 것은 같으나 빠르다)
  ② 성조의 종류

| | 설명 | 방점 |
|---|---|---|
| 평성 | 낮고 평평한 소리 | 0개 (無點) |
| 거성 | 한결같이 높은 소리 | 1개 (1點) |
| 상성 | 처음에는 낮다가 끝에는 높은 소리 | 2개 (2點) |
| 입성 | 촉급하게 끝 닫는 소리 | 방점으로 표기하지 않음 ('ㄱ, ㄷ, ㅂ, ㅅ' 등의 무성음 받침에서) |

  ③ 특징
    ㉠ 성조를 통해 단어의 의미를 구별하였다.
      예 손(客) - ·손(手)
    ㉡ 16세기 무렵 흔들리기 시작하여 소멸되었다. 이때 상성은 장음으로 남아 현대에까지 이어진다.
    ㉢ 현대 국어의 경상도 방언이나 함경도 방언의 일부에 아직 남아 있다.

(6) 동국정운식 한자음
  ① 동국정운식 한자음: 예로부터 내려온 현실 한자음 대신 이상적인 한자음을 제시하기 위해서 『동국정운(東國正韻)』에 나타난 한자음을 일컫는다. 『동국정운(東國正韻)』은 세종 때 편찬된 것으로 이를 통해 한자의 권위를 인정한 세종의 태도를 엿볼 수 있다.
  ② 특징
    ㉠ 이영보래(以影補來): 중세 한국어에서 중국 한자의 -t계 입성 운미가 한국에서 -l로 변화하자, 그것을 바로잡기 위해 ㄹ 다음에 ㆆ을 표기하는 것
    ㉡ 초·중·종성의 완벽한 표기: 한자음의 경우 초성, 중성, 종성을 모두 표기하여야 한다. 그래서 받침이 없는 한자어에는 음가가 없는 'ㅇ'을 받침으로 덧붙이기도 하였다.
      예 世솅宗종(세종)
    ㉢ 현실적 한자음이 아니기 때문에 세종 이후로는 거의 쓰이지 않게 되었다.

---

## 완전학습

1. 연서자의 특성을 암기하자.
2. 병서자의 특성을 암기하자.

### 005  2016 서울시 9급
훈민정음 해례본에 나오는 한글의 제자 원리로 가장 옳은 것은?

① 초성은 발음기관을 본떠 만들었는데 'ㄱ'은 혀가 윗잇몸에 닿는 모양을 본뜬 것이다.
② 'ㄱ, ㄴ, ㅁ, ㅅ, ㅇ' 5개의 기본 문자에 가획의 원리로 'ㅋ, ㄷ, ㅌ, ㄹ, ㅂ, ㅈ, ㅊ, ㅎ' 총 8개의 문자를 만들었다.
③ 문자의 수는 초성 10자, 중성 10자, 종성 8자로 모두 28자이다.
④ 연서(連書)는 'ㅇ'을 이용한 것으로서 예로는 'ㅸ'이 있다.

### 006  2013 지방직 7급
다음은 훈민정음 창제의 원리를 설명한 것이다. 괄호 안에 들어갈 말로 부적절한 것은?

초성, 곧 ( ㉠ )은 발음기관의 모양을 본떴음을 알 수 있으니, 이는 곧 ( ㉡ )의 원리이다. 아음인 ㄱ은 혀뿌리가 목구멍을 막는 모양을, 설음인 ㄴ은 혀가 윗잇몸과 닿는 모양을 본떠서 만든 것이 그것이다. 이처럼 모양을 본떠서 만든 초성은 ㄱ, ㄴ, ㅁ, ㅅ, ㅇ의 다섯 글자이다. 이 다섯을 기본으로 삼고 기본자에 획을 더해 가는 방식을 취하였으니, 이는 곧 ( ㉢ )의 원리이다. ㄱ에 획을 더하여 ㅋ을, ㄴ에 획을 더하여 ㄷ을, ㄷ에 획을 더하여 ㅌ을 만든 것이 그것이다. 한편, 'ㆁ', 'ㅿ', 'ㄹ'은 ( ㉣ )라고 한다.

① ㉠ : 자음         ② ㉡ : 상형
③ ㉢ : 병서         ④ ㉣ : 이체자

---

### 정답과 해설

**005** ④ 글자를 세로로 나란히 쓰는 연서자인 'ㅸ, ㆄ, ㅱ, ㅹ'에는 모두 'ㅇ'이 들어간다.

**006** ③ ㉢에 들어갈 말은 '가획(加劃)'이다. 초성 기본자 'ㄱ, ㄴ, ㅁ, ㅅ, ㅇ'에 획을 더하여 새로운 자음을 만드는 것을 가획(加劃)의 원리라고 한다. '병서(竝書)'는 'ㄲ, ㄸ, ㅉ, ㄳ' 등처럼 글자를 가로로 나란히 쓰는 것을 뜻한다.

### [참고 자료]

**(1) 훈민정음의 체계**

① 자음 체계

훈민정음에 나타난 자음 체계는 기본자 17자에다 병서 6자(ㄲ, ㄸ, ㅃ, ㅆ, ㅉ, ㆅ)가 더해져 총 23자로 구성된다.

|  | 아음<br>(牙音) | 설음<br>(舌音) | 순음<br>(脣音) | 치음<br>(齒音) | 후음<br>(喉音) | 반설음<br>(半舌音) | 반치음<br>(半齒音) |
|---|---|---|---|---|---|---|---|
| 전청(全淸) | ㄱ | ㄷ | ㅂ | ㅈ ㅅ | ㆆ | | |
| 차청(次淸) | ㅋ | ㅌ | ㅍ | ㅊ | ㅎ | | |
| 전탁(全濁) | ㄲ | ㄸ | ㅃ | ㅉ ㅆ | ㆅ | | |
| 불청불탁<br>(不淸不濁) | ㆁ | ㄴ | ㅁ | | ㅇ | ㄹ | ㅿ |

② 모음 체계

현대 국어의 단모음이 10개인 것과 달리 중세 국어의 단모음은 7개이다. 중세 이후 이중 모음이었던 'ㅐ, ㅔ, ㅚ, ㅟ'가 단모음화되면서 현대 국어의 단모음 체계로 바뀌게 되었다.

|  | 전설 모음 | 중설 모음 | 후설 모음 |
|---|---|---|---|
| 고모음 | ㅣ | ㅡ | ㅜ |
| 중모음 | | ㅓ | ㅗ |
| 저모음 | | ㅏ | · |

**(2) 자모의 명칭과 순서**

① 세종 때 자음의 순서와 명칭

| 순서 | ㄱ, ㅋ, ㆁ | ㄷ, ㅌ, ㄴ | ㅂ, ㅍ, ㅁ | ㅈ, ㅊ, ㅅ | ㆆ, ㅎ, ㅇ | ㄹ | ㅿ |
|---|---|---|---|---|---|---|---|
| 명칭 | 특별한 명칭이 존재하지 않았을 거라고 추측 |||||||

② 『훈몽자회』에서의 자음의 순서: 현대 국어와 같지 않다!

| ㄱ | ㄴ | ㄷ | ㄹ | ㅁ | ㅂ | ㅅ | ㅇ | ㅋ | ㅌ | ㅍ | ㅈ | ㅊ | ㅿ | ㆁ | ㅎ |
|---|---|---|---|---|---|---|---|---|---|---|---|---|---|---|---|
| 기역 | 니은 | 디귿 | 리을 | 미음 | 비읍 | 시옷 | 이응 | 키 | 티 | 피 | 지 | 치 | ᅀᅵ | 이 | 히 |

## 2 고전 문헌

### 1. 세종어제훈민정음

> ① 나·랏 ② :말ᄊᆞ·미 ③ 中듕 國귁 ④ ·에 ·달·아
> 우리나라의 말이 중국과 달라
>
> 文문 ⑤ 字ᄍᆞᆼ ·와·로 서르 ⑥ ᄉᆞᄆᆞᆺ·디 아·니ᄒᆞᆯ·ᄊᆡ
> 문자가 서로 통하지 아니하니
>
> 【자주정신】
>
> ·이런 젼·ᄎᆞ·로 ⑦ 어·린 百·빅 姓·셩·이 / ⑧ 니르·고·져 ·홇 ⑨ ·배 이·셔·도
> 이런 까닭으로 어리석은 백성이 / 말하고자 하는 바가 있어도
>
> ᄆᆞᄎᆞᆷ:내 제 ⑩ ·ᄠᅳ·들 시·러 ⑪ 펴·디 :몯 홇 ⑫ ·노·미 하·니·라.
> 마침내 제 뜻을 능히 펴지 못한 사람이 많으니라.
>
> ⑬ ·내 ·이·를 爲·윙·ᄒᆞ·야 ⑭ ·어엿·비 너·겨
> 내 이를 위하여 가엾이 여겨
>
> 【애민정신】
>
> ·새·로 ⑮ ·스·믈여·듧 字·ᄍᆞᆼ ·를 ᄆᆡᇰ·ᄀᆞ노·니
> 새로 스물여덟 자를 만드니
>
> 【창조정신】
>
> :사름:마·다 :히·ᅇᅧ ⑯ ·수·ᄫᅵ 니·겨 / ·날·로 ⑰ ·ᄡᅮ·메 便뼌 安한·킈 ᄒᆞ·고·져 홇 ᄯᆞᄅᆞ·미니·라.
> 사람마다 하여금 쉬이 익혀 / 날로 씀에 편안케 하고자 할 따름이니라.
>
> 【실용정신】

### (1) 구절 정리

① 'ㅅ': 관형격 조사 '의'

② ':말ᄊᆞ·미': 방점의 활용 → 성조가 존재했음 / 이어적기(말씀+이)
   ※ 표기법의 변천은 '어근+모음으로 시작하는 형식 형태소'일 때 파악할 수 있다.
   예) 물쓰미(연철), 물씀이(분철), 물씀미(중·혼철)
      고지(연철), 곳이(분철), 곳지(중·혼철)

③ '中듕 國귁': 음운 변동 중 구개음화가 적용되지 않음

| <중세> | <17~18세기> | <현대> |
|---|---|---|
| 부텨 | 부쳐 | 부처 |
| 텬디 | 쳔지 | 천지 |
| 티다 | 치다 | 치다 |

④ '에': 비교 부사격 조사 '과/와'

⑤ '字ᄍᆞᆼ': 음가 없는 종성에 'ㅇ' 표시

⑥ 'ᄉᆞᄆᆞᆺ·디': '통하다'의 의미 / 의미 (확대, 축소, 전이)

⑦ '어·린': 어리석다 → 어리다 / 의미 (확대, 축소, 전이)

⑧ '니르고져': 음운 변동 중 두음법칙이 적용되지 않음

⑨ '배': 형태소 분석하면 '바+ㅣ'(주격조사)

⑩ 'ᄠᅳ·들': 초성에 2개 이상의 자음이 옴 → 어두 자음군

| <중세> | <근대> | <현대> |
|---|---|---|
| ᄒᆞᆫ ᄢᅴ → 함ᄭᅴ | 함ᄭᅵ | 함께 |
| 더ᄢᅢ | 져ᄯᅢ | 접때 |

⑪ '펴·디': 음운 변동 중 구개음화가 적용되지 않음

⑫ '·노·미': 사람 또는 남자 → 남자를 낮잡아 이르는 말 / 의미 (확대, 축소, 전이)

⑬ '내': 형태소 분석하면 '나+ㅣ'(주격조사)

⑭ ':어엿·비': 불쌍하다 → 예쁘다 / 의미 (확대, 축소, 전이)

⑮ '·스·믈여·듧字·ᄍᆞᆼ': 음운 변동 중 원순모음화가 적용되지 않음

⑯ '·수·ᄫᅵ': (연서, 병서)를 사용함, 15세기 때에는 'ㅸ'이 있었음

⑰ '·ᄡᅮ·메, ᄯᆞᄅᆞ·미니·라': 초성에 2개 이상의 자음이 옴 → 어두 자음군 / 이어적기, 거듭적기, 끊어적기) / 쓰+옴/움(명사형 전성 어미) → 쑴 ∴ 모음조화가 지켜짐

| 양성 모음 | ㅏ, ·, ㅗ | ㅚ, ㅐ, ㅛ, ㅑ, ㅘ, ㅣ |
|---|---|---|
| 음성 모음 | ㅓ, ㅡ, ㅜ | ㅟ, ㅔ, ㅠ, ㅕ, ㅝ |

---

### 완전학습

1. 세종어제훈민정음의 해석을 암기하자.
2. 세종어제훈민정음에 나타난 문법적 특성을 암기하자.

> 나·랏:말ᄊᆞ·미 中듕國귁·에 ·달·아, 文문字ᄍᆞᆼ·와·로 서르 ᄉᆞᄆᆞᆺ·디 아·니홀·ᄊᆡ, ·이런 젼·ᄎᆞ·로 어·린 百·빅姓·셩·이 니르·고·져 ·홇 ·배 이·셔·도, ᄆᆞ·ᄎᆞᆷ:내 제 ·ᄠᅳ·들 시·러 펴·디 :몯 ᄒᆞᆯ ⊙ ·노·미 하·니·라. ·내 ·이·를 爲·윙·ᄒᆞ·야 어엿·비 너·겨, ·새·로 ⓒ ·스·믈여·듧字·ᄍᆞᆼ ·를 ᄆᆡᇰ·ᄀᆞ노·니, :사룸:마·다 :히·ᅇᅧ :수·ᄫᅵ 니·겨 ·날·로 ·ᄡᅮ·메 便뼌安한·킈 ᄒᆞ·고·져 홇 ᄯᆞᄅᆞ·미니·라.

**007** 2008 선관위 9급

밑줄 친 ⊙의 '놈'과 같은 의미 변화 과정을 겪는 단어는?

① 영감(令監)   ② 짐승
③ 인정(人情)   ④ 다리(脚)

**008** 2015 기상직 9급

다음 중 ⓒ에 해당하지 않는 것은?

① ㅿ   ② ㅸ   ③ ㆆ   ④ ·

**009** 2019 서울시 9급 1차

<보기>는 「훈민정음언해」의 한 부분이다. 이에 대한 설명으로 가장 옳은 것은?

> <보기>
> 나랏 말ᄊᆞ미 中國에 달아 文字와로 서르 ᄉᆞᄆᆞᆺ디 아니홀ᄊᆡ 이런 전ᄎᆞ로 어린 百姓이 니르고져 홇 배 이셔도 ᄆᆞ촘내 제 ᄠᅳ들 시러 펴디 몯 홇 노미 하니라 내 이를 爲ᄒᆞ야 어엿비 너겨 새로 스믈여듧字ᄅᆞᆯ ᄆᆡᇰᄀᆞ노니 사ᄅᆞᆷ마다 히ᅇᅧ 수ᄫᅵ 니겨 날로 ᄡᅮ메 便安킈 ᄒᆞ고져 홇 ᄯᆞᄅᆞ미니라

① <보기>는 한 문장이다.
② 밑줄 친 '시러'는 한자 '載'에 해당한다.
③ 밑줄 친 '내'는 세종대왕이 자신을 가리키는 표현이다.
④ 'ㅏ'와 '·'는 발음이 같지만 단어들을 구별하기 위해 사용했다.

### 정답과 해설

**007** ② '놈'은 일반적인 사람을 이르는 말에서 사람을 낮잡아 이르는 말로 의미가 축소된 단어이다. 이처럼 의미가 축소된 단어는 생물 전체를 이르는 말에서 현재는 사람이 아닌 동물을 이르는 말이 된 '짐승'이다.

**008** ② 'ㅸ(순경음 비읍)'은 글자를 세로로 나란히 쓴 연서자로 제자 글자가 아니다.

**009** ③ 해당 자료는 세종이 지은 《훈민정음언해》의 일부이므로 밑줄 친 '내'는 세종대왕임을 알 수 있다.

## 완전학습

1. 용비어천가의 해석을 암기하자.
2. 용비어천가에 나타난 문법적 특성을 암기하자.

### 010
2017 경찰직 경기북부 여경 1차

〈보기〉는 용비어천가의 일부와 그에 대한 현대어 풀이이다. 이를 바탕으로 중세 국어 특징을 추리한 내용으로 가장 적절하지 않은 것은?

〈보기〉
불·휘기·픈남·ᄀᆞᆫ ᄇᆞᄅᆞ·매 아·니 뮐·ᄊᆡ 곶 :됴·코
여·름·하ᄂᆞ·니
:시·미기·픈·므·른·ᄀᆞᄆᆞ·래아·니그츨·ᄊᆡ :내·히
이·러 바·ᄅᆞ·래 ·가ᄂᆞ·니

[현대어 풀이]
뿌리 깊은 나무는 바람에 흔들리지 아니하므로
꽃이 좋고 열매가 많나니
샘이 깊은 물은 가뭄에 그치지 아니하므로 시내가
되어 바다에 가나니

① '남ᄀᆞᆫ'과 '나무는'을 비교해 보니, 이때 '나무'에 해당하는 중세 국어 단어는 '낡'이겠군.
② '하ᄂᆞ니'와 '많나니'를 비교해 보니, 이때 중세 국어의 단어 '하다'는 '많다'의 뜻이겠군.
③ 'ᄀᆞᄆᆞ래'와 '가뭄에'를 비교해 보니, 이때 중세 국어는 분철 표기(형태 중심)를 하였겠군.
④ ':내·히'와 '시내가'를 비교해 보니, 이때 '시내'에 해당하는 중세 국어의 단어는 '냏'이겠군.

### 011
2018 국가직 7급

⊙~⊜에 대한 설명으로 적절하지 않은 것은?

千世우희 미리 定ᄒᆞ샨 漢水北에 ⊙累仁開國
ᄒᆞ샤 卜年이 ᄀᆞᆺ 업스시니
聖神이 니ᅀᆞ샤도 ⓒ敬天勤民ᄒᆞ샤ᅀᅡ 더욱 구
드시리이다
ⓒ님금하 ⓔ아ᄅᆞ쇼셔 洛水예 山行가 이셔 하
나빌 미드니잇가

① ⊙에서 '-샤'는 주체 높임 선어말어미에 연결어미 '-아'가 결합된 형태로, 현대국어의 '-시어'에 대응된다.
② ⓒ에서 '-ᅀᅡ'는 선행하는 활용형과 결합하여 그 뜻을 강조하는 조사로, 현대국어의 '-서'에 대응된다.
③ ⓒ에서 '-하'는 높임을 받는 대상에 쓰는 호격 조사로, 현대국어의 '-이시여'에 대응된다.
④ ⓔ에서 '-쇼셔'는 청자를 높여 주며 명령을 나타내는 종결어미로, 현대국어의 '-십시오'에 대응된다.

### 정답과 해설

**010** ③ 'ᄀᆞᄆᆞ래'는 'ᄀᆞᄆᆞᆯ+애'이므로 연철 표기(이어적기)한 것이다. 중세 국어에서는 'ᄀᆞᄆᆞ래'처럼 연철 표기(이어적기)하는 것이 일반적이었다.

**011** ② '-ᅀᅡ'는 받침 없는 체언이나 조사, 어미 뒤에 붙어 강조의 뜻을 나타내던 조사이다. 현대 국어의 '-야'에 대응된다.

---

## 2. 용비어천가

불휘 기픈 ①남ᄀᆞᆫ ᄇᆞᄅᆞ매 아니 뮐ᄊᆡ, ②곶 ③됴코 여름 하ᄂᆞ니.
뿌리가 깊은 나무는 바람에 흔들리지 않으니, 꽃이 좋고 열매가 많습니다.

ᄉᆡ미 기픈 ④므른 ᄀᆞᄆᆞ래 아니 그츨ᄊᆡ, ⑤내히 이러 바ᄅᆞ래 가ᄂᆞ니.
샘이 깊은 물은 가뭄에도 그치지 않으니, 내가 되어 바다에 흘러갑니다.

〈제2장〉

千世(천세) 우희 미리 ⑥定(정)ᄒᆞ샨 漢水(한수) 北(북)에 累仁開國(누인개국)ᄒᆞ샤 卜年(복년)이 ᄀᆞᆺ 업스시니
천세 전에 미리 정하신 한양 땅에 (육조께서) 어진 일을 쌓고 나라를 여시어 왕조의 운명은 끝이 없으시니

聖神(성신)이 니ᅀᆞ샤도 경천근민(敬天勤民) ᄒᆞ샤ᅀᅡ 더욱 ⑦구드시리이다
임금의 자손들이 (왕권을) 이으셔도 하늘을 공경하고 백성을 위하여 부지런히 일하셔야 (왕권이) 더욱 굳으시겠습니다.

⑧님금하 아ᄅᆞ쇼셔 落水(낙수)예 山行(산행)가 이셔 하나빌 미드니잇가
(후대의) 임금이시여 아소서, (하나라 태강왕이) 낙수에 사냥가 있어 (폐위되니) 할아버지만 믿었습니까?

〈제125장〉

### (1) 구절 정리

① '남ᄀᆞᆫ': '낡+ᄋᆞᆫ'의 구조. **곡용**어. (나모+이〉남ㄱ+이〉남기)
② '곶': 종성법-종성부용초성
③ '됴코': 음운 변동 중 **구개음화**가 적용되지 않음
④ '므른': 음운 변동 중 **원순모음화**가 적용되지 않음 / **이어적기**, 거듭적기, 끊어적기)
⑤ '내히': 형태소 분석하면 '냏+이' ∴ 'ㅎ' 종성 체언('내콰, 내히')
⑥ '定(정)ᄒᆞ샨': 형태소 분석하면 '정+ᄒᆞ+샤+ㄴ', 이때 '샤'는 **주체높임 선어**말어미
⑦ '구드시리이다': '이'는 **상대높임 선어**말어미

| 높임 양상 | 어미 | 문법적 환경 |
|---|---|---|
| 주체 높임 | -시- | 자음 앞 |
| | -샤- | 모음 앞 |

• 부텨 가시ᄃᆡ (부처 가시되)
• 海東六龍이 ᄂᆞᄅᆞ샤 (해동육룡이 날으시어서)

| 객체 높임 | -ᄉᆞᆸ- | 'ㄱ, ㅂ, ㅅ, ㅎ' 뒤 |
| | -ᄌᆞᆸ- | 'ㄷ, ㅌ, ㅈ, ㅊ' 뒤 |
| | -ᅀᆞᆸ- | 울림소리 뒤 |

• 쇠 부텻 마ᄅᆞᆯ 듣ᄌᆞᄫᆞ디 (소가 부처의 말씀을 듣되)

| 상대 높임 | -이- | 평서형 '-다' 앞 |
| | -잇- | 의문형 '-가, -고' 앞 |

• 그딋 ᄯᆞᆯ 맛고져 ᄒᆞ더이다 (당신의 딸을 맞고자 하더이다.)
• 이 ᄠᅳ디 엇더ᄒᆞ니잇고 (이 뜻이 어떠합니까?)

⑧ '님금하': '하'는 **존칭 호격조사**

### (2) 해제

① 연대: **1445**년(세종 27) 4월에 편찬 완료, **1447**년(세종29) 5월 간행
② 내용: 조선 세종 대에 만들어진 **악장**(樂章)이자 **서사**시. 조선왕조의 창업을 송영한 노래로 총 **125**장에 달하는 서사시이다. 태조의 창업이 **하늘**의 명에 따른 것임을 밝혀 조선 건국의 **당위**성을 강조하고, 후세의 왕들에게 자손의 보수와 영창을 기원하는 내용으로 이루어져 있다.
③ 구성: 3장부터 109장까지는 첫 절에 **중국 왕**을 칭송하는 내용이 있은 뒤 다음 절에 목조, 익조, 도조, 환조, 태조, 태종 등의 6대의 유사한 사적을 읊는 형식으로 구성되어 있다. 이를 통해 **조선 건국**의 정당성을 밝힌다. 110장에서 124장까지는 물망장(勿忘章)이라 하여, '이 ᄠᅳ들 닛디 마ᄅᆞ쇼셔'로 끝마치는 특징이 있다. 125장은 후대 왕에게 주는 권계가 그 주제가 된다.
④ 특징: 제2장의 경우, **고유어**를 활용하며, 고도의 **비유**와 **상징**이 쓰여 작품성이 뛰어나다.

## 3. 노걸대언해

> 너는 ①高麗ㅅ사룸이어니 ᄯᅩ ②엇디 漢語 니룸을 잘 ③ᄒᆞᄂᆞ뇨
> 너는 고려 사람인데 또 어찌 중국말을 잘하느냐?
>
> ④내 ⑤漢ㅅ사룸의손ᄃᆡ 글 비호니 이런 젼ᄎᆞ로 져기 漢ㅅ말을 아노라
> 내가 중국 사람에게 글을 배우니 이런 이유로 조금 중국말을 아노라.
>
> 네 뉘손ᄃᆡ 글 ⑥비혼다
> 너는 누구에게 글을 배웠느냐?
>
> 내 漢혹당의셔 글 비호라
> 나는 중국 학당에서 글 배웠노라.
>
> ᄯᅩ ⑦혹당의 가 셔품쓰기 ᄒᆞ고 셔품쓰기 ᄆᆞᆺ고
> 또 학당에 가서 글씨본을 보면서 글씨 쓰기 하고 글씨 쓰기를 마친 후에는
>
> ⑧년구ᄒᆞ기 ᄒᆞ고 년구ᄒᆞ기 ᄆᆞᆺ고
> 시구 짓기를 하고 시구 짓기를 마친 후에는
>
> 글읇기 ᄒᆞ고 글읇기 ᄆᆞᆺ고 스승 ⑨앏ᄑᆡ셔 강ᄒᆞ노라
> 글 읽기를 하고 글 읽기를 마친 후에는 스승 앞에서 글을 암송하노라.

### (1) 구절 정리

① '高麗ㅅ사룸이어니': '사룸+이어니' / (이어적기, 끊어적기, 거듭적기)

② '엇디': 음운 변동 중 구개음화가 일어나지 않음

③ 'ᄒᆞᄂᆞ뇨': '-뇨'는 설명 의문문 종결 어미. 본래 주어가 2인칭일 때에는 '-ㄴ다'가 사용되어야 함.

④ '내': 형태소 분석하면 '나+ㅣ'

| | | | 예 |
|---|---|---|---|
| 중세 주격 조사 | ① 'ㅣ' | 'ㅣ' 이외의 모음으로 끝난 뒤 | 孔子ㅣ / 내 |
| | ② '이' | 자음으로 끝난 뒤 | 빅姓성이 / 시미 |
| | ③ 'ø' | 'ㅣ'로 끝난 뒤 | 불휘 |
| 근대 주격 조사 | ① '이' | 자음 뒤 | 홍식이 |
| | ② '가' | 모음 뒤('ㅣ', 'ø'도 쓰였으나 점차 '가'를 쓰게 됨) | |

⑤ '漢ㅅ사룸의손ᄃᆡ': '의손ᄃᆡ'는 부사격조사

⑥ '비혼다': 2인칭 주어에 따른 의문문 종결어미

| 의문문의 종류 | 어미의 종류 | 예 |
|---|---|---|
| 판정 의문 | -가, -녀 | 이 ᄯᆞ리 너희 죵가(이 딸이 너희들의 종이냐?) |
| 설명 의문 | -고, -뇨, -니 | 이제 엇더ᄒᆞ고(이제 어떠하냐?) |
| 2인칭 주어 | -ㄴ다 | 네 모ᄅᆞ던다(너는 모르느냐?)<br>네 엇뎨 안다(너는 어떻게 아느냐?) |

⑦ '혹당의': '혹당'+'이'가 결합되어야 했지만 그렇지 않음, 즉 모음조화 파괴

⑧ '년구ᄒᆞ기': 음운 변동 중 두음법칙이 적용되지 않음

⑨ '앏ᄑᆡ셔': 형태소 분석하면 '앒+의셔' / (이어적기, 끊어적기, 거듭적기)

### (2) 해제

① 연대: 1675(숙종 원년) 추정

② 구성: 총 2권 2책으로 이루어져 있으며, 상권 54과와 하권 53과로 구성되어 있다.

③ 창작동기: 고려시대부터 전해온 중국어 학습서로서 〈노걸대〉가 있었다. 윗글은 〈노걸대〉를 언해하였다.

④ 내용: 행상인들의 교역과 관련된 일상적인 대화를 엮은 책(구어체). 상권에서는 고려를 떠난 말 장수가 북경의 여관에 드는 과정, 말을 사고파는 법 등 여행과 실무에 필요한 내용을 담은 실용 회화책이다. 하권에서는 물건을 사고파는 법, 활과 화살을 만드는 법, 연회음식의 종류 및 명칭, 복식 등에 대한 생활상과 습속과 관련된 내용들이 비교적 자세하게 소개되어 있다.

---

### 완전학습

1. 노걸대언해의 해석을 암기하자.
2. 노걸대언해에 나타난 문법적 특성을 암기하자.

**012** 2015 기상직 7급

이 글에 대한 설명으로 옳지 않은 것은?

① 17세기 후반 국어의 모습과 구어체(口語體)를 보여주는 자료이다.
② 역관들의 중국어 회화 교재인 〈노걸대〉를 언해한 책이다.
③ 의문문과 명령문이 반복적으로 사용되었다.
④ 모음조화가 파괴되었고 'ㅿ, ㆁ'등이 소멸되었다.

**013** 2007 경기 지방직

다음은 이 글에 나타난 종결 어미를 현대 국어와 비교하여 고찰한 바를 말한 것이다. 적절하지 않은 것은?

① 'ᄒᆞᄂᆞ뇨'의 '-뇨'라는 의문형 어미는 현재 잘 안 쓰이는데, 예전에는 의문사와 어울려 쓰였다.
② '비혼다'의 '-ㄴ다'는 현재 평서형 종결 어미로 쓰이지만, 당시에는 2인칭 주어에 호응하는 의문형 어미로 쓰였다.
③ '강ᄒᆞ노라'의 '-노라'는 예스러운 종결 어미인데 현재 비교적 잘 안 쓰이지만, 당시에는 평서형 어미로 쓰였다.
④ '닐그라'의 '-라'는 현재 안 쓰이는 어미로서 당시에는 과거의 일을 나타내는 어미로 쓰였다.
⑤ '비호라'의 '-라'는 현재와 마찬가지로 당시에도 명령형 종결 어미로 쓰였다.

### 정답과 해설

**012** ③ 제시문에서는 명령문이 사용되지 않았다. 이 글에 사용된 '-뇨', '-ㄴ다'는 의문형 종결 어미이며, '-라'는 당시에는 평서형 종결 어미였다. 따라서 '비호라', '닐그라'가 사용된 문장은 명령문이 아닌 평서문이므로 주의한다.

**013** ⑤ '비호라'의 '-라'는 현재에는 명령형 종결 어미로 쓰이지만, 이 당시에는 평서형 종결 어미로 쓰였다.

## 완전학습

동명일기에 나타난 문법적 특성을 암기하자.

**014** 2017 국가직 7급 2차

다음을 분석한 것으로 옳지 않은 것은?

> 이랑이 소리를 놉히 ᄒᆞ야 나를 불러 져긔 믈밋츨 보라 웨거늘 급히 눈을 드러 보니 믈밋 홍운을 헤앗고 큰 실오리 ᄀᆞᄐᆞᆫ 줄이 붉기 더옥 긔이ᄒᆞ며 긔운이 진홍 ᄀᆞᄐᆞᆫ 것이 ᄎᆞᄎᆞ 나 손바닥 너븨 ᄀᆞᄐᆞᆫ 것이 그믐밤의 보는 숫불빗 ᄀᆞ더라. ᄎᆞᄎᆞ 나오더니 그 우흐로 젹은 회오리밤 ᄀᆞᄐᆞᆫ 것이 붉기 호박 구슬 ᄀᆞ고 몱고 통낭ᄒᆞ기ᄂᆞᆫ 호박도곤 더 곱더라.

① 혼철 표기가 발견된다.
② 명사형 어미 '-기'가 사용된다.
③ 원순 모음화를 반영한 표기가 나타나지 않는다.
④ '의'가 현대 국어와 다른 용법으로 사용되기도 하였다.

## 4. 동명일기

> 홍식이 거록ᄒᆞ야 붉은 ①긔운이 하늘을 쒸노더니
> 홍색이 거룩하여 붉은 기운이 하늘을 뛰놀더니,
>
> 이랑이 소리를 ②놉히ᄒᆞ야 ③나를 불러 져긔 ④믈밋츨 보라 웨거늘
> 이랑이 소리를 높이하여 나를 불러 저기 물밑을 보라 외치거늘
>
> 급히 눈을 드러 보니 믈밋 홍운을 헤앗고 큰 실오리 ᄀᆞᄐᆞᆫ 줄이
> 급히 눈을 들어 보니 물밑 홍운을 헤치고 큰 실오리 같은 줄이
>
> 붉기 더옥 긔이ᄒᆞ며 긔운이 진홍 ᄀᆞᄐᆞᆫ ⑤것이
> 붉기 더욱 기이하며, 기운이 진홍 같은 것이
>
> ᄎᆞᄎᆞ 나 손바닥 너븨 ᄀᆞᄐᆞᆫ 것이 그믐밤⑥의 ⑦보는 ⑧숫불빗 ᄀᆞ더라.
> 차차 나 손바닥 너비 같은 것이 그믐밤에 보는 숯불빛 같더라.
>
> ᄎᆞᄎᆞ 나오더니 그 우흐로 젹은 회오리밤 ᄀᆞᄐᆞᆫ 것이 붉기 호박구슬 ᄀᆞ고
> 차차 나오더니 그 위로 적은 회오리밤 같은 것이 붉기 호박구슬 같고
>
> 몱고 ⑨통낭ᄒᆞ기ᄂᆞᆫ 호박⑩도곤 더 곱더라.
> 맑고 통랑하기는 호박보다 더 곱더라.

### (1) 구절 정리

① '긔운이': '긔운+이' / (이어적기, 끊어적기, 거듭적기)
② '놉히': '높+이 → 놉+히' ∴재음소화가 나타났음
③ '나를': '나+롤/를 → 나를' ∴모음조화가 파괴되었음
④ '믈밋츨': '믈밋+을 → 믈밋츨' / (이어적기, 끊어적기, 거듭적기)
⑤ '것이': '것+이' / (이어적기, 끊어적기, 거듭적기)
⑥ '의': 처소격 조사 '에'
⑦ '보는': '보+ᄂᆞᆫ/는' ∴모음조화가 파괴되었음
⑧ '숫불빗': '숫블 → 숫불' ∴원순모음화가 적용됨

| <~18세기> | <18세기말~> | <현대> |
|---|---|---|
| 븕다(紅) | 붉다 | 붉다 |
| 므지게(Rainbow) | 무지개 | 무지개 |
| 스믈(二十) | 스물 | 스물 |

⑨ '통낭ᄒᆞ기': '통낭ᄒᆞ+기' ∴명사형 전성어미 '-기'가 쓰였음
⑩ '도곤': 비교 부사격 조사 '보다'
⑪ 방점이 보이지 않음: 성조의 소멸

### (2) 해제

① 연대: 1772(영조 48년)
② 문체: 내간체
③ 문학적 특징: 귀경대에서 본 일출의 장관을 시간의 흐름에 따라 전개하고 있다. 우리말과 색채어 등을 활용하여 섬세하고 비유적으로 일출 장면을 묘사하였다. 현장에서 느끼는 감정을 주관적으로 표현하였다.
④ 문법적 특징
  ㉠ 언어적 특징에서 현대 국어와 비슷한 모양을 갖추고 있다.
  ㉡ 원순 모음화, 구개음화가 부분적으로 일어났다.

## 정답과 해설

**014** ③ '숫불'은 '숫블'에서 '숫불'로 바뀐 것이다. 모음 'ㅡ'가 'ㅁ, ㅂ, ㅍ' 뒤에서 원순 모음인 'ㅜ'로 바뀌었으므로 원순 모음화를 반영한 표기로 볼 수 있다.
**오답피하기** ① '믈밋츨'은 '믈밋+을'로 분석해 볼 수 있다. 종성과 다음 음절 초성에 둘다 표기되었으므로 혼철(거듭적기) 표기가 적용된 것이다. ② '통낭ᄒᆞ기'에서 명사형 전성어미 '-기'가 사용된 것을 알 수 있다. ④ '그믐밤의'는 '의'는 현대의 처소 부사격 조사 '에'로 사용된 것이다. '그믐밤의'는 '그믐밤에'로 해석된다.

# 제 7 장 • 언어의 본질

## 1 언어의 본질

### 1. 언어의 정의 및 종류

(1) 언어의 정의: 인간 고유의 **사회**적 약속, 의사소통을 위한 **상징**체계

　예 [밥] → 🍚

2순위

(2) 음성 언어와 문자 언어

| 음성 언어 | 문자 언어 |
|---|---|
| 동시성, 즉흥적 → 정보량↓,<br>논리성↓, 전달성↓,<br>문장 길이↓, 교정× | 비동시성, 계획적 → 정보량↑,<br>논리성↑, 전달성↑,<br>문장 길이↑, 교정○ |
| 일반적으로 대면(對面)을<br>전제하기 때문에 시·공간적 제약이 있음 | 일반적으로 대면(對面)을<br>전제하지 않기 때문에 시·공간적 제약이 없음 |
| 자연스러운 습득 | 인위적인 습득 |
| 반언어·비언어○ | 반언어·비언어× |

### 2. 언어의 특성

(1) **자의성**
　① 자의성이란? 언어의 형식과 내용 간의 관계가 **필연**적이지 않고, **자의**적이라는 뜻이다.
　　= 내용과 형식과의 관계가 **일대일**(一對一) 대응이 되지 않는다.
　② 자의성의 근거
　　㉠ 사물의 이름은 짓기 나름이다. '코'를 '귀'로 해도 된다.
　　㉡ 다의어의 경우, 언어의 내용 대 형식 간의 관계가 **다대일**(多對一) 대응을 이룬다. '배1-배2'
　　㉢ 언어권에 따라 동일한 **내용**이 다른 **형식**으로 나타난다.
　　㉣ 의성어의 경우에도 언어권마다 다른 형식으로 나타난다. 단 이 경우 상대적으로 언어의 **자의성**이 가장 약하게 나타난다.
　　㉤ 새말의 경우, 언어와 의미 간의 관계가 언중이 **임의적**으로 규정할 수 있다는 증거가 된다.

(2) **사회성**: 언어의 형식과 내용 간의 관계는 자의적이어서 **사회적 약속**에 의해서 정해 놓지 않으면 의사소통이 불가능하다. 그렇기 때문에 언어의 형식과 내용은 사회적 약속으로 규정돼 있으며 **개인**이 함부로 바꿀 수 없는 것이다.

(3) **역사성**: 언어는 사회적으로 규정된 약속이지만 그것이 **불변**의 것은 아니다. 언중의 합의에 따라서 약속을 바꿀 수도 있다. 즉 **사회**성과 역사성은 밀접한 관련이 있다.

(4) **분절성**: **연속**적으로 이어진 대상을 언어를 통해 **불연속**적인 것으로 나누는 것을 분절성이라고 한다.

(5) **창조성(개방**성): 인간은 유한한 언어를 통해 **실체**가 없는 대상이나 **상상**의 산물 등, **무한**한 표현을 할 수 있다.

(6) **추상성**: 인간의 언어는 대상들 사이의 공통된 속성을 추출해 **유개념**을 창조한다. 개별 대상으로의 공통점을 추출해 내는 과정을 **추상화** 과정이라고 하며, 이러한 언어의 속성을 **추상성**이라고 한다.

## 완전학습

1. 음성 언어와 문자 언어의 차이를 이해하자.
2. 언어의 특성을 이해하자.

**001** 2011 국회직 9급
음성 언어와 문자 언어의 차이로 볼 수 없는 것은?
① 대면(對面) 특성　② 공간 특성
③ 습득의 특성　　　④ 창조적 사용 특성
⑤ 기억과 교정의 특성

**002** 2008 지방직 9급 변형
다음 중 언어의 자의성이 가장 약하게 반영된 것은?
① '호랑이'와 '범'이라는 동의어가 존재한다.
② '까닭'을 뜻하는 중세어 '젼츠'가 후대에 와서 사라졌다.
③ 한국 사람들은 수탉의 울음소리를 '꼬끼오'라고 한다.
④ '부추'를 어떤 방언에서는 '솔'이라고 한다.

**003** 2005 국회직 8급
다음 제시문이 의미하는 언어의 특성은?

'배[腹]:배[舟]:배[梨]'나 '쓰다[用]:쓰다[載]:쓰다[苦]' 등과 같이 동일한 소리에 다른 의미가 결합되어 있는 것도 언어의 형식과 내용 사이의 관계가 이러한 특성을 갖고 있기 때문에 있을 수 있는 현상이다. 한국어에서 '집'이라고 하는 것을 영어에서는 '하우스(house)'라 하고 중국어에서는 '지아(家)'라고 하는데, 이와 같이 동일한 사물이나 개념이 언어마다 다른 소리로 나타나는 것도 같은 특성을 보여 주는 예라고 할 수 있다.

① 사회성　② 분절성
③ 자의성　④ 역사성
⑤ 창조성

**004** 2017 서울시 사회복지직 9급 변형
다음 중 괄호 안에 들어갈 말로 가장 적절한 것은?

'어리다'가 '어리석다[愚]'로 쓰이다가 현대 국어에 와서 '나이가 어리다[幼]'의 뜻으로 바뀌어 쓰이는 것과 같은 예에서 알 수 있는 언어의 특성을 언어의 (　)이라고 한다.

① 사회성　② 역사성
③ 자의성　④ 분절성

### 정답과 해설

**001** ④ 음성 언어와 문자 언어는 모두 사용자가 창조적으로 사용할 수 있다. 따라서 창조적 사용 특성을 음성 언어와 문자 언어의 차이로 볼 수 없다.

**002** ③ 언어의 자의성이 가장 약하게 반영된 것은 의성어이다.

**003** ③ 제시문에 나타난 동음이의어의 특성과 동일한 사물이나 개념이 언어마다 다른 소리로 나타나는 현상은 언어의 자의성과 관련이 있다.

**004** ② 아래아(·)의 소실과 '물'과 '어리다'의 의미 변화는 언어의 역사성의 예이다.

## 완전학습

1. 언어의 지령적, 미적, 친교적 기능을 이해하자.
2. 언어 우위론과 사고 우위론을 이해하자.

### 005
2008 지방직 7급

다음의 대화에서 가장 두드러지는 언어 기능은?

> 철수: 아저씨, 안녕하셔요? 어디 가셔요?
> 아저씨: 응, 철수로구나. 학교 갔다 오니?

① 정보적 기능
② 표출적 기능
③ 명령적 기능
④ 친교적 기능

### 006
2006 소방직 복원

다음 중 언어의 지령적 기능은?

① 오늘은 날씨가 참 좋구나.
② (넘어지면서) 아이코!
③ 김 선생은 정말로 훌륭한 사람입니다.
④ 이 제품은 만 명이 넘는 소비자들이 선택한 상품입니다.(광고)

### 007
2016 지방직 9급

밑줄 친 부분의 예로 가장 적절한 것은?

> 생각은 큰 그릇이고 말은 생각 속에 들어가는 작은 그릇이어서 생각에는 말 외에도 다른 것이 더 있다. 그러나 아무리 생각이 말보다 범위가 넓고 큰 것이라고 하여도 그것을 말로 바꾸어 놓지 않으면 그 생각의 위대함이나 오묘함이 다른 사람에게 전달되지 않는다. 그 때문에 생각이 형님이요, 말이 동생이라고 할지라도 생각은 동생의 신세를 지지 않을 수가 없게 되어 있다.

① '사과'는 언제부터 '사과'라고 부르기 시작했는지 알 수 없어.
② 동일한 사물을 두고 영국에서는 [tri:], 한국에서는 [namu]라 표현해.
③ 이 소설은 정말 감동적이야. 내가 받은 감동은 말로는 설명이 안 돼.
④ 시간의 흐름을 초, 분, 시간 단위로 나눠 사용해 온 것은 인간의 사회적 약속이야.

---

### 정답과 해설

**005** ④ 인사말이나 서로의 안부를 묻는 말은 청자와 친교적 관계를 유지하는 것을 뜻하는 언어의 친교적 기능의 예이다.

**006** ④ 광고문은 청자를 감화시켜 행동에 옮기도록 하는 것을 뜻하는 언어의 지령적 기능과 관련이 있다.

**007** ③ 생각에는 말 외에도 다른 것들이 더 있다는 것은 사고가 언어보다 우위에 있다는 관점으로 사고 우위론적 관점과 관련이 있다. 이와 같은 사고 우위론적 관점의 예는 자신이 받은 감동을 말로 설명할 수 없다고 하는 ③이다.

---

## 3. 언어의 기능

**(1) 표출적 기능**: 본능적으로 나타나는 감정적 표현을 뜻한다. 일반적으로 감탄사를 통해서 나타나는데 의도 없이 내뱉는 외침이라는 점에서 표현적 기능과 차이가 있다.

**(2) 표현적 기능**: 화자가 자신의 판단이나 태도·감정 등을 표현·전달하는 것을 뜻한다.

**(3) 지령적 기능(명령·감화·환기적 기능)**: 청자를 감화시켜 행동에 옮기도록 하는 것을 뜻한다. 명령·권유, 표어, 연설뿐 아니라 광고, 법률, 표지, 속담 등의 격언 역시 지령적 기능을 담고 있다.
  예) 이 제품은 많은 사람들이 선택한 1등 제품입니다. - 광고
  혼 蓋(잔) 먹새 그려 또 혼 蓋(잔) 먹새 그려. - 문학에서 권유

**(4) 친교적 기능(사교적 기능)**: 청자와 친교적 관계를 유지하는 것을 뜻한다. 인사말이나 서로의 안부를 묻는 것이 이에 속한다. 사회생활을 하는 데 있어 언어가 윤활유 역할을 하는 것을 언어의 친교적 기능을 통해서 알 수 있다.

**(5) 정보 전달 기능**: 특정 주제와 관련된 정보를 전달하는 것을 뜻한다. 신문이나 뉴스 등에서 언어의 이런 기능이 잘 드러난다.

**(6) 미적 기능(미학적, 시적 기능)**: 표현 형식을 가다듬어서 표현 효과를 높이는 것을 뜻한다. 흔히 시와 같은 문학 작품에서 잘 나타나는 기능이어서 시적 기능이라고도 한다. 여러 수사법 등을 활용하는 데서 이를 발견할 수 있다.

**(7) 관어적 기능**: 언어 간의 관계를 드러내기 위한 것을 뜻한다. 어떤 단어의 의미를 설명하기 위해서 언어를 사용하거나 다른 언어를 설명하기 위해서 모국어를 사용하는 데서 잘 나타난다.
  예) 노트북은 컴퓨터의 일종으로 휴대성을 강조한 것이다. - 노트북의 정의

## 4. 언어와 인간

**(1) 언어와 사고**

① 언어 우위론적 관점: 언어가 사고보다 우위에 있다는 관점으로 인간의 사고는 언어에 의해 제약을 받는다는 입장이다. 즉 언어(=명명 행위)로 인해 사고가 달라진다는 의미이다.

② 사고 우위론적 관점: 사고가 언어보다 우위에 있다는 관점으로 인간은 언어나 언어를 통한 명명(命名) 행위 없이도 사고를 수행할 수 있다는 입장이다.
  예) 작곡가가 작곡할 때에는 언어로 사고를 하진 않았을 것이다.
  예) 화가가 자신의 그림을 구상할 때 굳이 언어로 표현하진 않는다.

**(2) 언어와 문화**

문화란 삶의 양식을 뜻한다. 인간은 살아가는 환경에 따라 여러 가지 문화 양식을 만들어 내고, 언어에는 인간의 문화가 담겨 있다. 김치 문화가 발달한 한민족의 경우, 배추김치, 파김치, 깍두기, 열무김치 등등 김치와 관련된 어휘들이 발달하였고, 에스키모 사람들의 경우 눈과 관련된 다양한 어휘가 발달되어 있다. 이처럼 언어와 문화는 밀접한 관계를 맺고 있다.

## 2 국어의 특성

### 1. 국어의 특질

(1) 음운의 특질
① 국어 자음은 예사소리-된소리-거센소리의 삼중 체계로 이루어져 있다. (=삼지적 상관속)
② 첫소리에 ㄴ, ㄹ이 오지 못하는 제약(=두음법칙)이 있다.
③ 모음조화 현상이 있다.
④ 다른 언어에 비해 마찰음이 적다.

(2) 어휘의 특질
① 국어 어휘는 고유어, 한자어, 서구 외래어, 혼합 형태(몽고어+고유어)로 구성돼 있으며, 고유어는 30% 정도이다.
② 고유어의 조어 과정에서 배의성(配意性)이 나타난다. 국어의 '손목'은 '손+목'이지만 영어의 손목은 'hand+neck'이 아닌 'wrist'처럼 독자적 단어로 이루어져 있다.
③ 의성어나 의태어 등 음성 상징어가 발달돼 있다.
④ 감각어가 발달되어 있다. 색채어의 경우 '희다, 검다, 푸르다, 노랗다'뿐 아니라 '노르스름하다, 누리끼리하다' 등의 다채로운 색감 표현이 있다. 또한 감각어는 본래적 의미에서 멀어져 비유적 의미로 쓰이기도 한다. 가령 '너무 짜게 구는 거 아니오?', '전 입이 무겁습니다.'처럼 쓸 수 있다.
⑤ 친족어가 발달되어 있다.

(3) 문법적 특질
① 교착어·첨가어의 특질을 보여준다. 그래서 어미나 조사가 발달돼 있다.
② 단어 조어법이 발달돼 있다. 합성어나 파생어 등 단어를 만드는 방법이 많이 사용된다.
③ 동사와 형용사의 활용이 유사하게 나타난다. 가령 평서형으로 끝날 때에는 '가+다 vs 예쁘+다', 의문형일 때에는 '가+니? vs 예쁘+니?'로 나타난다.
④ 기본적 어순이 '주어+목적어+서술어'(SOV형)로 나타나며 수식어는 반드시 피수식어 앞에 배치된다. 한편 부사어와 목적어의 위치를 바꿀 수 있는 것처럼 문장을 구성하는 요소들 간의 자리바꿈이 가능하다.
⑤ 주어가 연달아 나타나는 문장 구성이 가능하다.
⑥ 주체, 객체, 상대 높임법 등이 발달하였다.

### 2. 한글

(1) 한글의 문자 유형
① 표음 문자: 문자가 말소리 단위에 대응하는 것을 말한다. 한글은 소리와 기호가 대응되는 표음 문자이다.
② 음소 문자: 문자 하나가 최소 소리 단위인 음소를 표기하는 것을 가리킨다. 대표적으로 영어의 알파벳, 한글이 음소 문자이다.
③ 자질 문자: 샘슨이 한글의 특성을 바탕으로 처음으로 시도한 문자 분류 체계이다. 한글의 'ㄱ-ㅋ-ㄲ' 등은 획의 차이로 소리의 자질이 달라지는 것을 나타낸다. 샘슨은 이를 토대로 한글을 자질 문자라고 하였다.

(2) 한글의 우수성
① 한글은 세종대왕이 독창적으로 만들어낸 문자이다.
② 한글의 자음은 발음기관의 모양을 본떠 만든 과학적인 문자이다.
③ 한글은 백성을 위한 문자이다.
④ 한글은 음성 언어를 쉽고 정확하게 표현할 수 있는 문자이다. 개 짖는 소리 등을 적을 수 있다.
⑤ 국보 70호인 『훈민정음 해례본』은 유네스코 세계기록유산으로 지정되었다.

---

### 완전학습
1. 국어의 음운적, 형태적, 통사적 특질을 이해하자.
2. 한글의 특징을 암기하자.

**008** 2017 경찰 1차
국어의 특질에 대한 설명으로 적절한 것은?
① 장애음(특히 파열음과 파찰음)이 '평음-경음-유성음'의 3항 대립을 보인다.
② 조사와 어미가 발달한 굴절어적 특성을 보인다.
③ 음절 초에 'ㄲ', 'ㄸ', 'ㅃ' 등 둘 이상의 자음이 함께 올 수 있다.
④ 화용론적으로 소유 중심의 언어가 아니라 존재 중심의 언어이다.

**009** 2015 서울시 9급
다음 중 국어의 형태적 특징은?
① 수식어는 반드시 피수식어 앞에 온다.
② 동사와 형용사의 활용이 유사하다.
③ 문장 성분의 순서를 비교적 자유롭게 바꿀 수 있다.
④ 언어 유형 중 주어-목적어-동사의 어순을 갖는 SOV형 언어이다.

**010** 2018 1차 서울시 9급
국어의 특징으로 가장 옳지 않은 것은?
① 조사와 어미가 발달한 교착어적 특성을 보여 준다.
② '값'과 같이 음절 말에서 두 개의 자음이 발음될 수 있다.
③ 담화 중심의 언어로서 주어, 목적어 등이 흔히 생략된다.
④ 가족 관계를 나타내는 친족어가 발달해 있다.

**011** 2010 기상직 9급
한글에 대한 설명으로 틀린 것은?
① 음소 문자이다.
② 현재 40개의 자음과 모음이 있다.
③ 창제 당시는 자음과 모음이 24자이다.
④ 표음주의와 형태주의가 혼용된 표기를 한다.

### 정답과 해설

**008** ④ 영어를 모국어로 사용하는 사람들은 '소유'의 개념을 중요하게 생각하여 동사 have를 사용하여 표현한다. 하지만 우리말은 이러한 관계를 존재 관계로 표현하므로 동물이나 사물이 주체가 되어 사람을 대상으로 삼는 것을 허용하지 않는다.

**009** ② 국어의 형태적 특징은 국어의 '단어(어휘)'에서 나타나는 국어의 문법적 특성을 뜻한다. 이러한 국어의 형태적 특징 중 하나는 동사와 형용사의 활용이 유사하게 나타난다는 것이다.

**010** ② 국어의 음절 말에서도 발음될 수 있는 자음은 'ㄱ, ㄴ, ㄷ, ㄹ, ㅁ, ㅂ, ㅇ'뿐이다. 따라서 '값[갑], 넋[넉], 읊다[읍따]' 등과 같이 음절 말에 두 개의 자음이 표기되었더라도 한 개의 자음만 발음된다.

**011** ③ 훈민정음 창제 시기의 자음은 17자(ㄱ, ㄴ, ㄷ, ㄹ, ㅁ, ㅂ, ㅅ, ㅇ, ㅈ, ㅊ, ㅋ, ㅌ, ㅍ, ㅎ, ㆁ, ㆆ, ㅿ)였으며, 모음은 21자(ㅏ, ㅑ, ㅓ, ㅕ, ㅗ, ㅛ, ㅜ, ㅠ, ㆍ, ㅡ, ㅣ)였다. 따라서 이를 합한 창제 당시의 자모음 수는 모두 28자였다.

### 3 국어의 어휘

**1. 어원에 따른 어휘 분류**

고유어-한자어-외래어

(1) 고유어

오래 전부터 우리 민족이 사용해 온 토박이 말이다. 다의적인 어휘로 일상 생활과 문학 작품에 유용하게 쓰인다.

(2) 한자어

① 한자어의 특성
  ㉠ 한국식 한자어로 한국식으로 발음된다. '周子瑜'의 한국식 발음은 '주자유'이고, 중국식 발음은 '쯔위'이다.
  ㉡ 개념어나 추상어가 많고, 전문적이고 세부적인 의미를 담고 있다.
  ㉢ 고유어와 비교할 때 존대어로 사용된다.

② 고유어와 혼동되는 기출 한자어
  결국(結局), 도대체(都大體), 하필(何必), 하여간(何如間), 물론(勿論), 유독(惟獨), 잔망(孱妄)스럽다, 은근(慇懃)하다, 적적(寂寂)하다, 늠름(凜凜)하다, 창피(猖披)하다, 심지어(甚至於), 어차피(於此彼), 주전자(酒煎子)

(3) 외래어

어원을 찾기 어려울 정도로 인식되는 귀화어와 그 어원이 외국어에 있음을 인지하는 차용어로 구분된다.

| 담배-tabacco(포르투갈) | 구두-구쓰(일본) |
| --- | --- |
| 냄비-나베(일본) | 붓-piet(고대 한자음) |
| 가방-kabas(네덜란드) | 고무-gomme(프랑스) |
| 빵-pão(포르투갈) | |

**2. 변이에 따른 어휘 분류**

(1) 표준어
  ① 표준어: 교양 있는 사람들이 두루 쓰는 현대 서울말
  ② 표준어의 기능
    ㉠ 통일의 기능: 방언을 쓰면 지역적 차이로 인해 의사소통이 어려울 수 있다. 그러나 표준어를 쓰면 원활한 의사소통이 가능하다.
    ㉡ 준거의 기능: 표준어는 일종의 규범이다. 따라서 표준어로부터 멀어지면 틀린 표현이 된다.
    ㉢ 독립의 기능: 다른 나라의 언어와 구별 지어주는 기능을 한다.
    ㉣ 우월의 기능: 표준어를 사용하면 우월감과 자부심을 가질 수 있다.

(2) 방언
  ① 지역 방언: 지리적 영향으로 새로이 형성된 방언
  ② 사회 방언: 방언 분화가 지리적인 요인에 의해서가 아니라 사회 집단, 즉 사회 계급, 연령, 성별, 종교, 인종 등과 같은 사회적인 요인에 의해 분화된 방언

(3) 은어와 속어
  ① 은어: 특정 집단의 비밀어로 은비성을 지니고 있다.
  ② 속어: 비속하고 천한 어감이 있는 점잖지 못한 말이지만 유대감 공유의 차원으로 사용하기도 한다.

(4) 금기어-완곡어
  ① 금기어: 부정적이고 불쾌한 연상을 동반하는 말
  ② 완곡어: 금기어의 불쾌감을 덜기 위해 대체한 말이다.

(5) 관용어-속담
  ① 관용어: 완결된 문장 구조를 이루지 못하는 관습적인 말
  ② 속담: 완결된 문장 구조를 이루고 있는 삶의 지혜가 담긴 말

(6) 전문어, 신어
  어휘의 변이와 달리 어휘의 팽창은 공용어와 다른 단어로 존재하거나 새로운 말이 생산되는 것을 뜻한다. 어휘 팽창의 예로 전문어, 새말을 들 수 있다.

## [참고 자료] 국어 순화

### (1) 기출 순화어

| | |
|---|---|
| 노견→갓길 | 매점→사재기 |
| 안내 요원→도우미 | 미제→해결 안 됨 |
| 여흥 시간→뒤풀이 | 곤색→감색 |
| 신입생→새내기 | 기스→흠(집) |
| 고수부지→둔치 | 대절→전세 |
| 지분→몫 | 가처분→임시 처분 |
| 수순→절차 | 돈가스→돼지고기 튀김 |
| 개전의 정→뉘우치는 빛 | 땡깡→생떼 |
| 중과세→무겁게 세금을 매김 | 땡땡이→물방울 무늬 |
| 소정 기일→정한 날짜 | 아나고→붕장어, 참바다장어 |
| 익년도→다음 해 | 마스터플랜→기본계획 |
| 해태하다→게을리하다 | 라벨→상표 |
| 몽리자→이용자, 이익을 얻는 사람 | 노블레스 오블리주→지도층의 도덕적 의무 |
| 게첨→붙임, 걸음 | 시뮬레이션→모의실험 |
| 법면→비탈면 | 딜레마→궁지 |
| 송달하다→보내다 | 보너스→상여금 |
| 시건장치→잠금장치 | 징크스→불길한 일 |
| 철회하다→거두어들이다 | 바로미터→지표 |
| 저촉되다→걸리다 | 센스→눈치 |
| 용이하다→쉽다 | 포스트잇→붙임쪽지 |
| 엄금하다→하지 않아야 한다 | 이모티콘→그림말 |
| 은닉하다→숨기다 | 프리미엄→덤, 웃돈 |
| 가일층→한 층 더 | 체크 리스트→점검표 |
| 척사→윷놀이 | 적의 조치→알맞은 조치 |
| 양생하다→굳히다 | 은비→숨김 |
| 구좌→계좌 | 치킨게임→끝장승부 |
| 생방송→현장 방송 | 구거→도랑 |
| 가건물→임시 건물 | 위기→내버려두다 |
| 블랙컨슈머→악덕소비자 | 소셜 커머스→공동 할인 구매 |
| 와이파이→근거리 무선망 | 제로베이스→백지상태, 원점 |

### (2) 기출된 차별적 어휘

| | |
|---|---|
| 학부형→학부모 | 미망인→고(故) ○○ 씨 부인 |
| 처녀작→첫 작품 | 살색→살구색 |

### (3) 기출 북한어

| | |
|---|---|
| 빨치산 : 게릴라, 혁명적 영웅 | 단고기 : 개고기 |
| 궁전 : 정치·문화·교양 사업을 하는 크고 훌륭한 건물 | 밥감주 : 식혜 |
| 예술 : 기술, 수련 | 정무원 : 공무원 |
| 도는 네거리 : 로터리 | 해방처녀 : 미혼모 |

### [참고 자료] 주요 한자어/외래어

(1) 주요 한자어

| 분류 | | 예시 |
|---|---|---|
| 명사 | 동물 | 기린(麒麟), 구관조(九官鳥), 대하(大蝦), 대합(大蛤), 두견(杜鵑), 독사(毒蛇), 독수리(禿--), 복어(-魚), 봉황(鳳凰), 사자(獅子), 산호(珊瑚), 순록(馴鹿), 악어(鰐魚), 용(龍), 원앙(鴛鴦), 장어(長魚), 전복(全鰒), 하마(河馬), 호랑이(虎狼-), 호접(胡蝶/蝴蝶, 호랑나비) |
| | 음식 | 가지[茄子], 감자[甘藷], 고봉밥(高捧-), 고추[苦椒], 귤(橘), 김장(沈藏), 김치[沈菜], 능금[林檎], 동치미(冬沈), 박하(薄荷), 배추[白菜], 사과(沙果/砂果), 사탕(沙糖/砂糖), 상추[生菜], 수삼(水蔘), 숭늉[熟冷], 시금치[赤根菜], 양파(洋-), 죽(粥), 청포도(靑葡萄), 총각무(總角-), 호두[胡桃], 호떡(胡-) 등 |
| | 기타 | 가게[假家, 가가>가개>가게], 가난[艱難: 간난>가난], 개차반[茶盤], 고약(←怪惡), 골탕(-湯), 광(庫房, 고방>고왕>광), 구역질(嘔逆-), 귀양(歸鄕), 기지개(氣直-], 난장(亂場), 내막(內幕), 내숭[內凶], 다홍(大紅), 딴전[-廛], 도외시(度外視), 먹[墨], 모습(模襲), 무명(木棉/木綿), 봉사(奉仕), 벽창호(碧昌-), 붓[筆], 삽시간(霎時間), 샌님(生員님), 서랍[舌盒], 성냥[石硫黃], 십상[十常: 十常八九의 준말], 썰매[雪馬], 양말(洋襪/洋韈), 역력(歷歷), 잠깐[暫間], 잠시[暫時], 장난[作亂], 재미[滋味], 점심[點心], 조용[從容, 종용>조용], 종지[鍾子], 지금(只今), 짐승[衆生], 차례(次例, 차뎨>차례), 창피(猖披), 처마[檐牙: 첨하>처마], 철부지(-不知), 하마평(下馬評), 호주머니(胡---), 허풍선이[虛風扇-] 등 |
| 부사 | | 가령(假令), 결국(結局), 과연(果然), 근근이(僅僅-), 금방(今方), 급기야(及其也), 단지(但只), 대체로(大體-), 도대체(都大體), 도시(都是), 도통(都統), 당연히(當然-), 매양(每常), 무려(無慮), 무진장(無盡藏), 물론(勿論), 미상불(未嘗不), 별안간(瞥眼間), 부득이(不得已), 비단(非但), 설령(設令), 설사(設使), 순식간에(瞬息間-), 심지어(甚至於), 어언간(於焉間), 어차피(於此彼), 유독(唯獨/惟獨), 점점(漸漸), 좌우간(左右間), 하여간(何如間), 하필(何必), 흐지부지[諱之秘之] 등 |
| 한국식 한자어 | | 감기(感氣), 고생(苦生), 공주병(公主病), 공책(空冊), 귀순(歸順), 도령(道令), 무궁화(無窮花), 명절(名節), 방학(放學), 변소(便所), 복덕방(福德房), 사돈(査頓), 산책(散策), 생선(生鮮), 서방(書房, 남편), 식구(食口), 절차(節次), 지갑(紙匣), 편지(便紙/片紙), 행차(行次) 등 |
| <표준어 규정> 제22항 예시 | | 개다리소반(---小盤), 겸상(兼床), 단벌(單-), 마방집(馬房-), 민망스럽다(憫惘---)/면구스럽다(面----), 방고래(房--), 부항단지(附缸--), 산누에(山--), 산줄기(山--), 수삼(水蔘), 심돋우개(心---), 어질병(--病), 윤달(閏-), 장력세다(壯力--), 제석(祭席), 칫솔(齒-), 포수(砲手) |

(2) 주요 외래어

| 분류 | 예 |
|---|---|
| 몽골어 | 말[馬], 가라말(gara+몰: 흑마(黑馬)), 구렁말(küreng+몰: 밤색 말[馬]), 보라매(boro+매), 송골매(šonqor+매), 수라(임금이 먹는 밥) |
| 만주어, 여진어 | 가위, 두만(강), 수수, 메주, 호미 |
| 범어 (산스크리트어) | 건달(乾達: 乾達婆(건달바, Gandharva)에서 유래], 달마(達磨, dharma), 만다라(曼茶羅, maṇdala: 부처가 깨달은 진리와 이를 그린 그림), 바라문(婆羅門, Brahman), 보살(菩薩), 부처(佛陀>佛體>부처), 불타/부타(佛陀: 부처), 사리(舍利), 석가(釋迦), 선(禪), 아미타(阿彌陀: 서방 정토에 있는 부처), 절[寺刹], 중[僧], 열반(涅槃, nirvāṇa), 찰나(刹那, kṣaṇa), 탑(塔) |
| 일본어 | 가마니(kamasu[叺]), 고구마(koukouimo[孝行藷]), 구두(kutsu[靴]), 냄비(nabe[鍋]) |
| 서구어 | 영어: 남포등(lamp)<br>네덜란드어: 가방(kabas)<br>포르투갈어: 담배(tabacco), 빵(pão)<br>프랑스어: 고무(gomme), 루주(rouge), 망토(manteau) |
| 서구어를 음역한 중국어 | 낭만(浪漫, romance), 섭씨(攝氏: 고안자인 셀시우스(Celcius)의 음역 '攝爾思(섭이사)'에서 유래), 화씨(華氏: 고안자인 파렌하이트(Fahrenheit)의 음역 '화륜해(華倫海)'에서 유래), 불란서(佛蘭西: France(프랑스)), 구라파(歐羅巴: Europe(유럽)), 아편(阿片: opium) |
| 영어를 번역한 한자어 | 각광(脚光: foot light), 은막(銀幕: silver screen), 밀월(蜜月: honeymoon) |

**memo**

최소국어

권규호 공무원 국어

# 제2부

# 문학

제1장   시가 문학
제2장   서사 문학
제3장   문학 이론

# 제1장 • 시가 문학

## 완전학습

1. 생략된 성분을 찾아 문장을 정확히 읽자.
2. 유기성을 활용하여 시어의 의미를 파악하자.

### 001  2020 지방직 9급
밑줄 친 부분에서 행위의 주체가 같은 것으로만 묶은 것은?

금와왕이 이상히 여겨 유화를 방 안에 가두어 두었더니 햇빛이 방 안을 비추는데 ㉠몸을 피하면 다시 쫓아와서 비추었다. 이로 해서 태기가 있어 알[卵] 하나를 낳으니, 크기가 닷 되들이만 했다. 왕이 그것을 버려서 개와 돼지에게 주게 했으나 모두 먹지 않았다. 다시 길에 ㉡내다 버리게 했더니 소와 말이 피해서 가고 들에 내다 버리니 새와 짐승들이 덮어 주었다. 왕이 쪼개 보려고 했으나 아무리 해도 쪼개지지 않아 그 어미에게 돌려주었다. 어미가 이 알을 천으로 싸서 따뜻한 곳에 놓아두었더니 한 아이가 ㉢껍질을 깨고 나왔는데, 골격과 외모가 영특하고 기이했다. 겨우 일곱 살이 되었을 때, 이미 기골이 뛰어나서 범인(凡人)과 달랐다. 스스로 활과 화살을 만들어 쏘았는데 백발백중이었다. 나라 풍속에 ㉣활 잘 쏘는 사람을 주몽이라고 하므로 그 아이를 '주몽'이라 했다.

금와왕에게 일곱 아들이 있어 항상 주몽과 함께 놀았는데, 재주가 주몽을 따르지 못했다. 맏아들 대소가 왕에게 말했다. "주몽은 사람의 자식이 아닙니다. 일찍 ㉤없애지 않는다면 후환이 있을까 두렵습니다." 왕이 듣지 않고 주몽을 시켜 말을 기르게 하니 주몽은 좋은 말을 알아보고 적게 먹여서 여위게 기르고, 둔한 말을 ㉥잘 먹여서 살찌게 했다.

① ㉠, ㉡  
② ㉡, ㉣  
③ ㉢, ㉥  
④ ㉣, ㉤

## 1 시가 해석

### (1) 시어의 의미 파악하기

시어의 사전적 의미 < 문장 내에서 부여된 의미

① 사람들의 기쁨이 이전과는 달리 온 세상에 가득했다.
→ 기쁨: 긍정, 온 세상: 긍정, 이전: 부정

② 이제 기쁨에게 슬픔을 가르쳐 주겠다. 너에게도 기쁨보다 소중한 슬픔을 주겠다.
→ 기쁨: 부정, 슬픔: 긍정

> • 다음 시에 나타나는 화자의 정서가 기쁜지, 슬픈지 파악하시오.
> ㉠ 그녀가 떠나서 슬프다.  → 슬픔
> ㉡ 그녀가 떠나간다. 나를 괴롭혔던  → 기쁨
> ㉢ 그녀가 떠나간다.  → 슬픔
>
> • 다음 시어의 의미를 긍·부정으로 나누어 보시오.
> ㉣ 사람들의 기쁨이 섬을 밀어 올렸고, 섬은 저 하늘까지 닿을 수 있었다.
> → 기쁨: 긍정, 하늘: 긍정

### (2) 압축의 문학과 문장 제대로 읽기

① 압축의 문학: 시는 압축의 문학이므로 생략된 문장 성분을 채워 넣으면서 정확하게 읽어야 한다.

#### ✓ 연습문제

• 지문을 바탕으로 다음 문제를 풀어보시오.

> 사택망처(徙宅忘妻)는 그 어떤 사람인고
> 그 있는 곳 알고자 진초(秦楚)*엔들 아니 가랴
> 무심하고 쉽게 잊기 배워나 보고 싶구나
> – 박인로, <상사곡(相思曲)>
>
> * 진초: 진나라, 초나라 지역. 매우 먼 곳을 말함.

01 '사택망처'는 무심하고 사람을 쉽게 잘 잊는 사람으로 화자는 그를 찾기 위해 '진초'에라도 가길 원한다.
(O, ×)

02 화자는 '사택망처'를 지향하고 있다.
(O, ×)

② 문장 성분 생략과 함정: 주체 바꾸기

#### ✓ 연습문제

• 지문을 바탕으로 다음 문제를 풀어보시오.

> 서방님 안녕히 계세요. 지난날 우리가 함께 했던 그곳의 무성하고 ㉠푸른 나무와 같이 늘 안녕히 계세요. 저승이 멀다하여도 그곳이 제 사랑보다 먼 곳은 아닐 겁니다. 지하 깊숙이 ㉡검은 물로 흘러도, 하늘 위의 ㉢구름으로 날더라도 그건 결국 서방님 곁일 겁니다. 하늘 위 구름에서 ㉣소나기가 되어 퍼부을 때 분명 저는 거기에 있을 겁니다.

03 ㉠~㉣ 중 가리키는 것이 다른 하나는?
① ㉠  ② ㉡  ③ ㉢  ④ ㉣

---

## 정답과 해설

**001** ③ ㉢의 주체는 한 아이로 이는 곧 주몽을 뜻한다. ㉥의 주체 역시 주몽이다.

### 연습문제 | 정답과 해설

01 O 사택망처는 무심한 사람으로 화자는 그에게 이러한 무심함을 배우고자 진초라도 찾아가겠다고 말하고 있다.
02 O 화자는 사택망처를 찾아서 무심함을 배우고 싶다고 했으므로 사택망처는 화자가 지향하는 존재이다.
03 ① ㉠은 서방님을 뜻하지만 ㉡, ㉢, ㉣은 화자를 의미한다.
04 ③ <보기>에서 말하는 '군신 간의 충의'는 곧 '믿음'을 뜻한다. 이런 '믿음'과 같은 시어는 ㉢의 '끈'이다.
05 ④ 지문에서 화자의 기쁨은 나타나지 않는다.

### (3) 유기성과 해석의 원리
① 유기성: 같은 말 또는 반대말이 반복적으로 나타난다.
② 논리로서의 유기성: 'A=C, B=C'라면 'A=B'

#### ✅ 연습문제

• 지문을 바탕으로 다음 문제를 풀어보시오.

> 구슬이 ㉠바위에 떨어진들
> 구슬이 바위에 ㉡떨어진들
> ㉢끈이야 끊어지겠습니까.
> 천 년을 ㉣외따로이 살아간들
> ㉤천 년을 외따로이 살아간들
> 믿음이야 끊어지겠습니까.
>
> – 작자 미상, <정석가>

**04** ㉠~㉤ 중 <보기>의 ⓐ의 의미와 가장 가까운 것은?

<보기>
고려 시대에는 민간의 노래 가운데 풍속을 교화하는 데 적합하다고 여겨지는 노래를 궁중의 악곡으로 편입시켰다. 궁중 연회에서 사랑 노래가 많이 불린 것은 사랑 노래가 잔치 분위기와 잘 어울리면서도 남녀 간의 사랑을 ⓐ군신 간의 충의로 그 의미를 확장하여 수용할 수 있었기 때문이다. 민간에서 널리 불린 <정석가>가 궁중 연회의 노래로 정착된 것 역시 이런 맥락에서 볼 수 있다.

① ㉠ ② ㉡ ③ ㉢ ④ ㉣ ⑤ ㉤

### (4) 개연성으로의 문학
문학의 해석 문제는 비문학의 내용일치 문제와 달리 정답을 도출할 때 지문의 근거를 개연적으로 이끌어 내야 한다. 특히 화자의 감정을 추측할 때 더욱 그러하다.

#### ✅ 연습문제

• 지문을 바탕으로 다음 문제를 풀어보시오.

**2021 지방직 7급**

> 아이! 누님이 시집가던 날 새벽에 얼굴을 단장하던 일이 마치 엊그제 같다. 그때 나는 막 여덟 살이었는데, 발랑 드러누워 발버둥을 치다가 새신랑의 말을 흉내 내 더듬거리며 점잖은 어투로 말을 하니, 누님은 그 말에 부끄러워하다 그만 빗을 내 이마에 떨어뜨렸다. 나는 골이 나 울면서 분에다 먹을 섞고 침을 발라 거울을 더럽혔다. 그러자 누님은 옥으로 만든 자그만 오리 모양의 노리개와 금으로 만든 벌 모양의 노리개를 꺼내 나에게 주면서 울음을 그치라고 하였다. 지금부터 스물여덟 해 전의 일이다.
> 강가에 말을 세우고 멀리 바라보니 붉은 명정(銘旌)*이 펄럭이고 배 그림자는 아득히 흘러가는데, 강굽이에 이르자 그만 나무에 가려 다시는 보이지 않았다. 그때 문득 강 너머 멀리 보이는 산은 검푸른 빛이 마치 누님이 시집가는 날 쪽 찐 머리 같았고, 강물 빛은 당시의 거울 같았으며, 새벽달은 누님의 눈썹 같았다. 그 옛날 누님이 빗을 떨어뜨리던 걸 생각하니, 유독 어릴 적 일이 생생히 떠오른다.
>
> – 박지원, <큰누님 박씨 묘지명>에서 –

※ 명정: 죽은 사람의 관직과 성씨 따위를 적은 기

**05** 다음 글에 대한 이해로 적절하지 않은 것은?
① 자연물을 통해 누님의 모습을 연상하고 있다.
② 누님과의 영원한 이별에 대한 안타까움을 드러내고 있다.
③ 과거와 현재의 장면을 겹침으로써 상실의 감정을 나타내고 있다.
④ 누님의 결혼과 죽음에 대한 화자의 기쁨과 슬픔을 대조시켜 표현하고 있다.

---

### 002
**2017 지방직 7급**

밑줄 친 시어 중 내포적 의미가 유사하지 않은 것끼리 묶은 것은?

> 제 손으로 만들지 않고 / 한꺼번에 싸게 사서
> 마구 쓰다가 / 망가지면 내다 버리는
> **플라스틱 물건**처럼 느껴질 때
> 나는 당장 버스에서 뛰어내리고 싶다
> 현대 아파트가 들어서며
> 홍은동 사거리에서 사라진
> **털보네 대장간을 찾아가고 싶다**
> 풀무질로 이글거리는 불 속에
> 시우쇠처럼 나를 달구고 모루 위에서 벼리고
> 숫돌에 갈아 / 시퍼런 **무쇠낫으로 바꾸고 싶다**
> 땀 흘리며 두들겨 하나씩 만들어 낸
> **꼬부랑 호미**가 되어
> 소나무 자루에서 송진을 흘리면서
> 대장간 벽에 걸리고 싶다
> 지금까지 살아온 인생이
> 온통 부끄러워지고 / **직지사 해우소**
> 아득한 나락으로 떨어져 내리는
> **똥덩이**처럼 느껴질 때
> 나는 가던 길을 멈추고 문득
> 어딘가 걸려 있고 싶다
>
> – 김광규, <대장간의 유혹>

① 플라스틱 물건, 똥덩이
② 찾아가고 싶다, 바꾸고 싶다
③ 털보네 대장간, 직지사 해우소
④ 무쇠낫, 꼬부랑 호미

### 003
**2016 지방직 7급**

다음 시의 '나'를 형상화한 표현이 아닌 것은?

> 나는 떠난다. 청동(靑銅)의 표면에서
> 일제히 날아가는 진폭(振幅)의 ㉠새가 되어
> 광막한 하나의 울음이 되어
> 하나의 소리가 되어.
>
> 인종(忍從)은 끝이 났는가.
> 청동의 벽에 / '역사'를 가두어 놓은
> 칠흑의 ㉡감방에서.
>
> 나는 바람을 타고 / 들에서는 푸름이 된다.
> 꽃에서는 웃음이 되고
> 천상에서는 ㉢악기가 된다.
>
> 먹구름이 깔리면 / 하늘의 꼭지에서 터지는
> 뇌성(雷聲)이 되어
> 가루 가루 가루의 ㉣음향이 된다.
>
> – 박남수, <종소리>

① ㉠ ② ㉡ ③ ㉢ ④ ㉣

---

**정답과 해설**

**002** ③ '털보네 대장간'은 화자가 지향하는 공간이지만 '직지사 해우소'는 '똥덩이'가 떨어지는 공간이므로 화자가 지향하는 공간으로 보기 어렵다.

**003** ② ㉡은 화자를 가두어 놓은 공간이다.

## 완전학습

1. 1인칭 화자를 이해하자.
2. 대화체를 암기하자.

**004**  자체 제작

다음 시에 대한 설명으로 적절한 것은?

> 나는 북관(北關)에 혼자 앓아누워서
> 어느 아침 의원(醫員)을 뵈이었다
> 의원은 여래(如來) 같은 상을 하고 관공(關公)
> 의 수염을 드리워서
> 먼 옛적 어느 나라 신선 같은데
> 새끼손톱 길게 돋은 손을 내어
> 묵묵하니 한참 맥을 짚더니
> 문득 물어 고향이 어데냐 한다
> 평안도 정주라는 곳이라 한즉
> 그러면 아무개 씨 고향이란다
> 그러면 아무개 씰 아느냐 한즉
> 의원은 빙긋이 웃음을 띠고
> 막역지간(莫逆之間)이라며 수염을 쓴다
> 나는 아버지로 섬기는 이라 한즉
> 의원은 또 다시 넌지시 웃고
> 말없이 팔을 잡아 맥을 보는데
> 손길은 따스하고 부드러워
> 고향도 아버지도 아버지의 친구도 다 있었다
> — 백석, <고향> —

① 의원은 냉정한 성격의 소유자이다.
② 3인칭 화자의 진술로 시상이 전개되고 있다.
③ 시적 화자는 객지에서 쓸쓸하게 지내고 있다.
④ 의원은 시적 화자와 고향에서 알고 지내던 사이이다.

---

(다)
싸리재 너머
비행운 떴다
붉은 밭고랑에서 허리를 펴며
호미 든 손으로 차양을 만들며
남양댁
소리치겠다
"저기 우리 진평이 간다"
우리나라 비행기는 전부
진평이가 몬다
— 윤제림, <공군소령 김진평>

**005**  2017 2차 국가직 7급

(다)는 '비행기'를 소재로 '남양댁'과 대화를 주고받는 화자의 욕망이 그려져 있다.   ① ○   ② ×

---

## 2 시가 개념어

### 1. 소통 구조

**(1) 화자와 청자**

- 표면에 드러난 화자: '나'나 '우리'라는 표현이 있는 경우, 1인칭(vs 3인칭 화자)
- 청자: 화자의 말을 듣는 사람, 2인칭
- 의인화된 청자: 사람이 아닌 청자

**대표적인 예**

> 나는 북관에 혼자 앓아누워서
> 어느 아침 의원을 뵈이었다.

● **표면에 드러난 화자**
위의 작품에서는 '나'가 등장하여 시상을 전개하고 있다. 1인칭 화자가 등장했다고 볼 수 있겠다.

**대표적인 예**

> 산아. 항상 푸르른 산아.
> 네 품이 그리운 산아.

● **의인화된 청자 = 사람이 아닌 청자**
위의 작품에서 '산'은 화자가 말을 건네는 존재이다. 즉 화자의 인식에서 '산'은 화자와 소통할 수 있는 의인화된 청자이다.

**(2) 대화·독백**

- 대화: 서로 다른 2명 이상의 화자가 말을 주고받는 경우
- 독백: 화자가 스스로에게 말을 하는 경우, 청자가 있더라도 화자 혼자 말을 하는 경우

**대표적인 예**

> 형님 형님 사촌 형님 시집살이 어떱뎁까
> 이애 이애 그 말 마라 시집살이 개집살이
> — 작자 미상, <시집살이요>

● **대화체 = 2명 이상의 화자가 말을 주고받음**
위의 시의 첫 행은 동생이 형님에게 말을 건네고 있고, 두 번째 행은 형님이 동생의 말을 받아들이고 있다.

**어려운 예**

> 재 너머 성권롱(成勸農) 집의 술 닉닷 말 어제 듯고
> 고개 넘어 성 권농의 집에 술 익었다는 말을 어제 듣고
> 누은 쇼 발로 박차 언치 노하 지즐 투고
> 누워 있는 소 발로 박차 담요 놓아 눌러 타고
> 아히야 네 권롱 겨시냐 정좌수(鄭座首) 왓다 ᄒ여라.
> 아이야, 네 권농 계시냐 정 좌수 왔다 전하여라

● **대화체(심화) = '아히야'처럼 눈앞의 청자에게 말 건넴**
위의 작품에서는 화자의 목소리만 나타나 있다. 그러나 마지막 행에서 화자는 '아히'에게 말을 건네고 있다. 공시에서는 이렇게 청자에게 말을 건네는 것을 대화체로 보기도 한다.

---

### 정답과 해설

**004** ③ 화자는 타지인 '북관'에 혼자 앓아누웠다.
**005** ② '남양댁'이 혼자서 말하는 상황만 나타날 뿐이다.

(3) 심리적 거리 – 물리적 거리
- 대상과 일정 거리 유지 = 영탄법 ×, 묘사 ○ = 감정 절제 = 관조적 태도
    - 예 안개와 노을이 뒤섞인 산은 점차 어두워졌다.
- 대상과 거리 가까움 = 호감 표출
    - 예 너는 항상 나에게 따뜻한 미소를 보내 주는구나.
- 대상과 거리 멂 = 비호감 표출 ≒ 비판적 거리
    - 예 이 쉬운 것도 몰랐던 나는 스스로가 한심스러웠다.
- 감정이 직접적(직설적)으로 나타남
    ① 감정을 드러내는 형용사 '슬프다, 기쁘다, 서럽다' 등이 나타난 경우
        - 예 슬프다. 이 일을 어이 할꼬.
    ② 영탄법 or 의문문, 명령문, 청유문 등의 격정적 어조가 나타나는 경우
        - 예 껍데기는 가라, 알맹이만 남아라.
- 물리적 거리감
    - 예 천만리 머나먼 곳에 고운 임과 이별하고

**대표적인 예**

강나루 건너서
밀밭 길을

구름에 달 가듯이
가는 나그네

– 박목월, <나그네>

- **대상과 일정 거리 유지 = 감정 절제 = 묘사**
화자는 '나그네'를 묘사하고 있을 뿐 이에 대한 어떤 태도나 감정을 드러내지 않고 있다. 따라서 이 시는 대상(=나그네)과 일정 거리를 유지하고 있는 시이며, 감정이 절제된 시이다.

**대표적인 예**

눈과 얼음의 길을 걸어,
그들 옆에 벗으면
육문삼(六文三)의 코가 납짝한
귀염둥아 귀염둥아
우리 막내둥아

미소하는
내 얼굴을 보아라

– 박목월, <가정>

- **대상과 거리 가까움 = 호감 표출**
화자는 귀염둥이 막내둥이에게 미소를 짓고 있다. 호감을 표출하고 있으므로 대상(=막내)과 화자의 거리는 가깝다.

**대표적인 예**

개를 여러 마리나 기르되 이 개처럼 얄밉겠느냐
개를 열 마리 넘게 기르지만 이 개처럼 얄미운 놈이 있을까

- **대상과 거리 멂 = 비호감 표출 ≒ 비판적 거리**
화자는 '개'에 대해서 '얄밉다'고 말하며 비호감을 표현하고 있다. 따라서 대상(=개)과 화자 간의 거리는 멀며, 대상과 비판적 거리가 나타난다고 볼 수 있다.

---

## 완전학습
거리 개념을 이해하자.

### 006
2000 국가직 7급 변형

제시된 시 중에서 시적 자아와 대상 사이의 심리적 거리가 가장 먼 것은?

① 격렬한 젊음의 뒤안길에서 한참을 헤매다 이제는 돌아온 아름다운 꽃이여
② 산은 구강산(九江山) / 보랏빛 석산(石山) 산도화 두어 송이 / 송이 버는데 봄눈 녹아 흐르는 / 옥 같은 / 물에 사슴은 / 암사슴 / 발을 씻는다.
③ 내 죽으면 한 개 바위가 되리라. / 아예 애련(愛憐)에 물들지 않고 / 희로(喜怒)에 움직이지 않고
④ 너는 돌가마로 털미투리도 모르는 오랑캐꽃 / 두 팔로 햇빛을 막아 줄게 / 울어 보렴 목 놓아 울어나 보렴 오랑캐꽃

### 007
2017 1차 국가직 9급

화자의 처지나 행위에 대한 분석으로 옳지 않은 것은?

흐르는 것이 물뿐이랴
우리가 저와 같아서
강변에 나가 삽을 씻으며
거기 슬픔도 퍼다 버린다
일이 끝나 저물어
스스로 깊어 가는 강을 보며
쭈그려 앉아 담배나 피우고
나는 돌아갈 뿐이다.
삽자루에 맡긴 한 생애가
이렇게 저물고, 저물어서
샛강 바닥 썩은 물에
달이 뜨는구나
우리가 저와 같아서
흐르는 물에 삽을 씻고
먹을 것 없는 사람들의 마을로
다시 어두워 돌아가야 한다.

– 정희성, <저문 강에 삽을 씻고>

① 화자는 일을 마치고, 해 지는 강변에 나와 삽을 씻는다.
② 화자는 강물에 슬픔을 퍼다 버리고, '먹을 것 없는 사람들의 마을'로 돌아가야 한다.
③ 화자는 '삽자루에 맡긴 한 생애'라는 표현을 통해 자신의 삶을 압축적으로 드러낸다.
④ 화자는 주관적인 감정을 배제하고, 해 지는 강가의 풍경을 객관적으로 전달하려 한다.

### 정답과 해설

**006** ② ②의 화자는 대상에 대한 자신의 감정을 표현하지 않으며, 객관적으로 대상을 관찰하고 있다. 따라서 시적 자아와 대상 사이의 심리적 거리는 ②가 가장 멀다.

**007** ④ 화자인 '나'는 '슬픔도 퍼다 버린다'는 표현을 통해 자신의 감정을 직접적으로 표현하고 있다.

※ 반드시 암기해야 할 감정 절제의 시

유리에 차고 슬픈 것이 어른거린다.
열없이 붙어 서서 입김을 흐리우니
길들은 양 언 날개를 파다거린다.
지우고 보고 지우고 보아도
새까만 밤이 밀려나가고 밀려와 부딪히고,
물 먹은 별이, 반짝, 보석처럼 박힌다.
밤에 홀로 유리를 닦는 것은
외로운 황홀한 심사이어니,
고운 폐혈관이 찢어진 채로
아아 너는 산새처럼 날아갔구나!

- 정지용, 〈유리창〉

관(棺)이 내렸다.
깊은 가슴 안에 밧줄로 달아 내리듯,
주여
용납하소서.
머리맡에 성경을 얹어 주고
나는 옷자락에 흙을 받아
좌르르 하직(下直)했다.
그 후로
그를 꿈에서 만났다.
턱이 긴 얼굴이 나를 돌아보고
형님!
불렀다.
오오냐. 나는 전신(全身)으로 대답했다.
그래도 그는 못 들었으리라.
이제
네 음성을
나만 듣는 여기는 눈과 비가 오는 세상.

- 박목월, 〈하관〉

우리집도 아니고
일가집도 아닌 집
고향은 더욱 아닌 곳에서
아버지의 침상(寢床) 없는 최후(最後)의 밤은
풀벌레 소리 가득 차 있었다.

- 이용악, 〈풀벌레 소리 가득 차 있었다〉

## 2. 운율

### (1) 외형률·내재율

- 외형률(→정형시): 음수율, 음보율이 규칙적으로 나타나는 운율
- 내재율(→자유시, 산문시): 리듬감이 표면에 드러나지 않고 잠재적으로 깃들어 있는 운율(=음보율, 음수율 ×)
- 음보율: 휴지(休止)의 주기로 이루어진 운율, 3음보와 4음보만 존재
- 음수율: 글자 수가 반복되는 운율 (단, 글자수 ±1 정도는 허용함)
- 파격: 율격이 깨어진 경우, 음수율의 경우 ±2자 이상 차이가 나는 경우

#### 대표적인 예

> 그립다
> 말을 할까
> 하니 그리워.
>
> 그냥 갈까
> 그래도
> 다시 더 한 번…….
>
> — 김소월, <가는 길>

- **외형률·정형시(3음보→7·5조)**

위 시의 1연과 2연 모두 3음보에 7·5조로 구성돼 있다. 이처럼 음보율과 음수율이 반복되는 운율을 외형률이라고 하고, 외형률이 나타난 시를 정형시라고 한다.

#### 대표적인 예

> 형님 형님 사촌 형님 시집살이 어떱뎁까
> 이애 이애 그 말 마라 시집살이 개집살이
>
> — 작자 미상, <시집살이요>

- **외형률·정형시(4음보→3(4)·4조)**

4음보의 율격은 일반적으로 3(4)·4조만 존재한다. 3(4)로 표시하는 까닭은 한 작품 내에서도 3으로 나타나기도 하고, 4로 나타나기도 하기 때문이다. 그러나 일관되게 4로만 나타난다면 3(4)·4조라고 부르지 않고 4·4조라고 부르기도 한다. 3(4)·4조 역시 음수율을 계산할 때 ±1자는 허용된다.

#### 대표적인 예

> 오이밭에 벌배채 통이 지는 때는
> 산에 오면 산 소리
> 벌로 오면 벌 소리
>
> 산에 오면
> 큰솔밭에 뻐꾸기 소리
> 잔솔밭에 덜거기 소리
>
> — 백석, <적막강산>

- **내재율·자유시**

위 시에는 글자 수가 반복되는 것처럼 보이지만 특정한 음보율, 음수율을 지정할 수가 없다. 이처럼 음보율, 음수율이 나타나 있지 않으면서 나타나는 리듬감을 내재율이라고 하며, 내재율이 나타난 시를 자유시 또는 산문시라고 한다. 한편 자유시는 행의 구별이 있을 때, 산문시는 행의 구별이 없이 산문처럼 나타난 시를 일컫는다.

---

### 완전학습

1. 낯선 시의 음보율과 음수율을 파악하자.
2. 낯선 시에서 내재율을 형성하는 요소를 찾아내자.

**008** 자체 제작

다음 시의 표현상의 특징에 대한 설명으로 적절하지 않은 것은?

> 들가에 떨어져 나가 앉은 메기슭의
> 넓은 바다의 물가 뒤에,
> 나는 지으리, 나의 집을
> 다시금 큰길을 앞에다 두고.
> 길로 지나가는 그 사람들은
> 제가끔 떨어져서 혼자 가는 길.
> 하이얀 여울턱에 날은 저물 때.
> 나는 문간에 서서 기다리리.
> 새벽 새가 울며 지새는 그늘로
> 세상은 희게, 또는 고요하게,
> 번쩍이며 오는 아침이며,
> 지나가는 길손을 눈여겨보며,
> 그대인가고, 그대인가고.
>
> — 김소월, <나의 집>

① 음절의 수를 조절하여 리듬감을 살리고 있다.
② 동일한 시행을 반복하여 정서를 심화하고 있다.
③ 시적 화자를 시의 표면에 내세워 시상을 전개하고 있다.
④ '-며', '-고' 등의 어미를 반복하여 운율감을 조성하고 있다.

**009** 자체 제작

다음 시에 대한 설명으로 적절하지 않은 것은?

> 窓(창) 내고쟈 창을 내고쟈 이 내 가슴에 창 내고쟈
> 고모장지 세살장지 들장지 열장지 암돌져귀 수돌져귀 배목걸새 크나큰 장도리로 둑닥 바가 이 내 가슴에 창 내고쟈
> 잇다감 하 답답할 제면 여다져 볼가 하노라.
>
> — 작자 미상

① 화자의 소망을 직접적으로 드러내고 있다.
② 표면에 드러난 화자가 시상을 전개하고 있다.
③ 설의법을 구사하여 화자의 정서를 강조하고 있다.
④ 초장의 운율이 중장으로 넘어가면서 깨어지고 있다.

---

### 정답과 해설

**008** ② 마지막 행의 '그대인가고, 그대인가고'는 동일한 시행의 반복이 아닌 동일한 어구의 반복이다.

**009** ③ 위 시에서는 설의법이 나타나지 않는다.

## 010
자체 제작

다음 시에 대한 설명으로 적절하지 않은 것은?

> 처마 끝에 서린 연기 따러
> 포도순이 기어 나가는 밤, 소리 없이,
> 가물음 땅에 시며든 더운 김이
> 등에 서리나니, 훈훈히,
> 아아, 이 애 몸이 또 달아 오르노나.
> 가쁜 숨결을 드나쉬노니, 박나비처럼,
> 가녀린 머리, 주사 찍은 자리에, 입술을 붙이고
> 나는 중얼거리다, 나는 중얼거리다
> 부끄러운 줄도 모르고 다신교도와도 같이.
> 아아, 이 애가 애자지게 보채노나!
> 불도 약도 달도 없는 밤,
> 아득한 하늘에는
> 별들이 참벌 날으듯 하여라.
> 
> — 정지용, <발열>

① 도치법을 활용하여 시상을 전개하고 있다.
② 영탄적 어조로 화자의 감정을 드러내고 있다.
③ 동일한 시행을 반복하여 운율감을 살리고 있다.
④ 일정한 음보율이나 음수율이 나타나지 않는다.

## 011
자체 제작

다음 시에 대한 설명으로 적절하지 않은 것은?

> 눈은 살아 있다.
> 떨어진 눈은 살아 있다.
> 마당 위에 떨어진 눈은 살아 있다.
> 
> 기침을 하자.
> 젊은 시인이여, 기침을 하자.
> 눈 위에 대고 기침을 하자.
> 눈더러 보라고 마음 놓고, 마음 놓고
> 기침을 하자.
> 
> 눈은 살아 있다.
> 죽음을 잊어버린 영혼과 육체를 위하여
> 눈은 새벽이 지나도록 살아 있다.
> 
> — 김수영, <눈>

① 동일한 시행을 반복하여 운율감을 살리고 있다.
② 시어의 반복과 변형을 통해 주제를 강화하고 있다.
③ 의문형 어구를 사용하여 심리적 갈등을 드러내고 있다.
④ 유사한 문장을 순차적으로 확장함으로써 고조되는 감정을 드러내고 있다.

### 정답과 해설

**010** ③ 위 시에서 '나는 중얼거리다'는 시구이지 시행이 될 수 없다. '나는 중얼거리다, 나는 중얼거리다'는 하나의 행으로 이루어진 것이다.

**011** ③ 의문형이 아닌 청유형 어구를 사용했으며, 심리적 갈등은 드러나지 않는다.

---

### 대표적인 예

> 제비는 물을 차고, 기러기 무리져서 거지 중천(居之中天)에 높이 떠서 두 나래 훨씬 펴고,
> <small>제비는 물을 차고 기러기는 무리를 지어 허공에 높이 두 날개를 활짝 펴고</small>
> 펄펄펄 백운 간(白雲間)에 높이 떠서 천리 강산 머나먼 길을 어이 갈꼬 슬피 운다.
> <small>펄펄펄 흰 구름 사이에 높이 떠서 천리나 되는 머나먼 강산을 어떻게 갈까 슬프게 운다</small>
> 원산(遠山)은 첩첩(疊疊), 태산(泰山)은 주춤하여,
> <small>먼 산은 겹겹으로 펼쳐지고 높은 산은 멈칫하듯 우뚝 솟아 있는데</small>
> 기암(奇巖)은 층층(層層), 장송(長松)은 낙락(落落), 에이구부러져 광풍(狂風)에 흥을 겨워 우쭐우쭐 춤을 춘다.
> <small>기이한 바위는 층층이 쌓이고 큰 소나무는 가지가 치렁치렁 늘어져 허리가 구부러진 채 미친 듯 사나운 바람에 흥에 겨워 우쭐우쭐 춤을 춘다.</small>

후반부로 가면서 3·4조의 율격이 파괴되고 있다.
이 작품의 중간 부분의 음수율을 파악하면 다음과 같다.

- 원산(遠山)은 첩첩(疊疊) → 3·2 ⇒ 음수율 파격
- 태산(泰山)은 주춤하여 → 3·4
- 기암(奇巖)은 층층(層層) → 3·2 ⇒ 음수율 파격
- 장송(長松)은 낙락(落落) → 3·2 ⇒ 음수율 파격
- 에이구부러져 광풍(狂風)에 흥을 겨워 → 6·3·4 ⇒ 음보율/음수율 모두 파격
- 우쭐우쭐 춤을 춘다 → 4·4

즉, 3·4조의 율격이 파괴되는 부분이 곳곳에 보이며, 심지어 음보율의 파격이 나타나는 부분도 존재한다.

### (2) 그 밖의 반복

- **시어·시구·시행의 반복** : 시어(단어)나 시구(1~2어절 가량), 시행(한 줄)이 반복되면서 리듬을 이루는 경우
- **통사 구조의 반복** : 문장 구조의 반복 = (생략된) 조사, 어미의 반복

### 대표적인 예

> 오우나
> 오는 비는
> 올지라도 한 닷새 왔으면 좋지
> 
> 여드레 스무날엔
> 온다고 하고
> 초하루 삭망이면 간다고 했지
> 가도 가도 왕십리 비가 오네
> 
> — 김소월, <왕십리>

- **시어의 반복과 변용**

위 시에서는 '오다'를 '오우나, 오는, 올지라도, 왔으면, 온다고, 오네' 등의 시어로 변용하여 반복하고 있다.

> 나는 문(門)간에 서서 기다리리
> 새벽 새가 울며 지새는 그늘로
> 세상은 희게, 또는 고요하게,
> 번쩍이며 오는 아침부터,
> 지나가는 길손을 눈여겨보며,
> 그대인가고, 그대인가고.
> 
> — 김소월, <나의 집>

- **시구의 반복(1~2어절 이상이 반복)**

위 시에서는 '그대인가고, 그대인가고'라는 시구가 동일하게 반복되고 있다.

### 대표적인 예

여보소 공중에
저 기러기
공중엔 길 있어서 잘 가는가?

여보소 공중에
저 기러기
열십자 복판에 내가 섰소.

- 김소월, <길>

- **시행의 반복**
위 시에서는 '여보소 공중에'라는 시행이 반복되고 있다. 한편 시행이 반복되면 그보다 작은 단위인 시구나 시어는 당연히 반복된다.

### 대표적인 예

얼음 금가고 바람 새로 따르거니
흰 옷고름 절로 향기로워라.

옹숭거리고 살아난 양이
아아 꿈 같기에 설워라.

미나리 파릇한 새순 돋고
옴짓 아니 기던 고기 입이 오물거리는,

꽃피기 전 철 아닌 눈에
핫옷 벗고 도로 춥고 싶어라.

- 정지용, <춘설(春雪)>

- **유사한 통사 구조를 반복하여 운율감을 형성하고 있다.**
흔히 조사가 생략되는 경우 통사 구조의 반복을 못 찾는 경우가 많다. 위 시에서 해당 부분의 조사를 채워보면 다음과 같다.

얼음(이) 금가고
바람(이) 새로 따르거니 → '~이 ~하고'의 구조 반복

미나리 파릇한 새순(이) 돋고
옴짓 아니 기던 고기 입이 오물거리는, → '~이 ~고, ~이 ~는' 구조 반복

따라서 이 시에서는 두 부분에 걸쳐서 통사 구조의 반복이 나타나는 것이다.

---

### 완전학습

통사 구조의 반복을 정확히 이해한다.

**012**   2018 소방직
다음 시에 대한 설명으로 적절하지 않은 것은?

> 산이 날 에워싸고
> 씨나 뿌리며 살아라 한다.
> 밭이나 갈며 살아라 한다.
> 어느 짧은 산자락에 집을 모아
> 아들 낳고 딸을 낳고
> 흙담 안팎에 호박 심고
> 들찔레처럼 살아라 한다.
> 쑥대밭처럼 살아라 한다.
> 산이 날 에워싸고
> 그믐달처럼 사위어지는 목숨
> 그믐달처럼 살아라 한다.
> 그믐달처럼 살아라 한다.
> - 박목월, <산이 날 에워싸고>

① 화자는 순수하고도 탈속적인 세계를 지향하고 있다.
② 유사한 통사 구조의 반복을 통해 주제를 강조하고 있다.
③ 화자는 자신의 소망을 '산'이 자신에게 말하는 것처럼 표현하고 있다.
④ 화자는 절제된 감정으로 '산'과의 일정한 거리를 유지하려 하고 있다.

**정답과 해설**

**012** ④ 화자는 '산'과 일정한 거리를 유지하는 삶이 아닌, '산', 즉 자연과 조화를 이루는 삶을 지향하고 있다.

## 완전학습

여러 가지 이미지를 구별하고 이해하자.

### 013
자체 제작

다음 시에 대한 감상으로 적절하지 않은 것은?

> 내 고장 칠월은
> 청포도가 익어가는 시절.
>
> 이 마을 전설이 주저리주저리 열리고
> 먼 데 하늘이 꿈꾸며 알알이 들어와 박혀,
>
> 하늘 밑 푸른 바다가 가슴을 열고,
> 흰 돛 단 배가 곱게 밀려서 오면,
>
> 내가 바라는 손님은 고달픈 몸으로
> 청포(靑袍)를 입고 찾아온다고 했으니,
>
> 내 그를 맞아 이 포도를 따 먹으면
> 두 손은 함뿍 적셔도 좋으련.
>
> 아이야, 우리 식탁엔 은쟁반에
> 하이얀 모시 수건을 마련해 두렴.
>
> – 이육사, <청포도>

① 대상과의 만남에 대한 기대감이 드러난다.
② 색채의 대비를 통해 시적 분위기를 조성한다.
③ 말을 건네는 어투로 낙관적 전망을 드러낸다.
④ 공감각적 표현을 통해 강렬한 인상을 전달한다.

### 014
2017 서울시 사회복지직 9급

밑줄 친 부분에 사용한 표현 방법과 가장 거리가 먼 것은?

> 넓은 벌 동쪽 끝으로
> 옛이야기 지줄대는 실개천이 회돌아 나가고,
> 얼룩백이 황소가
> 해설피 금빛 게으른 울음을 우는 곳,
> ─ 그 곳이 참하 꿈엔들 잊힐리야.
>
> – 정지용, <향수>

① 어느 집 담장을 넘어 달겨드는 / 이것은, / 치명적인 냄새
② 멍석 위에 나란히 잠든 반들거리는 몸 위로 살짝 살짝 늦가을 햇볕 발 디디는 소리
③ 나는 한 마리 어린 짐승, 젊은 아버지의 서느런 옷자락에 / 열(熱)로 상기한 볼을 말없이 부비는 것이었다.
④ 피아노에 앉은 / 여자의 두 손에서는 / 끊임없이 / 열 마리씩 / 스무 마리씩 / 신선한 물고기가 / 튀는 빛의 꼬리를 물고 / 쏟아진다.

### 정답과 해설

**013** ④ 위 시에서 공감각적 표현은 나타나지 않는다.
**014** ③ 본문의 밑줄 친 '금빛 게으른 울음'은 '울음'이라는 청각적 심상을 '금빛'이라는 시각적 심상으로 나타내고 있으므로 공감각적 심상 중 청각의 시각화를 확인할 수 있다. 그런데 ③은 '서느런'과 '열'로 대비되는 촉각적 심상의 사용은 확인할 수 있으나, 공감각적 심상의 사용은 나타나지 않는다.

## 3. 이미지

### (1) 이미지

- 이미지: 마음속에 그려지는 형상이나 느낌
- 감각적 이미지: 구나 문장을 통해서 오감(시각·청각·후각·미각·촉각)을 떠올리게 되었을 경우

**대표적인 예**

> (1) 어머니는 따뜻한 손으로 내 아픈 배를 어루만져주셨다.
> (2) 아세아에 대조선이 자주 독립 분명하다.
> 〈합가〉 애야에야 애국하세 나라 위해 죽어보세.

- **감각적 이미지를 통해 시상을 구체화하고 있다.**

이미지란 쉬운 말로 느낌이다. (1)을 읽었을 때 여러 가지 느낌이 들 수 있다. '따뜻한'에 주목하면 촉각적 느낌이 들기도 하고, '아픈 배를 어루만져주셨다'에 주목하면 치유의 느낌이 들기도 한다. '어머니'에 주목하면 모성적 느낌이 들기도 한다. 즉 (1)은 감각적 이미지 외에 치유의 이미지, 모성의 이미지가 나타나는 문장이다. 반면 (2)의 경우에는 감각적 이미지가 느껴지지는 않는다.

**어려운 예**

> 나그네 긴 소매 꽃잎에 젖어
> 술 익는 강마을의 저녁 노을이여.
>
> – 조지훈, <완화삼 – 목월에게>

- **시각적 이미지, 후각적 이미지?**

위 시에서 '술 익는 강마을'은 시각적 이미지가 아니라 후각적 이미지이다. 화자가 강마을에 도착했을 때 술이 익었음을 알 수 있는 까닭은 눈으로 봤기 때문이 아니라 냄새로 맡았기 때문이다. 물론 요즘 시대에서는 가정에서 술을 담그지 않기 때문에 이러한 내용이 상식적이지 않을 수 있다. 암기가 필요하겠다.

### (2) 다양한 이미지

- 상승 이미지: 위로 올라가는 이미지
- 하강 이미지: 아래로 내려가는 이미지
- 색채 대비: 둘 이상의 강렬한 색채 이미지가 서로 대비되게 나타나는 경우
  (색채어는 일반적으로 1개 정도 나타나며, 두 색의 관계가 보색 관계가 아니어도 됨)

**대표적인 예**

> 푸른 하늘로 푸른 하늘로
> 항시 날아오르는 노고지리같이
>
> – 조지훈, <마음의 태양>

- **상승 이미지**

'날아오르는 노고지리'에는 올라가는 느낌의 상승 이미지가 나타난다.

**대표적인 예**

> 관이 내렸다.
> 깊은 가슴 안에 밧줄로 달아 내리듯.
> 주여.
> 용납하소서.
>
> – 박목월, <하관>

- **하강 이미지**

'관이 내렸다', '달아 내리듯'에는 내려가는 느낌의 하강 이미지가 나타난다.

**대표적인 예**

> 아! 강낭콩꽃보다도 더 푸른
> 그 물결 위에
> 양귀비꽃보다도 더 붉은
> 그 마음 흘러라.
>
> — 변영로, <논개>

- **색채 대비**

'푸른 물결 위의 붉은 마음'에서 푸른색과 붉은색의 색채 대비가 나타난다. 이 경우 두 개의 색채어가 나타났다.

**대표적인 예**

> 어와 저물어 간다 연식(宴息)이 마땅토다
> 가는 눈 뿌린 길 붉은 꽃 흩어진 데 흥(興)치며 걸어가서
> 설월(雪月)이 서봉(西峰)에 넘도록 송창(松窓)을 비껴 있자.
>
> — 윤선도, <어부사시사>

- **색채 대비**

위의 시가에서는 하얀 눈 위로 붉은 꽃이 흩어진 장면을 떠올릴 수 있다. 따라서 색채 대비가 나타난다. 이 경우 하나의 색채어만 나타났다.

### (3) 공감각적 이미지와 추상의 구체화

- **공감각적 이미지**: 하나의 감각을 다른 감각으로 전이(轉移)하여 표현한 것
- **추상의 구체화**: 추상적인 관념을 감각적(오감: 시각·청각·후각·미각·촉각)으로 전이(轉移)하여 표현한 것

**대표적인 예**

> (1) 자욱한 풀벌레 소리 발길로 차며
> (2) 눈 덮인 철길은 더욱 싸늘하였다.

공감각적 이미지란 하나의 감각이 다른 감각으로 전이된 것을 의미한다. 이때 '전이(轉移)'란 옮겨 간다는 의미로, 공감각적 이미지는 '실제로는 말이 안 되는 것'이다.
　(1)의 경우 '풀벌레 소리'를 '발길로 찰' 수는 없다. 소리는 손으로 만질 수도, 발로 찰 수도 없는 대상이기 때문이다. 따라서 이 표현은 청각을 촉각적으로 표현한 것이다.
　한편 (2)는 공감각이 아니다. 단지 눈이 덮인 철로의 시각적 이미지와 싸늘한 철로의 촉각적 이미지만 나타나 있을 뿐이다.

**대표적인 예**

> (1) 찢어진 추억을 깁는다.
> (2) 슬픈 마음으로 강을 걷는다.

　(1)에서 '추억'은 오감 중 어떤 것으로 인지할 수 없는 대상이다. 즉, 추상적 사물이다. 그런데 '찢어지다'는 시각으로 인지가 가능한 것이다. 따라서 추상적 대상인 '추억'을 구체적·감각적(=시각적)으로 표현한 것이다.
　(2)에서는 화자가 슬픈 마음을 가지고 강을 걷는다고 했을 뿐, 추상적 대상인 '마음'을 감각적으로 표현하지는 않았다. 따라서 추상의 구체화라고 볼 수 없다.

---

### 완전학습

1. 공감각적 이미지를 이해하자.
2. 추상의 구체화를 파악하자.

**015**　　자체 제작
다음 시에 대한 감상으로 적절하지 않은 것은?

> 네 집에서 그 샘으로 가는 길은 한 길이었습니다. 그래서 새벽이면 물 길러 가는 인기척을 들을 수 있었지요. 서로 짠 일도 아닌데 새벽 제일 맑게 고인 물은 네 집이 돌아가며 길어 먹었지요. 순번이 된 집에서 물 길어 간 후에야 따리 끈 입에 물고 삽짝 들어서시는 어머니나 물지게 진 아버지 모습을 볼 수 있었지요. 집안에 일이 있으면 그 순번이 자연스럽게 양보되기도 했구요. 넉넉하지 못한 물로 사람들 마음을 넉넉하게 만들던 그 샘가 미나리꽝에서는 미나리가 푸르고 앙금 내리는 감자는 잘도 썩어 구린내 훅 풍겼지요.
>
> — 함민복, 「그 샘」 —

① '샘'을 매개로 공동체의 삶을 표현했다.
② 과거 시제로 회상의 분위기를 표현했다.
③ 공감각적 이미지로 이웃 간의 배려를 표현했다.
④ 구어체로 이웃 간의 정감 어린 분위기를 표현했다.

**016**　　2015 법원직 9급 변형
밑줄 친 ⊙과 발상과 표현이 가장 유사한 것은?

> ⊙ 그리움이 묶여진 편지를 받았다.

① 더우면 곳 피고 치우면 닙 지거늘
　솔아 너는 어찌 눈서리를 모르는다.
　구천에 불휘 곧은 줄을 글로 ᄒ여 아노라.
② 冬至ㅅ 돌 기나긴 바믈 한허리를 버혀 내여
　春風 니블 아래 서리서리 너헛다가
　어른님 오신 날 밤이여든 구뷔구뷔 펴리라.
③ 이런들 엇더ᄒ며 뎌런들 엇더ᄒ료
　草野愚生이 이러타 엇더ᄒ료
　ᄒ믈며 泉石膏肓을 고텨 므슴 ᄒ료.
④ 梨花雨 흣쑤릴 제 울며 잡고 離別ᄒ 님
　秋風落葉에 저도 날 싱각ᄂ가
　千里에 외로운 쑴만 오락가락 ᄒ노매.

---

### 정답과 해설

**015** ③ 시각적, 후각적 이미지가 두드러지나 공감각적 이미지는 나타나지 않는다.
**오답피하기** ① 집안에 일이 있으면 샘물을 양보해 주는 사람들의 모습에서 공동체 삶이 부각된다. ② '-었-' 등의 과거시제 선어말어미를 활용하여 화자의 회상을 전달하고 있다. ④ '-요' 등의 비격식체, 구어적 표현을 통해 배려해 주는 이웃들의 모습을 담고 있다.

**016** ② ⊙ 추상적인 개념인 '그리움'을 실체가 있는 것처럼 '묶여지'었다고 하였으므로 추상의 구체화가 나타난 표현으로 볼 수 있다. 이와 유사한 표현이 나타나는 것은 '밤'이라는 추상적인 개념을 허리를 베어 내어 이불 안에 넣었다가 님이 오신 날에 꺼내어 펴겠다고 구체화시킨 ②이다.

## 완전학습

낯선 시에서 비유법을 찾아내자.

### 017  2015 지방직 7급
다음 글에서 비유법이 사용되지 않은 문장은?

> ⑦말은 생각을 담는 그릇으로 생각이 맑고 고요하면 말도 맑고 고요하게 나온다. ⓒ청산유수처럼 거침없이 쏟아 놓는 말에는 선뜻 믿음이 가지 않는다. ⓒ우리는 말을 안 해서 후회하는 일보다 말을 쏟아 버렸기 때문에 후회하는 일이 더 많다. ⓔ때론 말이 사람을 죽일 수도 있다는 것을 생각하면 말은 두려워해야 할 존재임이 틀림없다.

① ⑦   ② ⓒ   ③ ⓒ   ④ ⓔ

### 018  2014 국가직 9급
다음 작품이 지닌 특징으로 적절하지 않은 것은?

> 새끼오리도 헌신짝도 소똥도 갓신창도 개니빠디도 너울 쪽도 짚검불도 가랑잎도 머리카락도 헝겊 조각도 막대꼬치도 기왓장도 닭의 깃도 개 터럭도 타는 모닥불
>
> 재당도 초시도 문장 늙은이도 더부살이 아이도 새사위도 갓사돈도 나그네도 주인도 할아버지도 손자도 붓장수도 땜장이도 큰 개도 강아지도 모두 모닥불을 쪼인다
>
> 모닥불은 어려서 우리 할아버지가 어미 아비 없는 서러운 아이로 불쌍하니도 몽동발이가 된 슬픈 역사가 있다
>
> — 백석, &lt;모닥불&gt;

① 구체적 대상을 열거하여 시상을 전개하고 있다.
② 특정한 조사를 반복하여 운율을 형성하고 있다.
③ 사물을 의인화하여 대상의 속성을 강조하고 있다.
④ 토속적 시어를 활용하여 향토색을 드러내고 있다.

## 4. 비유와 상징

### (1) 비유

- 비유: 하나의 대상을 다른 대상에 빗대는 방법 → 그것이 아닌 사물을 그것과 동일시하는 방법
- 은유법: 원관념과 보조관념을 동일시하는 비유법    A(원관념) = B(보조관념)
- 직유법: 원관념과 보조관념을 매개어를 통해 연결하는 비유법   A(원관념) ≒ B(보조관념)
- 의인법: 사람이 아닌 대상을 사람과 동일시하는 비유법    사람× = 사람○
- 활유법: 무생물을 생물과 동일시하는 비유법    무생물 = 생물

#### 대표적인 예

> 우정과 사랑은 인생의 두 수레바퀴와 같다. 이것이 없으면 인생이 제대로 굴러가지 않는다. 우리 인생에서 사랑을 빼어 보라. 꽃이 없는 화원과 같을 것이다. 우리 인생에서 우정을 빼어 보라. 향기 없는 꽃과 같을 것이다.
>
> — 안병욱, &lt;우정과 사랑&gt;

- **직유법**

이 작품에서는 '우정과 사랑≒인생의 두 수레바퀴'로 표현하고 있다. '같다'라는 매개어를 통해서 원관념과 보조관념을 연결하는 직유법을 구사하고 있다.

#### 대표적인 예

> 아직 서해엔 가보지 않았습니다
> 어쩌면 당신이 거기 계실지 모르겠기에
>
> 그곳 바다인들 여느 바다와 다를까요
> 검은 개펄에 작은 게들이 구멍 속을 들락거리고
> 언제나 바다는 밀리서 진펄에 몸을 뒤척이겠지요
>
> — 이성복, &lt;서해&gt;

- **사물에 인격을 부여해 시적 정서를 드러내고 있다.**

'바다'가 '몸을 뒤척이겠지요'라는 표현에서 의인법이 나타난다. 혹자는 활유법이지 의인법이 아니지 않냐고 하겠지만 일반적으로 의인법과 활유법을 명확하게 구별하지 않는다.

#### 대표적인 예

> 밤새
> 어둠을 뚫고
> 비만한 포클레인이
> 뒤뚱거리며 나온다.
>
> — 홍금자, &lt;포클레인&gt;

- **활유법을 통해 대상을 생동감 있게 드러내고 있다.**

'포클레인'이 '뒤뚱거리며 나온다'는 표현에서 무생물을 생물처럼 표현한 활유의 기법이 나타난다. 한편 '포클레인'을 '비만하다'고 표현한 것 역시 활유법을 사용한 것이다.

---

### 정답과 해설

**017** ③ ⓒ에는 직유, 은유, 활유, 풍유, 대유, 중의법 등의 비유가 사용되지 않았다.

**018** ③ 사물을 의인화한 표현은 이 작품에서 찾아볼 수 없다.

## (2) 상징

- **상징**: 추상적인 개념이나 사물을 구체적 대상으로 나타내는 일 → 웬만한 시에는 모두 있는 것

**대표적인 예**

지금 어드메쯤 / 아침을 몰고 오는 분이 계시옵니다.
그분을 위하여 / 묵은 의자를 비워 드리지요.

지금 어드메쯤 / 아침을 몰고 오는 분이 계시옵니다.
그분을 위하여 / 묵은 의자를 비워 드리겠어요.

― 조병화, <의자>

- **상징**

상징은 추상적인 개념을 구체적 사물에 대응시켜 표현하는 것을 말한다. 가령 미국에서 '자유'(=추상적 관념)를 표현하기 위해서 '자유의 여신상'(=구체적 대상)을 세웠는데, 추상적인 개념을 드러내기 위해서 구체적인 사물을 내세웠으므로 이 역시 상징이다.

이 시에서 '의자'는 매우 중요한 요소로 다루어진다. 그런데 이 '의자'를 실제의 의자라고 생각한다면 이 시의 의미는 매우 우스워진다. 세대교체라는 상징적인 맥락에서 '의자'를 이해해야지 화자의 의도를 정확히 파악한 게 된다.

## (3) 감정 이입

- **감정 이입**: ① 감정을 알 수 없는 대상이 특정 감정을 느끼고 있다고 표현할 경우
  ② 화자가 대상과 동일시 할 경우

**대표적인 예**

(1) 사슴이 슬피 운다
(2) 사슴이 날 비웃는다.
(3) 핸드폰이 밥 달라고 난리다.

- **감정 이입-대상에 감정이 드러난 경우**

감정 이입을 따질 때에는 교수자마다 조금씩 입장 차이가 있다. 우선 모두가 인정하는 것이 감정을 알 수 없는 대상이 어떤 감정을 지니고 있다고 표현할 때 감정 이입이 나타났다는 것이다. 그런데 혹자는 이때 '슬프다, 기쁘다...' 등등의 감정 형용사가 반드시 있어야 된다고 말한다. 그래서 (1)번만 감정 이입이고 나머지 (2), (3)번은 감정 이입이 아니라고 본다.

또 다른 사람은 감정 형용사가 없어도 감정과 관련된 시어가 나타나면 감정 이입이라고 본다. 그래서 (1), (2)는 감정 이입이고 (3)은 의인법이라서 아니라고 한다.

그러나 문학 이론에서는 (1), (2), (3) 모두 감정 이입이 나타난 것이 된다.

**대표적인 예**

천만리 머나먼 길에 고운 님 여의옵고
천 리 만 리 머나먼 곳에다가 고운 임을 이별하고
내 마음 둘 데 없어 냇가에 앉았으니
나의 슬픈 마음을 붙일 데가 없어 냇가에 앉았더니
저 물도 내 안 같아서 울며 밤길 가는구나
저 냇물도 내 마음 같아서 울며 밤길을 흐르는구나

― 왕방연, <천만리 머나먼 길에~>

- **감정 이입-대상과 동일시 하는 경우**

위 시에서 '물'은 화자와 마찬가지로 '울면서 밤길 가는' 존재이다. 이처럼 특정 대상을 화자의 내면과 동일시 할 경우 감정 이입이 나타난 것으로 인정한다.

---

### 완전학습

감정 이입을 이해하자.

**019**     2013 기상직 9급
다음 글에서 밑줄 친 부분과 유사한 표현이 나타나 있는 문장은?

여승은 합장하고 절을 했다.
가지취의 내음새가 났다.
쓸쓸한 낯이 옛날같이 늙었다.
나는 불경(佛經)처럼 서러워졌다.

평안도의 어느 산 깊은 금점판
나는 파리한 여인에게서 옥수수를 샀다.
여인은 나어린 딸아이를 때리며 가을밤같이 차게 울었다.

섭벌같이 나아간 지아비 기다려 십 년이 갔다.
지아비는 돌아오지 않고
어린 딸은 도라지꽃이 좋아 돌무덤으로 갔다.

산꿩도 섧게 울은 슬픈 날이 있었다.
산절의 마당귀에 여인의 머리오리가 눈물방울과 같이 떨어진 날이 있었다.

― 백석, <여승>

① 저 물도 내 마음 같아 울면서 밤길을 흘러가는구나.
② 아아 님은 갔지마는 나는 님을 보내지 아니하였습니다.
③ 고운 폐혈관이 찢어진 채로 아아, 늬는 산새처럼 날아갔구나!
④ 성북동 산에 번지가 새로 생기면서 본래 살던 성북동 비둘기만이 번지가 없어졌다.

**정답과 해설**

**019** ① 본문의 밑줄 친 표현은 '산꿩'이라는 객관적 상관물에 화자의 슬픈 감정을 이입했다고 볼 수 있다. 이와 유사한 표현이 나타나는 것은 ①로, 이는 '물'이라는 객관적 상관물에 화자의 슬픈 감정을 이입하였다.

## 완전학습

시상 전개 방식과 관련된 여러 가지 개념들을 이해하자.

### 020
2018 지방직 9급

다음 시에 대한 설명으로 적절하지 않은 것은?

> 머언 산 청운사
> 낡은 기와집
>
> 산은 자하산
> 봄눈 녹으면
>
> 느릅나무
> 속잎 피어나는 열두 구비를
>
> 청노루
> 맑은 눈에
>
> 도는
> 구름
> 
>      - 박목월, <청노루>

① 묘사된 자연이 상상적, 허구적이다.
② 이상적 세계에 대한 그리움을 노래하고 있다.
③ 시적 공간이 원경에서 근경으로 옮아오고 있다.
④ 사건 발생의 시간적 순서에 따라 제재가 배열되고 있다.

### 021
2018 소방직

다음 시의 표현상 특징으로 적절하지 않은 것은?

> 들길은 마을에 들자 붉어지고
> 마을 골목은 들로 내려서자 푸르러졌다
> 바람은 넘실 천 이랑 만 이랑
> 이랑 이랑 햇빛이 갈라지고
> 보리도 허리통이 부끄럽게 드러났다
> 꾀꼬리는 여태 혼자 날아 볼 줄 모르나니
> 암컷이라 쫓길 뿐
> 수놈이라 쫓을 뿐
> 황금 빛난 길이 어지럴 뿐
> 얇은 단장하고 아양 가득 차 있는
> 산봉우리야 오늘 밤 너 어디로 가 버리련
>
>      - 김영랑, <오월>

① 반복을 통해 운율을 형성하고 있다.
② 시선의 이동에 따라 시상이 전개되고 있다.
③ 색채 대비를 통해 풍경을 선명하게 드러내고 있다.
④ 직유를 통해 산봉우리를 친근감 있게 표현하고 있다.

### 정답과 해설

**020** ④ 위 시는 '청운사의 낡은 기와집'이라는 원경에서 '청노루 맑은 눈에 비치는 구름'이라는 근경으로 시선이 이동하며 시상이 전개되고 있다. 그러나 시간의 흐름은 위 시에서 나타나지 않는다.

**021** ④ 위 시에서는 산봉우리를 의인화하여 표현하고 있다. 그러나 직유법은 나타나지 않는다.

## 5. 시상 전개 방식

### (1) 시간의 경과

- **시간의 경과**: 전체적으로 사건(=서술어)의 선후 관계를 따질 수 있는 경우
- **회상**: 화자가 과거를 돌이켜보면서 과거 사건을 얘기하는 것. → '-었-'으로 판단하지 말 것

**대표적인 예**

> 영화가 시작하기 전에 우리는 / 일제히 일어나 애국가를 경청한다.
>     (중략)
> 우리도 우리들끼리 / 낄낄대면서 / 깔죽대면서
> 우리의 대열을 이루며 / 한 세상 떼어 메고
> 이 세상 밖 어디론가 날아갔으면
> 하는데 대한 사람 대한으로
> 길이 보전하세로 / 각각 자기 자리에 앉는다.
> 주저 앉는다.
>
>      - 황지우, <새들도 세상을 뜨는구나>

이 시의 처음에는 '일어서서 애국가를 경청하는 사건'이 나온다. 그리고 마지막 부분에 '애국가가 끝나서 자리에 앉는 사건'이 나온다. 즉, 사건의 선후 관계를 파악할 수 있다. 따라서 이 작품은 시간의 흐름에 따라서 시상이 전개되고 있는 것이다.

**대표적인 예**

> 여승은 합장을 하고 절을 했다 / 가지취의 내음새가 났다
> 쓸쓸한 낯이 옛날같이 늙었다 / 나는 불경(佛經)처럼 서러워졌다
>
> 평안도의 어느 산 깊은 금덤판 / 나는 파리한 여인에게서 옥수수를 샀다
> 여인은 나 어린 딸아이를 때리며 가을밤같이 차게 울었다
>
> 섶벌 같이 나아간 지아비 기다려 십 년이 갔다
> 지아비는 돌아오지 않고 / 어린 딸은 도라지꽃이 좋아 돌무덤으로 갔다
>
> 산꿩도 설게 울은 슬픈 날이 있었다
> 산 절의 마당귀에 여인의 머리오리가 눈물방울과 같이 떨어진 날이 있었다.
>
>      - 백석, <여승>

- **'-었-'으로 회상을 판단하면 안 되는 이유**

1연의 '했다, 났다, 늙었다, 서러워졌다'는 '-었-'을 사용하여 과거형으로 표현하고 있지만 현재의 사건을 드러내고 있는 것이다. 따라서 1연은 시간대로 과거가 아닌 현재를 의미한다. 한편 2연부터는 과거의 사건이 나타난 것이 맞다. 우리말에서 '-었-'이 쓰일 경우, 현재를 의미하기도 하기 때문에 과거 회상을 따질 때에는 실제로 화자가 과거를 떠올렸는지 여부로 판단해야 된다.

### (2) 시선의 이동

- **시선의 이동**: 화자가 시선을 이동(좌↔우, 위↔아래, 원경↔근경)하며 시를 전개하는 것

**대표적인 예**

> 머언 산 청운사(青雲寺) / 낡은 기와집, //
> 산은 자하산(紫霞山) / 봄눈 녹으면, //
> 느릅나무 / 속잎 피어 가는 열 두 구비를 //
> 청노루 / 맑은 눈에 // 도는 / 구름.
>
>      - 박목월, <청노루>

이 시에서는 '산 → 청운사 → 느릅나무 → 청노루의 눈'으로 화자의 시선이 이동되고 있다. 즉, 원경(산)에서 근경(느릅나무, 청노루의 눈)으로 시선이 이동되고 있음을 파악할 수 있다.

## (3) 수미상관

- **수미상관법**: 시의 처음과 끝에 같은 내용의 구절을 반복해서 배치하는 기법 = 어순 변화 O, 한 구절 이상 동일, 통사 구조 유사

**대표적인 예**

…… 활자(活字)는 반짝거리면서 하늘 아래에서
간간이
자유를 말하는데
나의 영(靈)은 죽어 있는 것이 아니냐.

(중략)

그대는 반짝거리면서 하늘 아래에서
간간이
자유를 말하는데
우스워라 나의 영은 죽어 있는 것이 아니냐.

– 김수영, <사령>

- **전형적인 수미상관**
이 시는 첫 연과 끝 연이 같지 않지만 수미상관이라고 할 수 있다. 수미상관이 되기 위해서는 통사 구조가 유사하고 최소한 구절 이상이 같아야 되는데, 이 시의 표시된 부분은 이를 만족함을 보여주고 있다.

## (4) 선경 후정

- **선경 후정**: 먼저 자연이나 배경을 묘사하고 난 후에 그에 따른 정서(=화자의 이야기)를 제시하는 시상 전개 방식

**대표적인 예**

비 갠 뒤 긴 둑에 풀빛이 짙어오는데
남포에서 임 보내니 슬픈 노래 울린다.
대동강 물은 어느 때나 마르리오.
해마다 흘린 눈물이 푸른 물결 보태나니.

– 정지상, <송인>

- **선경(=배경에 대한 설명)+후정(=화자의 이야기)**
위 시에서 1~2행까지는 선경에 해당된다. 비가 내린 둑에 풀빛이 짙어오는 가운데, 노래가 울린다. 한편 3~4행은 후정에 해당되는데, 사랑하는 사람을 보낸 후의 슬픔을 드러낸다. 후정을 '화자의 정서'로 이해하면 곤란하다. 정서가 직접적으로 드러난 시보다 그렇지 않은 경우가 더 많기 때문이다. 화자의 생각, 화자의 상황 등으로 이해해야 한다.

---

### 022
2017 교육행정직 9급
다음 시에 대한 설명으로 가장 적절한 것은?

> 잃어버렸습니다.
> 무얼 어디다 잃었는지 몰라
> 두 손이 주머니를 더듬어
> 길에 나아갑니다.
>
> 돌과 돌과 돌이 끝없이 연달아
> 길은 돌담을 끼고 갑니다.
>
> 담은 쇠문을 굳게 닫아
> 길 위에 긴 그림자를 드리우고
>
> 길은 아침에서 저녁으로
> 저녁에서 아침으로 통했습니다.
>
> 돌담을 더듬어 눈물짓다
> 쳐다보면 하늘은 부끄럽게 푸릅니다.
>
> 풀 한 포기 없는 이 길을 걷는 것은
> 담 저쪽에 내가 남아 있는 까닭이고,
>
> 내가 사는 것은, 다만,
> 잃은 것을 찾는 까닭입니다.
>
> – 윤동주, <길>

① 상승의 이미지를 통해 생동감이 부각된다.
② 설의적 표현을 통해 체념적 정서가 드러난다.
③ 수미상관의 구조를 통해 시적 안정감을 준다.
④ 고백적 어조를 통해 차분한 분위기를 자아낸다.

### 023
자체 제작
다음 시에 대한 설명으로 적절하지 않은 것은?

> 맑은 강물 한 굽이 마을을 안고 흐르니,
> 긴 여름 강촌에 일마다 한가하다.
> 절로 가며 절로 오는 것은 지붕 위의 제비요,
> 서로 친하며 서로 가까운 것은 물 가운데 갈매기로다.
> 늙은 아내는 종이를 그려 장기판을 만들고,
> 젊은 아들은 바늘을 두드려 고기 낚을 낚시 도구를 만든다.
> 많은 병에 얻고자 하는 바는 오직 약물이니,
> 조그만 몸이 이 밖에 다시 무엇을 구하리오.
> – 두보, <강촌>

① 화자는 안빈낙도하는 삶을 추구하고 있다.
② 설의적 표현을 통해 화자의 정서를 드러내고 있다.
③ 선경후정의 방식을 활용하여 시상이 전개되고 있다.
④ 시상이 전개되며 현실과 이상의 괴리가 심화되고 있다.

---

**정답과 해설**

**022** ④ 화자는 경어체와 고백적 어조를 사용하여 자신의 내면적 성찰을 담담하게 나타내고 있다.

**023** ④ 위 시에서는 현실에 만족해 하는 화자의 모습이 나타날 뿐, 현실과 이상의 괴리는 나타나지 않는다.

## 완전학습

강조법과 관련된 여러 가지 개념을 이해하자.

### 024
2018 국가직 9급 변형

(가)와 (나)의 공통점에 대한 설명으로 가장 적절한 것은?

(가)
꿈에 단니는 길 히 자최곳 날쟉시면
꿈에 다니는 길이 자취가 난다면
님의 집 창(窓) 밧긔 석로(石路)ㅣ라도 달흐리라
님의 집 창 밖에 돌길이라도 닳으리라
꿈길 히 자최 업스니 그를 슬허ᄒ노라.
꿈길에 자취가 없으니 그를 슬퍼하노라
　　　　　　　　　　　— 이명한, <꿈에 단니는 길~>

(나)
비 갠 긴 언덕에는 풀빛이 푸른데,
그대를 남포에서 보내며 슬픈 노래 부르네.
대동강 물은 그 언제 다할 것인가,
이별의 눈물 해마다 푸른 물결에 더하는 것을.
　　　　　　　　　　　— 정지상, <송인>

① 시적 대상과의 대화를 통해 이별의 상실감을 표현하고 있다.
② 역설적 표현을 통해 임에 대한 원망의 감정을 표출하고 있다.
③ 인식을 전환하여 부정적인 상황을 긍정적으로 받아들이고 있다.
④ 상황을 과장하여 시적 화자가 느끼는 절실한 감정을 드러내고 있다.

### 정답과 해설

**024** ④ (가)에서는 '석로(石路)ㅣ라도 달흐리라'에서, (나)에서는 '대동강 물은 그 언제 다할 것인가,'에서 과장법이 나타난다.

## 6. 강조법

### (1) 연쇄법

**대표적인 예**

(1) 원숭이 엉덩이는 빨개. 빨가면 사과. 사과는 맛있어. 맛있는 건 바나나.
(2) 날거든 뛰디 마라 뛰거든 날디 마라.

● 연쇄법
(1)과 (2)에 표시된 부분은 앞 구절의 끝이 뒤 구절에 반복해서 나오는 연쇄법이 적용된 것이다.

### (2) 점층법

**대표적인 예**

(1) 제발 그 돈만 빌려준다면, 열 배, 백 배, 천 배로 갚겠습니다.
(2) 날이면 날마다, 달이면 달마다 당신을 그려왔습니다.

● 점층
(1)에서는 열 배→백 배→천 배로 그 의미가 커지고 있다.
(2)에서는 날→달로 그 의미가 확장되고 있다. 따라서 점층법이 쓰인 것이다.

**대표적인 예**

눈은 살아 있다. / 떨어진 눈은 살아 있다. / 마당 위에 떨어진 눈은 살아 있다.
　　　　　　　　　　　— 김수영, <눈>

이 시에는 점층법이 나타난다. 표시된 부분이 반복되면서 앞의 내용에 뭔가 더 붙는다. 이 같은 경우가 점층이라고 할 수 있다.

### (3) 과장법

**대표적인 예**

백두산 바윗돌은 칼을 갈아 닳게 하고 / 두만강 물은 말에게 먹여 없애리라
사나이 이십 세에 나라를 평정하지 못한다면 / 후세에 어느 누가 대장부라 불러 주랴
　　　　　　　　　　　— 남이, <오랑캐를 정벌하고>

위 시의 화자는 기세가 매우 등등하다. 그러나 아무리 바윗돌에 칼을 간들, 백두산 바윗돌을 다 닳게 하는 것은 무리다. 또한 두만강 물을 말에게 먹여 없애는 것도 실제를 과장한 것이다. 따라서 이는 과장법이다. 또한 마지막 '불러 주랴'는 실제적인 물음의 뜻을 담고 있지 않은 설의법이다.

### (4) 대조·대비

● 대조-대비: 서로 반대되는 속성을 지닌 시어가 있는 것(대조와 대비의 의미 차이는 신경 쓰지 않는다.)

**대표적인 예**

울고 있는 저 새는 아침이고 저녁이고 그치지 않고 운다.

● 표면적 의미상 대조
위 작품에서 '아침'과 '저녁'은 모두 새가 우는 때를 의미한다. 따라서 이 둘의 이면적 의미는 동일하다. 그러나 표면적 의미가 다르기 때문에 둘의 관계는 대조적이다.

**대표적인 예**

앞 남산의 피나무 단풍은 / 구시월에 들고요 / 이 내 가슴 속단풍은 / 시시때때로 든다
　　　　　　　　　　　— 작자 미상, <정선아리랑>

● 이면적 의미상 대조
위의 시가에서는 실제 나무의 단풍은 절기에 맞게 들지만 내 마음속 단풍, 즉 내 마음속 사랑은 때를 가리지 않음을 보여주면서 실제의 단풍과 내 사랑을 대조시키고 있다.

## (5) 대구법

- **대구법**: 두 구절이 나와서 서로 대등하게 연결돼 있어 리듬감이 느껴지는 것(단, 완전히 같은 구절이 연달아 반복되어서는 안 됨)

### 대표적인 예

(1) 호랑이는 죽어서 가죽을 남기고,
    사람은 죽어서 이름을 남긴다.
(2) 형님 마중 누가 갈까.
    형님 동생 내가 가지.
(3) 나는 중얼거린다. 나는 중얼거린다.

- **대구가 되는 것과 되지 못하는 것**

대구는 통사 구조가 유사한 것이 연달아 반복되는 것을 말한다. (1)에서는 '호랑이는 죽어서 가죽을 남기고'라는 구절과 '사람은 죽어서 이름을 남긴다'라는 구절이 서로 비슷한 문구가 되어서 대구를 이루고 있다.
 (2) 역시 대구를 이루고 있다. 그러나 통사 구조가 완전히 같지는 않다. 앞 구절의 통사 구조는 '형님 마중(을) 누가 갈까'로 <목적어 + 주어 + 서술어> 구조이다. 한편 뒤 구절의 통사 구조는 '형님 동생(인) 내가 가지'로 <수식어 + 주어 + 서술어> 구조이다. 그러나 유사한 음운이 나타났기 때문에 대구로 인정하는 것이다.
 (3)처럼 같은 문장이 반복되는 것은 대구가 되지 않는다.

## (6) 영탄법

- **영탄법**: 감정을 격앙되게 표현하는 방법(감탄사, 감탄형 어미, 설의법)이 나타날 경우

### 대표적인 예

흥망이 유수하니 만월대도 추초로다
흥하고 망하는 것이 다 운수가 있으니 만월대도 이제는 시든 가을 풀만이 우거져 있을 뿐이로구나
오백년 왕업이 목적에 부쳐시니
오백 년 (고려의) 왕업이 이젠 목동의 피리 소리에나 담겨 불려지고 있으니
석양에 지나는 객이 눈물겨워 하노라
석양에 이곳을 지나는 나그네가 눈물겹게 하는구나

– 원천석, <흥망이 유수하니~>

영탄이란 감정을 격앙되게 표현하는 수사법을 말한다. 흔히 '–구나'만 감탄형 어미로 생각하지만 '–아라/어라, –노라, –로다, –도다' 등도 감탄형 어미이다. 따라서 '추초로다', '하노라' 모두 영탄법이 나타난 구절이다.

---

**025**     2013 법원직 9급
다음 글의 표현상의 특징으로 적절하지 않은 것은?

> 세상은 또 한 고비 넘고
> 잠이 오지 않는다
> 꿈결에도 식은땀이 등을 적신다
> 몸부림치다 와 닿는
> 둘째놈 애린 손끝이 천 근으로 아프다
> 세상 그만 내리고만 싶은 나를 애비라 믿어
> 이렇게 잠이 평화로운가
> 바로 뉘고 이불을 다독여 준다
> 이 나이토록 배운 것이라곤 원고지 메꿔 밥비는
> 재주 뿐
> 쫓기듯 붙잡는 원고지 칸이
> 마침내 못 건널 운명의 강처럼 넓기만 한데
> 달아오른 불덩어리
> 초라한 몸 가릴 방 한 칸이
> 망망천지에 없단 말이냐
> 웅크리고 잠든 아내의 등에 얼굴을 대 본다.
> 밖에는 바람소리 사정 없고
> 며칠 후면 남이 누울 방바닥
> 잠이 오지 않는다
>
> – 김사인, <지상의 방 한 칸>

① 영탄적 표현을 통해 화자의 탄식의 심정이 강조되고 있다.
② 화자의 행동과 심정이 적절히 배합되어 시상이 진행되고 있다.
③ 외적 자연 환경의 제시를 통해 화자의 궁핍한 처지를 더욱 두드러지게 하고 있다.
④ 탈출할 수 없는 개인적 빈곤상황에 사회적 의미를 부여하여 공감을 유도하고 있다.

### 정답과 해설

**025** ④ 이 작품에는 가장의 역할을 제대로 해주지 못하는 화자의 미안함이 나타나며, 탈출할 수 없는 개인의 상황에 사회적 의미를 부여하고 있지는 않다.

## 완전학습

변화법과 관련된 여러 가지 개념을 이해하자.

### 026
2011 국가직 9급

밑줄 친 ㉠에 사용된 표현 기법에 대한 설명으로 옳은 것은?

> 삶은 계란의 껍질이
> 벗겨지듯
> 붉은 파밭의 푸른 새싹을 보아라.
> ㉠얻는다는 것은 곧 잃는 것이다.
> - 김수영, <파밭 가에서>

① 생명이 없는 사물을 마치 살아 있는 것처럼 나타내는 표현이다.
② 사물의 일부나 그 속성을 들어서 그 전체나 자체를 나타내는 표현이다.
③ 표현하려는 본뜻과는 반대되는 말을 함으로써 문장의 의미를 강화하는 표현이다.
④ 표현 구조상으로나 상식적으로는 모순되는 말이지만, 실질적 내용은 진리를 나타내고 있는 표현이다.

### 027
2012 서울시 9급 변형

다음 중 수사법이 다른 하나는?
① 외로운 황홀한 심사
② 이것은 소리 없는 아우성
③ 겨울은 강철로 된 무지개
④ 해설피 금빛 게으른 울음을 우는 곳
⑤ 괴로웠던 사나이 행복한 예수 그리스도

### 028
2009 경찰직 정보통신 변형

다음 글에서 시인이 자신의 정서를 표현하기 위해 주로 사용한 표현 방법으로 적절한 것은?

> 모란이 지고 말면 그뿐, 내 한 해는 다 가고 말아,
> 삼백예순 날 하냥 섭섭해 우옵내다.
> 모란이 피기까지는,
> 나는 아직 기다리고 있을 테요, 찬란한 슬픔의 봄을
> - 김영랑, <모란이 피기까지는>

① 역설        ② 점층
③ 활유        ④ 반어

### 정답과 해설

**026** ④ ㉠은 '얻는다는 것'이 '잃는 것'이라고 하였으므로 상식적으로는 모순되는 말이다. 하지만 이를 통하여 새로운 사랑을 얻기 위해서는 과거의 사랑을 보내야 한다는 진리를 나타내고 있으므로 역설적 표현에 해당한다. ④번이 역설에 대한 설명이므로 ㉠에 사용된 표현 기법에 대한 올바른 설명이다.

**027** ④ '금빛 게으른 울음'은 공감각적 심상 중에서도 청각(울음)의 시각(금빛)화가 나타난 예이다.

**028** ① '찬란한 슬픔의 봄'은 '찬란하다'와 '슬픔'이 공존할 수 없으므로 표면적으로는 모순되나, 모란이 피는 봄에 느끼는 화자의 양가적인 감정을 설명하고 있으므로 역설법이 사용되었다.

## 7. 변화법

### (1) 역설법

- **역설법**: 논리가 2개가 있어 서로 충돌이 일어나는데 그 안에 진실이 있는 경우

**대표적인 예**

(1)
아아, 님은 갔지마는 나는 님을 보내지 아니하였습니다.
제 곡조를 못이기는 사랑의 노래는 님의 침묵을 휩싸고 돕니다.
- 한용운, <님의 침묵>

(2)
이것은 소리 없는 아우성.
- 유치환, <깃발>

(1)에서 '님은 갔지마는 나는 님을 보내지 아니하였습니다'라는 구절은 상식적으로 말이 안 된다. 님이 갔으면 나는 어찌할 수 없이 님을 보내야 한다. 화자는 떠나간 님을 마음속에서 보내지 아니하였기에 이런 역설을 쓰는 것이다.
(2)에 나타나는 '소리 없는 아우성'이라는 표현은 역설적이다. 아우성이라는 의미 자체가 여러 소리를 포함한다. 따라서 소리가 없는 아우성은 존재하지 않는다. 양립할 수 없는 논리가 함께 존재하는 역설이다.

**대표적인 예**

바람 한 자락 불면 휙 날아갈 사랑을 위하여
햇솜 같은 마음을 다 퍼부어 준 다음에야
마침내 피워낸 저 황홀 보아라

봄이면 가지는 그 한번 덴 자리에
세상에서 가장 아름다운 상처를 터뜨린다
- 고재종, <첫사랑>

- **모순 형용은 공식에 대입해서 적용해야 한다.**
모순 형용은 긍정적 어감의 시어와 부정적 어감의 시어가 서로 꾸며줄 때 나타나는 것이다. 따라서 '아름다운 것'과 '상처 입은 것'은 서로 모순되는 것이 아니지 않냐는 논리적인 생각을 해서는 안 된다. '아름다움'은 긍정적 어감의 시어인 반면, '상처'는 부정적 어감의 시어이다. 이 둘이 꾸밈의 관계를 가지므로 모순 형용이 나타난 것이다.

### (2) 반어법

- **반어법**: 실제로 말하고자 하는 바를 반대로 표현한 경우

**대표적인 예**

영화가 시작하기 전에 우리는 / 일제히 일어나 애국가를 경청한다.
삼천리 화려 강산의 / 울숙도에서 일정한 군(群)을 이루며
갈대숲을 이룩하는 흰 새떼들이
자기들끼리 끼룩끼룩거리면서
자기들끼리 낄낄대면서
일렬 이열 삼렬 횡대로 자기들의 세상을
이 세상에서 떼어 메고
이 세상 밖 어디론가 날아간다.
우리들도 우리들끼리
낄낄대면서 / 깔쭉대면서
우리의 대열을 이루며 / 한 세상 떼어 메고
이 세상 밖 어디론가 날아갔으면
하는데 대한 사람 대한으로 / 길이 보전하세로
각기 자기 자리에 앉는다.
주저 앉는다.
- 황지우, <새들도 세상을 뜨는구나>

반어법은 실제로 말하고자 하는 바와 반대로 말하는 경우를 뜻한다. 이 시의 화자는 지금 극장에서 애국가를 듣고 있다. 군부 독재 시절 때의 일인 듯한데, 스크린에서는 아마 새들이 끼룩끼룩거리면서 이룩하는 장면이 나오고 있다. 화자는 그 새들이 이 세상을 떼어 메고 이 세상 밖 어디론가 날아가고 있다고 생각한다. 그러면서 화자 역시 그 새들과 똑같이 이 세상 밖으로 가고 싶다고 말하고 있다. 물론 마지막에서 그런 꿈이 이루어질 수 없다고 생각하며 좌절하고 말지만. 삼천리 화려 강산의 을숙도는 결국 화자가 떠나고 싶은 세상이고, 이 세상 밖 화자가 닿고 싶은 세상이 된다. 여기까지 파악했을 때, 이 시에 반어가 쓰였음을 알 수 있다. 우선 애국가를 경청한다는 말부터 반어다. 화자는 이 세상을 떠나고 싶어한다. 그 이유는 영화를 보기 전에 애국가를 틀어주는 이 군부 독재 정권이 싫기 때문이다. 애국심을 고취시킨다는 명분으로 개인의 자유를 억압하는 당시의 정권을 화자는 싫어한다. 따라서 그들이 들려주는 애국가를 결코 화자는 경청하지 않을 것이다. 그럼에도 경청한다고 표현했으므로 이는 반어다. 한편 이 세상을 지칭하는 표현인 삼천리 화려 강산 역시 반어인 것이다. 화자는 군부 독재 정권이 통제하는 이 세상을 삼천리 화려 강산이라고 생각할 리 없기 때문이다.

### (3) 설의법

- 설의법: 의문문의 형식을 띠지만 직설법으로 바꿀 수 있는 것

**대표적인 예**

ㄱ. 아니 땐 굴뚝에 연기 날까
ㄴ. 공든 탑 무너지랴

- **설의법**

설의법은 의문문의 형식을 띠면서 말하고자 하는 바를 강조하는 것을 말한다. 즉 이 표현법은 형식상 의문문의 형식을 띠고 있지만 내용상으로는 의문문이 아닌 것을 말한다.
 (1)은 아니 땐 굴뚝에 연기가 나지 않는다는 말을 효과적으로 표현하기 위해서 의문문의 형식을 띠고 있다. 한편 (2)는 공든 탑은 무너지지 않는다는 말을 표현하려고 한다. 이처럼 설의법은 형식만 의문문이지 내용은 감탄문에 가깝다. 따라서 의문문이 물음의 의미를 띠지 않고 있다면 설의법이라고 생각하면 된다.

### (4) 도치법

- 도치법: 정상적인 문장성분의 어순을 바꾸어서 뜻을 강조하는 표현

**대표적인 예**

(1) 나는 학교에 빨리 갔다.
(2) 나는 빨리 학교에 갔다.
(3) 나는 학교에 갔다. 빨리

- **도치법**

(1), (2)는 도치로 볼 수 없다. 흔히 (2)가 도치가 아니냐고 반문하는데, 그렇지는 않다. 문법적으로 틀리지 않았기 때문이다. 하지만 (3)은 문법적으로 틀린 표현이 된다. 부사의 위치는 꽤 자유롭지만 최소한 서술어 앞에는 있어야 한다. 그러나 (3)은 그 조건을 지키지 못했으므로 비문법적인 표현이 되었고, 따라서 도치된 형태가 된다.

**대표적인 예**

비가 옵니다
밤은 고요히 깃을 벌리고
비는 뜰 위에 속삭입니다
몰래 지껄이는 병아리같이

— 주요한, <빗소리>

- **도치법**

마지막 '몰래 지껄이는 병아리같이'가 서술어 앞에 가야 한다. 본래대로라면 '밤은 고요히 깃을 벌리고 몰래 지껄이는 병아리같이 비는 뜰 위에 속삭입니다' 정도가 되어야 한다.

---

## 029
2017 법원직 9급

**다음 글의 감상으로 적절하지 않은 것은?**

눈이 오는가 북쪽엔
함박눈 쏟아져 내리는가

험한 벼랑을 굽이굽이 돌아간
백무선(白茂線) 철길 위에
느릿느릿 밤새어 달리는
화물차의 검은 지붕에

연달린 산과 산 사이
너를 남기고 온
작은 마을에도 복된 눈 내리는가

잉크병 얼어드는 이러한 밤에
어쩌자고 잠을 깨어
그리운 곳 차마 그리운 곳

눈이 오는가 북쪽엔
함박눈 쏟아져 내리는가

— 이용악, <그리움>

① 수사적 의문을 통해 시상을 환기하며 시상이 전개된다.
② 시적허용을 통해 화자의 정서가 응축되어 표현이 된다.
③ 잉크병이 얼 정도로 추운 밤이지만 '눈'은 긍정적인 이미지로 나타난다.
④ '눈'과 '화물차의 검은 지붕'은 색채대비를 이루며 문명에 대한 비판을 드러낸다.

**정답과 해설**

**029** ④ 흰 '눈'과 '화물차의 검은 지붕'이 색채대비를 이루는 것은 맞지만, 이를 통해 문명에 대한 비판을 드러내고 있지는 않으며 둘은 화자가 고향에 대한 그리움을 떠올리게 하는 매개체로 볼 수 있다.

## 030
2019 국가직 9급

㉠과 ㉡에 대한 설명으로 적절한 것은?

> 헌 먼덕* 숙여 쓰고 축 없는 짚신에 설피설피 물러오니
> 풍채 적은 형용에 ㉠개 짖을 뿐이로다
> 와실(蝸室)에 들어간들 잠이 와서 누었으랴
> 북창(北窓)을 비겨 앉아 새벽을 기다리니
> 무정한 ㉡대승(戴勝)*은 이내 한을 돋우도다
> 종조(終朝) 추창(惆悵)*하며 먼 들을 바라보니
> 즐기는 농가(農歌)도 흥 없이 들리나다
> 세정(世情) 모르는 한숨은 그칠 줄을 모르도다.
> – 박인로, <누항사(陋巷詞)>
>
> * 먼덕: 짚으로 만든 모자
> * 대승(戴勝): 오디새
> * 추창(惆悵): 슬퍼하는 모습

① ㉠은 실재하는 존재물이고, ㉡은 상상적 허구물이다.
② ㉠은 화자의 절망을 나타내고, ㉡은 화자의 희망을 나타낸다.
③ ㉠은 화자의 내면을 상징하고, ㉡은 화자의 외양을 상징한다.
④ ㉠은 화자의 초라함을 부각시키고, ㉡은 화자의 수심을 깊게 한다.

## 031
2019 지방직 9급

(가)~(라)에 대한 설명으로 적절하지 않은 것은?

> (가)
> 고인(古人)도 날 몯 보고 나도 고인(古人) 몯 뵈
> 고인(古人)을 몯 뵈도 녀던 길 알픠 잇니
> 녀던 길 알픠 잇거든 아니 녀고 엇덜고
>
> (나)
> 술은 어이ᄒᆞ야 됴ᄒᆞ니 누룩 섯글 타시러라
> 국은 어이ᄒᆞ야 됴ᄒᆞ니 염매(鹽梅) 툴 타시러라
> 이 음식 이 뜯을 알면 만수무강(萬壽無疆)ᄒᆞ리라
>
> (다)
> 우레ᄀᆞ치 소ᄅᆞ나는 님을 번기ᄀᆞ치 번뜻 만나
> 비ᄀᆞ치 오락가락 구름ᄀᆞ치 헤여지니
> 흉중(胸中)에 ᄇᆞ룸ᄀᆞ튼 훈슘이 안기 피듯 ᄒᆞ여라
>
> (라)
> 하하 허허 혼들 내 우움이 졍 우움가
> 하 어쳑 업서셔 늣기다가 그리 되게
> 벗님닉 웃디들 말구려 아귀 씌여디리라

① (가): 연쇄법을 활용하여 고인의 길을 따르겠다는 의지를 드러내고 있다.
② (나): 문답법과 대조법을 활용하여 임의 만수무강을 기원하고 있다.
③ (다): 'ᄀᆞ치'를 반복적으로 표현하여 운율감을 더하고 있다.
④ (라): 냉소적 어조를 통해 상대에 대한 불편한 심기를 표출하고 있다.

## 3 주요 고전시가

(1) 고전시가 발음 읽는 법

① 'ㆍ' → '아' 또는 '으'로 읽는다.
   예) 조셔히도 훌셔이고
       사ᄉᆞ미 짒대예 올라셔 히금(奚琴)을 혀거를 드르라
② '어두자음군' → '뒤의 것을 된소리로' 읽는다.
   예) 쏘엇지 萬頃(만경)에 편거지요
③ 구개음화시켜 'ㄷ, ㅌ'은 'ㅈ, ㅊ'으로 바꾸어 본다.
   예) 鴛鴦錦(원앙금) 버혀노코 五色線(오색선) 플텨내어

(2) 모르는 구절 오해하기, 치환하기, 생략하기

> <본래 지문>
>
> 무상(無狀)한 이 몸에 무슨 지취(志趣) 있으리마는
> 두세 이랑 밭논을 다 묵혀 던져 두고
> 있으면 죽(粥)이요 없으면 굶을망정
> 남의 집 남의 것은 전혀 부러워 않겠노라

↓

> ▨▨한 이 몸에 무슨 ▨▨ 있으리마는
> 이 몸에 뭐가 있냐만은
> 두세 ▨ 밭논을 다 묵혀 던져 두고
> 두세 개의 논이랑 밭을 다 못 써서 가만히 놔두고
> 있으면 ▨▨이요 없으면 굶을망정
> 있으면 X이고, 없으면 굶을망정
> (나는) 남의 집 남의 것은 전혀 부러워 않겠노라
> 남의 집이나 남의 것은 전혀 부러워하지 않겠다고 다짐한다.

## 정답과 해설

**030** ④ ㉠'개'는 '헌 먼덕'을 숙여 쓴 초라한 행색에 풍채 적은 형용을 한 화자를 향해 짖으며, 화자의 초라함을 부각시킨다. 그리고 ㉡'대승'은 농사를 짓지 못하는 시름으로 밤을 새우는 화자의 수심을 깊게 한다.

**031** ② (나)의 '술은 어이ᄒᆞ야 됴ᄒᆞ니 누룩 섯글 타시러라(술은 어찌하여 맛이 좋은가? 누룩을 섞은 탓이로다) / 국은 어이ᄒᆞ야 됴ᄒᆞ니 염매(鹽梅) 툴 타시러라(국은 어찌 맛이 좋은가? 소금 탄 탓이로다)'에서 문답법을 활용하고 있다. 그러나 대조법은 나타나 있지 않다.

### (3) 고전시가 필수 어휘 익히기
① 필수 한자어

#### ㄱ

**1. 간(間) : 틈 간**  TIP '틈' 혹은 '사이'라고 생각하면 됨

천지간(天地間) 장(壯)혼 긔별 즈셔히도 훌셔이고
천지 사이에 굉장한 기별을 자세히도 나타내었구나
- 정철, <관동별곡>

펄펄펄 백운간(白雲間)에 높이 떠서
펄펄펄 흰 구름 사이에 높이 떠서
- 작자 미상, <유산가>

**2. 경(頃) : 밭 경**

황운(黃雲)은 쏘엿지 만경(萬頃)에 편거지요
누렇게 익은 곡식은 어찌 이렇게 넓은 들판에 펼쳐 있는가
- 송순, <면앙정가>

**3. 계(溪) : 시내 계**  TIP '시냇물'을 생각하면 됨

수간 모옥(數間 茅屋)을 벽계수(碧溪水) 앏픠두고
몇 칸 안 되는 초가집을 맑은 시냇가 앞에 지어 놓고
- 정극인, <상춘곡>

창계(滄溪) 흰물결이 정자(亭子)알픠 둘러시니
시내의 흰 물결이 정자 앞에 둘러 있으니
- 정철, <성산별곡>

**4. 고(孤) : 외로울 or 하나 고**

고주 사립(孤舟 蓑笠)에 흥(興) 계워 안잣노라
외로운 배 사립에 흥겨워 앉아 있노라
- 윤선도, <어부사시사>

**5. 금(錦) : 비단 금**  TIP '비단'을 생각하면 됨

원앙금(鴛鴦錦) 버혀노코 오색선(五色線) 플텨내여
원앙새의 무늬가 든 비단을 베어놓고, 오색실을 풀어내어,
- 정철, <사미인곡>

**6. 금(琴) : 거문고 금**  TIP '거문고'를 생각하면 됨

사스미 짒대예 올라셔 히금(奚琴)을 혀거를 드로라
사슴으로 분장한 광대가 장대에 올라서 해금을 타는 것을 들었네.
- 작자 미상, <청산별곡>

청등(靑燈)을 돌라노코 녹기금(綠綺琴) 빗기안아
등불을(청사초롱을) 돌려놓고 푸른 거문고를 비스듬히 안아
- 허난설헌, <규원가>

**7. 곡(谷) : 골짜기 곡**  TIP '골짜기'를 생각하면 됨

심산 궁곡(深山 窮谷) 졈낫マ티 딩그쇼셔
깊은 두메와 아득한 산골짜기를 대낮같이 만들어주소서
- 정철, <사미인곡>

**8. 궁(窮) : 다할 궁**  TIP '가난함'을 생각하면 됨

심산 궁곡(深山 窮谷) 졈 낫マ티 딩그쇼셔
깊은 두메와 아득한 산골짜기를 대낮같이 만들어주소서
- 정철, <사미인곡>

쇼업순 궁가(窮家)애 혜염만하 왓숩노라
소 없는 가난한 집에 걱정과 근심이 많아 왔습니다.
- 박인로, <누항사>

**9. 기(氣) : 기운 기**  TIP '기운'을 생각하면 됨

수풀에 우는새는 춘기(春氣)를 뭇내계워
수풀에서 울고 있는 새는 봄의 기운을 끝내 못 이겨서
- 정극인, <상춘곡>

#### ㄴ

**1. 녹(綠) : 초록빛 녹(록)**  TIP '푸른색, 녹색'을 생각하면 됨

녹양 방초(綠楊 芳草)는 세우중(細雨中)에 프르도다
푸른 버들과 향기로운 풀은 가랑비 속에 푸르구나!
- 정극인, <상춘곡>

#### ㄷ

**1. 대(臺) : 돈대 대**  TIP '집 또는 집이 있는 터'를 생각하면 됨

개심대(開心臺) 고텨올나 중향성(衆香城) 브라보며
개심대(정양사 위에 있는 대)에 다시 올라 중향성을 바라보며,
- 정철, <관동별곡>

**2. 도(桃) : 복숭아나무 도**  TIP '복숭아 또는 복숭아나무'를 생각하면 됨

도화 행화(桃花 杏花)는 석양리(夕陽裏)예 퓌여잇고
복숭아꽃과 살구꽃은 저녁 햇빛에 피어 있고,
- 정극인, <상춘곡>

#### ㄹ

**1. 루(樓) : 다락 루**  TIP '누각'이라고 생각하면 됨

악양루(岳陽樓) 상(上)의 이태백(李太白)이 사라오다
악양루 위의 이태백이 살아서 돌아온다 한다고 해도,
- 송순, <면앙정가>

남여 완보(藍輿 緩步)하야 산영루(山映樓)의 올나한니
뚜껑 없는 가마를 타기도 하고, 천천히 걸어가기도 하여 산영루에 올라 보니,
- 정철, <관동별곡>

#### ㅁ

**1. 만(萬) : 일만 만**  TIP 숫자 '10000'을 의미하나 '많은 수' 정도로 생각하면 됨

천촌만락(千村 萬落)이 곳곳이 버러잇닉
수많은 촌락들이 곳곳에 벌려 있네.
- 정극인, <상춘곡>

**2. 만(滿) : 가득할 만**

백설(白雪)이 만건곤(滿乾坤)홀 제 독야청청(獨也靑靑)하리라
흰 눈이 온 세상을 덮을 때에도 나만은 푸르디푸른 빛을 보여주리라.
- 성삼문, <이 몸이 죽거 가셔>

**3. 매(梅) : 매화나무 매**  TIP '매화나무'라고 생각하면 됨

창 밧긔 심은 매화(梅花) 두세 가지 피였구나.
창 밖에 심은 매화가 두세 가지 피었구나.
- 정철, <사미인곡>

**4. 명(明) : 밝을 명**  TIP '밝기가 밝다'로 생각하면 됨

명사(明沙) 조흔 믈에 잔시어 부어들고
고운 모래가 비치는 맑은 물에 술잔을 씻어 술을 부어서 들고,
- 정극인, <상춘곡>

**5. 모(茅) : 띠 모**  TIP '초가집'이라고 생각하면 됨

수간 모옥(數間 茅屋)을 벽계수(碧溪水) 앏픠두고
몇 칸 안 되는 초가집을 맑은 시냇가 앞에 지어 놓고,
- 정극인, <상춘곡>

모첨(茅簷) 비췬히룰 옥루(玉樓)의 올리고져
초가집 처마에 비친 따뜻한 햇빛을 임이 계신 곳에 올리고 싶다.
- 정철, <사미인곡>

**6. 모(暮) : 저물 모**  TIP '노을 또는 저문 상태'라고 생각하면 됨

일모 수죽(日暮 修竹)의 헴가림도 하도할샤
해질녘 긴 대나무에 의지하여 이것저것 생각함이 많기도 많구나.
- 정철, <사미인곡>

초로(草露)는 맷쳐잇고 모운(暮雲)이 디나갈제
풀 이슬은 맺혀 있고 저녁 구름이 지나갈 때,
- 허난설헌, <규원가>

### 7. 무(蕪) : 거칠어질 무  TIP '거친 풀' 정도라고 생각하면 됨

평무(平蕪)에 내 거드니 원산(遠山)이 그림이로다
잡초 덮인 들에 안개가 걷히니 먼 산(멀리 보이는 경치)이 그림이로다.
- 이이, <고산구곡가>

### 8. 물(物) : 만물 물  TIP '온 세상에 있는 생물, 무생물 모두를 지칭한다'고 생각하면 됨

조화 신공(造化 神功)이 물물(物物)마다 헌스룹다
조물주의 신비스러운 솜씨가 사물마다 화려하구나!
- 정극인, <상춘곡>

조물(造物)리 헌스 ㅎ야 빙설(氷雪)노 수며내니
조물주의 솜씨가 굉장하여 얼음과 눈을 꾸며내니,
- 정극인, <면앙정가>

---

## ㅂ

### 1. 반(盤) : 소반 반  TIP '그릇 또는 그만큼 작은 화분'이라고 생각하면 됨

반송(盤松)이 바람을 바드니 녀름 경(景)이 업서라
키가 작은 소나무가 바람에 흔들리니, 여름 경치가 그지없구나.
- 이이, <고산구곡가>

### 2. 방(芳) : 꽃다울 방  TIP '아름다운' 정도로 생각하면 됨

녹양 방초(綠楊 芳草)는 세우중(細雨中)에 프르도다
푸른 버들과 향기로운 풀은 가랑비 속에 푸르구나!
- 정극인, <상춘곡>

### 3. 벽(碧) : 푸를 벽  TIP '푸르다' 정도로 생각하면 됨

수간 모옥(數間 茅屋)을 벽계수(碧溪水) 앏픠두고
몇 칸 안 되는 초가집을 맑은 시냇가 앞에 지어 놓고,
- 정극인, <상춘곡>

영롱 벽계(玲瓏 碧溪)와 수성 제조(數聲 啼鳥)는 이별(離別)을 원(怨)ㅎ 는 듯
반짝이는 맑은 시냇물과 여러 소리로 우짖는 산새들은 (나와의) 이별을 원망하는 듯하다.
- 정철, <관동별곡>

### 4. 변(邊) : 가장자리 변  TIP '가장자리' 정도로 생각하면 됨

무변 대야(無邊 大野)의 므슴 짐쟉 ㅎ노라
끝없이 넓은 들판에 무슨 생각을 하겠는가.
- 송순, <면앙정가>

### 5. 봉(峰) : 봉우리 봉  TIP '산의 봉우리' 정도로 생각하면 됨

봉두(峰頭)에 급피올나 구름소긔 안자보니
산봉우리에 급히 올라가서 구름 속에 앉아 보니,
- 정극인, <상춘곡>

봉래산(蓬萊山) 제일봉(第一峰)에 낙락 장송(落落 長松) 되야 이셔
봉래산 가장 높은 봉우리에 싱싱하게 자라난 큰 소나무가 되었다가
- 성삼문, <이 몸이 죽어 가셔~>

### 6. 비(飛) : 날 비  TIP '날다'라고 생각하면 됨

유상 앵비(柳上 鶯飛)는 편편금(片片金)이오
버드나무 위에서 나는 꾀꼬리는 여러 개의 금조각 같이 아름답구나
- 작자 미상, <유산가>

산두(山頭)에 한운(閒雲)이 기(起) ㅎ고 수중(水中)에 백구(白鷗)이 비(飛)이라
산봉우리에 한가로운 구름 일고 물에는 백구가 나네.
- 이현보, <어부단가>

---

## ㅅ

### 1. 사(沙) : 모래 사  TIP '모래'라고 생각하면 됨

명사(明沙) 조흔 믈에 잔시어 부어들고
고운 모래가 비치는 맑은 물에 술잔을 씻어 술을 부어서 들고,
- 정극인, <상춘곡>

### 2. 사(斜) : 기울 사  TIP '경사'를 생각하면 됨

여토락 지트락 사양(斜陽)과 서거지어
열기도 하고 짙기도 하고 석양과 섞어져서
- 송순, <면앙정가>

사양(斜陽) 현산(峴山)의 척촉(躑躅)을 므니 ᄇᆞ와
저녁 햇살이 현산의 철쭉꽃을 잇달아 밟아,
- 정철, <관동별곡>

### 3. 상(裳) : 치마 상  TIP '치마'라고 생각하면 됨

홍상(紅裳)을 니믜ᄎᆞ고 취수(翠袖)를 반(半)만 거더
붉은 치마를 여미어 입고, 푸른 소매를 반만 걷어서
- 정철, <사미인곡>

### 4. 선(仙) : 신선 선  TIP '신선'이라고 생각하면 됨

단서(丹書)는 완연(宛然)ㅎ되 사선(四仙)은 어듸 가니
붉은 글씨가 바위에 분명히 남아 있는데, 이 글을 쓴 사선은 어디 갔는가?
- 정철, <관동별곡>

선계(仙界)ㄴ가 불계(佛界)ㄴ가 인간(人間)이 아니로다
선계인가 불계인가 인간의 것은 아니로다
- 윤선도, <어부사시사>

### 5. 설(雪) : 눈 설

조물(造物)리 헌스 ㅎ야 빙설(氷雪)노 수며내니
조물주의 솜씨가 굉장하여 얼음과 눈으로 꾸며내니,
- 송순, <면앙정가>

동풍(東風)이 건둣 부러 적설(積雪)을 헤텨내니
동쪽 바람(봄바람)이 문득 불어 쌓인 눈을 헤쳐 내니,
- 정철, <사미인곡>

### 6. 세(細) : 가늘 세  TIP '가늘다 또는 폭이 좁다'라고 생각하면 됨

세우(細雨)조추 쑤리는다
가랑비조차 뿌리는구나
- 송순, <면앙정가>

송간 세로(松間 細路)에 두견화(杜鵑花)를 부치들고
소나무 숲 사이에 나 있는 오솔길에 진달래꽃을 부여잡고,
- 정극인, <상춘곡>

### 7. 송(松) : 소나무 송  TIP '소나무'라고 생각하면 됨

봉래산(蓬萊山) 제일봉(第一峰)에 낙락 장송(落落 長松) 되야 이셔
봉래산 가장 높은 봉우리에 싱싱하게 자라난 큰 소나무가 되었다가
- 성삼문, <이 몸이 죽어 가셔~>

### 8. 수(樹) : 나무 수  TIP '나무 또는 많은 나무들' 정도라고 생각하면 됨

나모새 ᄌᆞᄌᆞ지어 수음녹음(樹陰 綠陰)이 얼린 적의
나뭇가지 사이에 우거져서 나무의 그림자가 엉길 적에
- 정극인, <상춘곡>

### 9. 승(勝) : 이길 승  TIP '이기다 또는 유명하다 또는 아름답다' 정도라고 생각하면 됨

사람이 승지(勝地)를 모로니 알게 혼들 엇더리
사람들이 경치가 좋은 곳을 모르니 알게 하면 어떻겠는가?
- 이이, <고산구곡가>

### 10. 신(臣) : 신하 신  TIP '신하'라고 생각하면 됨

고신 거국(孤臣 去國)에 백발(白髮)도 하도할샤
임금님 곁을 떠난 외로운 신하가 서울을 떠나니 나라 일로 걱정이 많기도 많다.
- 정철, <관동별곡>

### 11. 실(失) : 잃을 실  TIP '잃다 또는 어기다'라고 생각하면 됨

실약(失約)이 미편(未便)ㅎ니 사설이 어려왜라
약속을 어김이 미안하니 (부탁을 거절하는) 말씀하기 어렵다.
- 박인로, <누항사>

칠월 칠석(七月 七夕) 일년 일도(一年 一度) 실기(失期)치 아니거든
칠월 칠석 일 년에 한 번씩 때를 놓치지 않거든
- 허난설헌, <규원가>

## ㅇ

**1. 암(岩/巖) : 바위 암**　TIP '바위'라고 생각하면 됨

> 기암 괴석(奇巖 怪石)이 눈 속에 무쳐셰라
> 기묘한 형상의 바위와 돌이 눈 속에 묻혀 있다.
> － 이이, <고산구곡가>

**2. 암(庵) : 암자 암**　TIP '암자'라고 생각하면 됨

> 초암(草庵)이 적료ᄒᆞᆫ듸 벗 업시 혼자 안자
> 초가 암자가 고요한데 찾아 온 벗 하나 없이 홀로 앉아
> － 김수장, <초암이 적료한데~>

**3. 애(崖) : 벼랑 애**　TIP '벼랑 또는 절벽'이라고 생각하면 됨

> 음애(陰崖)예 이온 플을 다살와 내여ᄉᆞ라
> 그늘진 언덕(절벽)에 시든 풀을 다 살려 내려무나.
> － 정철, <관동별곡>

> 원근(遠近) 창애(蒼崖)의 머문 짓도 하도할샤
> 멀고 가까운 푸른 언덕(절벽)에 머문 것도 너무 많다.
> － 송순, <면앙정가>

**4. 앵(鶯) : 꾀꼬리 앵**　TIP '꾀꼬리'라고 생각하면 됨

> 유상 앵비(柳上 鶯飛)는 편편금(片片金)이오
> 버드나무 위에서 나는 꾀꼬리는 여러 개의 금조각같이 아름답구나
> － 작자 미상, <유산가>

**5. 야(野) : 들 야**　TIP '들판 또는 평야'라고 생각하면 됨

> 초야 우생(草野 愚生)이 이러타 엇더ᄒᆞ료
> 초야(시골)에 파묻힌 어리석은 사람이 이렇다 어떠하리오
> － 이황, <도산십이곡>

**6. 양(楊) : 버들 양**　TIP '버드나무 또는 버들잎'이라고 생각하면 됨

> 녹양 방초(綠楊 芳草)는 세우중(細雨中)에 프르도다
> 푸른 버들과 향기로운 풀은 가랑비 속에 푸르구나
> － 정극인, <상춘곡>

**7. 영(影) : 그림자 영**　TIP '그림자'라고 생각하면 됨

> 도화(桃花) 뜬 묽은 물에 산영(山影)조ᄎᆞ 잠겨셰라
> 복숭아꽃이 떠내려가는 맑은 냇물에는 산그림자마저 어리어 있구나.
> － 조식, <두류산 양단수를~>

**8. 옥(屋) : 집 옥**　TIP '집'이라고 생각하면 됨

> 비옥 가봉(比屋 可封)이 이제도 잇다 ᄒᆞᆯ다
> 집집마다 충신과 효자들이 많던 요순시절의 태평성대가 지금도 있다 할 것이다.
> － 정철, <관동별곡>

**9. 옹(翁) : 늙은이 옹**　TIP '늙은이 또는 늙은 사람'이라고 생각하면 됨

> 선옹(仙翁)의 ᄒᆞ욜 일이 곳 업도 아니ᄒᆞ다
> 산 속에 사는 늙은이의 할 일이 아주 없지도 않다.
> － 정철, <성산별곡>

> 어옹(漁翁)을 웃지 마라 그림마다 그렸더라
> 늙은 어부를 웃지 마라 그림마다 그렸더라
> － 윤선도, <어부사시사>

**10. 우(雨) : 비 우**　TIP '비'라고 생각하면 됨

> 세우(細雨)조ᄎᆞ ᄲᅳ리는다
> 가랑비조차 뿌리는구나
> － 송순, <면앙정가>

**11. 우(愚) : 어리석을 우**　TIP '어리석다 또는 멍청하다'라고 생각하면 됨

> 우부(愚夫)도 알며 ᄒᆞ거니 그 아니 쉬운가
> 어리석은 자도 알고자 하니, 학문의 길은 얼마나 쉬운 것인가.
> － 이황, <도산십이곡>

**12. 유(柳) : 버들 유(류)**　TIP '버드나무 또는 버들잎'이라고 생각하면 됨

> 양류 세지(楊柳 細枝) 사사록(絲絲綠)하니
> 버드나무의 가는 가지는 수많은 실을 늘여 놓은 것 같이 가닥가닥이 푸르니
> － 작자 미상, <유산가>

> 청하(靑荷)에 바블 ᄡᅡ고 녹류(綠柳)에 고기 ᄢᅦ여
> 푸른 연잎에 밥을 싸고 버드나무 가지에 고기 꿰어,
> － 이현보, <어부단가>

**13. 음(陰) : 응달 음**　TIP '그늘지다'라고 생각하면 됨

> 곳디고 새닙나니 녹음(綠陰)이 ᄭᅵᆯ렷ᄂᆞᆫ듸
> 꽃잎이 지고 새잎이 나니 수풀이 우거져 그늘이 깔렸는데
> － 정철, <사미인곡>

> 녹음방초(綠陰芳草) 욱어진 듸 두견(杜鵑)이 슬피 우는 곳의
> 푸르게 우거진 나무와 향기로운 풀 우거진 데 두견새가 슬피 우는 곳에
> － 안조환, <만언사답>

## ㅈ

**1. 적(笛) : 피리 적**　TIP '피리'라고 생각하면 됨

> 오백 년 왕업(王業)이 목적(牧笛)에 부쳐시니
> 나라가 흥하고 망하는 것이 다 목동의 피리소리에 담겨 있으니
> － 원천석, <흥망이 유수ᄒᆞ니>

**2. 절(節) : 마디 절**　TIP 주로 '절개'를 의미한다고 생각하면 됨

> 풍상(風霜)이 섯거 치면 군자절(君子節)을 픠온다.
> 바람과 서리가 몰아칠 때면 군자의 절개를 피우는구나.
> － 김수장, <한식 비 긴 날에~>

**3. 정(亭) : 정자 정**　TIP '정자'라고 생각하면 됨

> 시비(柴扉)예 거러 보고 정자(亭子)애 안자 보니
> 사립문 주변을 걸어도 보고 정자에 앉아도 보니
> － 정극인, <상춘곡>

> 정자(亭子)를 안쳐시니 구름탄 청학(靑鶴)이
> 정자를 앉혀 놓으니 구름을 탄 푸른 학이
> － 송순, <면앙정가>

**4. 죽(竹) : 대나무 죽**　TIP '대나무'라고 생각하면 됨

> 너ᄅᆞ바회 우희 송죽(松竹)을 헤혀고
> 넓은 바위 위에 소나무와 대나무를 헤치고
> － 송순, <면앙정가>

> 쳠피 기욱(瞻彼 淇澳)ᄒᆞᆫ듸 녹죽(綠竹)도 하도할샤
> 기수의 물가를 쳐다보건데 푸른 대나무도 많기도 많구나!
> － 박인로, <누항사>

## ㅊ

**1. 창(滄) : 찰 창**　TIP '푸르다'라고 생각하면 됨

> 주야(晝夜)의 흘녀내여 창해(滄海)예 니어시니
> 밤낮으로 물을 흘러 내려서 푸른 바다에 이으니
> － 정철, <관동별곡>

**2. 채(採) : 캘 채**　TIP '나물을 캐다'라고 생각하면 됨

> 주려 주글진들 채미(採薇)도 ᄒᆞᄂᆞᆫ것가
> 차라리 굶주려 죽을지언정 나물을 캐어먹어서야 되겠는가?
> － 성삼문, <수양산 바라보며~>

**3. 춘(春) : 봄 춘**　TIP '봄'이라고 생각하면 됨

> 3월(三月) 나며 개(開)ᄒᆞᆫ 아으 만춘(滿春) 들욋고지여
> 3월 지나며 피어난 아아, 늦봄의 진달래꽃이여.
> － 작자 미상, <동동>

> 삼춘 가절(三春 佳節)이 좋을시고 도화 만발(桃花 滿發) 점점홍(點點紅)이로구나
> 아름다운 이 봄이 참으로 좋구나, 복숭아꽃이 만발하여 꽃송이마다 붉어 있구나
> － 작자 미상, <유산가>

## ㅍ

**1. 파(波) : 물결 파**  TIP '물결 또는 파도'라고 생각하면 됨

> 유신(有信)흔 강파(江波)는 보닉ᄂᆞ니 ᄇᆞ룸이로다
> 미더운 강물결은 보내나니 바람이로다
> — 맹사성, <강호사시가>

> 만경 징파(萬頃 澄波)에 슬ᄏᆞ지 용여(容與)ᄒᆞ쟈
> 한없이 넓고 맑은 파도에 실컷 안겨 보자꾸나
> — 윤선도, <어부사시사>

**2. 풍(風) : 바람 풍**  TIP '바람'이라고 생각하면 됨

> 화풍(和風)이 건듯 부러 녹수(綠水)ᄅᆞᆯ 건너오니
> 화창한 바람이 문득 불어 푸른 시냇물을 건너오니
> — 정극인, <상춘곡>

> 강산풍월(江山風月) 거ᄂᆞ리고 내 백년(百年)을 다누리면
> 강산과 바람과 달을 거느리고 내 평생을 다 누리면
> — 송순, <면앙정가>

## ㅎ

**1. 향(香) : 향기 향**  TIP '향기'라고 생각하면 됨

> ᄀᆞ득 닝담(冷淡)ᄒᆞᆫᄃᆡ 암향(暗香)은 므ᄉᆞ 일고
> 가뜩이나 쌀쌀하고 담담한데 그윽하게 풍겨 오는 향기는 무슨 일인가
> — 정철, <사미인곡>

**2. 화(花) : 꽃 화**  TIP '꽃'이라고 생각하면 됨

> 반가온 매화(梅花)는 어ᄂᆡ 곳에 픠엿ᄂᆞ고
> 반겨 줄 매화는 어느 곳에 피어 있는가
> — 이색, <백설이 ᄌᆞ자진 골에>

**3. 화(和) : 화할 화**  TIP '화목하다'라고 생각하면 됨

> 화풍(和風)이 습습(習習)ᄒᆞ야 양액(兩腋)을 추혀드니
> 화목한 바람이 산들산들 불어 양쪽 겨드랑이를 추켜드니
> — 정철, <관동별곡>

**4. 황(黃) : 누를 황**  TIP '누렇다 또는 노란색'이라고 생각하면 됨

> 황운(黃雲)은 쏘얷지 만경(萬頃)에 편거요
> 누렇게 익은 곡식은 어찌 이렇게 넓은 들판에 펼쳐 있는가
> — 송순, <면앙정가>

> 풍상(風霜)이 섯거친 날의 ᄀᆞ 피온 황국화(黃菊花)를
> 바람 불고 서리가 뒤섞이어 내린 추운 날에 이제 막 핀 노란 국화를
> — 송순, <풍상이 섯거친 날의->

**5. 황(皇) : 임금 황**  TIP '임금'이라고 생각하면 됨

> 희황(羲皇) 벼개우ᄒᆡ 풋ᄌᆞᆷ을 얼픗ᄭᆡ니
> 희 임금(복희씨)의 베개 위에 선잠을 얼핏 깨니
> — 정철, <성산별곡>

### ② 필수 어휘

## ㄱ

**1. 강호(江湖) : 강과 호수. '자연'을 일컫는 말.**

> 강호(江湖) 큰 꿈을 꾼 지도 오래이니,
> 자연을 벗 삼아 살겠다는 꿈을 꾼 지도 오래이니,
> — 박인로, <누항사>

**2. 건곤(乾坤) : 하늘과 땅**

> 건곤(乾坤)이 눈이어늘 제 어찌 감히 피리
> 온 세상이 눈에 덮여 있는데 제 어찌 감히 피겠는가
> — 안민영, <매화사>

**3. 괴다 : 사랑하다**

> 내 얼굴 이 거동이 님 괴얌즉 ᄒᆞ가마는
> 나의 얼굴과 거동이 임에게 사랑받을 만한지 모르겠지만
> 엇던디 날 보시고 네로다 녀기실ᄉᆡ
> 어쩐지 날 보시고 너로구나 여기실 제
> — 정철, <속미인곡>

## ㄴ

**1. 남여(藍輿) : 수레**

> 남여(藍輿)를 ᄇᆡ야타고
> 뚜껑이 없는 가마(수레)를 급하게 타고
> — 송순, <면앙정가>

**2. 녀름 : 여름 / 여름 : 열매, 농사**

> 녹수(綠樹)에 산조(山鳥)는 하상 기음(下上 其音) ᄒᆞᄂᆞᆫ 적의
> 푸른 나무에 산새는 아래위로 울고 있을 적에
> 반송(盤松)이 바ᄅᆞᆷ을 바드니 녀름 경(景)이 업시라
> 작은 소나무가 바람에 흔들리니, 여름 경치가 그지없구나
> — 이이, <고산구곡가>

**3. 누항(陋巷) : 누추하고 좁은 마을**

> 단표 누항(簞瓢 陋巷)에 허튼 혜음 아니하니
> 누추한 삶을 살면서도 헛된 생각을 하지 않으니
> — 정극인, <상춘곡>

**4. 녜(예)다 / 녀다 / 니다 : 가다, 계시다**

> 고인(古人)도 날 몯 보고 나도 고인(古人) 몯 뵈
> 옛 성인도 나를 보지 못하고 나도 옛 성인을 못 보네
> 고인(古人)을 몯 봐도 녀던 길 알ᄑᆡ 잇ᄂᆡ
> 옛 성인을 못 봐도 그분들이 가던 길은 앞에 놓여 있네
> 녀던 길 알ᄑᆡ 잇거든 아니 녀고 엇뎔고
> (그분들이) 가던 (올바른) 길이 우리 앞에 있으니, 아니 가고 어찌하겠는가
> — 이황, <도산십이곡>

## ㄷ

**1. 단사표음(簞食瓢飮) : 도시락밥과 표주박의 물**

> 단사표음(簞食瓢飮)을 이도 족(足)히 너기로라
> 대나무로 만든 도시락을 먹고 표주박의 물을 마시는 것처럼 가난하게 살아가도 만족하게 여긴다
> — 박인로, <누항사>

**2. 도화(桃花) : 복숭아 꽃**

> 삼춘가절(三春佳節)이 좋ᄉᆞ시고 도화만발(桃花滿發) 점점홍(點點紅)이로구나
> 아름다운 이 봄이 참으로 좋구나, 복숭아꽃이 만발하여 꽃송이마다 붉어 있구나
> — 작자 미상, <유산가>

> 도화(桃花) 뜬 맑은 물에 산영(山影)조차 잠겼구나
> 복숭아꽃이 떠내려가는 맑은 냇물에는 산 그림자마저 어리어 있구나
> — 조식, <두류산 양단수를->

**3. 다히 : 쪽(방향을 나타냄)**

> 무등산 ᄒᆞᆫ 활기 뫼히 동다히로 버더 이셔
> 무등산 한 줄기 산이 동쪽으로 뻗어 있어,
> — 송순, <면앙정가>

**4. ~도곤 / ~라와 : ~보다(비교 부사격 조사)**

> 누고셔 삼공도곤 낫다 ᄒᆞ더니 만승이 이만ᄒᆞ랴
> 누가 말하길 (전원생활이) 삼정승보다 낫다 하더니 일만 수레를 가진 천자인들 이만하랴
> — 윤선도, <만흥>

## ㄹ

**1. ~ㄹ셰라 : ~할까 봐 두렵다**

> 둘하 노피곰 도ᄃᆞ샤 / 머리곰 비취오시라
> 달아 높이 돋아서 / 멀리멀리 비춰주십시오
> 져재 녀러신고요 / 즌 ᄃᆡ를 드ᄃᆡ욜셰라
> 시장에 가 계십니까 / 진 곳을 딛을 세라 두렵습니다
> 어느이다 노코시라 / 내 가논 ᄃᆡ 졈그롤셰라
> 어느 곳에든 다 놓고 오십시오 / 내 (임) 가는 곳에 날 저물까 두렵습니다
> — 작자 미상, <정읍사>

2. ~라와 / ~도곤 : ~보다(비교 부사격 조사)

> **널라와** 시름 한 나도 자고 니러 우니노라
> 너보다 시름이 많은 나도 자고 일어나 울며 지내노라
> – 작자 미상, <청산별곡>

## ㅁ

1. 무릉도원(武陵桃源) = 무릉 = 도원 : 별천지를 이르는 말로, '낙원' 혹은 '이상향'으로 이해 가능

> **무릉(武陵)**이 가깝도다 저 산이 그곳인가
> 낙원(무릉도원)이 가깝구나 저 산이 그곳인가
> – 정극인, <상춘곡>

> 어주 축수 애삼춘(漁舟逐水愛三春)이어든 **무릉도원(武陵桃源)**이 예 아니냐.
> 고기잡이배는 물을 따라 봄 경치를 즐기니 낙원(무릉도원)이 바로 여기가 아닌가.
> – 작자 미상, <유산가>

2. 무심(無心) : 물욕(物慾)에 팔리는 마음이 없고, 또 옳고 그른 것이나 좋고 나쁜 것에 간섭하지 않음

> **무심(無心)**코 한가(閑暇)함이 주인(主人)과 어떠하니
> 물욕 없고 한가함이 석영정의 주인과 비교하여 어떠한가
> – 정철, <성산별곡>

> 강호(江湖)에 월백(月白)하거든 더욱 **무심(無心)**하여라
> 강호에 달이 밝으면 더욱 무심하도다.
> – 이현보, <어부단가>

## ㅂ

1. 백구(白鷗) : 갈매기. 탈속적 삶의 가치를 함축하는 자연물로 쓰이는 경우가 많음.

> **백구(白鷗)**를 벗을 삼고 잠 깰 줄 모르나니
> 흰 갈매기를 벗으로 삼고 잠을 깰 줄 모르나니
> – 정철, <성산별곡>

> 무심(無心)한 **백구(白鷗)**는 내 좇는가 제 좇는가
> 무심한 갈매기는 나를 따르는가 내가 저를 따르는가
> – 윤선도, <어부사시사>

2. 백발(白髮) : 하얀 머리칼. '늙은이', '늙음'을 의미.

> 아이 적 늙은이 보고 **백발(白髮)**을 비웃더니
> 아일 적에는 늙은이를 보고 그 늙음을 비웃더니
> – 신계영, <아이 적 늙은이 보고~>

3. 부용(芙蓉) : 연꽃 혹은 연꽃을 수놓은 휘장

> **부용(芙蓉)**을 걷어놓고, 공작(孔雀) 병풍 둘러 두니
> 연꽃무늬가 수놓인 비단으로 만든 방장을 걷어 놓고, 공작의 그림이 있는 병풍을 둘러 두니
> – 정철, <사미인곡>

> **부용장(芙蓉帳)**이 적막하니 누구 귀에 들릴 것인가?
> 연꽃무늬가 있는 휘장을 친 방이 적막하니 누구 귀에 들릴 것인가?
> – 허난설헌, <규원가>

## ㅅ

1. 사양(斜陽) : 석양

> 여토락 지트락 **사양(斜陽)**과 서거지어
> 옅기도 하고 짙기도 하고 석양과 섞어져서
> – 송순, <면앙정가>

2. 사창(紗窓) : 여성 방의 창

> 제 혼자 우러 녜어 **사창(紗窓)** 여읜 잠을 슬드리도 깨오는고야
> 저 혼자 계속 울어 (화자의) 창 안에 옅은 잠을 잘도 깨우는구나
> – 작자 미상, <귓도리 저 귓도리~>

3. 삼춘(三春) / 삼동(三冬) : 봄 / 겨울

> **삼춘**화류 호시절에 경물이 시름 업다
> 꽃과 버들이 돋아나는 봄이 좋은 시절에 아름다운 경치를 보아도 아무 생각이 없다.
> – 허난설헌, <규원가>

4. 성인(聖人) : 인격이 뛰어난 사람

> **성인(聖人)**도 몯 다 ᄒᆞ시니 긔 아니 어려운가
> 인격이 뛰어난 이도 다하지 못하는 것이니 그 얼마나 어려운 것인가
> – 이황, <도산십이곡>

5. 수정렴(水晶簾) : 수정 구슬로 꿰어서 꾸민 발

> 위루(危樓)에 혼자 올라 **수정렴(水晶簾)**을 걷으니
> 높은 누각에 혼자 올라 수정 구슬을 꿰어 만든 발을 걷어 보니
> – 정철, <사미인곡>

6. 시비(柴扉) : 사립문

> **시비(柴扉)**예 거러 보고 정자(亭子)애 안자 보니
> 사립문 주변을 걸어도 보고 정자에 앉아도 보니
> – 정극인, <상춘곡>

> **시비(柴扉)**란 뉘다드며 딘곳츠란 뉘쓸려뇨
> 사립문은 누가 닫으며, 떨어진 꽃은 누가 쓸 것인가
> – 송순, <면앙정가>

7. 실솔(蟋蟀) : 귀뚜라미

> 님 그린 상사몽(相思夢)이 **실솔(蟋蟀)**의 넉시 되어
> 임을 그리워하는 사랑의 꿈이 귀뚜라미의 넋이 되어서
> – 박효관, <님 그린 상사몽이~>

8. 싀어디여 : 사라져서, 죽어 없어져

> ᄎᆞᆯ하리 **싀어디여** 범나븨 되오리라
> 차라리 죽어서 범나비가 되리라
> – 정철, <사미인곡>

9. 삼기다 : 생기다, 태어나다, 만들어지다

> 이 몸 **삼기실** 제 님을 조차 삼기시니
> 이 몸이 태어날 때에 임을 따라 태어나니
> – 정철, <사미인곡>

## ㅇ

1. 여름 : 열매, 농사 / 녀름 : 여름

> **여름**지어 지친 얼골 / 쇼복(蘇復)이 되얏ᄂᆞ냐.
> 농사 지어 지친 얼굴 / 회복이 되었느냐.
> – 작자 미상, <농가월령가>

2. 역군은(亦君恩) : 임금의 은혜

> 이 몸이 이런 것도 **역군은(亦君恩)**이샷다
> 이 몸이 이러한 것도 임금의 은혜 덕분이다
> – 송순, <면앙정가>

3. 연하(煙霞) : 안개와 노을

> **연하**일휘(煙霞日輝)는 금수(錦繡)를 재폇는 듯
> 햇살에 빛나는 아름다운 안개와 노을은 수 놓은 비단을 펼쳐 놓은 듯 (아름답구나)
> – 정극인, <상춘곡>

4. 우부(愚夫) : 어리석은 사람

> **우부(愚夫)**도 알며 ᄒᆞ거니 긔 아니 쉬운가
> 어리석은 자도 알고자 하니 학문의 길은 얼마나 쉬운 것인가
> – 이황, <도산십이곡>

5. 이태백 = 이적선 : 당나라 시대의 시인인 이백을 가리키는 말. 고전 문학에서 주로 화자의 만족스러운 처지를 강조하기 위해 활용되는 인물.

> 악양루(岳陽樓) 상(上)의 **이태백(李太白)**이 살아온들
> 악양루 위의 이태백이 살아서 돌아온다 한다고 해도,
> – 송순, <면앙정가>

6. 이화(梨花) : 배꽃(흰색, 봄)

> **이화우** 훗ᄲᅮ릴 제 울며 잡고 이별ᄒᆞᆫ 님
> 배꽃이 비처럼 흩날리던 무렵에 손잡고 울며불며 하다가 헤어진 임
> – 계랑, <이화우 훗ᄲᅮ릴 제>

### 7. 어리다 : 어리석다

> ᄆᆞ음이 **어린** 後(후)ㅣ니 ᄒᆞ는 일이 다 어리다
> 마음이 어리석은 뒤이니 하는 일마다 모두 어리석다
> 만중 운산(萬重 雲山)에 어ᄂᆞ님 오리마는
> 겹겹이 구름 낀 깊은 산중이니 임이 올 리 없건마는
> 지는 닙 부는 ᄇᆞ람에 행혀 귄가 ᄒᆞ노라
> 떨어지는 잎과 부는 바람 소리에도 행여나 임인가 하고 생각한다.
>
> — 서경덕, &lt;마음이 어린 후니&gt;

### 8. 여희다 : 이별하다

> 천만 리(千萬里) 머나먼 길에 고은 님 **여희**옵고
> 천만 리 머나먼 이곳에 고운 임 이별하고
> ᄂᆡ ᄆᆞ음 둘ᄃᆡ 업서 냇ᄀᆞ에 안쟈시니
> 돌아가는 내 마음 둘 데 없어 냇가에 앉아 시름에 잠겼으니
> 져 믈도 ᄂᆡ 안 갓ᄒᆞ여 우러 밤길 예놋다.
> 무심히 흘러가는 냇물도 내 마음 같아 울면서 밤길 가는구나.
>
> — 왕방연, &lt;천만 리 머나먼 길에~&gt;

---

## ㅈ

### 1. 접동새 = 두견 = 두견새 = 소쩍새 = 자규 = 귀촉도 : 고전문학에서 화자의 감정이 이입된 존재로 등장하는 경우가 많음

> 내 님믈 그리ᄉᆞ와 우니다니
> 내가 임을 그리워하여 울고 지내더니
> 산(山) **접동새** 난 이슷ᄒᆞ요이다
> 산에 사는 소쩍새(두견)와 내 처지가 비슷합니다
>
> — 정서, &lt;정과정&gt;

### 2. 좋다 : 깨끗하다 / 둏다 : 좋다

> 묽거든 **조**티마나 **조**커든 묽디마나
> 맑거든 깨끗하지 말거나 깨끗하거든 맑지나 말거나
>
> — 정철, &lt;관동별곡&gt;

### 3. 제 : 때

> 영중(營中)이 무사(無事)ᄒᆞ고 시절(時節)이 삼월(三月)인**제**
> 영중(원주 감영의 안)이 무사하고 시절이 3월인 때에,
>
> — 정철, &lt;관동별곡&gt;

---

## ㅊ

### 1. 천석고황(泉石膏肓) : 자연의 아름다운 경치를 몹시 사랑함

> ᄒᆞ물며 **천석고황(泉石膏肓)**을 고텨 므슴ᄒᆞ료
> 하물며 자연을 좋아하는 병을 고쳐서 또 무엇 하겠는가
>
> — 이황, &lt;도산십이곡&gt;

### 2. 청풍명월(淸風明月) = 명월청풍 : 맑은 바람과 밝은 달. 자연을 의미하기도 함.

> 갈대꽃이 깊은 곳에 **명월 청풍(明月 淸風)** 벗이 되어
> 갈대꽃이 깊은 곳에 밝은 달과 맑은 바람 벗이 되어
>
> — 박인로, &lt;누항사&gt;

### 3. 추풍낙엽(秋風落葉) : 가을에 떨어지는 낙엽

> **추풍낙엽(秋風落葉)**에 져도 날 생각ᄂᆞᆫ가
> 바람에 낙엽 지는 가을이 되었으니 그 임이 나를 생각하여 주실까
>
> — 계랑, &lt;이화우 흩뿌릴 제~&gt;

---

## ㅌ

### 1. 태평성대(太平聖代) = 대평성대 : 어질고 착한 임금이 다스리는 태평(太平)한 세상(世上)

> **태평성대** 파도가 치지 않는 바다를 다시 보려 하노라.
> 성군의 태평한 세상 파도가 치지 않는 바다를 다시 볼까 하노라.
>
> — 박인로, &lt;선상탄&gt;

---

## ㅍ

### 1. ᄑᆞ람 : 휘파람

> 긴 **ᄑᆞ람** 큰 ᄒᆞᆫ 소ᄅᆡ에 거칠 거시 업세라
> 휘파람 불어치며 큰 소리로 호통을 치니, 천지가 진동하는 듯한 소리에 감히 대적하는 것이 없구나
>
> — 김종서, &lt;삭풍은 나모 끝에 불고~&gt;

### 2. 풍류(風流) : 속되지 않고 운치 있는 일, 혹은 그렇게 노는 일

> 이 듕에 왕래(往來) **풍류(風流)**를 닐어 므슴ᄒᆞᆯ고
> 이 중에 소요하는 운치 있는 즐거움을 말하여 무엇 하겠는가
>
> — 이황, &lt;도산십이곡&gt;

### 3. 폐색(閉塞) : 겨울에 천지(天地)가 얼어서 생기가 막힘

> 건곤(乾坤)이 **폐색(閉塞)**하여 백설(白雪)이 덮였을 때
> 천지가 겨울 추위에 얼어붙어 생기가 막혀버리고, 흰 눈으로 온 세상이 덮여 있을 때
>
> — 정철, &lt;사미인곡&gt;

---

## ㅎ

### 1. 햐암(향암) : 시골에 살아 세상 이치를 모르는 어리석은 사람. 화자 자신을 낮추어 표현하는 것.

> 어리고 **햐암**의 뜻의ᄂᆞᆫ 내 분인가 ᄒᆞ노라
> 어리석고 이치를 모르는 뜻에는 내 분수인가 하노라.
>
> — 윤선도, &lt;만흥&gt;

### 2. 호탕정회(浩蕩情懷) : 넓고 큰 마음

> **호탕정회(浩蕩情懷)**야 이예서 더 ᄒᆞᆯ소냐
> 넓고 끝없이 시원하게 느껴지는 이 정다운 회포가 이보다 더하겠는가
>
> — 송순, &lt;면앙정가&gt;

### 3. 홍진(紅塵) : 번거롭고 속된 세상

> **홍진(紅塵)**에 뭇친 분네 이내 생애(生涯) 어떠한고
> 번거로운 인간 세상에 묻혀 사는 분들이여, 이 나의 생활이 어떠한가?
>
> — 정극인, &lt;상춘곡&gt;

### 4. 황운(黃雲) : 황색 구름. 누렇게 익은 곡식을 의미.

> **황운(黃雲)**은 쪼엇지 만경(萬頃)에 편거ᄅᆞ요
> 누렇게 익은 곡식은 어찌 이렇게 넓은 들판에 펼쳐 있는가
>
> — 송순, &lt;면앙정가&gt;

### 5. 하다 : 많다(多) / ᄒᆞ다 : 행동하다(爲)

> 무심(無心)ᄒᆞᆫ 세월(歲月)은 믈흐르ᄃᆞᆺ **ᄒᆞᄂᆞᆫ고야**
> 무심한 세월은 물 흐르듯 가는구나
> 염냥(炎凉)이 ᄯᅢ를 아라 가ᄂᆞᆫ 듯 고텨오니
> 무덥고 서늘했던 때를 알아 가는 듯 다시 돌아오니
> 듯거니 보거니 늣길 일도 **하도할샤**
> 듣거니 보거니 느낄 일도 많기도 많구나
>
> — 정철, &lt;사미인곡&gt;

### 6. 헌ᄉᆞᄒᆞ다 : 야단스럽다

> 어와 조화옹이 **헌ᄉᆞ토 헌ᄉᆞᄒᆞᆯ샤**
> 아아, 조물주의 솜씨가 요란하기도 요란하다.
>
> — 정철, &lt;관동별곡&gt;

### 7. 혜다 / 혬 : 생각하다, 헤아리다 / 생각, 고민

> 가을 ᄃᆞᆯ 방에 들고 실솔이 상(床)에 울 제
> 가을 달 방에 비추고 귀뚜라미가 침상에서 울 때
> 긴 한숨 디ᄂᆞᆫ 눈물 속절 업시 **혬**만 만타
> 긴 한숨 지는 눈물 헛되이 생각만 많다
>
> — 허난설헌, &lt;규원가&gt;

# 1. 고대가요

**(1) 고대가요란?**
부족국가 시기로부터 삼국시대 초기, 즉 향가가 등장하기 이전까지 불렸던 노래

**(2) 고대가요의 특징**
① 문학, 음악, 무용 등이 미분화되어 있던 무문자 시기의 원시종합예술에 기반해 창작되었음.
② 서사문학과 운문문학의 미분화로 인해 작품의 배경설화와 함께 전해짐.
③ 현재 내용을 알 수 있는 작품으로는 〈구지가〉, 〈공무도하가〉, 〈황조가〉, 〈해가〉, 〈정읍사〉 다섯 편이 남아 있으며 모두 구전되다가 한역가(漢譯歌) 혹은 11행의 한글 기록으로 남아 있음.

## 1. 구간(九干) 등, 〈구지가〉

龜何龜何(구하구하)
首其現也(수기현야)
若不現也(약불현야)
燔灼而喫也(번작이끽야)

거북아 거북아
*신령스러운 존재, 초월적 존재 / 주술의 대상*
*거북아 거북아 : 호명/환기 → 기*
머리를 내놓아라
*우두머리, 왕을 의미*
*머리를 내놓아라 : 명령 → 승*
내놓지 않으면
*가정 → 전*
구워서 먹으리
*위협/외압/협박 → 결*
*소원 성취를 위한 위협 → 주술적 성격이 드러남*

― 구간(九干) 등, 〈구지가〉

## 2. 유리왕, 〈황조가〉

翩翩黃鳥(편편황조)
雌雄相依(자웅상의)
念我之獨(염아지독)
誰其與歸(수기여귀)

훨훨 나는 저 꾀꼬리
*화자의 처지와 대비되는 존재 / 객관적 상관물 / 감정 이입*
암수 서로 정답구나
*꾀꼬리의 상황*
*훨훨~정답구나 : 선경*
외로울사 이 내 몸은
*화자의 정서 → 꾀꼬리와 대조됨*
뉘와 함께 돌아갈꼬?
*설의법 / 화자의 정서(외로움) 고조*
*외로울사~돌아갈꼬? : 후정 / 기승전결, 선경후정의 시상 전개 방식*

― 유리왕, 〈황조가〉

---

龜何龜何(구하구하)   거북아 거북아
首其現也(수기현야)   머리를 내놓아라
若不現也(약불현야)   내놓지 않으면
燔灼而喫也(번작이끽야)  구워서 먹으리
― 구간(九干) 등, 〈구지가〉

**032**  2017 국가직 9급 1차
다음 시가의 전개 방식으로 옳은 것은?
① 요구 - 위협 - 환기 - 조건
② 환기 - 요구 - 조건 - 위협
③ 위협 - 조건 - 환기 - 요구
④ 조건 - 요구 - 위협 - 환기

**033**  자체 제작
이 시의 특징으로 적절하지 않은 것은?
① 대상을 부르며 시상을 환기하고 있다.
② 대상에게 요구하는 바를 전하고 있다.
③ 소원이 이루어진 상황을 가정하고 있다.
④ 대상에게 위협이 되는 상황을 설정하고 있다.

翩翩黃鳥(편편황조)   훨훨 나는 저 꾀꼬리
雌雄相依(자웅상의)   암수 서로 정답구나
念我之獨(염아지독)   외로운 이 내 몸은
誰其與歸(수기여귀)   누구와 함께 돌아갈까
― 유리왕, 〈황조가〉

**034**  2009 국가직 7급
다음 작품의 시상 전개 방식으로 적절하지 않은 것은?
① 대조를 통해 시상을 전개하고 있다.
② 기승전결의 시상 전개 방식을 보이고 있다.
③ 선경후정의 시상 전개 방식을 보이고 있다.
④ 근경에서 원경으로 시선을 이동하면서 전개하고 있다.

**035**  자체 제작
'뉘와 함께 돌아갈꼬'에서 두드러지는 화자의 정서는?
① 원망(怨望)   ② 질투(嫉妬)
③ 탄식(歎息)   ④ 죄책감(罪責感)

### 정답과 해설

**032** ② '거북아 거북아'에 환기, '머리를 내놓아라'에 요구(명령), '내놓지 않으면'에 조건(가정), '구워서 먹으리'에 위협(외압)이 나타난다.

**033** ③ '내놓지 않으면'에서 소원이 이루어지지 않았을 경우를 가정하고 있으므로 적절하지 않다.

**034** ④ 화자의 시선은 '꾀꼬리'에 고정되어 있으므로 시선이 이동되었다고 볼 수 없다.

**035** ③ '뉘와 함께 돌아갈꼬'에서는 정다운 '꾀꼬리'와 달리 함께 돌아갈 임이 없는 화자의 탄식(歎息)이 드러난다.

```
生死路隱
此矣有阿米次肹伊遣
吾隱去內如辭叱都
毛如云遣去內尼叱古
於內秋察早隱風未
此矣彼矣浮良落尸葉如
一等隱枝良出古
去奴隱處毛冬乎丁
阿也彌陁刹良逢乎吾
道修良待是古如

생사(生死)길흔
ⓐ예 이샤매* 저히고*
나는 가ᄂ다 말ㅅ도
몯다 닏고 가ᄂ닛고
어느 ᄀ술 이른 ᄇᄅ매
이에 저에 ᄠ러딜 닙다이
ᄒᆞᄃᆞᆫ 가재 나고
가논 곧 모ᄃᆞ온뎌
아으 ⓑ미타찰(彌陀刹)애 맛보올 내
도(道)닷가 기드리고다
              — 월명사, <제망매가(祭亡妹歌)>
```
* 이샤매: 있으매.
* 저히고: 두려워지고.

## 036
이 작품에 대한 설명으로 옳지 않은 것은?

① '어느 ᄀ술 이른 ᄇᄅ매 / 이에 저에 ᄠ러딜 닙다이'는 누이의 요절을 비유적으로 표현한 부분이다.
② 화자는 삶의 허무함을 종교를 통해 극복하고자 하는 의지를 보이고 있다.
③ 마지막 두 행에 삶의 무상함이 잘 표현되어 있다.
④ 향가의 10구체 형식을 취하고 있다.

## 037
ⓐ와 ⓑ에 대한 설명으로 적절하지 않은 것은?

① ⓐ는 이별의 공간이고, ⓑ는 재회의 공간이다.
② ⓐ는 현실의 공간이고, ⓑ는 초월적 공간이다.
③ ⓐ는 이승을 의미하고, ⓑ는 극락세계를 의미한다.
④ ⓐ는 슬픔이 극복되는 공간이고, ⓑ는 슬픔이 극복될 수 없는 공간이다.

## 038
위 시에서 드러나는 시적 화자의 심리와 태도의 변화 과정으로 적절한 것은?

① 원망 → 무상함 → 체념
② 한탄 → 단절감 → 허무함
③ 절망 → 자책 → 초월 의지
④ 안타까움 → 무상함 → 초월 의지

### 정답과 해설
**036** ③ 마지막 두 행에서 화자는 죽은 누이를 '미타찰(극락세계)'에서 만날 때까지 도를 닦으며 기다리겠다고 하고 있다. 이는 누이를 잃으며 느낀 슬픔과 삶의 허무함을 종교적으로 극복하겠다는 의지가 드러난 표현이며, 삶의 무상함을 드러낸 표현이 아니다.

**037** ④ 'ⓐ예'는 슬픔을 극복하고자 하는 현재 화자가 존재하는 이승의 공간이고, ⓑ'미타찰'은 화자가 누이와 재회하여 슬픔이 극복되는 공간이다.

**038** ④ 1~4행에서 화자는 누이의 죽음을 안타까워하고, 5~8행에서는 누이의 이른 죽음으로 인해 인생의 무상함을 느낀다. 9~10행에서는 누이와 '미타찰'에서 재회하고자 하며 슬픔에 대한 초월 의지를 드러낸다.

## 2. 향가

(1) **향가란?** 신라시대에 생겨나 고려 초까지 화랑과 승려 계층을 중심으로 향유되어 불교적 상상력을 바탕으로 하고 있는 우리말 노래

(2) **향가의 형식**: 4구체, 8구체, 10구체. 10구체 향가의 경우 뜻이 높고 말이 정교하여 아름답다고 하여 '사뇌가(詞腦歌)'로도 불림. 10구체 향가의 형식은 4구+4구+2구의 3단 구성으로, 마지막 2구는 '아아', '아으'와 같은 감탄사로 시작됨.

### 3. 월명사, <제망매가>

생사(生死)길흔
　삶과 죽음의 갈림길은
예 이샤매 저히고
　여기 있으매 머뭇거리고
나는 가ᄂ다 말ㅅ도
　죽은 누이를 의미함
　'나는 갑니다' 하는 말도
몯다 닏고 가ᄂ닛고
　설의법
　다 하지 못하고 가버렸는가
어느 ᄀ술 이른 ᄇᄅ매
　누이의 요절을 암시
　어느 가을 이른 바람에
이에 저에 ᄠ러딜 닙다이
　비유법(직유) / 원관념: 죽은 누이
　여기저기 떨어지는 잎처럼
ᄒᆞᄃᆞᆫ 가재 나고
　화자와 누이가 동기간임을 암시
　한 가지에 나고
가논 곧 모ᄃᆞ온뎌
　화자의 정서: 허무함
　가는 곳 모르는구나
아으 미타찰(彌陀刹)애 맛보올 내
　낙구 첫머리의 감탄사 → 10구체 향가의 특징
　미타찰: 극락세계 / 죽은 누이가 있다고 믿는 곳 / 재회의 공간
　아으~맛보올 내: 시상의 전환 / 화자의 어조 변화: 슬픔 → 희망
　아아 미타찰에서 만나볼 나
도(道)닷가 기드리고다
　구도적 자세 / 슬픔의 종교적 승화 / 누이와의 재회에 대한 믿음
　도 닦아 기다리겠노라

— 월명사, <제망매가> (양주동 해독)

## 4. 정서, 〈정과정곡〉

내 님믈 그리ᅀᆞ와 우니다니
내가 임을 그리워하여 울며 지내더니

산(山) 졉동새 난 이슷ᄒᆞ요이다
화자의 슬픈 감정이 이입된 객관적 상관물
산~이슷ᄒᆞ요이다 : 동병상련(同病相憐)
산의 접동새와 나의 (처지가) 비슷합니다

아니시며 거츠르신 둘 아으
(참소가 진실이) 아니며 거짓인 줄은 아아

잔월효성(殘月曉星)* 아ᄅᆞ시리이다
화자의 결백을 알고 있는 초월적 존재
지새는 달과 새벽별이 알 것입니다

넉시라도 님은 ᄒᆞᄃᆡ 녀져라 아으
임에 대한 충정 → 충신연주지사(忠臣戀主之詞)의 특징
넋이라도 임과 함께 살아가고 싶어라 아아

벼기더시니 뉘러시니잇가
자신을 모함한 이에 대한 원망
(내게 허물이 있다고) 우기던 이 누구였습니까

과(過)도 허믈도 천만(千萬) 업소이다
자신의 결백을 직설적으로 토로
(나에게는) 잘못도 허물도 전혀 없습니다

ᄆᆞᆯ힛마리신뎌
뭇 사람들의 모함하는 말입니다

ᄉᆞᆯ읏븐뎌 아으
'슬프구나' → 화자의 정서 직접 제시
슬프구나 아아

니미 나ᄅᆞᆯ ᄒᆞ마 니ᄌᆞ시니잇가
임이 자신을 잊는 것에 대한 우려
임께서는 나를 벌써 잊으셨습니까

아소 님하, 도람 드르샤 괴오쇼셔
아소 : 금지의 뜻을 지닌 감탄사
아소 님하 : 10구체 향가의 잔영 → 낙구 첫머리의 감탄사
갈래 : 향가계 여요 (향가의 특징이 일부 잔존하는 고려가요)
① 낙구 첫머리의 감탄사  ② 4/4/2의 3단 구성
도람~괴오쇼셔 : 창작의 궁극적 목적 → 임이 나를 다시 찾아 주기를 바람
　　　　　　　화자의 소망을 직접적으로 드러냄
아아 임이시여 그러지 마소서 돌이켜 내 말을 들으시고 사랑해 주십시오

— 정서, 〈정과정〉

*잔월효성(殘月曉星) : 지새는 달과 새벽별.

---

내 님믈 그리ᅀᆞ와 우니다니
산(山) 졉동새 난 이슷ᄒᆞ요이다*
아니시며 거츠르신 둘 아으
잔월효성(殘月曉星)*이 아ᄅᆞ시리이다
넉시라도 님은 ᄒᆞᄃᆡ 녀져라 아으
벼기더시니 뉘러시니잇가
과(過)도 허믈도 천만(千萬) 업소이다
ᄆᆞᆯ힛마리신뎌*
ᄉᆞᆯ읏븐뎌 아으
니미 나ᄅᆞᆯ ᄒᆞ마 니ᄌᆞ시니잇가
아소 님하, 도람 드르샤 괴오쇼셔*
— 정서, 〈정과정곡(鄭瓜亭曲)〉

* 이슷ᄒᆞ요이다: 비슷합니다.
* 잔월효성(殘月曉星): 지새는 달과 새벽별.
* ᄆᆞᆯ힛마리신뎌: 뭇 사람들의 참소하던 말입니다.
* 괴오쇼셔: 사랑해 주소서.

### 039　　　　　　　　　　　　2015 서울시 7급
이 작품에 대한 설명으로 가장 옳은 것은?
① 현재 자신의 처지에서 벗어나고 싶은 심정을 담고 있다.
② 이상과 현실의 괴리에 대한 담담한 마음을 담고 있다.
③ 다가올 미래에 대한 비관적인 심경을 담고 있다.
④ 일상적인 소재를 통해서 삶의 교훈을 담고 있다.

### 040　　　　　　　　　　　　2017 국회직 8급
위 작품의 화자가 지닌 정서나 태도와 가장 유사한 것은?
① 추강(秋江)에 밤이 드니 물결이 차노매라 / 낚시 드리치니 고기 아니 무노매라 / 무심한 달빛만 싣고 빈 배 저어 오노라
② 내 일 망녕된 줄 나라 하여 모를 손가 / 이 마음 어리기도 님 위한 탓이로세 / 아무가 아무리 일러도 임이 헤아리소서
③ 천만 리 머나먼 길에 고운 님 여의옵고 / 내 마음 둘 데 없어 냇가에 앉았으니 / 저 물도 내 안 같아야 울어 밤길 예놋다
④ 수양산(首陽山) 바라보며 이제(夷齊)를 한하노라 / 주려 죽을진들 채미(採薇)도 하는 것가 / 비록애 푸새엣것인들 그 뉘 땅에 났나니
⑤ 흥망이 유수(有數)하니 만월대도 추초(秋草)로다 / 오백 년 왕업이 목적(牧笛)에 부쳐시니 / 석양에 지나는 객이 눈물계워 하노라

### 정답과 해설
**039 ①** 이 작품은 유배 온 화자가 자신의 억울함을 호소하면서 결백함을 밝히고 임금의 선처(善處)를 바라기 위해 지은 작품이다. 따라서 이 작품은 유배 와 있는 처지에서 벗어나고 싶은 심정을 담고 있다고 볼 수 있다.
**040 ②** 두 작품은 모두 화자가 임의 선처(善處)를 바라고 있다는 점에서 유사하다고 볼 수 있다.

㉮살어리 살어리랏다 쳥산(靑山)애 살어리랏다
**멀위**랑 **ᄃ**래랑 먹고 쳥산(靑山)애 살어리랏다
얄리얄리 얄랑셩 얄라리 얄라

우러라 우러라 **새**여 자고 니러 우러라 새여
㉠널라와 시름한 나도 자고 니러 우니노라
얄리얄리 얄라셩 얄라리 얄라

가던 새 가던 새 본다 믈아래 가던 새 본다
㉡잉무든 장글란 가지고 믈아래 가던 새 본다
얄리얄리 얄라셩 얄라리 얄라

이링공 뎌링공 ᄒ야 **나**즈란 디내와숀뎌
㉢오리도 가리도 업슨 **바**므란 ᄯ 엇디호리라
얄리얄리 얄라셩 얄라리 얄라

어듸라 더디던 **돌**코 누리라 마치던 돌코
㉣**믜**리도 괴리도 업시 마자셔 우니노라
얄리얄리 얄라셩 얄라리 얄라

살어리 살어리랏다 바ᄅ래 살어리랏다
ᄂᄆ자기 구조개랑 먹고 바ᄅ래 살어리랏다
얄리얄리 얄라셩 얄라리 얄라

가다가 가다가 드로라 에졍지 가다가 드로라
사ᄉ미 짒대예 올아셔 해금(奚琴)을 혀거를 드로라
얄리얄리 얄라셩 얄라리 얄라

가다니 빅브른 도긔 **설진 강수**를 비조라
조롱곳 누로기 미와 잡ᄉ와니 내 엇디ᄒ리잇고
얄리얄리 얄라셩 얄라리 얄라

— 작자 미상, 〈쳥산별곡(靑山別曲)〉

**041**  2018 법원직 9급 변형
㉮와 운율의 형성 방법이 가장 유사한 것은?
① 가시리 가시리 잇고 버리고 가시리 잇고
   — 작자 미상, 〈가시리〉
② 강나루 건너서 / 밀밭 길을 / 구름에 달 가듯이 / 가는 나그네.   — 박목월, 〈나그네〉
③ 나 보기가 역겨워 / 가실 때에는 / 말없이 고이 보내 드리오리다.   — 김소월, 〈진달래꽃〉
④ 님은 갔습니다. 아아, 사랑하는 나의 님은 갔습니다. / 푸른 산빛을 깨치고 단풍나무 숲을 향하여 난 작은 길을 걸어서 차마 떨치고 갔습니다.
   — 한용운, 〈님의 침묵〉

**042**  자체 제작
㉠~㉣의 뜻풀이로 적절하지 않은 것은?
① ㉠: 너보다 시름 많은 나도
② ㉡: 이끼 묻은 쟁기일랑
③ ㉢: 올 이유도 갈 이유도 없는
④ ㉣: 미워할 사람도 사랑할 사람도 없이

### 정답과 해설
**041** ① ㉮와 ①은 모두 A-A-B-A의 형식을 사용하여 운율을 형성하고 있다.
**042** ③ ㉢ '오리도 가리도 업슨'은 '올 사람도 갈 사람도 없는'으로 해석된다.

## 3. 고려가요

(1) **고려가요란?** 고려속요(高麗俗謠)는 고려 후기에 발생한 시가 양식으로, 조선 초기까지 향유되었던 노래

(2) **고려가요의 향유 계층**: 민중의 가요에서 궁중에 수용되어 연회에서 사용되었음.

(3) **고려가요의 특징**
  ① 형식적 특징: 후렴구 혹은 여음, 3음보, 연장체
  ② 내용적 특징: 남녀상열지사(男女相悅之詞)가 대부분을 이루지만 '사리부재(詞俚不載)'의 정신에 의해 많이 삭제되었음.

## 5. 작자 미상, 〈청산별곡〉

살어리 살어리랏다 쳥산(靑山)애 살어리랏다
  청산: ① 이상향 ② 도피처
  살어리~살어리랏다: 반복법 / a-a-b-a 구조
  3음보 3·3·2조: 살어리/살어리/랏다 // 쳥산(靑山)애/살어리/랏다
  살겠노라 살겠노라 청산에 살겠노라
멀위랑 ᄃ래랑 먹고 쳥산(靑山)애 살어리랏다
  머루와 다래를 먹고 청산에 살겠노라
얄리얄리 얄라셩 얄라리 얄라
  후렴구 → 작품에 통일성을 부여
  'ㅇ'과 'ㄹ' 음의 반복적 사용, 언어의 조탁
  얄리얄리 얄라셩 얄라리 얄라

우러라 우러라 새여 자고 니러 우러라 새여
  새: 화자가 동병상련(同病相憐)을 느끼는 대상 / 객관적 상관물
  감정 이입의 대상 / a-a-b-a 구조
  우는구나 우는구나 새여 자고 일어나 우는구나 새여
널라와 시름한 나도 자고 니러 우니노라
  너보다 시름 많은 나도 자고 일어나 울고 있노라
얄리얄리 얄라셩 얄라리 얄라
  얄리얄리 얄라셩 얄라리 얄라

가던 새 가던 새 본다 믈 아래 가던 새 본다
  새: 화자가 동병상련(同病相憐)을 느끼는 대상 / 객관적 상관물
  가던 새: ① 날아가는 새 ② 갈던 밭
  믈~본다: '믈 아래' → 속세 / 속세에 대한 미련
  가는 새 가는 새 본다 물 아래로 날아가는 새 본다
잉무든 장글란 가지고 믈 아래 가던 새 본다
  속세에 대한 미련
  이끼 묻은 쟁기를 가지고 물 아래로 날아가는 새 본다
얄리얄리 얄라셩 얄라리 얄라
  얄리얄리 얄라셩 얄라리 얄라

이링공 뎌링공 ᄒ야 나즈란 디내와숀뎌
  나즈란 디내와숀뎌 ↔ 바므란 ᄯ 엇디 호리라: '낮'과 '밤'의 대비
  이럭저럭 하여 낮은 지내 왔건만
오리도 가리도 업슨 바므란 ᄯ 엇디 호리라
  나즈란 디내와숀뎌 ↔ 바므란 ᄯ 엇디 호리라: '낮'과 '밤'의 대비
  밤: 고독함과 절망감이 극대화되는 시간
  올 사람도 갈 사람도 없는 밤은 또 어찌하리오
얄리얄리 얄라셩 얄라리 얄라
  얄리얄리 얄라셩 얄라리 얄라

어듸라 더디던 돌코 누리라 마치던 돌코
  화자의 의지와 무관한 운명적 비애를 상징
  어디다 던지는 돌인가 누구를 맞히려던 돌인가
믜리도 괴리도 업시 마자셔 우니노라
  운명적 시련에 대한 체념적 태도
  미워할 이도 사랑할 이도 없이 맞아서 울고 있노라
얄리얄리 얄라셩 얄라리 얄라
  얄리얄리 얄라셩 얄라리 얄라

살어리 살어리랏다 바ᄅ래 살어리랏다
① 이상향 ② 도피처 - '청산(靑山)'과 유사한 의미
살겠노라 살겠노라 바다에 살겠노라

ᄂᆞᄆᆞ자기 구조개랑 먹고 바ᄅ래 살어리랏다
내물재 굴조개를 먹고 바다에 살겠노라
얄리얄리 얄라셩 얄라리 얄라
얄리얄리 얄라셩 얄라리 얄라

가다가 가다가 드로라 에졍지 가다가 드로라
가다가 가다가 듣노라 외딴 부엌을 지나가다 듣노라
사ᄉᆞ미 짒대예 올아셔 해금(奚琴)을 혀거를 드로라
① 사슴이 장대에 올라가서 해금을 켜는 것을 듣노라
→ 불가능한 상황 설정, 기적이 일어나기를 바라는 화자의 절박한 심정 형상화
② 사슴 분장을 한 광대가 장대에 올라가서 해금을 켜는 것을 듣노라
사슴이 장대에 올라가서 해금을 켜는 것을 듣노라
얄리얄리 얄라셩 얄라리 얄라
얄리얄리 얄라셩 얄라리 얄라

가다니 비브른 도긔 설진 강수를 비조라
독한 술 / 현실의 고통을 일시적으로나마 잊게 해 주는 수단 /
삶의 고뇌를 술로 잊고자 하는 화자의 현실 도피적 태도가 드러남
가다 보니 불룩한 술독에 독한 술을 빚는구나
조롱곳 누로기 ᄆᆡ와 잡ᄉᆞ와니 내 엇디 ᄒᆞ리잇고
체념적 태도
조롱박꽃 같은 누룩 냄새가 매워 (나를) 붙잡으니 난들 어찌하리오
얄리얄리 얄라셩 얄라리 얄라
얄리얄리 얄라셩 얄라리 얄라

- 작자 미상, <청산별곡>

## 043
자체 제작
**이 노래에 대한 설명으로 옳지 않은 것은?**
① 경쾌한 리듬과 세련된 언어 감각이 돋보인다.
② 반어적 표현을 활용하여 주제 의식을 강조하고 있다.
③ 대상에 화자의 감정을 이입시켜 정서를 드러내고 있다.
④ 부드러운 여음구를 사용하여 밝고 명랑한 느낌을 주고 있다.

## 044
자체 제작
**위 글에 대한 설명으로 적절하지 않은 것은?**
① '멀위'와 'ᄃᆞ래'는 이상적 공간에 대한 화자의 지향을 드러내는 소재이다.
② '밤'은 대상의 부재로 인해 화자의 고독감이 심화되는 시간적 배경이다.
③ '돌'은 부정적 현실을 극복하려는 화자의 의지를 상징하는 소재이다.
④ '설진 강수'는 현실의 괴로움을 잊기 위한 수단으로 볼 수 있다.

## 045
자체 제작
**위 화자에 대한 설명으로 적절하지 않은 것은?**
① 동경의 세계인 '청산'에 가서 살고 싶은 소망을 드러내고 있다.
② 자연물인 '새'와 자신을 비교하여 자신의 처지와 심정을 강조하고 있다.
③ 사람들과 더불어 기쁘게 지내는 '낮'과 달리 '밤'에는 절망적 감정을 표현하고 있다.
④ 본질적 해결책이 아닌 '설진 강수'를 통해 현실의 고뇌를 해소하려고 하고 있다.

### 정답과 해설

**043** ② 반어법은 실제로 말하고자 하는 바를 반대로 표현하여 그 의미를 강조하는 수사법이다. <청산별곡>에서는 이러한 반어법이 사용된 구절을 찾을 수 없다.
**044** ③ '돌'은 화자가 예기치 못하게 맞는 소재일 뿐, 화자의 의지를 상징하는 소재로 볼 수 없다.
**045** ③ '이링동 더링공 ᄒᆞ야 나즈란 디내와숀뎌'는 '이럭저럭하여 낮은 지내 왔건만'으로 해석된다. 따라서 '낮'에는 사람들과 더불어 기쁘게 지낸다는 내용은 적절하지 않다.

## 6. 작자 미상, 〈서경별곡〉

서경(西京)이 아즐가 서경(西京)이 셔울히 마르는
노랫가락을 맞추기 위한 여음 / 의미 X / 반복을 통한 운율 형성
서경(평양)이 서울이지마는
위 두어렁셩 두어렁셩 다링디리
후렴구, 여음구, 조흥구

닷곤 딕 아즐가 닷곤 딕 쇼셩경 고외마른
(삶의 터전을) 닦은 곳인 작은 서울(서경)을 사랑합니다마는
위 두어렁셩 두어렁셩 다링디리

여히므론 아즐가 여히므론 질삼뵈 브리시고
길쌈하던 베를 의미 / 시적 화자가 여성임을 드러내는 소재
질삼뵈 브리시고 : 이별을 거부하는 화자의 적극적 태도 /
특별한 수사법 없이 자신의 감정을 직설적으로 표출 → 민요적 성격
(임과) 이별하기보다는 길쌈하던 베를 버리고서라도
위 두어렁셩 두어렁셩 다링디리

괴시란딕 아즐가 괴시란딕 우러곰 좃니노이다
이별을 거부하는 화자의 적극적 태도 /
특별한 수사법 없이 자신의 감정을 직설적으로 표출 → 민요적 성격
사랑만 해 주신다면 울면서 따르겠습니다
위 두어렁셩 두어렁셩 다링디리

구스리 아즐가 구스리 바회예 디신들
구슬이 바위에 떨어진들    화자와 임의 사랑을 방해하는 장애물, 시련
위 두어렁셩 두어렁셩 다링디리

긴히쭌 아즐가 긴히쭌 그츠리잇가 나는
믿음     끈이야 끊어지겠습니까    나는 : 노랫가락을 맞추기 위한 여음 / 의미 X
끈이야 끊어지겠습니까                → 설의법
위 두어렁셩 두어렁셩 다링디리

즈믄 힉를 아즐가 즈믄 힉를 외오곰 녀신들
천 년을 홀로 살아간들
위 두어렁셩 두어렁셩 다링디리

신(信)잇든 아즐가 신(信)잇든 그츠리잇가 나는
믿음이야 끊어지겠습니까 → 설의법
믿음이야 끊어지겠습니까
위 두어렁셩 두어렁셩 다링디리

대동강(大同江) 아즐가 대동강(大同江) 너븐디 몰라셔
임과 화자 사이를 단절시키는 이별의 공간
대동강이 넓은 줄을 몰라서
위 두어렁셩 두어렁셩 다링디리

빅 내여 아즐가 빅 내여 노흔다 샤공아
배를 내어 놓았느냐 사공아    임과 화자의 사랑을 방해하는 존재 / 화자의 원망의 대상
위 두어렁셩 두어렁셩 다링디리

네 가시 아즐가 네 가시 럼난디 몰라셔
네 아내가 놀아난 줄도 모르고
위 두어렁셩 두어렁셩 다링디리

녈 빅예 아즐가 녈 빅예 연즌다 샤공아
떠나는 임을 배에 태운 사공에 대한 원망
떠나는 배에 (임을) 태웠느냐 사공아
위 두어렁셩 두어렁셩 다링디리

---

서경(西京)이 아즐가 서경(西京)이 셔울히마르는
위 두어렁셩 두어렁셩 다링디리
닷곤 딕 아즐가 닷곤 딕 쇼셩경 고외마른*
위 두어렁셩 두어렁셩 다링디리
여히므론 아즐가 여히므론 질삼뵈 브리시고
위 두어렁셩 두어렁셩 다링디리
**괴시란딕** 아즐가 괴시란딕 **우러곰 좃니노이다**
위 두어렁셩 두어렁셩 다링디리

구스리 아즐가 구스리 바회예 디신들
위 두어렁셩 두어렁셩 다링디리
**긴히쭌** 아즐가 긴히쭌 **그츠리잇가** 나는
위 두어렁셩 두어렁셩 다링디리
**즈믄 힉를** 아즐가 즈믄 힉를 **외오곰** 녀신들
위 두어렁셩 두어렁셩 다링디리
신(信)잇든 아즐가 신(信)잇든 그츠리잇가 나는
위 두어렁셩 두어렁셩 다링디리

대동강(大同江) 아즐가 대동강(大同江) 너븐디
몰라셔
위 두어렁셩 두어렁셩 다링디리
빅 내여 아즐가 빅 내여 노흔다 **샤공아**
위 두어렁셩 두어렁셩 다링디리
네 가시 아즐가 네 가시 럼난디 몰라셔*
위 두어렁셩 두어렁셩 다링디리
녈 빅예 아즐가 녈 빅예 연즌다 샤공아
위 두어렁셩 두어렁셩 다링디리
대동강(大同江) 아즐가 **대동강(大同江)** 건넌편
고즐여
위 두어렁셩 두어렁셩 다링디리
빅타들면 아즐가 빅타들면 것고리이다 나는
위 두어렁셩 두어렁셩 다링디리
　　　　　　　　　　　　- 작자 미상, 〈서경별곡(西京別曲)〉

* 쇼셩경 고외마른: 소성경(小城京 : 수도인 송도에 대하여 서경을 이르는 말)을 사랑합니다마는.
* 괴시란딕: 사랑만 해 주신다면.
* 럼난디 몰라셔: 놀아난(음란한) 줄도 모르고.

---

**046**　　　　　　　　　　　　　2011 서울시 7급

이 시에 나타난 단어의 뜻으로 옳지 않은 것은?

① 괴시란딕: 사랑해주신다면
② 우러곰: 우러러보며
③ 긴히쭌: 끈이야
④ 그츠리잇가: 끊어지겠습니까
⑤ 외오곰: 외로이

---

**정답과 해설**

**046** ② '우러곰'은 '울면서'로 해석되기 때문에 ②의 '우러러보며'라는 해석은 적절하지 않다.

대동강(大同江) 아즐가 대동강(大同江) 건너편 고즐여　꽃 : 화자의 연적(戀敵)을 의미함, 임이 새롭게 좋아하게 된 여인
대동강 건너편 꽃을　　　　　　　　　　　= 꽃을
위 두어렁셩 두어렁셩 다링디리

빅 타들면 아즐가 빅 타들면 것고리이다 나는
임이 배를 타고 간 곳에서 새롭게 만난 여인에 대한 질투와 원망의 감정이 드러남
배를 타면 꺾을 것입니다
위 두어렁셩 두어렁셩 다링디리

- 작자 미상, <서경별곡>

## 047
자체 제작

**화자의 태도에 대한 설명으로 적절하지 않은 것은?**

① '질삼뵈'를 버리고 임을 따라가겠다는 적극적인 태도를 드러내고 있다.
② '즈믄 히'를 통해 임을 향한 변하지 않는 마음을 강조하고 있다.
③ 임과의 이별로 인한 슬픔을 '샤공'에 대한 원망으로 전이시키고 있다.
④ 이별의 슬픔을 인고하며 '대동강'에서 임과 재회하기를 소망하고 있다.

## 048
2017 법원직 9급

**이 글의 화자와 <보기>의 화자가 만나 나눈 대화로 적절하지 않은 것은?**

<보기>
가시리 가시리잇고 나는
바리고 가시리잇고 나는
위 증즐가 태평성대

날러는 엇디 살라 ᄒ고
바리고 가시리잇고 나는
위 증즐가 태평성대

잡ᄉ와 두어리마ᄂᆞᆫ
선ᄒᆞ면 아니 올셰라
위 증즐가 태평성대

셜온 님 보내옵노니 나는
가시ᄂᆞᆫ 돗 도셔 오쇼셔 나는
위 증즐가 태평성대

- 작자 미상, <가시리>

① <서경별곡>: 임과 이별하기보다는 임을 따라가서 사랑하고 싶어요.
② <가시리>: 저는 임이 다시 돌아오지 않으실까봐 보내드리려고 해요.
③ <서경별곡>: 그래서 저도 사공에게 떠나는 임을 잘 모셔줄 것을 부탁하네요.
④ <가시리>: 슬프지만 임이 빨리 돌아오시기만을 바라고 있어요.

### 정답과 해설

**047** ④ '대동강'은 임이 배를 타고 떠나는 공간이므로 임과 이별하는 공간이다. '대동강'에서 재회하기를 소망하는 화자의 모습은 드러나지 않는다.

**048** ③ <서경별곡>의 '사공'은 화자에게 원망의 대상이다. 화자와 임을 떨어뜨려 놓는 존재이기 때문이다. 따라서 떠나는 임을 잘 모셔달라고 부탁했다는 부분은 적절하지 않다.

원슌문(元淳文) 인노시(仁老詩) 공노ᄉ륙(公老四六)
니졍언(李正言) 딘한림(陳翰林) 솽운주필(雙韻走筆)
튱긔ᄃᆡ칙(沖基對策) 광균경의(光鈞經義) 량경시부(良經詩賦)
위 시댱(試場)ㅅ 경(景) 긔 엇더ᄒᆞ니잇고
엽(葉) 금ᄒᆡᆨ사(琴學士)의 옥슌문ᄉᆡᆼ(玉笋文生) 금ᄒᆡᆨ사(琴學士)의 옥슌문ᄉᆡᆼ(玉笋文生)
위 날조차 몃부니잇고
<1장>

당한셔(唐漢書) 장로ᄌᆞ(莊老子) 한류문집(韓柳文集)
니두집(李杜集) 난ᄃᆡ집(蘭臺集) 빅란텬집(白樂天集)
모시샹셔(毛詩尙書) 쥬역츈츄(周易春秋) 주ᄃᆡ례긔(周戴禮記)
위 주(註)조쳐 내외옹 경(景) 긔 엇더ᄒᆞ니잇고
엽(葉) 태평광긔(太平廣記) ᄉᆞ빅여권(四百餘卷)
태평광긔(太平廣記) ᄉᆞ빅여권(四百餘卷)
위 력남(歷覽)ㅅ 경(景) 긔 엇더ᄒᆞ니잇고
<2장>

당당당(唐唐唐) 당츄ᄌᆞ(唐楸子) 조협(皂莢)남긔
홍(紅)실로 홍(紅)글위 ᄆᆡ요이다
혀고시라 밀오시라 뎡쇼년(鄭小年)하
위 내가논ᄃᆡ 남갈셰라
엽(葉) 샥옥셤셤(削玉纖纖) 솽슈(雙手)ㅅ길헤
샥옥셤셤(削玉纖纖) 솽슈(雙手)ㅅ길헤
위 휴슈동유(携手同遊)ㅅ 경(景) 긔 엇더ᄒᆞ니잇고
<8장>
- 한림원 유생들(한림제유), <한림별곡(翰林別曲)>

## 049
2017 교육행정직 9급
다음 작품을 감상한 내용으로 가장 적절한 것은?
① 긍정적 가치를 영탄조로 표현하고 있다.
② 미래의 소망을 기원조로 드러내고 있다.
③ 호탕한 기개를 역설적으로 그려 내고 있다.
④ 경험적 인식을 비판적으로 제시하고 있다.

## 050
자체 제작
이 글에 대한 설명으로 적절하지 않은 것은?
① 열거법을 통해 학문에 대한 자부심을 드러내고 있다.
② 유사한 시행을 반복하여 들뜬 풍류를 과시하고 있다.
③ 비유를 통해 학문에 소홀했던 과거를 반성하고 있다.
④ 의문의 방식을 활용하여 득의에 찬 기개를 뽐내고 있다.

### 정답과 해설
**049** ① <한림별곡>은 한림원 유생들의 기개와 학문적 자부심을 노래한 작품이다. 후렴구에서 화자가 과시하는 내용에 대한 영탄적 표현이 나타나고 있으므로 가장 적절한 것은 ①이다.

**050** ③ 학문에 소홀했던 과거를 반성하는 내용은 드러나 있지 않다.

## 4. 경기체가·악장
(1) 경기체가란? 고려 후기 권문세족의 타락과 신흥 사대부의 등장에 따라 생성된 갈래
(2) 경기체가의 특징: '경(景) 긔 엇더ᄒᆞ니잇고'라는 특정 후렴이 특징, 지식인 계층의 학문적 자부심과 향락적 풍류를 드러냄.
(3) 악장이란? 악장(樂章)은 본래 중국에서 나라의 공식적인 행사에 사용되었던 음악

### 7. 한림원 유생들(한림제유), <한림별곡>

원슌문(元淳文) 인노시(仁老詩) 공노ᄉ륙(公老四六)
유원순의 문장, 이인로의 시, 이공로의 사륙변려문
니졍언(李正言) 딘한림(陳翰林) 솽운주필(雙韻走筆)
이규보와 진화의 쌍운을 맞추어 써 내려간 글
튱긔ᄃᆡ칙(沖基對策) 광균경의(光鈞經義) 량경시부(良經詩賦)
원슌문~량경시부: 문인들의 명문장 나열, 열거 / 신흥 사대부들의 학식을 과시함
유충기의 대책문, 민광균의 경서 뜻풀이, 김양경의 시와 부
위 시댱(試場)ㅅ 경(景) 긔 엇더ᄒᆞ니잇고
감탄사  시댱(試場)ㅅ~엇더ᄒᆞ니잇고: '경기체가' 명칭의 유래가 되는 구절 / 자신들의 모습에 대한 자부심과 과시의 설의적 표현
→ 어떠합니까? (참으로 훌륭합니다)
아, 과거 보는 시험장의 광경이 어떠합니까
엽(葉) 금ᄒᆡᆨ사(琴學士)의 옥슌문ᄉᆡᆼ(玉笋文生) 금ᄒᆡᆨ사(琴學士)의 옥슌문ᄉᆡᆼ(玉笋文生)
금의가 배출한 많은 뛰어난 문하생들 금의가 배출한 많은 뛰어난 문하생들   반복법
위 날조차 몃부니잇고
자긍심, 자부심과 과시의 설의적 표현 → 몇 분입니까? (참으로 많습니다)
아, 나까지 모두 몇 분입니까
<1장>

당한셔(唐漢書) 장로ᄌᆞ(莊老子) 한류문집(韓柳文集)
당서와 한서, 장자와 노자, 한유와 유종원의 문집
니두집(李杜集) 난ᄃᆡ집(蘭臺集) 빅란텬집(白樂天集)
이백과 두보의 시집, 난대영사들의 시문집, 백낙천의 문집
모시샹셔(毛詩尙書) 쥬역츈츄(周易春秋) 주ᄃᆡ례긔(周戴禮記)
당한셔~주ᄃᆡ례긔: 경서와 문집 나열, 열거 / 독서와 학문에 대한 자부심과 긍지를 드러냄
시경과 서경, 주역과 춘추, 대대례와 소대례
위 주(註)조쳐 내외옹 경(景) 긔 엇더ᄒᆞ니잇고
자신들의 모습에 대한 자부심과 과시의 설의적 표현 → 어떠합니까? (참으로 훌륭합니다)
아, 주(註)까지 외우는 모습이 어떠합니까
엽(葉) 태평광긔(太平廣記) ᄉᆞ빅여권(四百餘卷) 태평광긔(太平廣記) ᄉᆞ빅여권(四百餘卷)
태평광기 사백여 권 태평광기 사백여 권   반복법
위 력남(歷覽)ㅅ 경(景) 긔 엇더ᄒᆞ니잇고
자신들의 모습에 대한 자부심과 과시의 설의적 표현 → 어떠합니까? (참으로 훌륭합니다)
아, 두루 읽는 모습이 어떠합니까
<2장>

당당당(唐唐唐) 당츄ᄌᆞ(唐楸子) 조협(皂莢)남긔
음수율을 맞추기 위한 음절 반복. 의미 X
당추자(호두나무) 쥐엄나무에
홍(紅)실로 홍(紅)글위 ᄆᆡ요이다
= 붉은 그네를
붉은 그네: 유희, 향락의 수단 / 색채 이미지(붉은색): 사랑, 정열을 상징
붉은 실로 붉은 그네를 매었습니다
혀고시라 밀오시라 뎡쇼년(鄭小年)하
그네를 당기고 밀어라 정소년이여
위 내 가논ᄃᆡ 남 갈셰라
= 내가 가는 곳에 남이 갈까 두렵습니다 / 질투, 우려와 경계
아, 내가 가는 곳에 남이 갈까 두렵습니다
엽(葉) 샥옥셤셤(削玉纖纖) 솽슈(雙手)ㅅ길헤 샥옥셤셤(削玉纖纖) 솽슈(雙手)ㅅ길헤
옥을 깎은 듯이 가녀린 가인의 아름다운 두 손길에 옥을 깎은 듯이 가녀린 가인의 아름다운 두 손길에   반복법
위 휴슈동유(携手同遊)ㅅ 경(景) 긔 엇더ᄒᆞ니잇고
8장의 시상 집약 / 손을 맞잡고 함께 노는 흥겨운 광경 / 즐거운 모습에 대한 설의적 표현 → 어떠합니까? (참으로 즐거워 보입니다)
아 손을 맞잡고 함께 노니는 모습이 어떠합니까
<8장>
- 한림원 유생들(한림제유), <한림별곡>

## 8. 정인지 외, 〈용비어천가〉

해동(海東) 육룡(六龍)이 ᄂᆞᄅᆞ샤 일마다 천복(天福)이시니
육룡 : 조선 건국 주역 6조를 의미    일 : 조선    천복 : 하늘이 내린 복 / 조선 건국은 천명에 의한 것임을 표현
/ 목조, 익조, 도조, 환조, 태조, 태종    개국을 의미
해동(우리나라)의 여섯 용이 나시어 하는 일마다 하늘의 복을 받으시니

고성(古聖)이 동부(同符)ᄒᆞ시니
육조가 한 일들이 중국 옛 성왕들의 업적과 일치함 → 조선 건국의 정당성을 드러냄
(이것은) 중국 옛 성왕들이 하신 일과 똑같이 들어맞으시니

〈제1장〉

'뿌리 깊은 나무'
→ 기초가 튼튼한 나라
불휘 기픈 남ᄀᆞᆫ ᄇᆞᄅᆞ매 아니 뮐씨 곶 됴코 여름 하ᄂᆞ니
           '바람' → 시련        문화의 번성
뿌리 깊은 나무는 바람에 흔들리지 않으므로 꽃이 좋고 열매가 많이 열리니

ᄉᆡ미 기픈 므른 ᄀᆞᄆᆞ래 아니 그츨씨 내히 이러 바ᄅᆞ래 가ᄂᆞ니
'샘이 깊은 물'    '가뭄' → 시련         왕조의 무궁한 번성
→ 유서 깊은 나라
불휘~가ᄂᆞ니 : 대구법 / 1행과 2행의 대칭 구조 / 조선의 무궁한 발전을 송축, 기원함
샘이 깊은 물은 가뭄에 그치지 않으므로 내(川)를 이루어 바다에 가나니

〈제2장〉
〈제2장〉은 문학적으로 가장 뛰어나다고 평가받음
고유어 사용, 비유법 등 세련된 표현법의 사용

천세(千世) 우희 미리 정(定)ᄒᆞ샨 한수북(漢水北)에 누인개국(累仁開國)ᄒᆞ샤 복년(卜年)이 ᄀᆞ업스시니
천 년 전에 (도읍지로) 미리 정하신 한강의 북쪽 땅(한양)에 어진 덕을 쌓고 나라를 세우시어 나라의 운수가 끝이 없으시니

성신(聖神)이 니ᅀᅳ샤도 경천근민(敬天勤民)ᄒᆞ샤ᅀᅡ 더욱 구드시리이다
                  하늘을 공경하고 백성을 위하여 부지런히 일함 / 후대 왕들에 대한 권고
훌륭한 왕손이 대를 이으셔도 하늘은 공경하고 백성을 위하여 힘쓰셔야 (나라와 왕권이) 더욱 굳건할 것입니다

님금하 아ᄅᆞ쇼셔 낙수(洛水)예 산행(山行) 가이셔 하나빌 미드니잇가
중국(하나라 태강왕)의 고사 인용 → 하나라 우왕 손자인 태강왕은 할아버지(우왕)의 덕만 믿고 사냥을 즐기며 정사를 돌보지 않다가 폐위당함.
이러한 고사를 인용하여 조상만 믿고 정사를 돌보지 않는 어리석은 행위를 하지 않을 것을 후대 왕에게 권함 = 타산지석(他山之石)
임금이시여 아소서. (하나라 태강왕이) 낙수에 사냥을 나가서 할아버지(조상)만 믿으시겠습니까?

〈제125장〉
- 정인지 외, 〈용비어천가〉

---

해동(海東) 육룡(六龍)이 ᄂᆞᄅᆞ샤 일마다 천복(天福)이시니

고성(古聖)이 동부(同符)ᄒᆞ시니

〈제1장〉

불휘 기픈 남ᄀᆞᆫ ᄇᆞᄅᆞ매 아니 뮐씨 곶 됴코 여름 하ᄂᆞ니

ᄉᆡ미 기픈 므른 ᄀᆞᄆᆞ래 아니 그츨씨 내히 이러 바ᄅᆞ래 가ᄂᆞ니

〈제2장〉

천세(千世) 우희 미리 정(定)ᄒᆞ샨 한수북(漢水北)에 누인개국(累仁開國)ᄒᆞ샤 복년(卜年)이 ᄀᆞ업스시니

성신(聖神)이 니ᅀᅳ샤도 경천근민(敬天勤民)ᄒᆞ샤ᅀᅡ 더욱 구드시리이다

님금하 아ᄅᆞ쇼셔 낙수(洛水)예 산행(山行) 가이셔 하나빌 미드니잇가

〈제125장〉
- 정인지 외, 〈용비어천가(龍飛御天歌)〉

### 051
자체 제작

이 노래의 창작 동기로 볼 수 없는 것은?

① 후대의 왕에 대한 권계를 위해서
② 선대의 왕의 잘못을 기록하기 위해서
③ 왕조의 무궁한 발전을 송축하기 위해서
④ 조선 건국의 정당성을 강조하기 위해서

### 052
자체 제작

〈제2장〉의 표현상 특징에 해당하지 않는 것은?

① 순우리말의 사용
② 중국 고사의 인용
③ 대구에 의한 형식미
④ 비유적, 상징적 표현

### 053
자체 제작

〈제125장〉의 내용과 관련이 없는 것은?

① 한양은 오래 전에 하늘에 의해서 정해진 도읍지이다.
② 인(仁)을 바탕으로 개국한 조선은 국가의 운명이 영원할 것이다.
③ 후대 왕들은 하늘을 공경하고 백성을 부지런히 다스려야 할 것이다.
④ 미래의 국가의 운명은 조상들이 어떠한 업적을 가지고 있느냐에 달려 있다.

---

**정답과 해설**

**051** ② 선조의 행적을 제시하여 후대 왕들에게 이를 타산지석으로 삼을 것을 권계하기 위해 창작한 것이다. 따라서 선대 왕들의 잘못을 기록하기 위한 것으로 볼 수 없다.

**052** ② 제2장은 다른 장들과 달리 중국 고사가 쓰이지 않았다.

**053** ④ 국가의 운명은 아무리 조상의 업적이 뛰어나다 할지라도 후왕이 경천근민(敬天勤民)하는 자세로 노력해야만 탄탄해지는 것임을 강조하고 있다.

가을바람에 오직 괴로이 읊나니
세상에 나를 알아주는 이 없구나
창밖엔 깊은 밤, 비만 내리는데
등불 앞에 천만 리 떠나간 마음
— 최치원, 〈추야우중〉

## 054 자체 제작
이 시에 대한 설명으로 알맞지 않은 것은?
① 화자의 애상적인 감정이 드러나고 있다.
② 계절적 배경이 직접적으로 나타나 있다.
③ 선경후정(先景後情)의 방식을 따르고 있다.
④ 자연물을 활용하여 화자의 정서를 표현하고 있다.

## 055 자체 제작
이 노래의 화자가 보여주는 정서와 태도로 적절한 것은?
① 체념　② 연민
③ 권태　④ 고뇌

---

비 갠 긴 언덕엔 풀빛이 푸른데
남포에서 임 보내며 슬픈 노래 울먹이네
대동강 물이야 어느 때나 마르려나
해마다 이별 눈물 강물에 더하는 것을
— 정지상, 〈송인〉

## 056 자체 제작
위 작품에 대한 설명으로 적절하지 않은 것은?
① 자연과 인간의 대비가 나타난다.
② '물'은 '눈물'과 '강물'로 이어지며 화자의 슬픔이 강조된다.
③ '어느 때나 마르려나'에서 설의법을 사용하여 화자의 감정을 드러내고 있다.
④ '해마다 이별 눈물 강물에 더하는 것을'이라는 사실적 표현으로 화자의 정서를 표현하고 있다.

## 057 자체 제작
위 작품의 순서가 도치되어있다고 볼 때, 바르게 배열한 것으로 적절한 것은?
① 1행 - 2행 - 4행 - 3행
② 1행 - 3행 - 2행 - 4행
③ 2행 - 1행 - 3행 - 4행
④ 3행 - 2행 - 1행 - 4행

### 정답과 해설
054 ③ '괴로이'에서 알 수 있듯이 화자의 정서가 전반부부터 드러나므로 선경후정의 방식은 적절하지 않다.
055 ④ 이 작품은 좌절한 지식인의 고뇌를 표현한 작품이다. 고국에 돌아온 작가 '최치원'이 자신의 뜻과 능력을 발휘하지 못해 좌절하는 모습을 표현하고 있다
056 ④ 화자가 임을 그리워하여 흘리는 눈물이 대동강 물을 보탠다는 뜻으로 과장법을 사용한 표현이므로 사실적 표현으로 볼 수 없다.
057 ① 4행과 3행을 도치하여 임과의 이별로 인한 화자의 슬픔을 효과적으로 표현하고 있다.

---

# 5. 한시

## 9. 최치원, 〈추야우중〉

秋風惟苦吟
世路少知音
窓外三更雨
燈前萬里心

가을바람에 괴로이 읊나니
　고뇌하는 화자의 심정이 드러남
세상에 내 마음 알아주는 이 없구나
　　　　　　　　　　=지음(知音)
세상에~없구나 : 자신의 마음을 알아주는 이가 없음을 한탄함
창밖엔 깊은 밤, 비만 내리는데
　　　　　화자의 고뇌를 심화하는 소재
등불 앞 마음은 만 리 밖을 내닫네
　　　　화자와 세상 사이의 정서적 거리
등불~내닫네 : 화자가 속세와 멀리 떨어져 있지만,
아직도 세상일에 대한 미련을 버리지 못했음을 의미

— 최치원, 〈추야우중〉

## 10. 정지상, 〈송인〉

雨歇長堤草色多
送君南浦動悲歌
大同江水何時盡
別淚年年添綠波

비 갠 긴 언덕엔 풀빛이 푸른데
시각적 이미지
화자의 처지(이별하는 상황)와 대비되는 자연의 모습 → 화자의 슬픔 부각
남포에서 임 보내며 슬픈 노래 부르네
이별의 공간　　　　시상의 집약
남포에서 임 보내며 : 화자의 상황 - 사랑하는 이와 이별함
대동강 물이야 어느 때나 마르려나
　　　　이별의 정한을 드러내는 소재
해마다 이별 눈물 강물에 더하는 것을
과장법 / 이별할 때 흘린 눈물 때문에 강물이 마르지 않을 것이라고 표현 / 이별의 정한 강조

— 정지상, 〈송인〉

## 6. 시조

**(1) 시조란?**

시조(時調)는 고려 중엽에 발생하고 고려 말에 형태가 완성되어 조선 시대에 널리 향유되고 현재에도 그 창작이 유지되고 있는 대표적인 정형시. '시절가조(時節歌調)'

**(2) 시조의 형식**

① 평시조(平時調): 시조의 기본적인 형태, 3장 6구 45자 내외의 정형적인 형태
② 엇시조: 평시조의 정형성에서 초장이나 중장이 무제한으로 길어지는 형태로, 종장에는 큰 변화가 없는 것이 특징
③ 사설시조: 평시조보다 초·중·종장의 장이 제한 없이 길어진 형태
④ 단시조: 평시조와 같은 의미로, 일반적인 형식의 시조가 1수 제시된 형태
⑤ 연시조: 평시조가 2수 이상으로 나열되게 이루어져 작품을 구성하고 있는 형태

## 11. 길재, 〈오백 년(五百年) 도읍지를~〉

**(가)**

오백 년(五百年) 도읍지(都邑地)를 필마(匹馬)로 도라드니
<sub>고려의 옛 도읍지</sub>
오백 년 도읍지를 한 필의 말로 돌아보니

산천(山川)은 의구(依舊)ㅎ되 인걸(人傑)은 간 듸 업다
<sub>변함없는 자연       인재</sub>
<sub>'산천'과 '인걸'의 대조</sub>
<sub>대구법</sub>
산천은 옛날과 다름없는데 인재는 간 데 없다

㉠어즈버 태평연월(太平烟月)이 꿈이런가 ㅎ노라
<sub>감탄사   고려의 전성기      인간사의 무상함을 느낌</sub>
<sub>= 서리지탄(黍離之歎), 맥수지탄(麥秀之嘆), 일장춘몽(一場春夢)</sub>
아아, 태평했던 시절이 꿈인가 하노라

– 길재

## 12. 조식, 〈두류산(頭流山) 양단수(兩端水)를~〉

**(나)**

두류산(頭流山) 양단수(兩端水)를 녜 듯고 이지 보니
<sub>과거의 경험</sub>
지리산의 두 갈래로 흐르는 물줄기를 옛날에 듣고 이제 보니

도화(桃花) 뜬 말근 물에 산영(山影)조츠 잠겨셰라
<sub>무릉도원을 연상하게 하는 소재       영탄법</sub>
<sub>자연의 모습을 감각적으로 형상화</sub>
<sub>과거의 경험을 바탕으로 현재의 감정을 드러내고 있음</sub>
복숭아꽃이 뜬 맑은 물에 산의 그림자마저 잠겼구나

아희야 무릉(武陵)이 어디미오 나는 옌가 ㅎ노라
<sub>청자말을 건네는 어투</sub>
<sub>문답법 / 자연에 대한 예찬적 태도 / = 유유자적(悠悠自適), 물아일체(物我一體)</sub>
아이야, 무릉도원이 어디냐? 나는 여기인가 하노라

– 조식

---

**(가)**
오백 년(五百年) 도읍지(都邑地)를 필마(匹馬)로 도라드니
산천(山川)은 의구(依舊)ㅎ되 인걸(人傑)은 간 듸 업다
㉠어즈버 태평연월(太平烟月)이 꿈이런가 ㅎ노라
– 길재

**(나)**
두류산(頭流山) 양단수(兩端水)를 녜 듯고 이지 보니
도화(桃花) 뜬 말근 물에 산영(山影)조츠 잠겨셰라
아희야 무릉(武陵)이 어디미오 나는 옌가 ㅎ노라
– 조식

### 058  <sub>자체 제작</sub>

(가)에 대한 설명으로 적절한 것은?

① 설의적 표현을 통해 의미를 강조하고 있다.
② 문장을 도치시켜 시적 의미를 강조하고 있다.
③ 인간사와 자연사의 대비를 통해 시상을 전개하고 있다.
④ 과장된 표현을 사용하여 임을 향한 애절한 마음을 부각하고 있다.

### 059  <sub>자체 제작</sub>

(나) 시의 특징으로 적절하지 않은 것은?

① 감탄의 어조로 감흥을 표출하고 있다.
② 시각적 이미지를 선명하게 드러내고 있다.
③ 자연과 인간의 대비를 통해 시상을 전개하고 있다.
④ 문답법을 통해서 시적 화자의 감흥을 강조하고 있다.

### 060  <sub>자체 제작</sub>

㉠에 대한 설명으로 적절한 것은?

① 화자와 대상 간의 갈등관계를 부각시킨다.
② 대상에 대한 화자의 인식 변화가 일어난다.
③ 고조된 화자의 감정이 집약적으로 드러난다.
④ 화자의 종교적 깨달음이 직접적으로 발생한다.

---

**정답과 해설**

**058** ③ '산천(山川)은 의구(依舊)ㅎ되 인걸(人傑)은 간 듸 업다(산천은 옛 모습과 다를 바 없는데 인걸은 간 곳이 없다)'에서 인간사와 자연사의 대비를 통해 시상을 전개하고 있음을 확인할 수 있다.
**오답피하기** ① 설의적 표현은 드러나 있지 않다. 'ㅎ노라'는 설의적 표현이 아닌 영탄적 표현이다. ② 문장을 도치시킨 표현은 드러나 있지 않다. ④ 과장된 표현은 나타나 있지 않으며, 임에 대한 애절한 마음을 드러내고 있지도 않다. 화자는 고려의 옛 도읍지('오백 년 도읍지')를 돌아보며 느끼는 무상감을 노래하고 있다.
**059** ③ (나)에 자연과 인간의 대비가 나타나 있지 않다.
**060** ③ ㉠ '어즈버'는 인생무상을 느끼는 화자의 감정을 집약적으로 표현하는 감탄사이다.

흥망(興亡)이 유수(有數)ㅎ니 만월대(滿月臺)도 추초(秋草) ㅣ 로다
오백 년(五百年) 왕업(王業)이 목적(牧笛)에 부처시니
석양(夕陽)에 지나는 객(客)이 눈물계워 ㅎ 드라
- 원천석

**061** 자체 제작
이 작품에 대한 설명으로 가장 적절한 것은?
① 자신의 궁핍한 처지로 인한 좌절감이 표출되어 있다.
② 과거와 달라진 현재를 통해 무상함의 정서를 표현하고 있다.
③ 이별의 상황에 연연해하지 않는 달관의 자세가 나타나있다.
④ 자신의 기대가 실현 될 것이라는 낙관적 인식이 드러나 있다.

---

구룸이 ⓐ무심(無心)툰 말이 ⓑ아무도 허랑(虛浪)ㅎ다
중천(中天)에 ⓒ써 이셔 임의(任意)로 단이면셔
ⓓ구타야 광명(光明)ᄒ 날빗츨 ᄯᅡ라 가며 덥ᄂ니
- 이존오

**062** 자체 제작
이 시의 시어들이 '구룸'과 맺는 관계를 잘못 설명한 것은?
① '허랑(虛浪)ㅎ다'는 '구룸'에 대한 화자의 비판을 의미한다.
② '임의(任意)로 단이면셔'는 '구룸'의 부정적 속성을 드러낸다.
③ '날빗'은 '구룸'으로 인한 문제 상황의 해결 가능성을 암시한다.
④ 'ᄯᅡ라 가며 덥ᄂ니'는 '구룸'이 일으키는 문제적 상황을 의미한다.

**063** 자체 제작
ⓐ~ⓓ에 대한 뜻으로 적절하지 않은 것은?
① ⓐ: 냉정하다는
② ⓑ: 아마도
③ ⓒ: 떠 있어
④ ⓓ: 굳이

---

### 13. 원천석, 〈흥망(興亡)이 유수(有數)ㅎ니~〉

흥망(興亡)이 유수(有數)ㅎ니 만월대(滿月臺)도 추초(秋草) ㅣ 로다
　　　　　　　시각적 이미지 / 쇠락, 황폐
나라가 흥하고 망하는 것은 운수에 달렸으니, 만월대에도 시든 가을 풀만 우거져 있구나
오백 년(五百年) 왕업(王業)이 목적(牧笛)*에 부처시니
고려 왕조　　　　　청각적 이미지 / 허무함, 무상함의 정서
오백 년 왕조의 업적이 목동의 피리 소리에 담겨 있으니
석양(夕陽)에 지나는 객(客)이 눈물계워 ㅎ 드라
중의법　　화자 자신을 '객'이라 칭하며 간접적으로 정서를 드러냄
　　　　화자: 고려의 멸망을 슬퍼함 → 맥수지탄(麥秀之嘆)
석양에 지나는 나그네가 눈물겨워 하는구나
- 원천석

*목적(牧笛): 목동의 피리 소리.

---

### 14. 이존오, 〈구룸이 무심(無心)툰 말이~〉

구룸이 무심(無心)툰 말이 아무도 허랑(虛浪)ㅎ다
구름　　　무심: 욕심이 없다.
: 간신 / 신돈을 지칭
구름이 욕심 없다는 말이 아마도 허무맹랑하다
중천(中天)에 써 이셔 임의(任意)로 단이면셔
높은 직책　　　　마음대로 → 간신의 횡포
하늘 가운데에 떠 있어 마음대로 다니면서
구타야 광명(光明)ᄒ 날빗츨 ᄯᅡ라 가며 덥ᄂ니
　　　임금의 총명함 ↔ 구룸
구태여 밝은 햇빛을 따라 가며 덮는구나
- 이존오

---

**정답과 해설**

**061** ② '오백 년 왕업'이 '목적(牧笛)'에 담겨있다는 표현에서 과거와 달라진 현재를 통해 무상한 정서를 드러내고 있음을 알 수 있다.

**062** ③ '날빗'은 '구룸'이 가리는 임금의 총명을 가리킨다. 따라서 '날빗'이 문제 상황의 해결 가능성을 암시한다고 볼 수 없다.

**063** ① ⓐ '무심(無心)툰'은 '사심(邪心)이 없다는 것'으로 해석할 수 있다.

## 15. 이개, 〈방(房) 안에 혓는 촉(燭)불~〉

방(房) 안에 혓는 촉(燭)불 눌과 이별(離別)ㅎ엿관듸
<u>객관적 상관물</u>
방 안에 켜 있는 촛불은 누구와 이별하였기에

것츠로 눈믈 디고 속 타는 쥴 모로는고
<u>원관념 : 촛농</u>  <u>원관념 : 심지 / 의인법</u>
겉으로 눈물 흘리고 속 타는 줄 모르는가

뎌 촉(燭)불 날과 갓트여 속 타는 쥴 모로도다
<u>촛불과 화자의 동일시 → 감정 이입 / 이별한 화자의 상황</u>
<u>동병상련(同病相憐), 노심초사(勞心焦思)</u>
저 촛불 나와 같아서 속 타는 줄 모르는구나

— 이개

## 16. 성삼문, 〈수양산(首陽山) 바라보며~〉

수양산(首陽山) 바라보며 이제(夷齊)*를 한(恨)ㅎ노라
<u>중의법</u>  <u>통념을 뒤집어 충신의 대명사인 백이와 숙제를 비판함</u>
① 이제가 절의를 지키기 위해 들어간 산, ② 수양 대군
수양산 바라보며 백이와 숙제를 한탄하노라

주려 주글진들 채미(採薇)*도 ㅎ 는 것가 <u>비판적 어조</u>
<u>고사리를 캐어 먹는 것 = 수양 대군이 내리는 '녹봉'을 받는 것</u>
굶어 죽을지언정 왜 고사리를 캔 것인가

비록애 푸새엣 거신들 긔 뉘 ᄯᅡ희 낫ᄃᆞ니
<u>다른 임금의 땅</u>
비록 풀이지만 그것이 누구 땅에서 났느냐

— 성삼문

*이제 : 백이(伯夷)와 숙제(叔齊)를 합해서 이르는 말. 이들은 형제로서 은나라가 망하자 주나라의 곡식을 먹지 않고 수양산에 숨어서 고사리를 캐 먹다가 굶주려 죽었다 함.

---

> 방(房) 안에 혓는 촉(燭)불 눌과 이별(離別)ㅎ엿관듸
> 것츠로 눈믈 디고 속 타는 쥴 모로는고
> 뎌 촉(燭)불 날과 갓트여 속 타는 쥴 모로도다
> — 이개

**064** 　　2015 서울시 9급
이 시조와 가장 유사한 정서가 나타난 것은?

① 이화에 월백ㅎ고 은한이 삼경인 제 / 일지춘심을 자규야 알랴마는 / 다정도 병인냥ㅎ여 줌 못 드러 ㅎ노라

② 흔 손에 막디 잡고 또 흔 손에 가싀 쥐고 / 늙는 길은 가싀로 막고 오는 백발은 막대로 칠엿튼이 / 백발이 제 몬져알고 지름길로 오건야

③ 이화 훗쑤릴 제 울며 잡고 이별흔 님 / 추풍낙엽에 저도 날 싱각ᄂᆞᆫ가 / 천리에 외로운 쑴만 오락가락 ᄒ노매

④ ᄆᆞ을 사름들아 올흔 일 ᄒ쟈ᄉᆞ라 / 사름이 되어 나셔 올티옷 못ᄒ면 / ᄆᆞ쇼를 갓 곳갈 싀워 밥머기나 다르랴

---

> 수양산(首陽山) 바라보며 이제(夷齊)를 한(恨)ㅎ노라
> 주려 죽은진들 채미(採薇)도 ㅎ 는 것가
> 아모리 프시엣 거신들 긔 뉘 ᄯᅡ희 낫ᄃᆞ니
> — 성삼문

**065** 　　자체 제작
이 글에 대한 설명으로 적절하지 않은 것은?

① 설의적 표현을 활용하여 표현 효과를 높이고 있다.
② 중의적 표현을 활용하여 부정적 대상을 나타내고 있다.
③ 자연물에 상징적 의미를 부여하여 문제의식을 드러내고 있다.
④ 가정적 상황을 통해 대상을 본받으려는 태도를 드러내고 있다.

**066** 　　자체 제작
이 작품에 대한 설명으로 적절한 것은?

① '수양산'으로 들어간 '이제'를 옹호하려는 화자의 태도가 드러나고 있다.
② '이제'의 삶의 자세를 본받으려는 화자의 노력과 희생적 태도가 나타나 있다.
③ '한(恨)ㅎ노라'라는 표현을 통해 '이제'를 비판하는 화자의 태도를 드러내고 있다.
④ '이제'와 화자 자신의 태도를 비교하여 자연과의 합일에 대한 소망을 부각하고 있다.

---

### 정답과 해설

**064** ③ 두 작품 모두 사랑하는 임과 이별한 상황에서 임을 그리워하는 정서를 나타내고 있으므로 유사하다고 볼 수 있다.

**065** ④ 화자는 대상의 행동을 비판적으로 보며 자신의 절개를 드러내고 있으므로 대상을 본받으려는 태도를 드러낸다는 것은 적절하지 않다.

**066** ③ '한(恨)ㅎ노라'는 '이제(夷齊)'의 행동을 비판하며 한탄하는 화자의 모습을 드러낸다.

(가)
㉠천만 리(千萬里) 머나먼 길히 고은 님 여희옵고
닉 무옴 둘 딕 업서 냇ᄀᆡ의 안쟈시니
져 믈도 닉 온 곳ᄒᆞ여 우러 밤길 녜놋다
- 왕방연

(나)
삼동(三冬)에 ⓐ뵈옷 닙고 암혈(巖穴)*에 ⓑ눈비 마자
구름 씬 볏뉘도 쬔 적이 업건마ᄂᆞᆫ
ⓒ서산(西山)에 ᄒᆡ 지다 ᄒᆞ니 ⓓ눈물겨워 ᄒᆞ노라.
- 조식

*암혈(巖穴): 바위 굴(궁색한 거처).

## 067
자체 제작

(가)에 대한 설명으로 적절한 것은?
① 대비되는 소재로 주제를 표현했다.
② 생활의 곤궁함과 삶의 권태로움을 읊었다.
③ 자연물을 통해 화자의 감정을 드러내고 있다.
④ 자신의 과오에 대한 뉘우침을 나타내고 있다.

## 068
자체 제작

㉠의 의미로 가장 적절한 것은?
① 임과 화자의 실제적 거리
② 떠난 임에 대한 원망의 크기
③ 임과 이별한 상황에 대한 슬픔의 깊이
④ 달라진 임의 태도로 인한 상실감의 정도

## 069
2015 국가직 9급

(나)의 ⓐ~ⓓ에 대한 설명으로 적절하지 않은 것은?
① ⓐ: 화자의 처지나 생활을 추측할 수 있게 한다.
② ⓑ: 화자와 중심 대상 사이를 연결하는 매개체이다.
③ ⓒ: 화자가 머물고 있는 공간과 구별되는 공간이다.
④ ⓓ: 상황에 대한 화자의 감정이 직접 표출되고 있다.

### 정답과 해설
**067** ③ 화자는 '믈'에 자신의 괴롭고 슬픈 감정을 이입하여 표현하고 있다.
**068** ③ '천만 리(千萬里)'는 임과 이별한 화자의 슬픔의 깊이를 수량화한 표현이다.
**069** ② 'ⓑ 눈비'는 화자가 산중에 은거하고 있었음을 나타내는 소재이므로 화자와 중심 대상 사이를 연결하는 매개체로 볼 수 없다.

## 17. 왕방연, 〈천만 리(千萬里) 머나먼 길희~〉

천만 리(千萬里) 머나먼 길희 고은 님 여희옵고
*슬픔의 깊이를 수량화 / 과장법    단종*
천만 리 머나먼 길에 고운 임과 이별하고

닉 무옴 둘 딕 업서 냇ᄀᆡ의 안쟈시니
*화자의 정서 : 슬픔, 안타까움*
내 마음 둘 데 없어 냇가에 앉아 있으니

져 믈도 닉 온 곳ᄒᆞ여 우러 밤길 녜놋다
*감정 이입 / 의인법*
저 냇물도 내 마음 같이 울며 밤길을 흘러가는구나

- 왕방연

## 18. 조식, 〈삼동(三冬)에 뵈옷 닙고~〉

삼동(三冬)에 뵈옷 닙고 암혈(巖穴)*에 눈비 마자
          *벼슬 없는 신분    궁핍한 생활*
한겨울에 베옷 입고, 바위 굴에서 눈과 비를 맞아

구름 씬 볏뉘도 쬔 적이 업건마ᄂᆞᆫ
*아주 작은 임금의 은총*
구름 낀 조그만 햇볕도 쬔 적이 없건마는

서산(西山)에 ᄒᆡ 지다 ᄒᆞ니 눈물겨워 ᄒᆞ노라.
        *임금의 승하         임금의 승하를 슬퍼함*
서산에 해가 진다고 하니 눈물겨워 하는구나

- 조식

*암혈(巖穴) : 바위 굴(궁색한 거처).

## 19. 우탁, 〈춘산(春山)에 눈 노기논~〉

춘산(春山)에 눈 녹이논 ᄇᆞᄅᆞᆷ 건듯 불고 간 듸 업다
　　　　　　　　　머리를 검게 만들어 줄 수 있을 것이라고 여기는 대상
봄 산 눈 녹인 바람 잠깐 불고 간곳 없다
져근 덧 비러다가 마리 우희 불니고져
　　　젊어지고 싶은 소망
잠시동안 빌려다가 머리 위에 불게 하고 싶구나
귀 밋틔 ᄒᆡ묵은 셔리를 녹여볼가 ᄒᆞ노라
　'백발(白髮)'의　　　늙음을 극복하고자 하는 의지 /
　비유적 표현　　　달관, 관조
귀 밑에 여러 해 묵은 서리를 녹여 볼까 하노라

　　　　　　　　　　　　　　　　　　　　　　　　　　- 우탁

## 20. 이조년, 〈이화에 월백ᄒᆞ고~〉

이화(梨花)에 월백(月白)ᄒᆞ고 은한(銀漢)이 삼경(三更)인 제
색채 이미지(흰색) / 시각적 이미지　　　　　　　밤 11시~새벽 1시
하얀 배꽃에 달이 비치고 은하수가 깊은 밤을 알릴 때
일지춘심(一枝春心)을 자규(子規)야 알냐마는
추상적 관념의 구체화　　청각적 이미지 / 객관적 상관물
가지에 깃든 봄의 마음을 소쩍새가 알고 울겠냐마는
다정(多情)도 병(病)인 양ᄒᆞ여 ᄌᆞᆷ 못 일워 ᄒᆞ노라
직유법　　　전전반측(輾轉反側)
다정(多情)도 ~ ᄒᆞ노라 : 봄날 밤의 애상감
정이 많은 것도 병인가 하여 잠 못 들어 하노라

　　　　　　　　　　　　　　　　　　　　　　　　　　- 이조년

---

> ㉠춘산(春山)에 눈 노기논 ᄇᆞᄅᆞᆷ 건듯 불고 간 듸 업다
> 져근덧 비러다가 불니고쟈 마리 우희 불니고져
> 귀 밋ᄐᆡ ᄒᆡ 무근 ㉡셔리를 노겨볼가 ᄒᆞ노라
> 　　　　　　　　　　　　　　　　- 우탁

### 070
이 글에 대한 설명으로 적절하지 않은 것은?
① 비유법을 통하여 늙음에 대한 탄식을 드러내고 있다.
② 색채 이미지를 활용하여 참신한 비유법을 사용하고 있다.
③ 명암 대비를 통해 시적 상황을 구체적으로 드러내고 있다.
④ 상징적인 소재를 활용해 화자가 처한 상황을 부각하고 있다.

### 071
㉠과 ㉡이 의미하는 것을 바르게 짝지은 것은?

|   | ㉠ | ㉡ |
|---|---|---|
| ① | 추억 | 고독 |
| ② | 모함 | 결백 |
| ③ | 원망 | 탄식 |
| ④ | 청춘 | 백발 |

> 이화(梨花)에 월백(月白)ᄒᆞ고 은한(銀漢)이 삼경(三更)인 제
> 일지춘심(一枝春心)을 자규야 알냐마는
> 다정(多情)도 병(病)인 양ᄒᆞ여 ᄌᆞᆷ 못 일워 ᄒᆞ노라
> 　　　　　　　　　　　　　　　　- 이조년

### 072
이 글에 대한 설명으로 옳은 것은?
① 현재와 과거를 대비하여 시상을 전개하고 있다.
② 계절에 따라 변화하는 대상의 속성을 드러내고 있다.
③ 자연물을 매개체로 활용하여 시적 정조를 드러내고 있다.
④ 동일한 종결 어미를 반복하여 시적 안정감을 획득하고 있다.

### 073
이 시에 대한 설명으로 적절하지 않은 것은?
① 시간의 흐름을 중심으로 시상을 전개하고 있다.
② '일지춘심'에서 추상적 대상의 구체적 형상화가 나타나고 있다.
③ 시각적 이미지를 활용해 시적 배경을 감각적으로 표현하고 있다.
④ 선경후정의 방식에 따라 화자의 정서가 배경과 밀접한 관련성을 맺고 있음을 보여준다.

### 정답과 해설
**070** ③ 명암의 대비는 밝음과 어둠의 이미지 대비를 뜻한다. 낮과 밤, 밝음과 어둠 등이 시에 나타날 경우 명암 대비가 성립한다. 제시문에서 이러한 명암 대비는 나타나 있지 않다.

**071** ④ ㉠ '춘산(春山)'은 젊음과 청춘을, ㉡ '셔리'는 백발, 늙음을 상징한다.

**072** ③ '자규'를 매개체로 하여 봄밤에 느끼는 애상적 정서를 드러내고 있다.

**073** ① 이 작품은 봄날의 애상적 정서를 나타낸 작품이지만 시간의 흐름을 중심으로 한 전개는 나타나지 않는다.

## 21. 황진이, 〈동지(冬至)ㅅ돌 기나긴 밤을~〉

> 동지(冬至)ㅅ돌 기나긴 밤을 한 허리를 버혀 내여
> 임이 부재한 밤 　　　　　　추상적 관념의 구체화
> 동짓달 기나긴 밤의 한가운데를 베어 내어
>
> 춘풍(春風) 니불 아래 서리서리 너헛다가
> 　　　　　　　　음성 상징어의 사용
> 봄바람처럼 따스한 이불 아래 서리서리 넣어 두었다가
>
> 어론 님 오신 날 밤이여든 구뷔구뷔 펴리라
> 　화자가 기다리는 밤　　　음성 상징어의 사용
> 정든 임 오신 밤에 구뷔구뷔 펴리라
>
> 　　　　　　　　　　　　　　　　　　　　　　　- 황진이

---

동지(冬至)ㅅ돌 **기나긴 밤**을 한 허리를 버혀 내여
춘풍(春風) 니불 아래 서리서리 너헛다가
**어론 님 오신 날 밤**이여든 **구뷔구뷔** 펴리라
　　　　　　　　　　　　　　　　　　- 황진이

### 074
자체 제작

**위 시의 화자에 대한 설명으로 옳은 것은?**

① 화자는 아직 발생하지 않은 상황을 가정하고 있다.
② 화자는 임이 부재하는 부정적 현실에 대해 타협한다.
③ 화자는 자신 곁에 없는 임에 대해 원망의 정서를 보인다.
④ 화자는 임에 대한 그리움을 견디기 위해 과거를 회상하고 있다.

### 075
자체 제작

**위 시에 대한 설명으로 적절하지 않은 것은?**

① 추상적 대상을 구체화하여 참신하게 표현하고 있다.
② 동질적 상황을 열거하여 시적 긴장감을 높이고 있다.
③ '어론 님 오신 날 밤'은 '기나긴 밤'과 달리 화자의 바람이 실현되는 시간을 의미한다.
④ '구뷔구뷔'에는 대상과 보내는 시간이 지속되길 바라는 소망이 반영되어 있다.

---

## 22. 계랑, 〈이화우(梨花雨) 훗쑤릴 제~〉

> 이화우(梨花雨) 훗쑤릴 제 울며 잡고 이별(離別)호 임
> (과거) 계절적 배경 : 봄　　　　　　화자의 상황 : 과거에 임과 이별함
> 하강적 이미지
> 배꽃이 비 내리듯 흩날릴 때 울면서 소매를 잡고 이별한 임
>
> 추풍낙엽(秋風落葉)에 저도 날 싱각눈가
> (현재) 계절적 배경 : 가을
> 하강적 이미지
> 가을 바람 떨어지는 낙엽에 임도 나를 생각하는가
>
> 천 리(千里)에 외로운 쑴만 오락가락 호노매
> 임과의 공간적 거리감
> 천 리(千里)에 ~ 호노매 : 임에 대한 그리움, 재회에 대한 염원
> 천 리 머나먼 길에 외로운 꿈만 오락가락 하는구나
>
> 　　　　　　　　　　　　　　　　　　　　　　　- 계랑

---

이화우(梨花雨) 훗쑤릴 제 울며 잡고 이별(離別)호 임
추풍낙엽(秋風落葉)에 저도 날 싱각눈가
천 리(千里)에 외로운 쑴만 오락가락 호노매
　　　　　　　　　　　　　　　　　　- 계랑

### 076
자체 제작

**이 시에 대한 설명으로 적절하지 않은 것은?**

① '이화우'를 통해 계절적 배경을 알 수 있다.
② '추풍낙엽'은 시간의 흐름을 환기하는 소재이다.
③ '천 리'는 화자가 임에게 느끼는 공간적 거리감을 드러낸다.
④ '쑴'은 화자가 느끼는 슬픔의 정서를 일시적으로 해소해주는 수단이다.

---

### 정답과 해설

**074** ① 화자는 임이 오는 날을 기다리며, 임이 오는 상황을 가정하고 있다.
**075** ② 위 시에서 동질적 상황의 열거는 나타나지 않는다.
**076** ④ '쑴'은 임에 대한 그리움과 재회에 대한 염원을 의미한다.

### 23. 황희, 〈대초볼 불근 골에~〉

대초볼 불근 골에 밤은 어이 뜻드르며
*계절적 배경 : 가을*
대추의 볼이 붉은 골짜기에 밤은 어찌 떨어지며
벼 뷘 그르헤 게는 어이 누리는고
*시선의 이동 : 골짜기 → 그루터기 / 설의법*
*대구법(초장-중장)*
벼를 벤 그루터기에 게는 어찌 내려와 있는가
술 닉쟈 체 쟝亽 도라가니 아니 먹고 어이리
*소박함에서 행복을 느낌 → 안분지족(安分知足)*
술 익자 체 장수가 돌아가니 아니 먹고 어찌하리오

— 황희

---

대초볼 불근 골에 밤은 어이 뜻드르며
벼 뷘 그르헤 게는 어이 누리는고
술 닉쟈 체 쟝亽 도라가니 아니 먹고 어이리
— 황희

**077**       자체 제작

이 시의 특징으로 적절한 것은?

① 계절의 변화에 따라 시상을 전개하고 있다.
② 구체적인 자연물로부터 시상을 이끌어 내고 있다.
③ 과거 상황을 환기하며 화자의 정서를 드러내고 있다.
④ 공간의 이동에 따라 사물의 다양한 속성을 드러내고 있다.

**078**       자체 제작

이 시에 나타난 화자의 정서와 태도에 대한 설명으로 적절한 것은?

① 자연의 섭리를 깨닫고자 노력하는 태도가 나타나 있다.
② 대상이 부재하는 상황으로 화자의 좌절감이 드러나 있다.
③ 자신이 처한 상황에 만족하며 즐기는 태도가 나타나 있다.
④ 삶을 운명에 따른 것으로 여기며 수용하려는 태도가 나타나 있다.

### 24. 성혼, 〈말 업슨 청산(靑山)이오~〉

말 업슨 청산(靑山)이오 태(態) 업슨 유수(流水)로다 *대구법*
   *청산, 유수 : 의연하고 꾸밈이 없는 자연*
말 없는 청산이요 모양 없이 흐르는 물이로다
갑 업슨 청풍(淸風)이오 님자 업슨 명월(明月)이라 *대구법*
   *청풍, 명월 : 마음껏 즐길 수 있는 자연*
값 없는 맑은 바람이요 임자 없는 밝은 달이라
이 중(中)에 병(病) 업슨 이 몸이 분별(分別) 업시 늙으리라
*자연과 더불어 사는 즐거움, 달관의 자세*
*안빈낙도(安貧樂道), 강호한정(江湖閑情), 강호가도(江湖歌道)*
이 중에 병 없이 지내는 이 몸이 걱정 없이 늙으리라

— 성혼

---

말 업슨 **청산(靑山)**이오 태(態) 업슨 **유수(流水)**로다
갑 업슨 **청풍(淸風)**이오 님자 업슨 **명월(明月)**이라
이 중(中)에 **병(病)** 업슨 이 몸이 **분별(分別)** 업시 늙으리라
— 성혼

**079**       자체 제작

위 시에 대한 설명으로 적절하지 않은 것은?

① '청산(靑山)'은 자연의 일부로, 화자가 지향하는 존재이다.
② '청풍(淸風)'과 '명월(明月)'은 세속적 가치와 대비된다.
③ '병(病)'은 자연 속에서 살고 싶은 화자의 마음에 생긴 병을 의미한다.
④ '분별(分別) 업시 늙으리라'에는 물아일체의 경지에 이른 화자의 모습이 나타나고 있다.

---

**정답과 해설**

**077** ② '대초(대추)', '밤', '벼 뷘 그루' 등 가을 농촌의 풍요로운 모습을 드러내는 소재를 사용하여 시상을 이끌어 내고 있다.

**078** ③ 화자는 '대추'가 붉어지고 '벼 벤 그루터기'에 '게'가 다니는 가을 농촌의 풍요로움에 대해 노래하고 있다. 종장에서는 '(술을) 아니 먹고 어이리'라는 표현을 통해 농촌 생활에서의 풍류를 즐기는 모습이 나타난다.

**079** ③ '병(病) 업슨 이 몸'은 자연 속에서 문제없이 살아가는 모습을 나타내고자 한 것이다.

## 25. 송순, 〈십 년을 경영(經營)ᄒ야~〉

십 년을 경영(經營)ᄒ야 초려삼간(草廬三間) 지어 내니
　　　　　　　　　안빈낙도(安貧樂道), 안분지족(安分知足)
십 년을 준비하여 세 칸짜리 초가집을 지어 내니

나 ᄒ 간 ᄃᆞᆯ ᄒ 간에 청풍(淸風) ᄒ 간 맛져 두고
자연을 '나'와 동등한 인격체로 여김 → 물아일체(物我一體)의 경지
나 한 칸 달 한 칸에 맑은 바람 한 칸 맡겨 두고

강산(江山)은 드릴 듸 업스니 둘너 두고 보리라
　　　　　　　　　　자연을 있는 그대로 두고 감상함
강과 산은 들일 데 없으니 둘러 두고 보리라

— 송순

---

박스:
십 년을 경영(經營)ᄒ야 초려삼간(草廬三間) 지어니니
나 ᄒ 간 ᄃᆞᆯ ᄒ 간에 청풍(淸風) ᄒ 간 맛져 두고
강산(江山)은 드릴 듸 업스니 둘너 두고 보리라
　　　　　　　　　　　　　　　　　　— 송순

**080** 　　　　　　　　　　　　　자체 제작
위 시에 드러난 화자의 태도로 옳지 않은 것은?
① 가난하고 힘든 삶을 원망하고 있다.
② 욕심을 버린 청빈함을 지향하고 있다.
③ 안빈낙도하는 소박한 삶을 바라고 있다.
④ 물아일체의 경지에 다다르고 싶어 한다.

---

박스:
재 너머 성권롱(成勸農) 집의 술 ⑦닉닷 말 어제 듯고
누은 쇼 발로 박차 ⓒ언치 노하 ⓒ지즐 ᄐᆞ고
아ᄒᆡ야 네 권롱 ⓔ겨시냐 정좌수(鄭座首) 왓다 ᄒ여라.
　　　　　　　　　　　　　　　　　　— 정철

**081** 　　　　　　　　　　　2017 지방직 9급 1차
이 시조에 대한 설명으로 적절하지 않은 것은?
① 화자는 소박한 풍류를 즐기며 살고 있다.
② '박차'라는 표현에서 역동성과 생동감을 느낄 수 있다.
③ '언치 노하'는 엄격한 격식을 갖추려는 태도를 드러낸다.
④ '아ᄒᆡ'는 화자의 의사를 간접적으로 전달하는 존재이면서도, 대화체로 이끄는 영탄적 어구이다.

**082** 　　　　　　　　　　　　　자체 제작
이 시조는 생동감이 넘치는 분위기를 드러낸다. 그 이유를 설명한 것으로 알맞지 않은 것은?
① 급박한 시상 전개
② 과감한 생략과 비약
③ 음성 상징어의 활용
④ 박력 있고 동적인 어휘

**083** 　　　　　　　　　　　　　자체 제작
밑줄 친 ⑦~ⓔ의 현대어 풀이로 적절하지 않은 것은?
① ⑦: 있다는
② ⓒ: 담요 놓아
③ ⓒ: 눌러 타고
④ ⓔ: 계시냐

---

## 26. 정철, 〈재 너머 성권롱(成勸農) 집의~〉

재 너머 성권롱(成勸農)* 집의 술 닉닷 말 어제 듯고
　　　　성+관직 이름
고개 넘어 성 권농의 집에 술 익었다는 말을 어제 듣고

누은 쇼 발로 박차 언치* 노하 지즐 ᄐᆞ고
　　　　　　역동성　　　　　　　출발
누워 있는 소 발로 박차 담요 놓아 눌러 타고

아ᄒᆡ야 네 권롱 겨시냐 정좌수(鄭座首) 왓다 ᄒ여라.
〈도착〉 → 과정 생략. 속도감↑　화자 자신(정철)
아이야, 네 권농 계시냐 정 좌수 왔다 전하여라

— 정철

* 권롱(권농): 지방 관아에서 농사 장려의 직책을 맡던 사람.
* 언치: 안장 밑에 까는 담요.

---

### 정답과 해설
**080** ① 화자는 안빈낙도(安貧樂道)하는 모습을 드러내고 있으므로 가난하고 힘든 삶을 원망하고 있다고 볼 수 없다.
**081** ③ '언치 노하'는 현대어로 '안장 밑에 까는 담요를 놓아'로 해석되므로 엄격한 격식을 갖추려는 태도를 드러낸다고 볼 수 없다.
**082** ③ 사람이나 사물의 모양이나 소리를 흉내낸 표현은 나타나 있지 않다.
**083** ① '닉닷'은 '(술이) 익었다는'으로 해석하는 것이 적절하다.

## 27. 박인로, 〈조홍시가(早紅詩歌)〉

반중(盤中) 조홍(早紅)감이 고와도 보이누다
  *돌아가신 부모님을 떠오르게 하는 매개체*
소반에 놓인 붉은 감이 고와 보이는구나
유자(柚子)ㅣ* 안이라도 품엄 즉도 ᄒ다마는
  *육적의 회귤고사를 인용*
유자가 아니라도 품어 갈 마음이 있다마는
품어 가 반기리 업슬시 글노 설워ᄒ누이다.
  *부모님이 돌아가심*   *풍수지탄(風樹之嘆)*
                      *화자의 감정을 직접적으로 드러냄*
품어 가도 반길 이 없으니 이를 서러워하나이다

〈제1수〉
- 박인로, 〈조홍시가(早紅詩歌)〉

*유자(柚子)ㅣ: 유자(귤).

## 28. 정철, 〈장진주사(將進酒辭)〉

ᄒᆞᆫ 잔(盞) 먹새이다 쏘 ᄒᆞᆫ 잔 먹새이다. 곳것거 주(籌)를 노코 무진무진(無盡無盡) 먹새이다  *a-a-b-a 구조, 반복법*
한 잔 먹세그려 또 한 잔 먹세그려 꽃 꺾어 셈하며 다함이 없이 먹세그려
이 몸 죽은 후에 지게 우희 거젹 덥퍼 주리혀 메여가나 유소보장(流蘇寶帳)에 만인이 우러 녜나, 어욱새
속새 덥가나무 백양(白楊) 수페 가기곳 가면, 누른 ᄒᆡ 흰 달 가는 비 굴근 눈 소소(蕭蕭)리 바ᄅᆞᆷ 불 제 뉘 ᄒᆞᆫ
잔(盞) 먹ᄌᆞ리
  *어욱새~소소리 바ᄅᆞᆷ : 삭막하고 쓸쓸한 무덤 주변의 모습*
  *뉘 ᄒᆞᆫ 잔 먹ᄌᆞ리 : 죽고 난 후에는 술 먹자 할 사람이 없다 → 지금 술을 즐겨야 한다*
이 몸이 죽은 후에 지게 위에 거적 덮어 졸라매어 가나, 곱게 꾸민 상여 타고 수많은 사람이 울면서 따라가나, 억새 속새 떡갈나무 백양 숲
속에 가기만 하면 누런 해와 흰 달과, 굵은 눈과 가는 비에 회오리바람 불 적에 누가 한잔 먹자고 할까
ᄒᆞ물며 무덤 우희 ᄌᆡ나비 ᄑᆞ람 불제* 뉘웃츤들 엇더리.
  *허무함, 허망함*   *술을 즐기는 것을 합리화*
하물며 무덤 위에 원숭이 휘파람 불 때 뉘우친들 어떠리
- 정철, 〈장진주사(將進酒辭)〉

*ᄑᆞ람 불제 : 휘파람을 불 때.

---

반중(盤中) 조홍(早紅)감이 고와도 보이누다
유자(柚子)ㅣ 안이라도 품엄 즉도 ᄒ다마는
품어 가 반기리 업슬시 글노 설워ᄒ누이다
- 박인로, 〈조홍시가(早紅詩歌)〉

**084** 자체 제작
이 시의 특징으로 적절한 것은?
① 시간과 공간이 구체적으로 드러나 있다.
② 설의적 표현을 사용하여 시상을 전개하고 있다.
③ 고사를 활용하여 화자의 정서를 드러내고 있다.
④ 시어의 점층적 강조를 통해 시적 상황을 부각하고 있다.

**085** 자체 제작
이 시에서 강조하고 있는 가치관으로 적절한 것은?
① 우정   ② 절개
③ 효     ④ 충

---

ᄒᆞᆫ 잔(盞) 먹새이다 쏘 ᄒᆞᆫ 잔 먹새이다. ㉠곳것거 ㉡주(籌)를 노코 무진무진(無盡無盡) 먹새이다
이 몸 죽은 후에 지게 우희 거젹 덥퍼 주리혀 메여가나 ㉢유소보장(流蘇寶帳)에 만인이 우러 녜나, 어욱새 속새 덥가나무 백양(白楊) 수페 가기곳 가면, 누른 ᄒᆡ 흰 달 가는 비 굴근 눈 소소(蕭蕭)리 바ᄅᆞᆷ 불 제 뉘 ᄒᆞᆫ 잔(盞) 먹ᄌᆞ리
ᄒᆞ물며 무덤 우희 ㉣ᄌᆡ나비 ᄑᆞ람 불제 뉘웃츤들 엇더리.
- 정철, 〈장진주사(將進酒辭)〉

**086** 자체 제작
㉠~㉣의 뜻풀이로 적절하지 않은 것은?
① ㉠: 꽃나무 꺾어
② ㉡: 셈을 하며
③ ㉢: 곱게 꾸민 상여
④ ㉣: 작은 나비

**087** 자체 제작
이 글을 감상한 내용으로 적절한 것은?
① 화자는 'ᄒᆞᆫ 잔' 술을 함께 마실 누군가를 기다리고 있군.
② '소소리 바ᄅᆞᆷ'은 아름다운 자연을 즐기는 흥취를 돋우고 있군.
③ '무덤'은 쉽게 변해 버리는 인간의 간사함을 의미하고 있군.
④ 화자는 'ᄌᆡ나비 ᄑᆞ람'이 '무덤' 위에 부는 상황을 허망하다고 여기고 있군.

### 정답과 해설
**084** ③ '육적회귤' 고사를 활용하여 시상을 전개하고 있다.
**085** ③ 돌아가신 부모님에 대한 그리움을 노래하고 있으므로 '효(孝)'를 강조하고 있다고 볼 수 있다.
**086** ④ 'ᄌᆡ나비'는 '원숭이'를 뜻한다.
**087** ④ '무덤'은 죽음을 의미하므로 화자는 죽음 이후의 쓸쓸한 상황에 대해 허망함을 느끼고 있음을 확인할 수 있다.

창(窓) 내고쟈 창(窓)을 내고쟈 이 내 **가슴에 창**(窓) 내고쟈
 고모장지 셰살장지 들장지 열장지 암돌져귀 수돌져귀 빈목걸새 크나큰 **쟝도리**로 쑹쏙 바가 이 내 가슴에 창(窓) 내고쟈
 잇다감 하 답답홀 제면 **여다져 볼가 ᄒ노라.**
― 작자 미상

### 088
자체 제작

이 시에 대한 설명으로 적절하지 않은 것은?

① '가슴에 창'을 내려는 행동은 내적 괴로움을 해소하기 위한 시도를 의미한다.
② '창'을 만드는 데 필요한 소재들을 나열하여 마음에 쌓인 괴로움을 강조하고 있다.
③ '쟝도리'는 화자가 자신의 답답한 마음을 해소할 수 있게 해주는 소재이다.
④ '여다져 볼가 ᄒ노라'는 과거의 삶에 대한 뉘우침의 태도를 드러낸다.

### 089
2019 법원직 9급

이 시의 표현방식에 대한 설명으로 가장 적절하지 않은 것은?

① 웃음을 통해 비애와 고통을 극복하려는 우리나라 평민 문학의 한 특징이 엿보인다.
② 초·중·종장이 모두 율격을 무시한 형태의 시조로, 평시조에서 사설시조로 나아가는 작품의 성향을 나타내 주고 있다.
③ 구체적 생활 언어와 친근한 일상적 사물을 수다스럽게 열거함으로써 괴로움을 강조하는 수법은 반어적으로 웃음을 유발한다.
④ 특히 중장에서 여러 종류의 문과 문고리들을 열거하고 있는데, 이것은 화자의 답답한 심정을 강조하면서 동시에 화자가 처한 현실을 극복하고자 하는 의지의 표현으로도 볼 수 있다.

㉠귀ᄯ로리 져 귀ᄯ로리 어엿부다 져 귀ᄯ로리
 어인 귀ᄯ로리 지는 돌 새는 밤의 긴 소리 쟈른 소리 절절(節節)이 슬픈 소리 제 혼자 우러 녜어 사창(紗窓) 여윈 좀을 솔ᄯ리도 씨오는고야
 두어라 제 비록 미물(微物)이나 무인동방(無人洞房)에 내 ᄠᅳᆺ 알 리ᄂᆞᆫ 너 ᄲᅮᆫ인가 ᄒ노라
― 작자 미상

### 090
자체 제작

㉠에 대한 설명으로 적절한 것은?

① 화자를 성찰하게 하는 대상이다.
② 화자가 감정을 이입하는 대상이다.
③ 화자의 이상을 좌절시키는 대상이다.
④ 화자의 부정적 면모를 드러내는 대상이다.

---

### 정답과 해설

**088** ④ 화자는 답답함으로부터 벗어나고 싶어 하는 모습을 보일 뿐 과거의 삶에 대한 뉘우침의 태도는 드러나지 않는다.

**089** ② 종장 첫 구의 3음절을 지키고 있으며, 약간의 음절 초과는 있지만 초장과 마찬가지로 4음보로 끊어 읽을 수 있다. 율격이 완전히 파괴된 부분은 중장뿐이다.

**090** ② 중장에서 화자는 '귀ᄯ로리'의 울음 소리를 '슬픈 소리'라고 표현하며 자신의 감정을 이입하고 있다.

---

## 29. 작자 미상, 〈창(窓) 내고쟈 창(窓)을 내고쟈~〉

창(窓) 내고쟈 창(窓)을 내고쟈 이 내 가슴에 창(窓) 내고쟈
  *a-a-b-a 구조, 반복법*
  *추상적 개념의 구체화*
 창을 내고 싶구나 창을 내고 싶구나 이 내 가슴에 창을 내고 싶구나

고모장지* 셰살장지* 들장지 열장지 암돌져귀 수돌져귀* 빈목걸새 크나큰 쟝도리*로 쑹쏙 바가 이내 가
 *열거법*                                                                                    *음성 상징어를 통한 해학성 유발*
슴에 창(窓) 내고쟈    *고모장지~내고쟈 : 과장된 표현*
 고모장지 셰살장지 들장지 열장지 암톨쩌귀 수톨쩌귀 배목걸쇠 크나큰 장도리로 뚝딱 박아 이 내 가슴에 창을 내고 싶구나

잇다감 하 답답홀 제면 여다져 볼가 ᄒ노라.
 *화자의 상황 : 내적 갈등, 마음이 답답한 상황, 창을 내고자 했던 이유*
 → *상상을 통한 문제 해결*
 있다가 너무 답답할 때면 여닫아 볼까 하노라

― 작자 미상

* 고모장지: 고무래 들창.
* 셰살장지: 가는 살을 가로세로로 좁게 대어 짠 장지.
* 열장지: 밀거나 당겨서 열고 닫는 문.
* 암돌져귀 수돌져귀: 문의 기둥에 박는 구멍 난 돌쩌귀와 문짝에 박는 돌쩌귀.
* 쟝도리: 못을 박거나 빼는 데 쓰는 연장.

## 30. 작자 미상, 〈귀ᄯ로리 져 귀ᄯ로리~〉

귀ᄯ로리 져 귀ᄯ로리 어엿부다 져 귀ᄯ로리
 *감정 이입의 대상*           *반어법으로 보는 견해도 존재*
 *a-a-b-a 구조, 반복법*
 귀뚜라미 귀뚜라미 불쌍하다 저 귀뚜라미

어인 귀ᄯ로리 지ᄂᆞᆫ 돌 새ᄂᆞᆫ 밤의 긴 소리 쟈른 소리 절절(節節)이 슬픈 소리 제 혼자 우러 녜어 사창(紗窓)
                     *시간적 배경*                  *열거법, 반복법*
여윈 좀을 솔ᄯ리도 씨오ᄂᆞᆫ고야
 *반어법 → 대상에 대한 원망을 드러냄*
 어찌 된 귀뚜라미가 지는 달 새는 밤에 긴 소리 짧은 소리 마디마디 슬픈 소리 저 혼자 울어 내어 사창의 얕은 잠을 살뜰히도 깨우는구나

두어라 제 비록 미물(微物)이나 무인동방(無人洞房)*에 내 ᄠᅳᆺ 알 리ᄂᆞᆫ 너 ᄲᅮᆫ인가 ᄒ노라
             *화자의 처지를 암시*                              *의인법 / 동병상련(同病相憐)*
 두어라 제 비록 미물이지만 임 없는 외로운 여인의 방에 내 뜻 알 이는 너뿐인가 하노라

― 작자 미상

* 무인동방(無人洞房) : 임이 없는 외로운 여인의 방.

## 31. 작자 미상, 〈되(宅)들에 동난지이 사오~〉

되(宅)들에 동난지이* 사오 져 쟝스야 네 황후(荒貨)* 그 무서시라 웨는다 사쟈
**대화 형식**
댁들이여 동난지이 사오 저 장수야 네 파는 물건을 무엇이라 외치느냐 사자

외골 내육(外骨 內肉) 양목(兩目)이 상천(上天) 젼행 후행(前行 後行) 소(小)아리 팔족(八足) 대(大)아리
**중장의 형식 파괴 → 사설시조의 특징**
**게의 모습을 실감나게 묘사 / 게젓을 한자어를 사용하여 장황하게 설명**
**→ 장수의 현학적 태도, 허장성세(虛張聲勢)를 통한 해학성 유발**

이족(二足) 쳥장(靑醬)* 아스슥ᄒᆞ는 동난지이 사오
**음성 상징어**
밖은 뼈 안은 살이고 두 눈이 하늘을 향하고 앞으로 가고 뒤로 가고 작은 다리 여덟 개 큰 다리 두 개 맑은 간장에 씹으면 아삭한 동난지이 사오

쟝스야 하 거복이 웨지 말고 게젓이라 ᄒᆞ렴은
**장수의 현학적 태도를 풍자함(비꼼)**
장수야 그렇게 어렵게 이야기하지 말고 게젓이라 하려무나

— 작자 미상

*동난지이 : 게젓.
*황후 : 물건.
*쳥장 : 진하지 않은 간장.

## 32. 작자 미상, 〈개야미 불개야미~〉

개야미 불개야미 잔등 부러진 불개야미
**a-a-b-a 구조, 반복법**
개미 불개미 잔등 부러진 불개미

압발에 정종(疔腫)나고 뒷발에 죵긔 난 불개야미 광릉(廣陵) 심재 너머드러 가람의 허리를 ᄀᆞ르 무러 추
**허황되고 과장된 상황**
혀들고 북해(北海)를 건너닷이 이셔이다 님아 님아
앞발에는 부스럼 나고 뒷발에는 종기 난 불개미가 광릉 샘고개를 넘어 들어가서 호랑이의 허리를 가로 물어 추켜들고 북해를 건넜다는 말이 있습니다 임이시여

온놈이 온말을 ᄒᆞ여도 님이 짐쟉ᄒᆞ쇼셔.
**모함하는 말** **자신의 결백을 주장**
온 사람들이 온갖 말을 하여도 임께서 짐작해 주십시오

— 작자 미상

---

**(가)**
되(宅)들에 동난지이 사오 져 쟝스야 네 황후(荒貨) 그 무서시라 웨는다 사쟈
외골 내육(外骨 內肉) 양목(兩目)이 상천(上天) 젼행 후행(前行 後行) 소(小)아리 팔족(八足) 대(大)아리 이족(二足) 쳥장(靑醬) 아스슥ᄒᆞ는 동난지이 사오
쟝스야 하 거복이 웨지 말고 게젓이라 ᄒᆞ렴은
— 작자 미상

**(나)**
개야미 불개야미 잔등 부러진 불개야미
압발에 정종(疔腫)나고 뒷발에 죵긔 난 불개야미 광릉(廣陵) 심재 너머드러 가람의 허리를 ᄀᆞ르 무러 추혀들고 북해(北海)를 건너닷이 이셔이다 님아 님아
온놈이 온말을 ᄒᆞ여도 님이 짐쟉ᄒᆞ쇼셔.
— 작자 미상

### 091
(가)에 대한 설명으로 적절한 것은?
① 대화를 통해 시적 상황을 구체화하고 있다.
② 불가능한 상황을 열거하여 화자의 소망을 강조하고 있다.
③ 관념을 구체화하여 화자의 내면을 효과적으로 드러내고 있다.
④ 의문형 표현을 활용하여 대상에 대한 부정적 인식을 드러내고 있다.

### 092
(가)와 (나)의 공통점으로 적절한 것은?
① 연쇄와 도치를 통해 운율감을 드러내고 있다.
② 대상에 대한 묘사를 통해 시상을 구체화하고 있다.
③ 말을 주고받는 형식을 통해 주제 의식을 부각하고 있다.
④ 불가능한 상황을 설정하여 화자의 소망을 드러내고 있다.

### 093
(나)에서 해학성을 느끼는 이유로 가장 적절한 것은?
① 잘못된 행동을 올바른 행동이라고 믿고 있기 때문이다.
② 비속어를 사용하여 감정을 진솔하게 나타내고 있기 때문이다.
③ 우스꽝스러운 행동을 하고 있는 대상을 풍자하고 있기 때문이다.
④ 거짓말임이 명백하게 드러나는 내용을 과장되게 제시하고 있기 때문이다.

### 정답과 해설
**091** ① (가)에서는 게젓 장수가 한 말과 장수가 아닌 다른 인물이 장수에게 한 말이 함께 나타나 있다.
**092** ② (가)의 중장에서 '동난지이'를 묘사하고 있고 (나)의 중장에서 '불개야미'를 묘사하고 있다.
**093** ④ (나)에서 '잔등 부러지고, 압발에 정종(疔腫)나고 뒷발에 죵긔'까지 난 '불개야미'가 범의 허리를 물고 북해를 건너간다는 것은 누가 보아도 명백한 거짓말이며 과장된 내용이다. 이러한 부분을 통해 독자는 해학성을 느낄 수 있다.

두터비 포리를 물고 두험 우희 치도라 안자
 것넌산(山) 보라보니 백송골(白松骨)이 써잇거늘 가슴이 금즉ᄒ여 풀덕 쒸여 내닷다가 두험 아래 쟛바지거고
 모쳐라 놀낸 낼싀만졍 에혈질 번ᄒ괘라
                                                    – 작자 미상

## 094
자체 제작
위 시에 대한 설명으로 적절한 것은?
① 계절적 이미지를 활용하여 시적 정조를 강조하고 있다.
② 동질적인 소재를 열거하여 시적 긴장감을 높이고 있다.
③ 상징적 시어를 활용하여 부정적 현실을 풍자하고 있다.
④ 대화의 방식을 활용하여 대상에 대한 긍정적 인식을 드러내고 있다.

## 095
자체 제작
위 시에 대한 설명으로 적절하지 않은 것은?
① '두터비'는 약자와 강자에게 서로 다른 태도를 보이고 있다.
② '포리'는 '두터비'에게 시달리는 존재로 부패한 권력층으로 인해 고통받는 백성을 의미한다.
③ '백송골'은 '두터비'보다 강한 존재로, '두터비'의 잘못을 나무라고 있다.
④ '두험'은 대상의 부정적 속성이 부각되는 공간을 의미한다.

---

나모도 바히돌도 업슨 뫼에 매게 쏘친 가토리 안과
 대천(大川)바다 한 가온대 일천석(一千石) 시른 비에 노도 일코 닷도 일코 뇽총 근코 돗대도 것고 치도 싸지고 보롬 부러 물결 치고 안개 뒤셧계 자자진 놀에 갈 길은 천리만리(千里萬里) 나믄듸 사면(四面)이 거머 어둑 천지적막(天地寂寞) 가치노을 썻는듸 수적(水賊) 만난 都沙工(도사공)의 안과
 엇그제 님 여흰 내 안히야 엇다가 ᄀ을 ᄒ리오
                                                    – 작자 미상

## 096
자체 제작
이 시에 대한 설명으로 적절한 것은?
① 문장을 도치시켜 의미를 강조하고 있다.
② 수미상관의 방식으로 시상을 완결하고 있다.
③ 유사한 상황을 나열하여 주제를 강조하고 있다.
④ 자연물에 인격을 부여하여 대화의 상대로 삼고 있다.

---

### 정답과 해설
**094** ③ 위 시에서 '두터비'는 탐관오리, '포리'는 힘없는 백성, '백송골'은 고위 관리를 상징한다. 이러한 상징적 시어를 통해 힘없는 백성을 괴롭히면서도 고위 관리 앞에서는 비굴한 모습을 보이는 탐관오리의 이중적인 모습을 풍자하고 있다.

**095** ③ '백송골'은 '두터비'보다 강한 존재인 것은 맞지만, '두터비'의 잘못을 나무라고 있지는 않다.

**096** ③ 중장에서 도사공이 처한 부정적 상황들을 나열하며 임을 여읜 화자의 마음을 강조하고 있으므로 적절하다.

---

## 33. 작자 미상, 〈두터비 포리를 물고~〉

두터비 포리를 물고 두험 우희 치도라 안자
 두꺼비 파리를 물고 두엄 위에 뛰어올라 앉아

 것넌산(山) 보라보니 백송골(白松骨)이 써잇거늘 가슴이 금즉ᄒ여 풀덕 쒸여 내닷다가 두험* 아래 쟛바지거고
 약자('파리')에겐 강하고 강자('백송골')에게는 약한 '두터비'의 모습을 희화화하여 풍자        음성 상징어의 사용
 건너편 산을 바라보니 백송골이 떠 있거늘 가슴이 섬뜩하여 펄쩍 뛰어 내닫다가 두엄 아래 자빠졌구나

 모쳐라 놀낸 낼싀만졍 에혈질* 번ᄒ괘라
 화자가 '두터비'로 바뀜
 두터비의 위선적인 모습 – 허장성세(虛張聲勢)
 마침 날랜 나이기 망정이지 멍 들 뻔하였구나
                                                    – 작자 미상

*두험 : 두엄. 풀, 짚 또는 가축의 배설물 따위를 썩힌 거름.
*에혈질 : 다쳐서 멍듦.

---

## 34. 작자 미상, 〈나모도 바히돌도 업슨~〉

나모도 바히돌도 업슨 뫼에 매게 쏘친 가토리 안과
 숨을 곳 없는 처지                 화자와의 비교 대상 ①
 나무도 바윗돌도 없는 산에서 매에게 쫓기는 까투리의 마음과

 대천(大川)바다 한 가온대 일천석(一千石) 시른 비에 노도 일코 닷도 일코 뇽총* 근코 돗대도 것고 치도 싸지고 보롬 부러 물결 치고 안개 뒤셧계 자자진 놀에 갈 길은 천리만리(千里萬里) 나믄듸 사면(四面)이 거머 어둑 천지적막(天地寂寞) 가치노을 썻는듸 수적(水賊) 만난 都沙工(도사공)의 안과
 극한 상황 / 부정적 상황 열거 / 점층적 강조 / 과장법                                            화자와의 비교 대상 ②
 넓은 바다 한가운데 (곡식) 일천 석 실은 배에 노도 잃고 닻도 잃고 돛대 줄도 끊어지고 돛대도 꺾이고 키도 빠지고 바람 불어 물결 치고 안개 뒤섞여 잦아진 날에 갈 길은 천 리 만 리 남았는데 사면이 검어 어둑하고 천지 적막 사나운 파도가 치는데 해적을 만난 뱃사공의 마음과

 엇그제 님 여흰 내 안히야 엇다가 ᄀ을 ᄒ리오  설의법
 자신의 마음이 그 누구보다 더 절망적임
 엊그제 임 여읜 내 마음이야 어디다 비교할 수 있으리오
                                                    – 작자 미상

*뇽총 : 용총. 돛대의 줄.

## 35. 윤선도, 〈어부사시사〉

우는 거시 벅구기가 프른 거시 버들숩가
다양한 감각적 이미지의 사용 / 청각적 이미지('우는 거시~') / 시각적 이미지('프른 거시~')
우는 것이 뻐꾸기인가 푸른 것이 버드나무 숲인가

이어라 이어라
각 수마다 변화하는 후렴구 / 시조의 흥취를 돋움
노 저어라 노 저어라

漁어村촌 두어 집이 닛 속의 나락들락
어촌의 집이 안개에 가려 보였다 안 보였다 하는 모습 표현 / 활유법
어촌 두어 집이 안개 속에 들락날락하는구나

至지匊국悤총 至지匊국悤총 於어思ᄉ臥와
각 수마다 반복되는 후렴구 / 노 젓는 소리를 표현
찌그덩 찌그덩 어기여차

말가한 기픈 소희 온갇 고기 뛰노ᄂ다
역동적이고 생동감이 넘치는 봄의 풍경 형상화
맑고 깊은 못에 온갖 고기가 뛰노는구나

〈춘사(春詞) 4〉

년 닙희 밥 싸두고 반찬으란 쟝만마라
소박한 생활 → 安分知足(안분지족)
연잎에 밥 싸두고 반찬은 준비하지 마라

닫 드러라 닫 드러라
닻 들어라 닻 들어라

靑청蒻약笠립*은 써 잇노라 綠녹蓑사衣의* 가져오냐
청약립, 녹사의 : 소박한 옷차림
삿갓은 쓰고 있노라 풀로 엮은 비옷은 가져 왔느냐

至지匊국悤총 至지匊국悤총 於어思ᄉ臥와
찌그덩 찌그덩 어기여차

無무心심혼 白빅駒구는 내 좃ᄂ가 제 좃ᄂ가
= 물아일체(物我一體)의 경지
무심한 흰 갈매기는 내가 쫓는 것인가, 제가 (나를) 쫓는 것인가

〈하사(夏詞) 2〉

物믈外외예 조혼 일이 漁어夫부生ᄉ涯이 아니러냐
= 안빈낙도(安貧樂道)
속세에서 벗어난 깨끗한 일이 어부의 생애 아니던가

빈 떠라 빈 떠라
배 띄워라 배 띄워라

漁어翁옹을 욷디 마라 그림마다 그렷더라
어옹(漁翁)이 동양화의 소재로 많이 사용되었다는 의미
고기 잡는 늙은이를 비웃지 마라 그림마다 그려져 있더라

至지匊국悤총 至지匊국悤총 於어思ᄉ臥와
찌그덩 찌그덩 어기여차

四ᄉ時시興흥이 혼가지나 秋츄江강이 은듬이라
- 화자는 생계를 위해 고기 잡는 일을 하기보다는 계절의 흥취를 즐기는 모습을 보임
- 고기잡이를 통해 생계를 유지한다는 내용은 작품에 드러나 있지 않음
- 진짜 어부가 아닌 가어옹(假漁翁)의 모습을 보여 줌
- 가어옹(假漁翁) : 가짜 어부라는 뜻으로, 속세를 떠나 강호에서 낚시하면서 시나 읊고 술잔을 기울이던 양반을 이르는 말.
사계절 흥취가 다 좋지만 그중 가을 강의 흥취가 으뜸이라

〈추사(秋詞) 1〉
- 윤선도, 〈어부사시사〉

* 靑청蒻약笠립 : 푸른 갈대로 만든 갓.
* 綠녹蓑사衣의 : 짚, 띠 따위로 엮어 허리나 어깨에 걸쳐 두르는 비옷.

---

우는 거시 벅구기가 프른 거시 버들숩가
이어라 이어라
漁어村촌 두어 집이 닛속의 나락들락
至지匊국悤총 至지匊국悤총 於어思ᄉ臥와
말가한 기픈 소희 온갖 고기 뛰노ᄂ다
〈춘사(春詞) 4〉

년 닙희 밥 싸두고 반찬으란 쟝만마라
닫 드러라 닫 드러라
靑청蒻약笠립은 써 잇노라 綠녹蓑사衣의 가져 오냐
至지匊국悤총 至지匊국悤총 於어思ᄉ臥와
ⓐ無무心심혼 白빅駒구는 내 좃ᄂ가 제 좃ᄂ가
〈하사(夏詞) 2〉

物믈外외예 조혼 일이 漁어夫부生ᄉ涯이 아니러냐
빈 떠라 빈 떠라
漁어翁옹을 욷디 마라 그림마다 그렷더라
至지匊국悤총 至지匊국悤총 於어思ᄉ臥와
四ᄉ時시興흥이 혼가지나 秋츄江강이 은듬이라
〈추사(秋詞) 1〉

### 097
자체 제작
화자의 태도가 ⓐ와 유사한 것은?

① 까마귀 눈비를 맞아 희는 듯 검구나
  야광명월(夜光明月)이 밤인들 해서 어두우랴
  임 향한 일편단심(一片丹心)이야 고칠 줄 이시랴
  - 박팽년, 〈까마귀가 눈비를 맞아~〉

② 잔들고 혼자 앉아 먼 뫼를 바라보니
  그리던 임이 오다 반가움이 이러하랴
  말씀도 웃음도 아녀도 못내 좋아 하노라
  - 윤선도, 〈만흥〉

③ 냇가의 해오라비 무슨 일로 서 있는가
  무심(無心)한 저 고기를 엿보아 무엇 하려 하는가
  두어라 한물에 있거니 엿보아 무엇 하리오
  - 신흠, 〈냇가의 해오라비~〉

④ 지당(池塘) 비 뿌리고 양류(楊柳)애 내 끼였는데
  사공(沙工)은 어디가고 빈 배만 매어 있는고
  해질 무렵 짝 잃은 갈매기는 오락가락하는구나
  - 조헌, 〈지당 비 뿌리고~〉

### 098
2019 서울시 9급 1차
다음 시조에 대한 설명으로 적절하지 않은 것은?

① 임금에 대한 그리움을 함축적으로 표현하고 있다.
② 청각적 이미지를 활용하고 있다.
③ 대구법을 사용하고 있다.
④ 후렴구를 제외하면 전형적인 3장 6구의 시조 형식을 갖추고 있다.

### 정답과 해설

**097** ② ⓐ는 욕심 없는 기러기가 자신을 좇는 것인지, 자신이 기러기를 좇는 것인지를 분간하지 못하는 상황을 표현한 것으로, 물아일체의 태도라 할 수 있다. 따라서 자연에 머무는 즐거움이 이는 것보다 좋다고 말하는 ②번과 가장 유사하다고 할 수 있다.

**098** ① 이 작품은 속세를 떠나 자연에서 살아가는 어부(가어옹)의 생활을 형상화하고 있다. 임금에 대한 그리움을 표현한 구절은 나타나 있지 않다.

## 36. 이황, 〈도산십이곡〉

**도산육곡지일(陶山六曲之一) 언지(言志)**

이런들 엇다ᄒᆞ며 뎌런들 엇다ᄒᆞ료
<u>세속에 얽매이지 않는 삶, 달관적 삶의 태도</u>
이런들 어떠하며 저런들 어떠하랴

초야우생(草野愚生)이 이러타 엇더ᄒᆞ료
시골에 묻혀 있는 어리석은 사람이 이렇다고 어떠하랴

ᄒᆞ물며 천석고황(泉石膏肓)을 고텨 므슴ᄒᆞ료
<u>자연을 사랑해서 마음에 생긴 병, 자연에 대한 지극한 사랑</u>
더군다나 자연을 사랑하는 것이 고질병이 된 것을 고쳐서 무엇하랴

            기일(其一)

연하(煙霞)로 지블 삼고 풍월(風月)로 버들 사마
<u>안개와 노을, 바람과 달 - 자연(대유법)</u>
안개와 노을로 집을 삼고 바람과 달로 벗을 삼아

태평성대(太平聖代)예 병(病)으로 늘거 가뇌
태평성대에 병으로 늙어가지만

이 듕에 ᄇᆞ라는 이른 허므리나 업고쟈
이 중에 바라는 일은 허물이나 없었으면

            기이(其二)

순풍(淳風)이 죽다 ᄒᆞ니 진실(眞實)로 거즈마리
예부터 내려오는 순수한 풍습이 없어졌다 하니 진실로 거짓말이다

인성(人性)이 어디다 ᄒᆞ니 진실(眞實)로 올ᄒᆞᆫ 마리
사람의 성품이 어질다고 하니 진실로 옳은 말이다

천하(天下)애 허다영재(許多英才)를 소겨 말ᄉᆞᆷᄒᆞᆯ가
천하에 허다한 슬기로운 사람들을 속여 말할 수 있겠는가

            기삼(其三)

유란(幽蘭)이 재곡(在谷)ᄒᆞ니 자연(自然)이 듣디 됴해
그윽한 난초가 골짜기에 있으니 자연이 듣기가 좋아

백운(白雲)이 재산(在山)ᄒᆞ니 자연(自然)이 보기 됴해
흰 구름이 산에 있으니 자연이 보기가 좋아

이 듕에 피미일인(彼美一人)을 더욱 닏지 못ᄒᆞ얘
이 중에 저 아름다운 한 사람을 더욱 잊지 못하네

            기사(其四)

산전(山前)에 유대(有臺)ᄒᆞ고 대하(臺下)예 유수(流水)ㅣ로다
산 앞에 높은 대가 있고 대 아래에 물이 흐르는구나

떼 만흔 ᄀᆞᆯ며기는 오명가명 ᄒᆞ거든
떼를 지은 갈매기는 오락가락 하거든

잇다 교교백구(皎皎白駒)는 머리 ᄆᆞ숨 ᄒᆞ는고
<u>부정적 대상</u>
어찌하여 희고 깨끗한 말은 나로부터 멀리 마음을 두는가

            기오(其五)

춘풍(春風)에 화만산(花滿山)ᄒᆞ고 추야(秋夜)애 월만대(月滿臺)라
봄 바람에 꽃이 산 가득하고 가을 밤에 달이 가득하구나

사시가흥(四時佳興)이 사ᄅᆞᆷ과 ᄒᆞᆫ 가지라
사시의 아름다운 흥이 사람과 같구나

ᄒᆞ물며 연비어약(鳶飛魚躍) 운영천광(雲影天光)이야 어느 그지 이슬고
하물며 천지의 조화야 어느 끝이 있겠는가

            기육(其六)

― 이황, 〈도산십이곡〉

---

### 099   자체 제작
윗글에 대한 설명으로 적절하지 않은 것은?

① <기일(其一)>: 유사한 표현을 반복하여 바람직한 삶의 자세를 강조하고 있다.
② <기삼(其三)>: 대구를 통해 화자가 지향하는 가치를 부각하고 있다.
③ <기사(其四)>: 연쇄법을 사용하여 자기 반성적 태도를 드러내고 있다.
④ <기육(其六)>: 설의적 표현을 통해 자연을 보고 느낀 감정을 드러내고 있다.

### 100   자체 제작
이 시에 대한 설명으로 적절하지 않은 것은?

① <기일(其一)>에서 '초야우생'은 관직에서 물러나 고향에 내려간 화자의 모습과 연결 지어 볼 수 있겠군.
② <기이(其二)>의 '병(病)'은 자연을 사랑하는 마음 때문에 생긴 병을 의미하겠군.
③ <기삼(其三)>의 '순풍'과 '인성'은 화자가 긍정하는 대상에 해당하겠군.
④ <기오(其五)>의 'ᄆᆞ숨'은 자연의 순리대로 살아가고자 하는 마음을 뜻하는군.

---

### 정답과 해설

**099** ③ 초장과 중장에서 대구법이 사용되었으며 연쇄법은 사용되지 않았다.

**100** ④ 화자가 있는 곳은 산과 물이 있는 자연으로 화자는 이를 긍정적으로 여기고 있다. 반면 '교교백구'는 멀리 'ᄆᆞ숨'을 둔다고 하였으므로 'ᄆᆞ숨'은 화자가 부정적으로 여기는 속세에 대한 마음을 뜻한다.

**도산육곡지이(陶山六曲之二) 언학(言學)**

천운대(天雲臺) 도라들어 완락재(玩樂齋) 소쇄ᄒᆞᆫ듸
천운대를 돌아들어 완락재가 깨끗한데
만권생애(萬卷生涯)ㅣ로 낙사(樂事)ㅣ 무궁(無窮)하애라
만 권의 책을 읽는 생애로 즐거운 일은 끝이 없구나
이 듕에 왕래풍류(往來風流)를 닐어 므슴ᄒᆞᆯ고
이 중에 오고가는 풍류를 말해 무엇하겠는가
〈기일(其一)〉

뇌정(雷霆)이 파산(破山)ᄒᆞ야도 농자(聾者)는 몯 듣ᄂᆞ니
　　　　　　　　　　　　귀 먹은 자 → 진리를 터득하지 못한 자
벼락이 산을 깨쳐도 귀먹은 자는 못 들으니
백일(白日)이 중천(中天)ᄒᆞ야도 고자(瞽者)는 몯 보ᄂᆞ니
　　　　　　　　　　　　장님 → 진리를 알아보지 못한 자
태양이 하늘 한 가운데에 떠 있어도 장님은 보지 못하니
우리는 이목총명남자(耳目聰明男子)로 농고(聾瞽)ᄀᆞ티 마로니
　　　 눈과 귀가 밝은 자 → 진리를 깨달은 자
우리는 눈도 밝고 귀도 밝은 남자로 귀나 눈이 먼 사람같지는 말아라
〈기이(其二)〉

고인(古人)도 날 몯 보고 나도 고인(古人) 몯뵈
학문의 경지에 오른 성현
고인도 나를 못 보고 나도 고인을 못 뵙네
고인(古人)을 몯 봐도 녀던 길 알ᄑᆡ 잇ᄂᆡ
옛 성현이 추구하던 길이 책 속에 있음
고인을 못 봐도 그분들이 가던 길 앞에 있으니
녀던 길 알ᄑᆡ 잇거든 아니 녀고 엇뎔고
자기 도야와 학문 수양에의 의지
그 가던 길이 앞에 있으니 나 또한 아니 가고 어떻게 하겠는가
〈기삼(其三)〉

당시(當時)예 녀던 길흘 몃 ᄒᆡ를 ᄇᆞ려두고
벼슬하기 전　　　자기 도야와 학문 수양의 길
그 당시에 가던 길을 몇 해를 버려두고
어듸 가 ᄃᆞᆫ니다가 이제사 도라온고
어디에 가서 다니다가 이제야 돌아왔는가
이제나 도라오나니 년ᄃᆡ ᄆᆞᄋᆞᆷ 마로니
이제라도 돌아오니 다른 곳에 마음 두지 않으리
〈기사(其四)〉

청산(靑山)ᄂᆞᆫ 엇뎨ᄒᆞ야 만고(萬古)애 프르르며
청산은 어찌하여 항상 푸르며
유수(流水)ᄂᆞᆫ 엇뎨ᄒᆞ야 만고(萬古)애 긋디 아니ᄂᆞᆫ고
자연의 영원성·불변성 예찬 / 대구법
흐르는 물은 어찌하여 밤낮으로 그칠 줄 모르는가
우리도 그치디 마라 만고상청(萬古常靑)호리라
　　　　학문에의 정진
우리도 그치지 말고 오래도록 높고 푸르게 살리라
〈기오(其五)〉

우부(愚夫)도 알며 ᄒᆞ거니 긔 아니 쉬운가
어리석은 사람도 알며 실천하는데 그것이 아니 쉽겠는가
성인(聖人)도 몯 다 ᄒᆞ시니 긔 아니 어려운가
성인도 못 다 행하니 그 아니 어려운 일이겠는가
쉽거니 어렵거낫 듕에 늙는 주를 몰래라
　　　학문 수양은 끝이 없다
쉽거나 어렵거나 간에 늙는 줄을 모르겠구나
〈기육(其六)〉
– 이황, 〈도산십이곡〉

---

천운대(天雲臺) 도라들어 완락재(玩樂齋) 소쇄ᄒᆞᆫ듸
**만권생애(萬卷生涯)ㅣ**로 **낙사(樂事)ㅣ** 무궁(無窮)하애라
이 듕에 왕래풍류(往來風流)를 닐어 므슴ᄒᆞᆯ고
〈기일(其一)〉

**고인(古人)**도 날 몯 보고 나도 고인(古人) 몯뵈
고인(古人)을 몯 봐도 녀던 길 알ᄑᆡ 잇ᄂᆡ
녀던 길 알ᄑᆡ 잇거든 아니 녀고 엇뎔고
〈기삼(其三)〉

**당시(當時)**예 녀던 길흘 몃 ᄒᆡ를 ᄇᆞ려두고
어듸 가 ᄃᆞᆫ니다가 이제사 도라온고
이제나 도라오나니 년ᄃᆡ ᄆᆞᄋᆞᆷ 마로니
〈기사(其四)〉

청산(靑山)ᄂᆞᆫ 엇뎨ᄒᆞ야 만고(萬古)애 프르르며
유수(流水)ᄂᆞᆫ 엇뎨ᄒᆞ야 만고(萬古)애 긋디 아니ᄂᆞᆫ고
우리도 그치디 마라 ㉠만고상청(萬古常靑)호리라
〈기오(其五)〉
– 이황, 〈도산십이곡〉

## 101　　　　　　　　　　　　　　　2016 지방직 7급
'언학(言學)'의 '기사(其四)'와 '기오(其五)' 부분을 읽고 쓴 감상으로 적절하지 않은 것은?

ㄱ. 현실에 안주하지 않고 계속해서 새로운 도전 거리를 찾아가는 모습은 정말 인상 깊었다.
ㄴ. 자연을 경시하고 개발의 대상으로만 바라보는 현대인들은 자연을 섬세히 관찰하여 그 속에서 교훈을 이끌어내는 화자의 태도를 본받을 필요가 있다.
ㄷ. 자신의 과거를 성찰하며 앞으로의 다짐을 하는 화자의 태도는 오늘날 앞만 보며 달려가는 우리들에게 꼭 필요한 자세인 것 같다.
ㄹ. 나도 화자처럼 이전까지의 삶을 반성하여 앞으로 한눈팔지 않고 학문에 전념하는 삶을 살기로 다짐했다.

① ㄱ　② ㄴ　③ ㄷ　④ ㄹ

## 102　　　　　　　　　　　　　　　자체 제작
화자가 ㉠을 통해 드러내고자 하는 삶의 태도로 적절한 것은?
① 가난하지만 청렴한 삶
② 자연 속에서 은거하는 삶
③ 학문적 진리를 추구하는 삶
④ 벼슬길에 나아가 임금을 돕는 삶

### 정답과 해설
**101** ① 위 작품에서는 새로운 도전 거리를 찾는 모습은 찾아볼 수 없다.
**102** ③ '만고상청(萬古常靑)'은 청산이 오랜 세월 푸르고 물이 오랜 세월 그치지 않고 흐르는 것처럼 끊임없이 학문에 정진하겠다는 화자의 의지를 나타낸다. 따라서 학문적 진리를 추구하는 삶과 관련지을 수 있다.

홍진(紅塵)에 뭇친 분네 이내 생애(生涯) 엇더ᄒᆞ고
녯사롬 풍류(風流)롤 미츨가 못미츨가
천지간(天地間) 남자(男子) 몸이 날만ᄒᆞᆫ 이 하건마ᄂᆞᆫ
산림(山林)에 뭇쳐 이셔 지락(至樂)을 ᄆᆞ롤 것가
수간모옥(數間茅屋)을 벽계수 앒픠두고
송죽(松竹) 울울리(鬱鬱裏)예 풍월주인(風月主人) 되여셔라
엇그제 겨을 지나 새봄이 도라오니
도화행화(桃花杏花)는 석양리예 픠여 잇고
녹양방초(綠楊芳草)는 세우중에 프르도다
칼로 몰아낸가 붓으로 그려낸가
조화신공(造化神功)이 물물마다 헌ᄉᆞ롭다
수풀에 우는 새는 춘기(春氣)롤 못내 계워
소리마다 교태(嬌態)로다
(　　)어니 흥(興)이이 다롤소냐
시비(柴扉)예 거러보고 정자(亭子)애 안자보니
소요음영(逍遙吟詠)ᄒᆞ야 산일(山日)이 적적(寂寂)ᄒᆞ듸
한중진미(閒中眞味)롤 알니업시 호재로다

## 103
2014 지방직 7급

(　) 안에 들어갈 한자 성어로 가장 적절한 것은?

① 醉生夢死(취생몽사)
② 一場春夢(일장춘몽)
③ 物我一體(물아일체)
④ 主客顚倒(주객전도)

## 104
자체 제작

다음 구절에 대한 이해로 적절하지 않은 것은?

① 紅塵(홍진)에 뭇친 분네 이내 生涯(생애) 엇더ᄒᆞ고: 자신의 삶에 대한 만족감과 자부심을 느낄 수 있다.
② 天地間(천지간) 男子(남자) 몸이 날 만ᄒᆞᆫ 이 하건마ᄂᆞᆫ: 자신을 세상 사람과는 다른 특별한 사람으로 생각하고 있다.
③ 수풀에 우는 새는 春氣(춘기)롤 못내 계워 소리마다 嬌態(교태)로다: 자신의 감정을 새에 이입하여 표현하고 있다.
④ 한중진미(閒中眞味)롤 알니업시 호재로다: 자연으로부터 얻는 즐거움을 홀로 누리는 만족감을 드러내고 있다.

## 105
자체 제작

이 시에 대한 설명으로 적절하지 않은 것은?

① 대구의 방식을 활용하여 음악적 효과를 자아내고 있다.
② 설의적 표현을 활용하여 화자의 인식을 부각하고 있다.
③ 시선의 이동에 따라 다양한 자연의 모습을 묘사하고 있다.
④ 말을 주고받는 방식을 활용하여 화자의 정서를 강조하고 있다.

### 정답과 해설

**103** ③ 괄호 안에는 바깥세상과 자아가 어울려 하나가 된다는 뜻인 '물아일체'가 들어가야 한다.

**104** ② '천지간 남자의 몸이 나와 같은 사람이 많건마는'이라는 의미로, 화자는 자신을 다른 남자들과 같다고 생각하고 있으므로 적절하지 않다.

**105** ④ 두 명 이상의 화자가 서로 말을 주고받는 방식은 나타나지 있지 않다.

# 7. 가사

### (1) 가사란?

가사(歌辭)는 고려 말 발생한 국어시가 갈래 중 하나로, 3·4조 혹은 4·4조의 율격이 중심이 되어 비슷한 모양의 행을 반복하며 장형화되는 시가 갈래

### (2) 가사의 특징

① 형식적으로는 4음보 연속체, 조선 후기에는 이 형식 역시 파괴됨.
② 작품의 가장 마지막 행이 시조와 같이 3·5·4·3자로 되어 있다면 정격가사(正格歌辭), 그렇지 않다면 변격가사(變格歌辭)로 분류
③ 조선 전기에는 양반 사대부 계층을 중심으로 하여 우국충정(憂國衷情), 연군지정(戀君之情), 안빈낙도(安貧樂道), 강호한정(江湖閑靜) 등 유교적 이념과 자연의 속성이 결합된 작품이 창작
④ 조선 후기에는 신분제의 붕괴를 비롯한 근대적 사회질서로의 이동과 향유층의 확대로 인해 주제의 폭이 매우 넓어짐.

## 37. 정극인, 〈상춘곡〉

**홍진(紅塵)에 뭇친 분네 이내 생애(生涯) 엇더ᄒᆞ고**
속세에 사는 사람 / 화자가 말을 건네고 있는 대상 = 청자 / 화자와 대비되는 존재
홍진에 뭇친 분네 : 말을 건네는 어투의 사용
이내 생애 엇더ᄒᆞ고 : 설의법 / 자연에서의 생활에 대한 화자의 자부심을 드러냄
속세에 묻혀 사는 사람이여, 이 나의 생활이 어떠한가

**넷사롬 풍류(風流)롤 미츨가 못미츨가**
'넷사롬(선인)'의 풍류와 비교하여 자신의 삶에 대한 자부심을 드러냄
옛사람들의 풍류에 미치겠는가 못 미치겠는가

**천지간(天地間) 남자(男子) 몸이 날만ᄒᆞᆫ 이 하건마ᄂᆞᆫ**
세상에 남자의 몸으로 태어나 나와 비슷한 사람 많건마는

**산림(山林)에 뭇쳐 이셔 지락(至樂)을 ᄆᆞ룰 것가**
설의법
자연에 묻혀 산다고 즐거움을 모르겠는가

**수간 모옥(數間茅屋)을 벽계수(碧溪水) 앒픠 두고,**
몇 칸짜리 초가집을 푸른 시냇물 앞에 지어 두고

**송죽(松竹) 울울리(鬱鬱裏)예 풍월주인(風月主人) 되여셔라**
수간 모옥, 풍월주인 : 소박하고 자연 친화적인 삶의 자세 / 안빈낙도(安貧樂道)
소나무와 대나무가 울창한 곳에서 자연의 주인이 되었구나

**엇그제 겨을 지나 새봄이 도라오니**
엊그제 겨울이 지나고 새 봄이 돌아오니

**도화 행화(桃花杏花)는 석양리(夕陽裏)예 픠여 잇고**
계절적 배경이 봄임을 드러냄
복숭아꽃, 살구꽃은 석양 속에 피어 있고

**녹양 방초(綠楊芳草)는 세우 중(細雨中)에 프르도다**
푸른 버들과 향긋한 풀은 가랑비 속에 푸르다

**칼로 몰아 낸가 붓으로 그려 낸가**
도화 행화~프르도다, 칼로 몰아~그려 낸가 : 대구법 / 봄의 경치 묘사
(조물주가) 칼로 재단했는가 붓으로 그려 냈는가

**조화 신공(造化神功)이 물물(物物)마다 헌ᄉᆞ롭다**
자연의 아름다움에 대한 감탄, 예찬적 태도
조물주의 신비로운 재주가 사물마다 야단스럽구나

**수풀에 우는 새는 춘기(春氣)롤 못내 계워**
화자의 감정이 이입된 객관적 상관물 / 봄에 대한 화자의 감흥을 부각
수풀에서 우는 새는 봄기운을 이기지 못해

**소리마다 교태(嬌態)로다**
청각적 이미지
소리마다 교태로구나

**물아 일체(物我一體)어니 흥(興)이이 다룰소냐**
자연에 대한 화자의 태도    설의법을 통해 자연에서의 생활에 대한 화자의 자부심을 드러냄
자연과 내가 하나가 되니 흥이 어찌 다르겠는가

**시비(柴扉)예 거러 보고 정자(亭子)에 안자보니**
대구법
사립문 주변을 걸어 보고 정자에 앉아 보기도 하니

**소요 음영(逍遙吟詠)ᄒᆞ야 산일(山日)이 적적(寂寂)ᄒᆞ듸**
자연 속 화자의 한가로운 모습
슬슬 거닐며 시를 읊조리니 산중 생활이 적적한데

**한중 진미(閒中眞味)롤 알 니 업시 호재로다**
홀로 자연을 즐기는 모습 → 외로움 X
한가함 속 즐거움을 아는 이 없이 혼자로구나

송간(松間) 세로(細路)에 두견화(杜鵑花)를 부치 들고
소나무 사이 좁은 길로 진달래를 잡아 들고

봉두(峯頭)에 급피 올나 구름 소긔 안자 보니
공간의 이동
봉우리에 급히 올라 구름 속에 앉아 보니

천촌 만락(千村萬落)이 곳곳이 버러 잇닉
수많은 집들이 곳곳에 벌여 있구나

연하 일휘(煙霞日輝)는 금수(錦繡)를 재폇는 닷
자연의 모습
연하 일휘~재폇는 닷 : 직유법
안개와 노을과 빛나는 햇살은 비단을 펼친 듯

엇그제 검은 들이 봄빗도 유여(有餘)ᄒᆞ샤
겨울 들판
엇그제~유여ᄒᆞ샤 : 겨울 들판에 봄이 온 모습을 형상화
엇그제까지 검던 들에 봄빛이 넘치는구나

공명(功名)도 날 씌우고 부귀(富貴)도 날 씌우니
공명, 부귀 : 화자가 멀리하고자 하는 것. '청풍명월(淸風明月)', '단표누항(簞瓢陋巷)'과 대조되는 소재
주객전도 : 화자 자신이 '공명'과 '부귀'를 꺼리는 것을 반대로 표현 / 속세를 멀리하고 소박하고 청빈한 삶을 살고자 하는 화자의 인생관을 드러냄
공명도 나를 꺼리고 부귀도 나를 꺼리니

청풍 명월(淸風明月) 외(外)예 엇던 벗이 잇ᄉᆞ올고
설의법
맑은 바람과 밝은 달 외에 어떤 벗이 있을까

단표 누항(簞瓢陋巷)에 훗튼 혜음 아니 ᄒᆞ닉
= 안빈낙도(安貧樂道)      헛된 생각 = '공명', '부귀' / 속세에 대한 미련
누추한 곳에서의 청빈한 생활에 헛된 생각 아니 하네

아모타 백년 행락(百年行樂)이 이만ᄒᆞᆫ ᄃᆞᆯ 엇지ᄒᆞ리
- 시조의 형식(종장 첫 구 3음절)과 일치
- 정격 가사의 특징 : 시조 종장의 율격과 같음. 마지막 구를 3/5/4/3조로 마무리 → 아모타 / 백년 행락(百年行樂)이 / 이만ᄒᆞᆫ ᄃᆞᆯ / 엇지ᄒᆞ리
- 설의법을 통해 자신의 삶에 대한 만족감과 자부심을 드러냄
아무튼, 한평생 즐거움을 누리는 것이 이만하면 어떠한가

— 정극인, <상춘곡>

---

㉠송간세로에 두견화(杜鵑花)를 부치들고
봉두(峯頭)에 급피 올나 구름 소긔 안자보니
㉡천촌만락(千村萬落)이 곳곳이 버러잇닉
연하일휘(煙霞日輝)는 금수(錦繡)를 재폇는 닷
엇그제 검은 들이 봄빗도 유여(有餘)ᄒᆞ샤
공명(功名)도 날 씌우고 부귀도 날 씌우니
㉢청풍명월 외(外)에 엇던 벗이 잇ᄉᆞ올고
㉣단표누항(簞瓢陋巷)에 훗튼 혜음 아니ᄒᆞ닉
아모타 백년행락(百年行樂)이 이만ᄒᆞᆫ 둘 엇지ᄒᆞ리

— 정극인, <상춘곡>

**106** 자체 제작
이 작품에 대한 설명으로 옳은 것은?
① 서민들의 생활 감정을 소박하고 진솔하게 표현하는 노래이다.
② 유교적 가치관을 바탕으로 교훈적인 의도를 드러내는 작품이다.
③ 봄을 완상하고 자연에 묻혀 사는 삶을 즐기는 낙천적인 노래이다.
④ 정치에 나아가지 못하는 처지를 자연으로 잊으려고 하는 작품이다.

**107** 자체 제작
이 작품에 대한 설명으로 옳지 않은 것은?
① 공간의 이동에 따라 시상이 전개되고 있다.
② 정경 묘사와 정서의 표출이 어우러져 있다.
③ 반어적 표현을 활용하여 주제를 형상화하고 있다.
④ 주체와 객체를 전도하여 화자의 가치관을 드러내고 있다.

**정답과 해설**
**106** ③ <상춘곡>은 봄을 완상하면서 자연 속에서 살아가는 삶을 예찬하는 가사이므로 적절하다.
**107** ③ 반어적 표현은 나타나 있지 않다.

흰구름 브흰 煙霞(연하) 프로니는 ㉠山嵐(산람)이라.
千巖(천암) 萬壑(만학)을 제 집으로 삼아 두고
ⓐ나명셩 들명셩 일히도 구는지고.
오르거니 누리거니 長空(장공)의 써나거니
廣野(광야)로 거너거니 프르락 블그락
여트락 디트락 斜陽(사양)과 ⓑ섯거디어
細雨(세우)조차 쓰리는다 藍輿(남여)룰 뵈야 투고
솔 아리 구븐 길로 오며 가며 ㅎ는 적의
㉡綠楊(녹양)의 우는 黃鶯(황앵) 嬌態(교태) 겨워 ㅎ는고야.
나모 새 즈즈지어 綠陰(녹음)이 얼린 적의
百尺(백척) 欄干(난간)의 긴 조으름 내여 펴니
水面(수면) 凉風(양풍)야 ⓒ긋칠 줄 모르는가.
즌 서리 싸딘 후의 산 빗치 錦繡(금수)로다.
㉢黃雲(황운)은 또 엇디 萬頃(만경)에 펴겨 디오.
漁笛(어적)도 흥을 계워 돌롤 쓰라 브니는다.
㉣草木(초목) 다 진 후의 江山(강산)이 미몰커놀
造物(조물)리 헌스ᄒ야 氷雪(빙설)로 쑤며 내니
瓊宮瑤臺(경궁요대)와 玉海銀山(옥해은산)이
眼底(안저)에 ⓓ버러셰라
乾坤(건곤)도 가음열샤 간 대마다 경이로다.

## 108
자체 제작
이 시가에 대한 설명으로 옳지 않은 것은?
① 색채 이미지를 활용하여 시적 상황을 그려내고 있다.
② 영탄적 표현을 활용하여 화자의 인식을 강조하고 있다.
③ 구체적인 자연물을 활용하여 계절감의 변화를 드러내고 있다.
④ 자연물에게 말을 건네는 방식을 통해 표현효과를 높이고 있다.

## 109
2018 지방직 7급
다음 글에 나타난 시적 화자의 정서와 가장 유사한 것은?
① 수간모옥(數間茅屋)을 벽계수(碧溪水) 앞에 두고 송죽(松竹) 울울리(鬱鬱裏)에 풍월주인(風月主人) 되어셔라.
② 이 술 가져다가 사해(四海)에 고루 나누어 억만창생(億萬蒼生)을 다 취(醉)케 만든 후에 그제야 고쳐 만나 또 한 잔 하쟛고야.
③ 모첨(茅簷) 찬 자리에 밤중만 돌아오니 반벽청등(半壁靑燈)은 눌 위하여 밝았는고.
④ 종조추창(終朝惆悵)하며 먼 들을 바라보니 즐기는 농가(農歌)도 흥(興) 없어 들리나다.

## 정답과 해설
**108** ④ 자연물에게 말을 건네는 방식은 나타나 있지 않다.
**109** ① <면앙정가>의 해당 구절에서는 자연에 대한 예찬적 태도와 자연 속에서 살아가는 자신의 생활에 대한 화자의 만족스러운 정서가 드러나 있다. 이와 유사한 정서는 ①이다. 해당 구절은 정극인의 가사 <상춘곡>의 일부로, ①의 화자 역시 자연 속에서 '풍월주인'이 되었다며 자연에서 살아가는 생활에 대한 만족감을 드러내고 있다.

## 38. 송순, 〈면앙정가〉

흰구름 브흰 연하(煙霞) 프로니는 山嵐(산람)이라.
흰 구름, 뿌연 안개와 노을, 푸른 것은 산아지랑이라.

천암(千巖) 만학(萬壑)을 제 집으로 삼아 두고
수많은 바위와 골짜기를 제 집으로 삼아 두고

나명셩 들명셩 일히도 구는지고
나면서 들면서 아양도 떠는구나

오르거니 누리거니 長空(장공)의 써나거니
오르다가 내리다가 공중으로 떠났다가

廣野(광야)로 거너거니 프르락 블그락
넓은 들로 건너갔다가 푸르락 붉으락

여트락 디트락 斜陽(사양)과 섯거디어
옅어졌다가 짙어졌다가 석양과 섞여

細雨(세우)조차 쓰리는다
가랑비조차 뿌리는구나

남여(藍輿)룰 뵈야 투고 솔아리 구븐길노
가마를 재촉해서 타고 소나무 아래 굽은 길로

오며가며 ᄒ는적의
오며 가며 하는 때에

녹양(綠楊)의 우는 황앵(黃鶯) 교태(嬌態) 겨워 ᄒ는괴야
*계절적 배경 – 여름*
푸른 버드나무에 우는 꾀꼬리 교태에 겨워 하는구나

나모새 즈즈지어 녹음(綠陰)이 얼린적의
*계절적 배경 – 여름*
억새풀 우거져 녹음이 엉긴 때에

백척 난간(百尺 欄干)의 긴조으름 내여펴니
백척 난간의 긴 졸음 내어 펴니

수면 양풍(水面 凉風)이야 긋칠줄 모르는가
물 위의 시원한 바람이야 그칠 줄을 모르는가

즌 서리 싸진후의 산(山)빗치 금슈(錦繡)로다
*계절적 배경 – 가을*   *단풍. 계절적 배경 – 가을*
된서리 걷힌 후의 산 빛이 비단이로구나

황운(黃雲)은 쏘엇지 만경(萬頃)의 편거지오
*벼. 계절적 배경 – 가을*
누런 구름은 또 어찌 넓은 들에 퍼져있는고

어적(漁笛)도 흥을계워 돌룰 ᄯ라 브니는다
*풍요로움, 즐거움*
고기 잡는 피리도 흥에 겨워 달을 따라 부르는가

초목(草木) 다진후의 강산(江山)이 미몰커놀
풀과 나무도 다 진 후에 강과 산이 묻혀있거늘

조물(造物)리 헌스ᄒ야 빙셜(氷雪)로 쑤며내니
*계절적 배경 – 겨울*
조물주가 야단스러워 얼음과 눈으로 꾸며내니

경궁요대(瓊宮瑤臺)와 옥해은산(玉海銀山)이 안저(眼底)에 버러셰라
*도가사상*   *계절적 배경 – 겨울*
호화로운 궁궐과 옥 같은 바다 은 같은 산이 눈 아래 펼쳐져 있구나

건곤(乾坤)도 가음 열샤 간 대마다 경이로다
하늘과 땅도 풍요롭구나 가는 데마다 경치가 뛰어나구나

인간(人間)을 써나와도 내몸이 겨를업다
*자연을 완상(玩賞)하느라 바쁨*
속세를 떠나와도 내 몸은 쉴 틈 없다

니것도 보려 ᄒ고 져것도 드르려코
이것도 보려 하고 저것도 들으려 하고

ᄇ람도 혀려 ᄒ고 돌도 마즈려코
바람도 쐬려 하고 달도 맞으려 하고

밤으란 언제줍고 고기란 언제낙고
*ᄇ람(바람), 돌(달), 밤(밤), 고기 : 자연물 / 화자가 즐기고자 하는 자연*
밤은 언제 줍고 고기는 언제 낚으며

시비(柴扉)란 뉘 다드며 딘곳츠란 뉘쓸려료
사립문은 누가 닫고 진 꽃은 누가 쓸어내는가

아츰이 낫브거니 나조히라 슬흘소냐
아침에도 구경할 시간이 부족한데 저녁엔들 싫증나겠는가

오늘리 부족(不足)거니 내일(來日)리라 유여(有餘)ᄒᆞ랴
아ᄎᆞᆷ이~유여ᄒᆞ랴 : 설의법 / 자연을 즐기고자 하는 마음을 드러냄
오늘도 부족한데 내일이라고 여유가 있겠는가

이 뫼ᄒᆡ 안ᄌᆞ 보고 져 뫼ᄒᆡ 거러 보니
대구법 / 자연을 즐기는 모습
이 산에 앉아보고 저 산을 걸어 보니

번로(煩勞)ᄒᆞᆫ ᄆᆞᄋᆞᆷ의 ᄇᆞ릴 일이 아조 업다
(자연을 즐기느라) 번거로운 마음에 버릴 일이 아주 없다

쉴 ᄉᆞ이 업거든 길히나 젼ᄒᆞ리야
설의법
쉴 사이가 없는데 (면앙정 찾아올) 길이나 전하겠는가

다만 ᄒᆞᆫ 청려장(靑藜杖)*이 다 므듸여 가노미라
명아줏대로 만든 지팡이
자연을 즐기느라 지팡이가 무디어졌음을 표현
다만 한 명아주 지팡이가 다 무뎌져 가는구나

술이 닉어거니 벗지라 업슬소냐
자연의 흥취를 무르익게 하는 소재
술이~업슬소냐 : 설의법
술이 익었는데 벗이야 없을 것이냐

블ᄂᆡ며 튀이며 혀이며 이아며
(노래를) 부르게 하며 (가야금을) 타게 하며 (해금을) 켜게 하며 (방울을) 흔들며

온가짓 소리로 취흥(醉興)을 ᄇᆡ야거니
온갖 소리로 취흥을 재촉하니

근심이라 이시며 시름이라 브트시랴
근심이 있겠으며 시름이 (내게) 붙어 있으랴

누으락 안즈락 구부락 져츠락
누웠다가 앉았다가 구부렸다가 젖혔다가

을프락 ᄑᆞ람ᄒᆞ락 노혜로 노거니
(시를) 읊었다가 휘파람을 불었다가 하며 마음껏 노니

천지(天地)도 넙고넙고 일월(日月)도 ᄒᆞᆫ가(閑暇)ᄒᆞ다
천지도 넓고 넓으며 해와 달도 한가하다

희황(羲皇)* ᄆᆞᄋᆞᆯ러니 이 적이야 그로괴야
고사 인용 / 희황 : 태평성대를 이루었던 인물 / 희황의 태평성대가 지금과 같다는 의미
희황의 태평성대도 몰랐는데 지금이야말로 그 때구나

신선(神仙)이 엇더턴지 이 몸이야 그로고야
신선이 어떤 것인지 이 몸이야말로 신선이로구나

강산풍월(江山風月) 거ᄂᆞ리고 내 백 년(百年)을 다 누리면
강산풍월을 거느리고 내 평생을 다 누리면

악양루(岳陽樓)* 샹의 이태백(李太白)이 사라오다
악양루 위의 이태백이 살아 돌아온다 한들

호탕정회(浩蕩情懷)야 이예셔 더ᄒᆞᆯ소냐
악양~더ᄒᆞᆯ소냐 : 화자 자신이 이태백보다 더 나은 삶을 살고 있다는 자부심을 드러냄
넓고 끝없는 정다운 회포야 이보다 더하겠는가

이 몸이 이렁 굼도 역군은(亦君恩)이샷다
자신의 만족스러운 삶을 임금의 덕으로 여김 / 임금에 대한 충의
이 몸이 이렇게 지내는 것도 임금의 은혜로다

– 송순, <면앙정가>

*청려장(靑藜杖) : 명아줏대로 만든 지팡이.
*희황(羲皇) : 복희씨. 중국 고대 전설상의 제왕. 삼황(三皇)의 한 사람으로, 팔괘를 처음으로 만들고, 그물을 발명하여 고기잡이의 방법을 가르쳤다고 한다.
*악양루(岳陽樓) : 중국 후난성 동정호구 악주부(岳州府)에 있는 부성(府城)의 서쪽문 누각.

---

㉠인간(人間)을 써나와도 내 몸이 겨를 업다.
이것도 보려 ᄒᆞ고 져것도 드르려코
ᄇᆞ롬도 혀려 ᄒᆞ고 ᄃᆞᆯ도 마즈려코
밤으란 언제 줍고 고기란 언제 낙고
시비(柴扉)란 뉘 다드며 딘 곳츠란 뉘 쓸려뇨
아ᄎᆞᆷ이 낫브거니 나조ᄒᆡ라 슬흘소냐
오늘리 부족(不足)거니 내일(來日)리라 유여(有餘)ᄒᆞ랴
㉡이 뫼ᄒᆡ 안자 보고 뎌 뫼ᄒᆡ 거러 보니
번로(煩勞)ᄒᆞᆫ ᄆᆞᄋᆞᆷ의 ᄇᆞ릴 일이 아조 업다
쉴 ᄉᆞ이 업거든 길히나 젼ᄒᆞ리야
ⓐ다만 ᄒᆞᆫ 청려장(靑藜杖)이 다 므듸여 가노미라
㉢술이 닉어거니 벗지라 업슬소냐
블ᄂᆡ며 튀이며 혀이며 이아며
온가짓 소리로 취흥(醉興)을 ᄇᆡ야거니
근심이라 이시며 시름이라 브트시랴
누으락 안즈락 구브락 져츠락
을프락 ᄑᆞ람ᄒᆞ락 노혜로 놀거니
천지(天地)도 넙고넙고 일월(日月)도 ᄒᆞᆫ가ᄒᆞ다
희황(羲皇)을 모ᄅᆞᆯ러니 이 적이야 그로고야
신선(神仙)이 엇더턴지 이 몸이야 그로고야
강산풍월(江山風月) 거ᄂᆞ리고 내 백 년(百年)을 다 누리면
악양루(岳陽樓) 샹의 이태백(李太白)이 사라오다
㉣호탕(浩蕩) 정회(情懷)야 이에서 더ᄒᆞᆯ소냐
이 몸이 이렁 굼도 역군은(亦君恩)이샷다

– 송순, <면앙정가>

### 110
㉠~㉣을 이해한 내용으로 적절한 것은?
① ㉠: 바쁜 생활에 대해 불만족스러운 태도가 나타나 있다.
② ㉡: 자연물로부터 비롯된 애상적 정서가 나타나 있다.
③ ㉢: 자연 속에서 홀로 지내는 외로움의 정서가 나타나 있다.
④ ㉣: 화자 자신의 현재 삶에 대한 자부심이 나타나 있다.

### 111
ⓐ를 통해 짐작할 수 있는 화자의 처지와 정서로 적절한 것은?
① 자연에 묻혀 지낸 상황이 오래된 것에 대한 따분함
② 자연을 완상하는 일로 분주한 일상으로 인한 만족감
③ 나이가 들어 더 이상 풍류를 즐길 수 없는 안타까움
④ 남들보다 풍요로운 생활을 영위하는 것에 대한 자부심

**정답과 해설**

**110** ④ '넓고 끝없는 정다운 회포야말로 이보다 더할 것인가'라는 의미로 자연 속에서 경치를 즐기고 있는 현재 생활에 대한 자부심이 드러나 있다.

**111** ② ⓐ는 '다만 지팡이가 다 무뎌져 가는구나'라는 의미이다. 이는 자연을 완상하는 일로 인해 분주한 일상에 대한 만족감을 드러내는 표현으로 볼 수 있다.

## 39. 정철, 〈사미인곡〉

**(가)**
동풍(東風)이 건듯 부러 적설(積雪)을 헤텨내니
창(窓)밧긔 심근 ㉠매화(梅花) 두세 가지 피여셰라
ᄀᆞ득 냉담(冷淡)ᄒᆞᆫ디 암향(暗香)은 므스 일고
황혼(黃昏)의 ᄃᆞᆯ이 조차 벼마틔 빗최니
늣기는 듯 반기는 듯 님이신가 아니신가
ⓐ뎌 매화(梅花) 것거내여 님 겨신ᄃᆡ 보내오져
님이 너를 보고 엇더타 너기실고
꼿디고 ㉡새닙나니 녹음(綠陰)이 설렷ᄂᆞᆫᄃᆡ
나위(羅幃) 적막(寂寞)ᄒᆞ고 수막(繡幕)이 뷔여 잇다
부용(芙蓉)을 거더노코 공작(孔雀)을 둘러두니
ᄀᆞ득 시름한ᄃᆡ 날을 엇디 기돗던고
ⓑ원앙금(鴛鴦錦) 버혀노코 오색선(五色線) 플텨내여
금자히 견화이셔 님의 옷 지어내니
수품(手品)은 크니와 제도(制度)도 ᄀᆞ줄시고
산호수(珊瑚樹) 지게우ᄒᆡ 백옥함(白玉函)의 다마두고
님의게 보내오려 님 겨신ᄃᆡ ᄇᆞ라보니
산(山)인가 ㉢구름인가 머흐도 머흘시고
천 리(千里) 만 리(萬里) 길희 뉘라셔 ᄎᆞ자갈고
니거든 여러두고 날인가 반기실가
ᄒᆞᄅᆞ밤 서리김의 기러기 우러녈제
위루(危樓)에 혼자올나 수정렴(水晶簾)을 거든마리
동산(東山)의 ㉣ᄃᆞᆯ이 나고 북극(北極)의 별이 뵈니
님이신가 반기니 눈물이 절로난다

---

**112**  〈자체 제작〉
㉠~㉣ 중 <보기>의 ⓐ와 그 의미가 가장 유사한 것은?

<보기>
묏버들 가려 꺾어 보내노라 임의 손에
자시는 창밖에 심어 두고 보소서
밤비에 ⓐ새 잎 곳 나거든 날인가도 여기소서
　　　　　　　　　　　　　　– 홍랑, 〈묏버들 가려 꺾어~〉

① ㉠　② ㉡　③ ㉢　④ ㉣

---

**113**  〈자체 제작〉
이 시의 특징에 대한 설명으로 적절하지 않은 것은?
① 자연물에 의탁하여 화자의 정서를 나타내고 있다.
② 말을 주고받는 방식을 활용하여 주제를 드러내고 있다.
③ 다양한 감각적 이미지를 활용하여 표현 효과를 높이고 있다.
④ 계절감을 드러내는 소재를 활용하여 시적 분위기를 형성하고 있다.

---

**정답과 해설**

**112** ① '매화'는 임을 향한 화자의 지조, 충성심을 나타내는 소재이므로 ⓐ와 그 의미가 비슷하다.

**113** ② 두 명 이상의 화자가 서로 말을 주고받는 방식은 나타나 있지 않다.

청광(淸光)을 쥐여 내여 봉황루(鳳凰樓)의 븟티고져
임(임금)에 대한 화자의 정성과 사랑　임금이 계신 곳 / 도교 사상 / 임금과 신하의 수직적 관계
맑은 달빛을 일으켜 내어 임 계신 궁궐에 보내고 싶구나
누(樓) 우희 거러 두고 팔황(八荒)의 다 비최여
누각 위에 걸어 두고 온 세상을 다 비추어
심산(深山) 궁곡(窮谷)* 졈낫ㄱ티 밍그쇼셔
깊은 산속의 험한 골짜기 / ① 어렵게 사는 백성들 ② 화자가 거처하는 곳
심산~밍그쇼셔 : 임금의 선정 기원 / 임금의 선정이 온 세상에 닿기를 바람
깊은 산골짜기도 대낮같이 환하게 만드소서
건곤(乾坤)이 폐색(閉塞)ᄒᆞ야 백설(白雪)이 ᄒᆞᆫ 비친 제
계절적 배경을 나타내는 소재 → 겨울
천지가 겨울의 추위에 얼어 흰 눈이 덮여 있을 때
사ᄅᆞᆷ은 ᄏᆞ니와 날새도 긋쳐 잇다
사람은 물론이거니와 날아다니는 새도 자취를 감추었도다
소상(瀟湘) 남반(南畔)*도 치오미 이러커든
화자가 있는 곳
소상강 남쪽도 추위가 이렇거든
옥루(玉樓) 고쳐(高處)*야 더옥 닐러 므슴ᄒᆞ리
임금이 계신 곳
임 계신 곳이야 더욱 말해 무엇하랴
양춘(陽春)을 부쳐 내여 님 겨신 ᄃᆡ 쏘이고져
임(임금)에 대한 화자의 정성과 사랑
따뜻한 봄기운을 부쳐 내어 임 계신 곳에 쏘이고 싶구나
모첨(茅簷) 비쵠 ᄒᆡ를 옥루(玉樓)의 올리고져
임(임금)에 대한 화자의 정성과 사랑
초가집 처마에 비친 따스한 햇볕을 임 계신 궁궐에 올리고 싶구나

(중략)

져근덧 싱각 마라 이 시름 닛쟈 ᄒᆞ니
잠시라도 임 생각을 하지 않으며 이 시름을 잊으려 하여도
ᄆᆞ음의 미쳐 이셔 골수(骨髓)의 쎄텨시니
마음 속에 맺혀 있어 뼛속까지 사무쳤으니
편작(扁鵲)*이 열히 오다 이병을 엇디 ᄒᆞ리
편작과 같은 명의 열 명이 와도 임에 대한 그리움으로 생긴 병을 고칠 수 없음을 표현 / 화자의 비관적 인식
편작과 같은 명의가 열 명이 와도 이 병을 어찌 하리
어와 내 병이야 이 님의 타시로다
- 자신의 처지에 대한 한탄의 정서
- <사미인곡>과 같은 유배가사에는 정치적 복귀를 염두에 두고 임금에 대한 원망을 드러내지 않는 경우가 많음 (예외 : <정과정곡>)
아아 내 병이야 이 임의 탓이로다
출하리 싀어디여 범나븨 되오리라
화자가 환생하고자 하는 대상 / 불교의 윤회사상 / 비극적 초월
차라리 죽어서 범나비(호랑나비)가 되리라
곳나모 가지마다 간 ᄃᆡ 족족 안니다가
꽃나무 가지마다 간 데마다 앉고 다니다가
향 므든 ᄂᆞᆯ애로 님의 오시 올므리라
향 묻은 날개로 임의 옷에 옮으리라
님이야 날인줄 모ᄅᆞ셔도 내 님 조ᄎᆞ려 ᄒᆞ노라
죽어서도 임을 따르고 싶은 마음 형상화 / 일편단심(一片丹心)
임께서 나인 줄 모르셔도 나는 임을 따르려 하노라

- 정철, <사미인곡>

* 나위(羅幃) : 얇은 비단으로 만든 장막.
* 슈막(繡幕) : 수놓은 장막.
* 심산(深山) 궁곡(窮谷) : 깊은 산속의 험한 골짜기.
* 소상(瀟湘) 남반(南畔) : 소상강의 남쪽. 여기서는 작가의 유배지인 전라도 창평을 의미함.
* 옥루(玉樓) 고쳐(高處) : 옥황상제의 거처. 여기서는 임금이 계신 곳을 의미함.
* 편작(扁鵲) : 중국 전국 시대의 명의(名醫).

---

　　청광(淸光)을 믜워내여 봉황루(鳳凰樓)의 븟티고져
　　누(樓) 우희 거러두고 팔황(八荒)의 다비최여
　　심산(深山) 궁곡(窮谷) 졈 낫ㄱ티 밍그쇼셔
　　건곤(乾坤)이 폐색(閉塞)ᄒᆞ야 백설(白雪)이 ᄒᆞᆫ 비친제
　　사ᄅᆞᆷ은 ᄏᆞ니와 날새도 긋쳐잇다
　　소상(瀟湘) 남반(南畔)도 치오미 이러커든
　　옥루(玉樓) 고쳐(高處)야 더옥닐러 므슴ᄒᆞ리
　　양춘(陽春)을 부처내여 님겨신ᄃᆡ 쏘이고져
　　모쳠(茅簷) 비쵠 ᄒᆡ 롤 옥루(玉樓)의 올리고져
　　홍상(紅裳)을 니믜ᄎᆞ고 취수(翠袖)를 반(半)만 거더
　　일모(日暮) 수죽(脩竹)의 혬가림도 하도할샤
　　다론히 수이디여 긴밤을 고초안자
　　청등(靑燈) 거론겻티 전공후(鈿箜篌) 노하두고
　　ⓒ꿈의나 님을 보려 툭 밧고 비겨시니
　　앙금(鴦衾)도 초도촐사 이밤은 언제 샐고
　　ᄒᆞ로도 열두째 한 돌도 설흔날
　　져근덧 싱각마라 이시름 닛쟈ᄒᆞ니
　　ᄆᆞ옴의 미쳐이셔 골수(骨髓)의 쎄텨시니
　　ⓓ편작(扁鵲)이 열히오다 이병을 엇디ᄒᆞ리
　　어와 내 병이야 이 님의 타시로다
　　츠하리 싀어디여 범나븨 되오리라
　　곳나모 가지마다 간ᄃᆡ 족족 안니다가
　　향 므든 ᄂᆞᆯ애로 님의 오시 올므리라
　　님이야 날인줄 모ᄅᆞ셔도 내 님 조ᄎᆞ려 ᄒᆞ노라
　　　　　　　　　　　　　- 정철, <사미인곡>

## 114
2012 법원직 9급 변형

ⓐ~ⓓ에 대한 설명으로 가장 적절하지 않은 것은?

① ⓐ: 자신의 변치 않은 마음을 전하고 싶어 한다.
② ⓑ: 정성을 다하여 임의 옷을 만들고 있다.
③ ⓒ: 꿈에서라도 목적을 이루고 싶어 한다.
④ ⓓ: 뛰어난 의사만이 자신의 병을 고칠 수 있다고 믿는다.

## 115
2012 법원직 9급

이 글에 대한 설명으로 적절하지 않은 것은?

① 4음보의 리듬감이 나타난다.
② 여성 화자의 목소리가 나타난다.
③ 상대방에 대한 예찬을 주제로 한다.
④ 화자는 현재의 처지에서 벗어나고 싶어 한다.

---

**정답과 해설**

**114 ④** 'ⓓ편작(扁鵲)이 열히오다 이병을 엇디ᄒᆞ리'는 뛰어난 의사가 있어도 임에 대한 그리움으로 생긴 자신의 상사병을 고치기 어렵다는 뜻이다. 따라서 뛰어난 의사만이 자신의 병을 고칠 수 있다는 믿음과는 거리가 멀다.

**115 ③** 정철의 <사미인곡>은 화자의 임에 대한 사랑과 그리움을 나타낸 가사로, 상대방에 대한 예찬은 이 작품의 주제로 볼 수 없다.

## 40. 정철, 〈속미인곡〉

뎨 가는 뎌 각시 본 듯도 ㅎ뎌이고
갑녀(보조 화자)의 말 (뎨 가는 ~ 가시는고)
저기 가는 저 각시 본 듯도 하구나

천상(天上) 백옥경(白玉京)을 엇디ㅎ야 이별(離別)ㅎ고
　　　　옥황상제의 궁궐　　　　　　　　　　적강
임금이 계신 궁궐을 어찌하여 이별하고

ㅎ 다 뎌 져믄날의 눌을보라 가시는고
질문 → 을녀(중심 화자)가 자신의 사연에 대해 말하도록 이끌어 냄
해 다 져 저문 날에 누굴 보러 가시는가

어와 네여이고 이내 스셜 드러보오
을녀(중심 화자)의 말 시작
어와 너로구나 이 내 사정 이야기 들어 보오

내 얼굴 이 거동이 님 괴얌즉 ㅎ가마는
내 얼굴 이 행동이 임에게 사랑받을 만한가마는

엇딘디 날 보시고 네로다 녀기실시
어쩐지 날 보시고 너로다 여기시매

나도 님을 미더 군ᄠᅳ디 젼혀 업서
　　　　임에 대한 순수한 사랑과 신뢰의 태도
나도 임을 믿고 다른 생각이 전혀 없어

이리야 교ᄐᆡ야 어ᄌᆞ러이 ᄒᆞ돗썬디
을녀가 생각하는 이별의 원인
아양도 떨고 교태도 부리며 어지럽게 굴었던지

반기시는 ᄂᆞᆾ비치 녜와 엇디 다ᄅᆞ신고
(나를) 반기시는 얼굴빛이 예전과 어찌 다르신고

누어 싱각ㅎ고 니러 안자 혜여ㅎ니
누워 생각하고 일어나 앉아 헤아려 보니

내 몸의 지은 죄 뫼ᄀᆞ티 싸혀시니
이별을 자신(을녀)의 탓으로 여김
내 몸의 지은 죄가 산같이 쌓였으니

하놀히라 원망ᄒᆞ며 사ᄅᆞᆷ이라 허믈ᄒᆞ랴
을녀의 자책 : 수원수구(誰怨誰咎)
하늘을 원망하며 사람을 탓할 수 있으랴

셜워 플텨 혜니 조믈(造物)의 타시로다
자신의 처지(임과 이별한 상황)에 대한 운명론적 수용과 체념의 태도 / 임에 대한 원망은 드러나 있지 않음
서러워 여러 가지 일을 풀어내어 생각해 보니 조물주의 탓이로다

글란 싱각 마오
갑녀의 말, 을녀를 위로함
그렇게 생각 마오

미친 일이 이셔이다
갑녀의 말로 보는 경우도 있고, 을녀의 말로 보는 경우도 있음 / 을녀의 말로 보는 경우가 더 많음
(마음 속에) 맺힌 일이 있습니다

님을 뫼셔 이셔 님의 일을 내 알거니
임을 모셔 임의 일을 내가 알거니

믈 ᄀᆞ튼 얼굴이 편ᄒᆞ실 적 몃 날일고
물 같이 연약한 몸이 편하실 때가 몇 날일까

춘한(春寒) 고열(苦熱)은 엇디ᄒᆞ야 디내시며
이른 봄의 추위와 여름의 무더위는 어떻게 지내시며

추일(秋日) 동천(冬天)은 뉘라셔 뫼셧ᄂᆞᆫ고
가을날과 겨울날은 누가 모셨는가

죽조반(粥早飯) 조석(朝夕) 뫼 녜와 ᄀᆞ티 셰시ᄂᆞᆫ가
믈 ᄀᆞ튼 ~ ᄀᆞ티 셰시ᄂᆞᆫ가 : 임(임금)에 대한 걱정 / 임(임금)의 곁에 있지 못하는 안타까움
자릿조반과 아침 저녁 진지는 예전과 같이 잡수시는가

(중략)

잡거니 밀거니 놉픈 뫼히 올라가니
(나무와 바위를) 잡기도 하고 밀기도 하며 높은 산에 올라가니

구롬은 ᄏᆞ니와 안개는 므ᄉᆞ 일고
임과 화자 사이를 가로막는 장애물
구름은 물론이거니와 안개는 또 무슨 일로 끼어 있는가

산천(山川)이 어둡거니 일월(日月)을 엇디 보며
　　　　　　　　　　　임(임금)을 상징
산천이 어두운데 해와 달은 어찌 보며

지쳑(咫尺)을 모ᄅᆞ거든 천리(千里)를 ᄇᆞ라보랴
바로 앞도 분간할 수 없는데 천 리나 되는 먼 곳을 바라볼 수 있으랴

출하리 믈ᄀᆞ의 가 빗길히나 보랴 ᄒᆞ니
차라리 물가로 가서 뱃길이나 보려 하니

---

뎨 가는 뎌 각시 본 듯도 ᄒᆞ뎌이고
㉠천상(天上) 백옥경(白玉京)을 엇디ᄒᆞ야 이별(離別)ᄒᆞ고
ᄒᆡ 다 뎌 져믄 날의 눌을 보라 가시는고
어와 네여이고 이내 스셜 드러 보오
내 얼굴 이 거동이 님 **괴얌즉** ᄒᆞ가마는
엇딘디 날 보시고 네로다 녀기실시
나도 님을 미더 **군ᄠᅳ디 젼혀 업서**
**이리야** 교ᄐᆡ야 어ᄌᆞ러이 ᄒᆞ돗썬디
반기시는 ᄂᆞᆾ비치 녜와 엇디 다ᄅᆞ신고
누어 싱각ᄒᆞ고 니러 안자 혜여ᄒᆞ니
㉡내 몸의 지은 죄 뫼ᄀᆞ티 싸혀시니
하놀히라 원망ᄒᆞ며 사ᄅᆞᆷ이라 허믈ᄒᆞ랴
셜워 플텨 혜니 조믈(造物)의 타시로다
글란 싱각 마오 미친 일이 이셔이다
님을 뫼셔 이셔 님의 일을 내 알거니
믈 ᄀᆞ튼 얼굴이 편ᄒᆞ실 적 몃 날일고
춘한(春寒) 고열(苦熱)은 엇디ᄒᆞ야 디내시며
㉢추일(秋日) 동천(冬天)은 뉘라셔 뫼셧ᄂᆞᆫ고
죽조반(粥早飯) 조석(朝夕) 뫼 녜와 ᄀᆞ티 셰시ᄂᆞᆫ가
기나긴 밤의 ᄌᆞᆷ은 엇디 자시ᄂᆞᆫ고
님 다히 소식(消息)을 아므려나 아쟈 ᄒᆞ니
오늘도 거의로다 ᄂᆡ일이나 사ᄅᆞᆷ 올가
내 ᄆᆞ음 둘 ᄃᆡ 업다 어드러로 가쟛 말고
잡거니 밀거니 놉픈 뫼히 올라가니
**구롬**은 ᄏᆞ니와 안개는 므ᄉᆞ 일고
산천(山川)이 어둡거니 일월(日月)을 엇디 보며
지쳑(咫尺)을 모ᄅᆞ거든 천리(千里)를 ᄇᆞ라보랴
출하리 믈ᄀᆞ의 가 빗길히나 보랴 ᄒᆞ니
ᄇᆞ람이야 **믈결**이야 어동졍 된뎌이고
샤공은 어디 가고 븬 ᄇᆡ만 걸렷ᄂᆞ고
강천(江川)의 혼자 셔셔 디는 ᄒᆡ를 구버보니
님 다히 소식이 더옥 아득ᄒᆞᆫ뎌이고
모쳠(茅簷) 촌 자리의 밤듕만 도라오니
반벽청등(半壁靑燈)은 눌 위ᄒᆞ야 볽갓ᄂᆞ고
**오ᄅᆞ며 ᄂᆞ리며** 헤쓰며 바자니니
져근덧 역진(力盡)ᄒᆞ야 풋ᄌᆞᆷ을 잠간 드니
정성(精誠)이 지극ᄒᆞ야 ᄭᅮᆷ의 님을 보니
옥(玉) ᄀᆞ튼 얼구리 반(半)이나마 늘거셰라
ᄆᆞ음의 머근 말솜 슬ᄏᆞ장 숣쟈 ᄒᆞ니
눈물이 바라 나니 말솜인들 어이ᄒᆞ며
정(情)을 몯다 ᄒᆞ야 목이조차 메여ᄒᆞ니
오뎐된 **계성(鷄聲)**의 ᄌᆞᆷ은 엇디 ᄭᆡ돗던고
㉣어와 허사(虛事)로다 이 님이 어디 간고
결의 니러 안자 창(窓)을 열고 ᄇᆞ라보니
어엿븐 **그림재** 날 조촐 ᄲᅮᆫ이로다
출하리 싀여디여 ㉮낙월(落月)이나 되야이셔
님 겨신 창(窓) 안히 **번드시 비최리라**
각시님 ᄃᆞᆯ이야 ᄏᆞ니와 ㉯구존 비나 되쇼셔
　　　　　　　　　　　　　　　　　　　- 정철, 〈속미인곡〉

**116** 　　　　　　　　2017 국가직 7급 1차

시어의 뜻풀이로 옳지 않은 것은?

① 괴얌즉: 사랑받음직
② 군ᄠᅳ디: 다른 생각이
③ 이리야: 아양이야
④ 번드시: 반드시

### 정답과 해설

**116** ④ '번드시'는 '환하게' 또는 '반듯이'로 보는 것이 적절하다.

ㅂ람이야 믈결이야 어둥졍 된뎌이고
임과 화자 사이를 가로막는 장애물
바람과 물결로 어수선하게 되었구나

샤공은 어딕 가고 븬 빅만 걸렷눈고
　객관적 상관물 : 임을 보지 못하는 화자의 쓸쓸한 마음을 간접적으로 형상화
뱃사공은 어디 가고 빈 배만 걸려 있는가

(중략)

정성(精誠)이 지극ㅎ야 꿈의 님을 보니
　　　　　　화자와 임의 만남을 가능하게 하는 매개체 / 일시적 위로의 수단 / 꿈을 꾸고 난 뒤, 화자의 그리움은 심화됨
정성이 지극하였던지 꿈에서 임을 보니

옥(玉) ᄀ툰 얼구리 반(半)이나마 늘거셰라
임(임금)에 대한 걱정과 사랑, 안타까움 / 충신연주지사(忠臣戀主之詞)의 성격
옥같이 곱던 얼굴이 반도 넘게 늙어 있구나

ᄆ음의 머근 말솜 슬ᄏ장 숣쟈 ᄒ니
　정과 회포
마음 속에 품은 생각을 실컷 아뢰려 하였더니

눈믈이 바라 나니 말솜인들 어이ᄒ며
눈물이 바로 쏟아져 말도 하지 못하고

정(情)을 못다 ᄒ야 목이조차 몌여 ᄒ니
정회도 다 풀지 못하여 목마저 메었으니

오뎐된 계셩(鷄聲)의 좀은 엇디 씨돗던고
　화자를 꿈에서 깨어나게 함 / 화자와 임의 만남을 방해하는 장애물
방정맞은 닭 소리에 잠은 왜 깬단 말인가

어와 허사(虛事)로다 이 님이 어딕 간고
　화자의 심정 : 허탈감
아아 헛된 일이로다 이 임이 어디로 갔는가

결의 니러 안자 창(窓)을 열고 ᄇ라보니
잠결에 일어나 앉아 창을 열고 바라보니

어엿븐 그림재 날 조출 ᄯᅡᆫ이로다
　화자의 그림자 → 임의 부재와 화자의 외로움을 강조
가엾은 그림자만이 나를 따를 뿐이로다

출하리 싀여디여 낙월(落月)이나 되야이셔
　　　　　　화자(을녀)의 분신 / 소극적 애정관(달은 임에게 직접 가 닿을 수 없음)
차라리 죽어 사라져 지는 달이나 되어

님 겨신 창(窓) 안히 번드시 비최리라
　죽어서도 임을 따르고자 하는 강한 염원을 드러냄
임 계신 창 안에 환하게 비치리라

각시님 들이야 ᄏ니와 구준비나 되쇼셔
　적극적 애정관(비는 임의 옷을 적실 수 있음 → 임에게 직접 가 닿을 수 있음)
　갑녀의 말 : 을녀에게 하는 권고(위로)의 말
각시님, 달은커녕 궂은 비나 되십시오

　　　　　　　　　　　　　　　　　　　　　　　　　　　- 정철, 〈속미인곡〉

---

**117**　　　　　　　　　　2017 법원직 9급
㉠~㉣에 대한 설명으로 적절하지 않은 것은?
① ㉠: 상대방이 하늘로부터 내려온 존재임을 드러내고 있다.
② ㉡: 자신의 잘못으로 발생한 문제임을 드러내고 있다.
③ ㉢: 자신을 대신해 임을 모시는 사람에 대한 원망을 드러내고 있다.
④ ㉣: 탄식을 통해 화자의 허탈한 심정을 드러내고 있다.

**118**　　　　　　　　　　2017 법원직 9급
㉮와 ㉯를 비교한 것으로 가장 적절한 것은?
① ㉮와 ㉯는 임에 대한 화자의 원망을 드러내는 소재이다.
② ㉮와 ㉯는 임과 화자 사이를 가로막는 장애물을 상징한다고 볼 수 있다.
③ ㉮에 비해 ㉯는 임에 대한 적극적 사랑의 모습을 드러낼 수 있는 소재이다.
④ ㉯에 비해 ㉮는 화자의 소망이 이루어지기 힘든 것임을 드러내고 있다.

**119**　　　　　　　　　　자체 제작
다음 중 시어의 의미가 다른 하나는?
① '구롬'　　② '믈결'
③ '계성'　　④ '그림재'

**120**　　　　　　　　　　자체 제작
이 시에 드러나는 '꿈'의 기능으로 가장 적절한 것은?
① 대상을 향한 화자의 그리움을 심화시킨다.
② 대상과 화자가 이별하게 된 원인을 드러낸다.
③ 대상과 화자의 재회하게 될 것임을 예고한다.
④ 대상과 화자가 사랑했던 과거의 장면을 보여준다.

**121**　　　　　　　　　　자체 제작
이 글의 구절에 대한 설명으로 적절한 것은?
① '군ᄯᅳ디 전혀 업서'에서 과거의 잘못을 깨닫고 뉘우치는 화자의 모습이 나타난다.
② '녜와 엇디 다ᄅᆞ신고'에서 화자는 임과 자신의 관계가 변한 것을 안타까워하고 있다.
③ '오ᄅᆞ며 ᄂᆞ리며'에서 자신의 상황을 도피하려는 화자의 태도가 드러난다.
④ '번드시 비최리라'에서 미래에 대한 낙관적인 전망을 보이는 화자의 모습을 엿볼 수 있다.

---

**정답과 해설**

**117** ③ ㉢은 자신과 헤어진 임이 잘 지내고 있는지에 대한 걱정을 나타낸 것이며, 타인에 대한 원망을 드러낸 표현은 아니다.

**118** ③ ㉮'낙월(落月)'은 멀리서라도 임을 바라보고 싶은 소극적인 애정을 뜻하는 반면, ㉯'구준 비'는 임에게 직접 닿기를 바라는 적극적인 애정을 뜻한다. 따라서 ㉮에 비해 ㉯가 임에 대한 적극적 사랑의 모습을 드러낼 수 있는 소재로 볼 수 있다.

**119** ④ '그림재'는 화자를 좇는 대상으로, 임을 만난 꿈에서 깬 화자의 안타까움을 드러내는 소재이다.

**120** ① 화자는 '꿈'을 꿈으로써 잠깐이나마 임을 만나게 된다. 꿈에서 깨고 난 후에는 임을 향한 화자의 그리움이 더욱 깊어지게 된다.

**121** ② '옛과 어찌 다르신가'에는 화자를 향한 임의 태도가 바뀐 것을 슬퍼하는 화자의 심리가 나타나 있다. 따라서 임과 자신의 관계가 변한 것을 안타까워한다고 해석할 수 있다.

# 제 2 장 • 서사 문학

## 1 서사 해석

### 1. 서사 문학 해석의 범위
① 인물의 상황, 정서, 성격
② 유기성
③ 작품에 나타난 시대와 문제의식

### 2. 서사 문학 해석 문제를 풀 때 주의사항
① 선택지의 말을 지문의 말로 바꾸는 것에 집중한다.
② 정서나 상징적 의미를 묻는 경우, 그럴 듯하지만 따진다.
③ 유기성 문제를 해결할 때에는 문장의 구조를 단순화시켜서 찾는다.

---

### 001
2018 국가직 7급

㉠에 해당하는 것과 ㉡에 해당하는 것을 문맥적 의미를 고려하여 짝지을 때 적절하지 않은 것은?

> 내 집에 당장 쓰러져 가는 행랑채가 세 칸이나 되어 할 수 없이 전부 수리하였다. 그중 두 칸은 이전 장마에 비가 새면서 기울어진 지 오래된 것을 알고도 이리저리 미루고 수리하지 못한 것이고 한 칸은 한 번 비가 새자 곧 기와를 바꿨던 것이다. 이번 수리할 때에 기울어진 지 오래였던 두 칸은 들보와 서까래들이 다 썩어서 다시 쓰지 못하게 되어 수리하는 비용도 더 들었으나, 비가 한 번 새었던 한 칸은 재목이 다 성하여 다시 썼기 때문에 비용도 덜 들었다. 나는 ㉠이 경험을 통해 ㉡깨달음을 얻었다. 이러한 것은 사람에게도 있는 일이다. 자기 과오를 알고 곧 고치지 않으면 나무가 썩어서 다시 쓰지 못하는 것과 같고, 과오를 알고 고치기를 서슴지 않으면 다시 착한 사람이 되기 어렵지 않으니 집 재목을 다시 쓰는 이로움과 같은 것이다. 다만 한 사람만이 아니라 한 나라의 정치도 또한 이와 같아서 백성의 이익을 침해하는 일이 심하여도 그럭저럭 지내고 고치지 않다가 백성이 떠나가고 나라가 위태롭게 된 뒤에는 갑자기 고치려고 해도 바로잡기가 대단히 어려우니 삼가지 않아서야 되겠는가?
> – 이규보, <이옥설>

| | ㉠ | ㉡ |
|---|---|---|
| ① | 기와를 바꾸다 | 과오를 고치다 |
| ② | 미루고 수리하지 않다 | 과오를 알고도 곧 고치지 않다 |
| ③ | 들보와 서까래가 다 썩다 | 나라를 바로잡을 방도가 없다 |
| ④ | 비가 새서 기울어진 상태 | 자기 과오 |

---

**정답과 해설**

**001** ③ 기와를 바꾸는 일을 미루다가 들보와 서까래가 다 썩게 된 것은 '백성의 이익을 침해하는 일이 심하여도 그럭저럭 지내고 고치지 않다가 백성이 떠나가고 나라가 위태롭게 된' 것과 연결 지어 볼 수 있다. 이러한 상황은 바로잡기 대단히 어렵다고 언급하고 있으나, 방도가 아예 없다고 언급하고 있지는 않다.
**오답피하기** ① 쓰지 못하게 된 기와를 바꾸는 일은 자신의 잘못된 점을 고치는 일과 연결 지어 볼 수 있다. ② 쓰지 못하게 된 기와를 바꾸는 일을 미루고 수리하지 않는 것은 잘못을 알고도 고치지 않는 것과 연결 지어 볼 수 있다. ④ 비가 새서 기울어진 지 오래인 것은 역시 문제가 있는 상태인 자기 과오와 연결 지어 볼 수 있다.

## 002

**다음 글에서 '소리'에 대한 이해로 적절하지 않은 것은?**

2019 지방직 9급

> 바깥은 어둡고 뜰 변두리의 늙은 나무들은 바람에 불려 **서늘한 소리**를 내었다. 처마 끝 저편에 퍼진 하늘에는 별이 총총하게 박혀 있으나, 아스무레한 초여름 기운에 잠겨 있었다. 집은 전체로 조용하고 썰렁했다.
> **꽝 당 꽝 당**.
> 먼 어느 곳에서는 이따금 여운이 긴 쇠붙이 두드리는 소리가 들려왔다. 밑 거리의 철공소나 대장간에서 벌겋게 단 쇠를 쇠망치로 뚜드리는 소리 같았다.
> 근처에는 그런 곳은 없을 것이었다. 그렇다면 굉장히 먼 곳일 것이었다. 굉장히 굉장히 먼 곳일 것이었다.
> 꽝 당 꽝 당.
> **단조로운 소리**이면서 송곳처럼 쑤시는 구석이 있는, 밤중에 간헐적으로 들려오는 그 소리는 이상하게 신경을 자극했다.
> "참, 저거 무슨 소리유?"
> 영희가 미간을 찌푸리면서 말했다.
> "글쎄, 무슨 소릴까……."
> 정애가 심드렁하게 대답했다.
> "이 근처에 철공소는 없을 텐데."
> "……."
> 정애는 표정으로만 수긍을 했다.
> 꽝 당 꽝 당.
> 그 쇠붙이에 쇠망치 부딪히는 소리는 여전히 간헐적으로 이어지고 있었다. 밤내 이어질 모양이었다. 자세히 그 소리만 듣고 있으려니까 바깥의 선들대는 늙은 나무들도 초여름 밤의 바람에 불려서 그런 것이 아니라 저 **소리의 여운**에 울려 흔들리고 있었다. 저 소리는 이 방안의 벽 틈서리를 쪼개고도 있었다. 형광등 바로 위의 천장에 비수가 잠겨 있을 것이었다.
> — 이호철, 〈닳아지는 살들〉

① '서늘한 소리'는 예사롭지 않은 분위기를 조성하기 시작한다.
② '꽝 당 꽝 당' 소리는 인물의 심리적 상태의 변화를 촉발한다.
③ '단조로운 소리'는 반복적으로 드러남으로써 모종의 의미가 부여된다.
④ '소리의 여운'은 단선적 구성에 변화를 주어 갈등 해소의 기미를 강화한다.

**정답과 해설**

**002** ④ '꽝 당 꽝 당'하는 소리가 계속 나면서 '나'는 '늙은 나무'들이 '소리의 여운에 울려 흔들리고' 있는 것처럼 보인다고 생각하였다. '소리의 여운'은 단선적 구성의 변화를 주고 있지도 않고, 갈등 해소의 기미를 강화하고 있지도 않다.
**오답피하기** ① '서늘한 소리'는 일반적인 소리가 아니다. 따라서 예사롭지 않은 분위기를 조성할 수 있다. ② '꽝 당 꽝 당' 소리가 인물들을 송곳처럼 쑤시고 있다. ③ '단조로운 소리'는 곧 '꽝 당 꽝 당' 소리로 반복적으로 나타나며 어떤 의미가 있음을 암시하고 있다.

## 003

2018 지방직 9급

**㉠~㉣에 대한 설명으로 적절하지 않은 것은?**

> ㉠공방(孔方)의 자는 관지(貫之, 꿰미)이다. …… 처음 황제(黃帝) 때에 뽑혀 쓰였으나, 성질이 굳세어 세상일에 그리 익숙하지 못하였다. 황제가 ㉡관상을 보는 사람[相工]을 불러 보이니, 그가 한참 동안 들여다보고 말했다.
> "산야(山野)의 성질이어서 비록 쓸 만하지 못하오나, 만일 만물을 조화하는 폐하의 풀무와 망치 사이에 놀아 때를 긁고 빛을 갈면 그 자질이 마땅히 점점 드러날 것입니다. ㉢왕자(王者)는 사람을 그릇[器]으로 만듭니다. 원컨대 ㉣폐하께서는 저 완고한 구리[銅]와 함께 내버리지 마옵소서."
> 이로 말미암아 그가 세상에 이름을 드러냈다.

① ㉠은 ㉣의 결정에 의해 세상에 이름이 드러나게 되었다.
② ㉡은 ㉠의 단점보다는 앞으로의 발전 가능성에 주목하였다.
③ ㉢은 ㉡에게 자신의 견해를 펼칠 기회를 제공하였다.
④ ㉣은 ㉢의 이상적인 모습을 본받고 있다.

## 004

2019 서울시 9급 2차

**<보기>의 ( ) 안에 들어갈 가장 알맞은 말을 차례로 나열한 것은?**

<보기>

> 지난여름 작가 회의에서 북한 동포 돕기 시 낭송회를 한 적이 있다. 시인들만 참석하는 줄 알았더니 각계 원로들도 자기가 평소에 애송하던 시를 낭송하는 순서가 있다고, 나한테도 한 편 낭송해 달라고 했다. 내가 ( ㉠ ) 소리를 듣게 된 것이 당혹스러웠지만, 북한 돕기라는 데 핑계를 둘러대고 빠질 만큼 빤질빤질하지는 못했나 보다. 하겠다고 했다. 그러나 거역할 수 없는 명분보다 더 중요한 것은 ( ㉡ ) 아니었을까. 그 무렵 나는 김용택의 '그 여자네 집'이라는 시에 사로잡혀 있었다. 김용택은 내가 좋아하는 시인 중의 한 사람일 뿐 가장 좋아하는 시인이라고는 말 못 하겠다. 마찬가지로 '그 여자네 집'이 그의 많은 시 중 빼어난 시인지 아닌지도 잘 모르겠다.

| | ㉠ | ㉡ |
|---|---|---|
| ① | 원로 | 낭송하고 싶은 시가 있었다는 게 |
| ② | 아쉬운 | 서로가 만족하게 될 실리가 |
| ③ | 시인 | 잠깐의 수고로 동포를 도울 수 있다는 것이 |
| ④ | 입에 발린 | 원로들에 대한 예의가 |

---

### 정답과 해설

**003** ③ ㉡'관상을 보는 사람[相工]'에게 자신의 견해를 펼칠 기회를 제공한 것은 ㉣'폐하'이다.
**오답피하기** ① ㉡'관상을 보는 사람[相工]'은 ㉣'폐하'에게 ㉠'공방(孔方)'을 '저 완고한 구리[銅]와 함께 내버리지 마옵소서.'라고 청하고, ㉣은 이를 받아들이며 ㉠의 이름이 세상에 드러나게 되었다. ② ㉡'관상을 보는 사람[相工]'은 ㉠'공방(孔方)'에 대해 '산야(山野)의 성질이어서 비록 쓸 만하지 못하오나, 만일 만물을 조화하는 폐하의 풀무와 망치 사이에 놀아 때를 긁고 빛을 갈면 그 자질이 마땅히 점점 드러날 것입니다.'라고 말한다. 이는 앞으로의 발전 가능성을 더 주목한 것으로 볼 수 있다. ④ ㉡'관상을 보는 사람[相工]'은 ㉢'왕자(王者)는 사람을 그릇[器]으로 만듭니다.'라고 말한다. 여기서의 ㉢은 일반적인 의미의 임금을 뜻하는 말로, ㉣'폐하'는 ㉡의 말을 받아들여 공방의 이름을 세상에 드러나게 하였으므로 ㉢의 이상적인 모습을 본받고 있다고 볼 수 있다.

**004** ① ㉠ 앞에 '각계 원로들도 자기가 평소에 애송하던 시를 낭송하는 순서가 있다'고 말하며 자신에게도 그러한 요청이 있었다고 말하고 있다. 따라서 '나' 역시 '원로'임을 드러내고 있으므로 ㉠에는 '원로'라는 말이 들어가야 한다. 한편 ㉡에는 '나'가 이러한 제안을 수용하는 이유를 밝히는 내용이 들어가야 한다. "그 무렵 나는 김용택의 '그 여자네 집'이라는 시에 사로잡혀 있었다."라는 내용으로 봤을 때 '나'에게는 '낭송하고 싶은 시가 있었다'라고 추측해 볼 수 있다.

## 005

<보기> 속 화자의 심리 상태로 가장 적절한 것은?

2018 서울시 7급

<보기>
　넓은 도로 위로 투명한 폭포처럼 아지랑이가 끓고 있었다. 그때 내 곁에 서 있던 노인이 내 쪽으로 쓰러졌고 간발의 차이로 나는 그를 피해 비켜섰다. 다갈색 바지에 흰 면 셔츠를 입은 노인이었다. 그는 조짐도 없이 기울어지기 시작해서 조금 전까지 내가 서 있던 자리에 퍽, 하고 머리를 박고 쓰러졌다. 그리고 거의 동시에…… 버스가 당도했고 나는 버스를 탔다. 무슨 생각을 했던 것은 아니었다. 버스를 기다리고 있었으므로 마침 도착한 버스에 탔다. 그게 다였다. 죄책감을 느껴서 도망을 치고 싶었다거나 뭔가를 계산한 것도 아니었다. 죄책감이라니…… 저 사람이 쓰러진 게 나와 무슨 상관인가. 저 사람은 무더위 때문에, 자신의 몸 상태 때문에 저절로 쓰러졌는데 그게 내 탓인가. 쓰러지라고 내가 저 사람을 떼민 것도 아닌데…… 나 말고도 사람이 더 있었으니까 아마도 누군가가 조치했을 것이다. 어쩌면 지금쯤 툭툭 털고 일어났을 수도 있다……

① 각자 살 길을 찾는 게 최선이다.
② 지나간 일이라도 시비는 가려야 한다.
③ 내 탓은 아니지만 죄책감 때문에 괴롭다.
④ 내가 위기에 처하면 누군가 구해줄 것이다.

## 006

(가), (나)에 대한 이해로 가장 적절한 것은?

2018 국가직 7급

**(가)**
　내 개인적인 체험에 불과한 일이기는 하지만, 저 혹독한 6·25의 경험 속의 공포의 전짓불(다른 곳에서 그것에 대해 쓴 일이 있다), 그 비정한 전짓불빛 앞에 나는 도대체 어떤 변신이나 사라짐이 가능했을 것인가. 앞에 선 사람의 정체를 감춘 채 전짓불은 일방적으로 '너는 누구 편이냐'고 운명을 판가름할 대답을 강요한다. 그 앞에선 물론 어떤 변신도 사라짐도 불가능하다. 대답은 불가피하다. 그리고 그 대답이 빗나간 편을 잘못 맞췄을 땐 그 당장에 제 목숨이 달아난다. 불빛 뒤의 상대방이 어느 편인지를 알면 대답은 간단하다. 그러나 이쪽에선 그것을 알 수 없다. 그것을 알 수 없으므로 상대방을 기준하여 안전한 대답을 선택할 수가 없다. 길은 다만 한 가지. 그 대답은 자기 자신의 진실을 근거로 한 선택이 될 수밖에 없다. 그것은 바로 제 목숨을 건 자기 진실의 드러냄인 것이다. 그 밖의 다른 길은 없는 것이다.

－ 이청준, <전짓불 앞의 방백>

**(나)**
　한데 요즘 나는 나의 소설 작업 중에도 가끔 그 비슷한 느낌을 경험하곤 한다. 내가 소설을 쓰고 있는 것이 마치 그 얼굴이 보이지 않은 전짓불 앞에서 일방적으로 나의 진술만을 하고 있는 것 같다는 말이다. 문학 행위란 어떻게 보면 가장 성실한 작가의 자기 진술이라고 할 수 있다. 한데 나는 지금 어떤 전짓불 아래서 나의 진술을 행하고 있는지 때때로 엄청난 공포감을 느낄 때가 많다는 말이다. 지금 당신 같은 질문을 받게 될 때가 바로 그렇다……

－ 이청준, <소문의 벽>

① (나)와 달리 (가)는, 경험에서 파생된 상징적 장치를 적용하여 사태의 의미를 도출하고 있다.
② (가)와 달리 (나)는, 이념적 대립에 의해 자유를 억압당하는 인물의 고통을 낱낱이 진술하고 있다.
③ (가)와 (나)는, 상호적 소통의 여지가 가로막힌 상황의 공포를 다룸으로써 유사한 의미를 공유하고 있다.
④ (가)와 (나)는, 고립된 채 두려움에 떠는 인물의 행동을 극화함으로써 공통된 주제 의식을 제시하고 있다.

## 정답과 해설

**005** ③ '나'는 노인이 쓰러지자 비켜서고 노인은 내가 서 있던 자리에 머리를 박고 쓰러졌다. '나'는 '그게 내 탓인가'라고 하며 자신의 탓이 아니라고 여기지만 쓰러진 노인을 계속 생각하며 죄책감 때문에 괴로워하고 있다.

**006** ③ (가)는 6.25 당시 '전짓불' 뒤에서 정체를 알 수 없는 사람이 '너는 누구 편이냐'라고 묻는 물음에 처했던 공포를 드러내고 있다. (나)는 '전짓불' 앞에서의 일방적인 진술과 같이 느껴지는 소설 작업의 공포를 드러내고 있다. 따라서 (가)와 (나) 모두 상호적 소통의 여지가 가로막힌 상황에서의 자기 진술의 공포를 다룸으로써 유사한 의미를 공유하고 있다고 볼 수 있다.
**오답피하기** ① (가)는 6.25의 경험에서 파생된 '전짓불' 앞의 진술이라는 상징적 장치를, (나)는 소설 쓰기라는 경험에서 파생된 '문학 행위'라는 상징적 장치를 적용하여 사태의 의미를 도출하고 있다. ② (가)는 6.25 당시 이념을 확인하는 '너는 누구 편이냐'라는 질문을 당했던 공포를 드러내고 있다. 따라서 (가)는 이념적 대립에 의해 자유를 억압당하는 인물의 고통을 진술하고 있다고 볼 수 있다. 그러나 (나)에서는 이러한 고통의 진술은 나타나지 않는다. ④ '극화'는 사건이나 인물의 행동을 극의 형식으로 만드는 것을 의미한다. (가)와 (나)는 '자기 진술의 공포'라는 공통된 주제 의식을 제시하고 있으나 고립된 채 두려움에 떠는 인물의 행동을 극의 형식으로 만들고 있지는 않다.

## 007

다음 글의 등장인물에 대한 이해로 적절하지 않은 것은?

> **S# 75. 북측 초소(밤)**
> **성식:** (우진에게 가서 무릎을 꿇고 워커 끈을 풀어서 다시 매 주며) 얌마, 군인이 한 번 가르쳐 주면 제대로 해야지. 언제까지 내가 매 줄 순 (쓸쓸해지며) 없잖아. (워커 끈을 매 주는 안타까운 표정. 일어서며 분위기를 바꾸려는 듯) 참! (봉투에 싼 물건을 꺼내 들고 한 손으로 우진의 어깨를 짚으며 짐짓 느끼한 톤으로) 생일 축하해. 진.
>
> 또 한번 우엑! 하는 수혁. 너무 그러지 말라는 듯 옆에서 툭 치는 경필. 포장을 끄른 우진. 일제 수채화 물감 한 통과 붓 몇 자루를 내려다본다.
>
> … (중략) …
>
> **우진:** (진정하고, 심각한 표정으로) 나도, 형들 줄려구 준비한 게 있어요.
> **수혁:** 뭔데?
>
> 말없이 성식이 앉았던 자리로 와 앉는 우진. 모두들 궁금해하며 주목한다. 잠시 침묵. 주머니를 뒤지며 시간을 끄는 우진. 찾는 물건이 없다는 듯 고개를 갸우뚱한다. 몸을 한쪽으로 기울이더니, 큰 소리로 방귀를 뀌는 우진. 일동, 좌절하며 고개를 푹 숙인다. 낄낄대는 우진, 일어서서 테이블로 간다. 서랍을 열고 서류철을 꺼내 뭔가를 찾는 우진. 경필, 무표정한 얼굴에서 갑자기 오만상을 찡그리며 고개를 돌린다.
>
> **경필:** (코를 막으며) 야아, 문 열어!
>
> 초소 문을 열어 가는 성식, 손을 내미는 순간 먼저 문이 열린다. 무심코 돌아본 경필, 굳어 버린다.
> — 박찬욱 외, 〈공동경비구역 JSA〉

① 성식은 인간적이고 성품이 따뜻하다.
② 우진은 장난스러운 행동으로 해학적인 상황을 만든다.
③ 수혁은 우진의 선물을 궁금해한다.
④ 경필은 참을성이 강하고 포용력이 있다.

## &lt;보기&gt;와 함께 나온 문제

### 008
2018 지방직 7급

(가)를 바탕으로 할 때, (나)에 나타난 사랑의 모습으로 적절하지 않은 것은?

> **(가)** 근대적 연애에서 자기 의사를 중시하는 대등한 개인의 만남과 둘 사이에 타오르는 감정의 비중이 부각된다. 특히 상대방의 모습이 불러일으키는 열정은 결정적으로 중요하다. 전통 사회의 남녀 관계에서 가족 사이의 약속, 상대방에 대한 의존 가능성, 서로의 처지와 상황에 대한 비교 같은 외적 기준이 중시되었던 것과 구별되는 특징이라 할 수 있다.
>
> **(나)** 옳다, 그렇다. 나는 영채를 구원할 의무가 있다. 영채는 나의 은사의 따님이요, 또 은사가 내 아내로 허락하였던 여자라. 설혹 운수가 기박하여 일시 더러운 곳에 몸이 빠졌다 하더라도 나는 그를 건져 낼 책임이 있다. 내가 먼저 그를 찾아다니지 못한 것이 도리어 한이 되고 죄송하거늘, 이제 그가 나를 찾아왔으니 어찌 모르는 체하고 있으리요. 나는 그를 구원하리라. 구원하여서 사랑하리라. 처음에 생각하던 대로, 만일 될 수만 있으면 나의 아내를 삼으리라. 설혹 그가 기생이 되었다 하더라도 원래 양반의 집 혈속이요, 또 어려서 가정의 교훈을 많이 받았으니 반드시 여자의 아름다운 점을 구비하였으리라. 또 만일 기생이라 하면 인정과 세상도 많이 알았을지요, 시와 노래도 잘할지니, 글로 일생을 보내려는 나에게는 가장 적합하다 하고 형식은 가만히 눈을 떴다. 멍하니 모기장을 바라보고 모기장 밖에서 앵앵하는 모기의 소리를 듣다가 다시 눈을 감으며 싱긋 혼자 웃었다. 아까 영채의 태도는 과연 아름다웠다. 눈썹을 짓고, 향수 내 나는 것이 좀 불쾌하기는 하였으나 그 살빛과 눈찌와 앉은 태도가 참 아름다웠다. 더구나 그 이야기할 때에 하얀 이빨이 반짝반짝하는 것과 탄식할 때에 잠깐 몸을 틀며 보일 듯 말 듯 양미간을 찌그리는 것이 못 견디리만큼 어여뻤다. 아까 형식은 너무 감격하여 미처 영채의 얼굴과 태도를 자세히 비평할 여유가 없었거니 지금 가만히 생각하니 영채의 일언일동과 옷고름 맨 모양까지도 어여뻐 보인다. 형식은 눈을 감고 한번 더 영채의 모양을 그리면서 싱긋 웃었다. 도리어 저 김장로의 딸 선형이도 그 얌전한 태도에 이르러서는 영채에게 및지 못한다 하였다. 선형의 얼굴과 태도도 얌전치 아니함이 아니지마는 영채에 비기면 변화가 적고 생기가 적다 하였다.
>
> - 이광수, &lt;무정&gt;

① 영채가 형식에게 원하는 것이 형식의 보호라면, 이를 근대적 사랑이라 보기 어렵다.
② 은사가 아내로 허락하였다는 점을 먼저 생각하는 것을 보면 형식의 영채에 대한 감정은 근대적 사랑이라 보기 어렵다.
③ 자신의 처지에 비추어 시와 노래에 능한 영채의 장점을 호평하는 형식의 생각은 열정과 연결시킬 수 있다.
④ 영채의 외모와 행동을 떠올리며 미소 짓는 장면에서 영채에 대한 형식의 열정을 찾을 수 있다.

**정답과 해설**

**008** ③ '시와 노래도 잘할지니, 글로 일생을 보내려는 나에게는 가장 적합하다'라는 생각은 서로의 처지와 상황에 대한 비교, 즉 '외적 기준'에 해당한다. 따라서 이를 열정과 연결하는 것은 적절하지 않다.

**오답피하기** ① 형식의 보호는 '상대방에 대한 의존 가능성'이므로, 이를 근대적 사랑이라고 보기 어렵다. ② 은사가 아내로 허락하였다는 것은 '전통 사회의 남녀 관계에서 가족 사이의 약속'에 해당하므로, 이를 근대적 사랑이라고 보기 어렵다. ④ 영채를 떠올리며 미소를 짓는 것은 상대방의 모습에서 감정을 느끼는 것이므로, '상대방의 모습이 불러일으키는 열정'이라고 볼 수 있다.

## 2 서사 개념어

### 1. 서술 방식

**(1) 말하기·보여주기**

① 말하기 = 요약적 제시(사건 시간 〉 사건 서술 시간) = 한 문장 안에 사건이 이루어진 시간이 몇 시간 이상

② 보여주기 = 장면 제시(사건 시간 〈 사건 서술 시간) = 한 문장 안에 사건이 이루어진 시간이 순간.
→ 대화와 묘사

※ 모든 묘사가 장면 제시가 되는 것이 아니라 순간적인 상황을 묘사한 것만 장면 제시에 속하고, 오랜 시간을 묘사한 것은 요약적 제시에 속한다.

예 날은 하루하루 추워지고 있었다. vs 떡을 건넸지만 며느리는 힐끗하고 궁둥이만 달싹했을 뿐이었고, 아들은 거들떠 보지도 않았다.

**(2) 속도**

① 요약적 제시: 속도 ↑
② 장면 제시: 속도 ↓
③ 간결한 문체를 사용해도 장면 제시에 해당하면 속도 ↓

**(3) 장면**

① 장면: 연속된 시·공간을 의미
② 장면의 전환: 시간이나 공간 등이 급작스럽게 달라진 것

---

## 009
2016 서울시 9급

다음 중 ㉠~㉣에 대한 감상으로 가장 적절하지 않은 것은?

> 나는 그날 그에게 돈 삼 원을 주었다. 그의 말대로 삼산 학교 앞에 가서 뼈젓이 참외 장사라도 해 보라고. 그리고 돈은 남지 못하면 돌려 오지 않아도 좋다 하였다. ㉠<u>그는 삼 원 돈에 덩실덩실 춤을 추다시피 뛰어나갔다.</u> 그리고 그 이튿날, 선생님 잡수시라구쇼. 하고 나 없는 때 참외 세 개를 갖다두고 갔다. 그리고는 온 여름 동안 그는 우리 집에 얼른하지 않았다.
> 
> 들으니 ㉡<u>참외 장사를 해 보긴 했는데 이내 장마가 들어 밑천만 까먹었고, 또 그까짓 것보다 한 가지 놀라운 소식은 그의 아내가 달아났단 것이다.</u> 저희끼리 금슬은 괜찮았건만 동서가 못 견디게 굴어 달아난 것이라 한다. 남편만 남 같으면 따로 살림 나는 날이나 기다리고 살 것이나 평생 동서 밑에 살아야 할 신세를 생각하고 달아난 것이라 한다.
> 
> 그런데 요 며칠 전이었다. 밤인데 달포 만에 수건이가 우리 집을 찾아왔다. ㉢<u>웬 포도를 큰 것으로 대여섯 송이를 종이에 싸지도 않고 맨손에 들고 들어왔다.</u> 그는 벙긋거리며 첫마디로, 선생님 잡수라고 사 왔습죠. 하는 때였다. 웬 사람 하나가 날쌔게 그의 뒤를 따라 들어오더니 다짜고짜로 수건이의 멱살을 움켜쥐고 끌고 나갔다. 수건이는 그 우둔한 얼굴이 새하얗게 질리며 꼼짝 못하고 끌려 나갔다.
> 
> 나는 수건이가 포도원에서 포도를 훔쳐 온 것을 직각하였다. 쫓아 나가 매를 말리고 포도값을 물어 주었다. 포도값을 물어주고 보니 수건이는 어느 틈에 사라지고 보이지 않았다. 나는 그 다섯 송이의 포도를 탁자 위에 얹어 놓고 오래 바라보며 아껴 먹었다. ㉣<u>그의 은근한 순정의 열매를 먹듯 한 알을 가지고도 오래 입안에 굴려 보며 먹었다.</u>
> 
> – 이태준, <달밤>

① ㉠: 황수건의 행위를 통해 참외 장사가 안 될 것을 예측할 수 있다.
② ㉡: 황수건에 대한 정보가 '나'에 의해 요약적으로 제시되고 있다.
③ ㉢: '포도'는 장사 밑천을 대준 '나'에 대한 황수건의 고마움의 표시이다.
④ ㉣: 인물을 바라보는 '나'의 호의적인 태도를 읽을 수 있다.

---

**정답과 해설**

**009** ① '황수건'이 참외 장사를 위한 밑천을 받고 기뻐하는 행위에서 참외 장사가 안 될 것을 예측하기는 어렵다.
**오답피하기** ② '황수건'의 근황에 대한 정보를 '나'가 요약적으로 제시하고 있으므로 적절하다. ③ '황수건'이 포도를 훔쳐서 '나'에게 준 것은 참외 장사 밑천을 대준 것에 대한 고마움의 표현이다. ④ '황수건'이 훔친 포도 값을 물어주고도 포도를 소중하게 생각하는 것에서 '황수건'에 대한 애정을 확인할 수 있다.

# 010

2018 국가직 9급

**다음 글에 대한 이해로 적절하지 않은 것은?**

> 우리 장인님은 약이 오르면 이렇게 손버릇이 아주 못됐다. 또 사위에게 이 자식 저 자식 하는 이놈의 장인님은 어디 있느냐. 오죽해야 우리 동리에서 누굴 물론하고 그에게 욕을 안 먹는 사람은 명이 짜르다 한다. 조그만 아이들까지도 그를 돌아세 놓고 욕필이(본 이름이 봉필이니까), 욕필이, 하고 손가락질을 할 만치 두루 인심을 잃었다. 하나 인심을 정말 잃었다면 욕보다 읍의 배참봉 댁 마름으로 더 잃었다. 번이 마름이란 욕 잘 하고 사람 잘 치고 그리고 생김 생기길 호박개 같아야 쓰는 거지만 장인님은 외양에 똑 됐다. 장인께 닭 마리나 좀 보내지 않는다든가 애벌논 때 품을 좀 안 준다든가 하면 그해 가을에는 영락없이 땅이 뚝뚝 떨어진다. 그러면 미리부터 돈도 먹이고 술도 먹이고 안달재신으로 돌아치던 놈이 그 땅을 슬쩍 돌아앉는다.
> 
> – 김유정, <봄봄>

① 마름의 특성을 동물의 외양에 빗대어 낮잡아 표현했다.
② 비속어와 존칭어를 혼용하여 해학적 표현을 구사했다.
③ 여러 정황을 거론하며 장인의 됨됨이가 마땅치 않음을 드러냈다.
④ 장인과 소작인들 사이의 뒷거래 장면을 생생하게 묘사하여 제시했다.

※ 인물의 시선: 등장인물의 내면 심리가 나타난 경우
ⓔ 그는 그녀가 이상하다고 생각했다. 왜 이런 짓까지 벌이는지 당최 이해가 되지 않았다.
영희가 보기에는 너무나 멋져 보였다. 모던한 옷차림이 그의 학식을 겉으로 드러내고 있었다.
철수는 그가 분명 거짓말을 하고 있다고 생각했다.

## 2. 시점

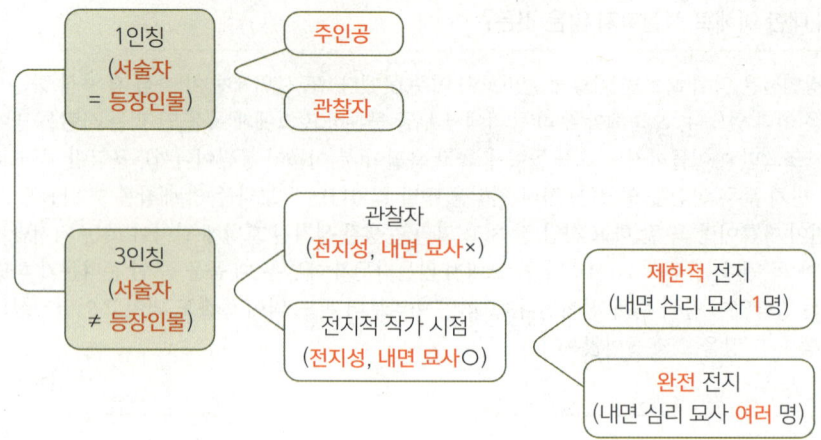

(1) 구별하기

① 영희는 철수 몰래 철수 등 뒤로 다가왔다. 나는 그 광경을 고스란히 보고 있었다. 영희는 철수를 놀래면서 속 시원한 표정을 지었다. 철수는 깜짝 놀랐다. - 1인칭 관찰자

② 나는 철수 몰래 철수 등 뒤로 다가갔다. 민수는 그 광경을 고스란히 보고 있었다. 나는 철수를 놀래면서 철수에게 당한 치욕이 씻겨나가는 느낌을 받았다. 철수는 깜짝 놀란 표정으로 나를 바라보았다. - 1인칭 주인공

③ 영희는 철수 몰래 철수 등 뒤로 다가왔다. 민수는 그 광경을 고스란히 보고 있었다. 영희는 철수를 놀래면서 철수에게 당한 치욕이 씻겨나가는 느낌을 받았다. 철수는 깜짝 놀란 표정으로 영희를 바라보았다. - 3인칭 제한적 전지

④ 영희는 철수 몰래 철수 등 뒤로 다가왔다. 민수는 그 광경을 고스란히 보고 있었다. 영희는 철수를 놀래면서 철수에게 당한 치욕이 씻겨나가는 느낌을 받았다. 철수는 깜짝 놀랐지만 영희가 자기에게 복수한 것임을 직감할 수 있었다. - 3인칭 완전 전지

(2) 시점의 효과

① 1인칭-주관적, 3인칭-객관적

② 어리숙한 화자: 나이가 어리거나 상황을 제대로 인식하지 못하는 화자

ⓔ 나는 대문까지 와서,
"난 아저씨가 우리 아빠라면 좋겠다."
하고 불쑥 말해 버렸습니다. 그랬더니 아저씨는 얼굴이 홍당무처럼 빨개져서 나를 몹시 흔들면서,
"그런 소리 하면 못 써."
하고 말하는데, 그 목소리가 몹시도 떨렸습니다. 나는 아저씨가 몹시 성이 난 것처럼 보여서, 아무 말도 못하고 안으로 뛰어 들어갔습니다. - 주요섭, <사랑 손님과 어머니>

(3) 기타

① 시점의 이동: 서술자가 교체되는 경우. 일반적으로 액자식 소설 외에는 시점의 이동이 나타나지 않음.

② 시각 또는 초점의 이동: 누가 사건을 바라보느냐, 내면심리의 대상이 누구냐에 따라서 달라짐.

## 011
2008학년도 6월

이 글은 <보기> (가)의 시점으로 서술되어 있다. ⓐ를 (나)의 시점으로 바꾸었을 때, 적절한 것은?

이 사내는, 어인 까닭인지 구보를 반드시 '구포'라고 발음하였다. 그는 맥주병을 들어 보고, 아이 쪽을 향하여 더 가져오라고 소리치고, 다시 구보를 보고, 그래 요새두 많이 쓰시우. 무어 별로 쓰는 것 '없습니다.' 구보는 자기가 이러한 사내와 접촉을 가지게 된 것에 극지한 불쾌를 느끼며, 경어를 사용하는 것으로 그와 사이에 간격을 두기로 하였다. 그러나 ⓐ이 딱한 사내는 도리어 그것에서 일종 득의감을 맛볼 수 있었는지도 모른다. 그뿐 아니라, 그는 한 잔 십 전짜리 차들을 마시고 있는 사람들 틈에서 그렇게 몇 병씩 맥주를 먹을 수 있는 것에 우월감을 갖고, 그리고 지금 행복이었을지도 모른다. 그는 구보에게 술을 따라 권하고, 내 참 구포 씨 작품을 애독하지. 그리고 그러한 말을 하였음에도 불구하고 구보가 아무런 감동도 갖지 않는 듯싶은 것을 눈치 채자, 사실, 내 또 만나는 사람마다 보고,
"구포 씨를 선전하지요."

– 박태원, <소설가 구보 씨의 일일>

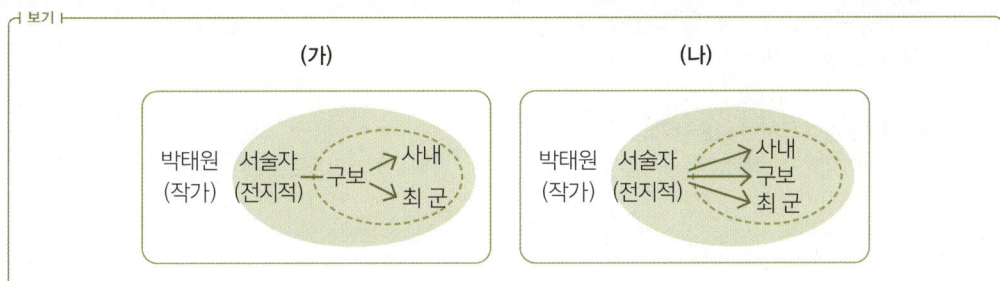

① 이 사내는 내가 공손한 척 말하는 것을 지켜보고 있었다.
② 이 사내는 내가 공손하게 말하는 것을 지켜보면서 득의감을 맛보고 있는지도 몰랐다.
③ 그 사내는 구보가 공손하게 말하는 것을 지켜보면서 득의에 찬 듯한 표정을 지었다.
④ 그 사내는 딱하게도 구보가 공손한 척 말하는 것을 알지 못한 채 득의감을 맛보고 있었다.
⑤ 그 사내는 딱하게도 구보가 공손한 척 말하는 것을 알지 못한 채 득의감을 맛보고 있었는지도 모른다.

## 012
2014 국회직 8급

다음 중 인용문과 같은 서술시점으로 이루어진 문장은?

복녀의 송장은 사흘이 지나도록 무덤으로 못 갔다. 왕서방은 몇 번을 복녀의 남편을 찾아갔다. 복녀의 남편도 때때로 왕서방을 찾아갔다. 둘의 새에는 무슨 교섭하는 일이 있었다. 사흘이 지났다.
밤중에 복녀의 시체는 왕서방의 집에서 남편의 집으로 옮겼다.
그리고 그 시체에는 세 사람이 둘러앉았다. 한 사람은 복녀의 남편, 한 사람은 왕서방, 또 한 사람은 어떤 한방 의사. 왕서방은 말없이 돈주머니를 꺼내어, 십 원짜리 지폐 석 장을 복녀의 남편에게 주었다. 한방의의 손에도 십 원짜리 두 장이 갔다.
이튿날 복녀는 뇌일혈로 죽었다는 한방의의 진단으로 공동 묘지로 가져갔다.

– 김동인, <감자>

① 어머니가 그 꽃을 곧 내버릴 줄로 나는 생각했습니다마는 내버리지 않고 꽃병에 꽂아서 풍금 위에 놓아 두었습니다.
② 단발머리를 나풀거리며 소녀가 막 달린다. 갈밭 사잇길로 들어섰다. 뒤에는 청량한 가을 햇살 아래 빛나는 갈꽃뿐.
③ 나는 다시 닭을 잡아다 가두고 염려는 스러우나 그렇다고 산으로 나무를 하러 가지 않을 수도 없는 형편이었다.
④ 초봉이는 아궁이 앞에 앉아 지금 방에서 어머니와 아버지가 하고 있는 그 이야기가 어떻게 돼가는가 해서 궁금히 생각을 하고 있는데, 삐그럭 중문 소리에 연달아 뚜벅뚜벅 무거운 구두 소리가 들린다.
⑤ 그날 밤에도 몹시 추웠다. 우리는 문을 꼭 닫고 문틈을 헝겊으로 막고 이불을 둘씩 덮고 꼭꼭 붙어서 일찍 잤다.

### (4) 서술자 개입

① 개념: 서술자가 개입했다는 것은 서술자가 자신의 존재를 노출했다는 것이다.

② 종류

ㄱ. 인물의 성격에 대해 직접 제시한 경우나·인물에 대한 평가가 드러난 경우
- 예 오소리는 본디 마음이 순한지라, 서대쥐의 대접이 심히 관후함을 보고 처음에 발발하던 마음이 춘산에 눈 녹듯이 스러지는지라.

ㄴ. 작중 상황이나 인물 등에 대한 서술자 자신의 감정을 직접 드러낸 경우
- 예 이때, 함경도 곡산 땅에 한 사람이 있으되, 성은 김(金)이요 명은 덕령(德齡)이라. 힘은 능히 삼천 근을 들고 신장은 구 척이요, 검술과 육도삼략이 옛날 황석공의 도술을 당하는지라. 아깝도다. 이를 어찌하리. 이때는 부친의 초토(草土) 중에 있고, 모부인을 섬겨 하루도 떠나지 아니하더니, 일일은 들으니 왜적이 백 리 안에 온다 하거늘 모부인께 여쭈오되,

ㄷ. 서술자가 자신의 추측이나 의견을 제시한 경우
- 예 만약 그가 한 번 움직였다면 충분히 이 많은 적들을 격파해 냈을 수도 있었을 것이다.

ㄹ. 서술하고 있다는 내용을 나타내는 경우
- 예 각설 – '지금까지의 이야기는 그만하고, 다른 이야기를 해 보자.'
  차설 – '자, 이제 다음 이야기를 해 보자.', '이래서는 좋은 이야기라고 할 수 없다.'

ㅁ. 독자나 관객에게 말을 건네는 경우
- 예 놀부 거동 보소.

※ 인물의 내면 심리 묘사는 서술자 개입이 아니다!
- 예 어사또의 마음은 심란했다. → 서술자 개입(×)  어사또의 마음은 심란하구나! → 서술자 개입(○)

---

## 013
2018 서울시 9급

**<보기>에 대한 설명으로 가장 옳은 것은?**

┌ 보기 ┐
대저 이 세상같이 억울하고 고르지 못한 세상이 없는지라. 가난코 약한 사람은 그 부모가 낳은 몸과 하늘이 주신 귀중한 목숨도 보전치 못하고, 심청 같은 출천대효가 필경 임당수 물에 가련한 몸을 잠겼도다. 그러나 그 잠긴 곳은 이 세상을 이별하고 간 상계니, 하나님의 능력이 한없이 큰 세상이라. 이욕에 눈이 어둔 세상 사람과 말 못하는 부처는 심청을 도웁지 못하였거니와, 임당수 물귀신이야 어찌 심청을 모르리오.

— 작자 미상, <춘향전>

① 서술자가 개입하여 자신의 견해를 나타내고 있다.
② 대화를 통해 인물 간 대립의 양상을 드러내고 있다.
③ 인물의 외양 묘사를 통해 인물의 심리를 보여 주고 있다.
④ 서술자가 주인공으로 등장하여 자신의 체험을 서술하고 있다.

---

## 014
2019 국가직 9급

**㉠~㉣ 중 서술자가 개입되어 있지 않은 것은?**

이때 춘향이는 사령이 오는지 군노가 오는지 모르고 주야로 도련님을 생각하여 우는데, ㉠생각지 못할 우환을 당하려 하니 소리가 화평할 수 있겠는가. 한때나마 빈방살이할 계집아이라 목소리에 청승이 끼어 자연히 슬픈 애원성이 되니 ㉡보고 듣는 사람의 심장인들 아니 상할 것인가. 임 그리워 서러운 마음 밥맛없어 밥 못 먹고 불안한 잠자리에 잠 못 자고 도련님 생각으로 상처가 쌓여 피골이 상접하고 양기가 쇠진하여 진양조 울음이 되어 노래를 부른다. 갈까 보다 갈까 보다, 바람도 쉬어 넘고 수진이 날진이 해동청 보라매도 쉬어 넘는 높은 고개 동선령 고개라도 임이 와 날 찾으면 신발 벗어 손에 들고 아니 쉬고 달려가리. ㉢한양 계신 우리 낭군 나와 같이 그리워하는가, 무정하여 아주 잊고 나의 사랑 옮겨다가 다른 임을 사랑하는가? ㉣이렇게 한참을 서럽게 울 때 사령 등이 춘향의 슬픈 목소리를 들으니 목석이라도 어찌 감동을 받지 않겠는가? 봄눈 녹듯 온몸에 맥이 탁 풀렸다.

— 작자 미상, <춘향전>

① ㉠   ② ㉡   ③ ㉢   ④ ㉣

---

**정답과 해설**

**013** ① 서술자가 개입하여 아버지를 위해 임당수에 몸을 바친 심청의 안타까운 사연에 대한 자신의 견해를 드러내고 있다.
**오답피하기** ② 제시문에서 인물 간의 대화를 찾을 수 없다.
③ 제시문에서 인물의 외양을 묘사한 부분을 찾을 수 없다.
④ 3인칭 전지적 작가 시점이 사용된 작품으로 작품 밖 서술자가 나타난다. 따라서 작품 속 주인공이 서술자로 등장하는 것을 뜻하는 1인칭 주인공 시점은 나타나지 않는다.

**014** ③ ㉢은 '몽룡'을 그리워하는 '춘향'의 독백이다. 서술자의 개입은 드러나 있지 않다.
**오답피하기** ①, ②, ④ 설의법을 통해 서술자의 감정을 드러내고 있다.

## 3. 문체

### (1) 만연체-간결체
① 만연체: 다양한 어구를 동원하여 늘어지게 쓰는 문체 = 2줄 이상의 문장이 다수 보이는 문체
② 간결체: 문장을 간결하게 제시하는 문체 = 1줄 미만의 문장이 다수 보이는 문체

### (2) 해학적 문체
해학이란 웃음을 유발하는 것을 말한다. 해학적인 표현이 나타날 경우 작품 속의 긴장감은 이완된다.

① 발음의 유사성(언어유희)에 의한 해학
   예) 양반 나오신다아! 양반이라고 하니까 노론(老論), 소론(少論), 호조(戶曹), 병조(兵曹), 옥당(玉堂)을 다 지내고 삼정승(三政丞), 육판서(六判書)를 다 지낸 퇴로 재상(退老宰相)으로 계신 양반인 줄 아지 마시오, 개잘량이라는 '양'자에 개다리 소반이라는 '반'자 쓰는 양반이 나오신단 말이오.
   － 작자 미상, <봉산탈춤>

② 엉뚱한 행동이나 생각으로 인한 해학
   예) 모든 수령 할 제 거동보소, 인궤 잃고 과줄 들고, 병부 잃고 송편 들고, 탕건 잃고 용수 쓰고, 갓을 잃고 소반 쓰고
   － 작자 미상, <춘향전>

③ 외양이나 행동을 희화화한 해학
   예) 난 사람의 키가 무럭무럭 자라는 줄만 알았지, 붙박이 키에 모로만 벌어지는 몸도 있는 것을 누가 알았으랴.
   － 김유정, <봄봄>

④ 유사한 의미의 어구의 장황한 반복을 통한 해학
   예) 김천장에 걸렸거나, 전주장에 걸렸거나, 청주장에 걸렸거나, 그렇지 아니하면   － 작자 미상, <장끼전>

### (3) 풍자적 문체·반어적 어조
인물의 부정적인 면을 부각해서 보여주거나 인물을 희화화(동물처럼 묘사)하여 인물을 비꼬는 서술을 풍자라고 한다. 풍자적 문체에는 반어적인 어투가 종종 나타난다.
   예) "사회주의라니? 으응? 으응?……"
   윤 직원 영감은 사뭇 사람을 아무나 하나, 잡아먹을 듯 집이 떠나게 큰 소리로 포효(咆哮)를 합니다.
   － 채만식, <태평천하>

### (4) 판소리적 문체
① 판소리 사설체란 판소리 사설의 말투를 띠는 것을 말한다.
② 판소리 사설체는 다음과 같은 양상으로 나타난다.

ㄱ. 서술자가 경어체를 써서 관객들에게 말을 건네는 것처럼 나타냄.
   예) 우리 아저씨 말이지요? 아따 저 거시기, 한참 당년에 무엇이냐 그놈의 것, 사회주의라더냐 막걸리라더냐, 그걸 하다 징역 살고 나와서 폐병으로 시방 앓고 누웠는 우리 오촌 고모부 그 양반…….
   － 채만식, <치숙>

ㄴ. 율문투로 같은 의미의 어구를 반복적으로 구사(=장면의 극대화)
   예) 술 잘먹고, 욕 잘 하고, 게드름 빼고, 싸움 잘하고, 초상 난데 춤추기, 불난 데 부채질하기, 해산한 데 개 잡기, 장에 가면 억지 흥정, 우는 아기 똥 먹이기, 죄 없는 놈 뺨 치기, 빚값으로 계집 뺏기, 늙은 영감 덜미 잡기, 아이 밴 아낙네 배 차기, 우물 곁에 똥 누어 놓기, 올벼 논에 물 터 놓기, 잦힌 밥에 흙 퍼붓기, 패는 곡식 이삭 빼기, 논두렁에 구멍 뚫기, 애호박에 말뚝 박기, 곱사등이 엎어 놓고 밟아 주기
   － 작자 미상, <흥보전>

## 015

2017 서울시 7급

**다음 소설에서 사용된 문체의 특징에 대한 설명으로 가장 적절하지 않은 것은?**

> 고향집에 돌아와서 농사를 한번 지어 보는디, 뼈에 붙은 농사일이 서툰 사람 먼저 알고 사흘거리 잔상처요 닷새마다 몸살이라, 지게 지면 뒤뚱뒤뚱 지게목발 따로 놀고, 삽질이며 괭이질에 도리깨질 쟁기질이 어느 하나 고분고분 손에 붙는 일이 없다. 힘 쓰기는 더 쓰는디 쓰는 힘 헛손아서, 연장도구 부셔먹고 논밭 두렁 무너지고, 제 몸뚱이 다치기에 넘 몸뚱이 겁주기라… 뼈빠지게 일한다고 뼈빠진 값 다 받을까. 하루 저녁 비바람에 일년 농사 다 망친다.
> 
> – 서정인, 〈달궁〉

① 4·4조의 율격은 판소리에서 고도로 구사되는 것으로, 위의 소설은 판소리 문체를 현대적으로 수용하고 있다.
② 3음보격의 반복적인 사용으로 민요적인 느낌을 주며 향토적인 정서를 환기한다.
③ 판소리의 사설과 닮아 있으며 전통적인 정서를 환기시킨다.
④ 사투리를 적절하게 사용하여 민중적 성격을 드러내고 있다.

## 016

2016 국가직 7급

**다음 글에 대한 설명으로 적절하지 않은 것은?**

> "남대문 정거장까지 말씀입니까?"
> 하고 김 첨지는 잠깐 주저하였다. 그는 이 우중에 우장도 없이 그 먼 곳을 철벅거리고 가기가 싫었음일까? 처음 것, 둘째 것으로 고만 만족하였음일까? 아니다, 결코 아니다. 이상하게도 꼬리를 맞물고 덤비는 이 행운 앞에 조금 겁이 났음이다. 그리고 집을 나올 제 아내의 부탁이 마음에 켕기었다. – 앞집 마마님한테서 부르러 왔을 제, 병인은 그 뼈만 남은 얼굴에 유일의 생물 같은 유달리 크고 움푹한 눈에 애걸하는 빛을 띠우며,
> "오늘은 나가지 말아요. 제발 덕분에 집에 붙어 있어요. 내가 이렇게 아픈데……."
> 라고 모기 소리같이 중얼거리고 숨을 거르렁거르렁하였다.
> (중략)
> "이 눈깔! 이 눈깔! 왜 나를 바루 보지 못하고 천정만 보느냐, 응?"
> 하는 말끝엔 목이 메이었다. 그러자, 산 사람의 눈에서 떨어진 닭의 똥 같은 눈물이 죽은 이의 뻣뻣한 얼굴을 어룽어룽 적시인다. 문득 김 첨지는 미친 듯이 제 얼굴을 죽은 이의 얼굴에 한 데 부벼대며 중얼거렸다.
> "설렁탕을 사다 놓았는데 왜 먹지를 못하니, 왜 먹지를 못하니……괴상하게도 오늘은 운수가 좋더니만……."
> 
> – 현진건, 〈운수 좋은 날〉

① 사건의 결말을 암시하는 복선이 나타나 있다.
② 비극적 상황을 심화시키는 소재가 사용되고 있다.
③ 객관적인 서술 태도로 인물의 행동만을 그리고 있다.
④ 행운과 불안감이 교차되면서 긴장감이 조성되고 있다.

---

**정답과 해설**

**015** ② 전통적인 음보율이 사용되었으나, 민요에서 많이 사용되는 3음보(7·5조)격이 아니라, 판소리에서 사용되는 4음보(4·4조)격의 사용이 나타난다.
**오답피하기** ① 4·4조(4음보)의 율격이 나타난다. 이는 판소리 문체의 영향을 받은 것으로 볼 수 있다. ③ 판소리의 사설과 유사하게 리듬감 있는 구어체를 사용하고 있다. ④ 서술자의 문체에서 지역 방언의 사용이 나타난다.

**016** ③ '김 첨지'의 행동뿐만 아니라 그가 행운을 마냥 반기지 못하는 심리와 그 이유에 대해서 서술하고 있으므로 객관적인 태도로 인물의 행동만을 그리고 있지 않다.
**오답피하기** ① 유난히도 운수가 좋았던 김 첨지의 하루와 나가지 말라고 붙잡는 아내의 말이 사건의 비극적 결말을 암시하는 복선으로 작용하고 있다. ② '김 첨지'가 아내를 위해 '설렁탕'을 사왔으나 이미 죽어 있는 아내를 발견하고 절규하는 모습에서 비극적 상황이 심화되고 있다. ④ '김 첨지'에게 평소보다 많은 손님이 오는 행운과 아픈 아내에 대한 불안감이 교차되면서 긴장감이 나타나고 있다.

## 017

**다음 글에 대한 설명으로 적절하지 않은 것은?**

> **회사정에서 다행히 대인(大人)을 만나고, 늙은 재상은 옥문관으로 귀양을 가다.**
>
> 각설. 이때 충렬은 모친을 잃고 물에 빠져 살길이 없었다. 그러다가 문득 두 발이 닿아 자세히 살펴보니 물속의 큰 바위였다. 그 위에 올라앉아 하늘을 우러러 어미를 찾았으나 간 데 없고, 사방을 돌아보니 푸른 산이 은은하고 다만 물새 소리만 들릴 뿐이었다. 강가에서 수많은 원숭이들이 밤늦도록 슬피 우니, 충렬이 통곡하며 바위 위에 서 있더라.
>
> 이때 남경의 장사꾼들이 재물을 많이 싣고 북경으로 가면서 회수에 배를 띄워 놓고 두둥실 중류로 내려가는데, 처량한 울음소리가 바람을 타고 들려오는지라. 뱃사람들이 이상하게 생각하여 배를 바삐 저어 우는 곳을 찾아가니, 과연 한 동자 물에 서서 슬피 울고 있었다. 급히 건져 배 안에 올려놓고 사연을 물으니, "해상에서 수적을 만나 어미를 잃고 웁니다." 하는지라. 뱃사람들이 슬픔에 젖어서 충렬을 물가에 내려놓고 가고 싶은 대로 가라고 한 후 배를 띄워 북경으로 향하더라.
>
> 충렬은 뱃사람들과 이별하고 정처 없이 다니었다. 이 마을 저 마을을 돌아다니면서 구걸하여 먹고, 아무 데서나 빌어서 잠을 자곤 했다. 아침에는 동쪽에 있고 저녁에는 서쪽에 있으니 가을바람에 흩날리는 낙엽이요, 오가는 데 종적이 없으니 푸른 하늘을 떠다니는 뜬구름이었다. 얼굴이 비쩍 말라 죽은 사람 같고 차림새가 말이 아니었다. 가슴 속의 대장성은 때 속에 묻혀 있고 등 위의 삼태성은 헌 옷 속에 묻혔으니, 활달한 기남자(奇男子)가 도리어 걸인이 되었구나. 담장만 쌓던 부열(傅說)이도 은(殷)나라 고종인 무정(武丁)을 만났고, 밭만 갈던 이윤(伊尹)도 은나라 왕인 성탕(成湯)을 만났으며, 위수(渭水)의 여상(呂尙)도 주(周)나라의 문왕(文王)을 만났는데, 세월은 물같이 흘러가서 충렬의 나이도 어느덧 열네 살이 되었더라.
>
> – 작자 미상, <유충렬전>

① 편집자적 논평을 통해 주인공의 심리를 직접 제시하고 있다.
② 사건을 빠른 속도로 서술하여 요약적으로 제시하고 있다.
③ 고전 소설의 우연적 성격을 엿볼 수 있는 부분이 있다.
④ 회장체 소설 형식을 취하고 있다.

### 4. 주제와 갈등

(1) 주제의 제시 방법

① 직접 제시: 서술자가 인물의 대화 등을 통해 표면에 주제를 드러내는 방법

　예 "힘을 주어야지요! 문명을 주어야지요.", "가르쳐야지요! 인도해야지요!"　　　　　　　　　－ 이광수, <무정>

② 간접 제시: 주제를 암시적·유추적으로 드러내는 방법, 대부분의 소설에서 주제를 간접 제시

(2) 갈등

① 내적 갈등: 인물이 심리적으로 괴로워하는 것, 딜레마적 상황을 겪고 있는 인물이 느끼는 내적 괴로움

② 외적 갈등: 인물과 인물, 인물과 환경(자연), 인물과 사회, 인물과 운명 사이의 대립

### 5. 암시와 복선

(1) 암시

① 뒤에 일어날 사건에 대한 예측, 배경이나 소재를 통해 제시

② 사건의 분위기나 성격 암시

(2) 복선

① 뒤에 일어날 일에 대한 추측을 가능하게 하는 요소, 뒤에 일어날 일을 미리 꾸며 놓음

② 복선은 인과적 필연성이 있다. 그러나 복선의 인과적 필연성은 작품 전체에 나타나는 사건의 흐름을 알고 있을 때 파악할 수 있다.

---

## 018　　　　　　　　　　　　　　　　　　　　　　　　　　　　　　　　　　　　2012 서울시 9급

다음 작품에서 볼 수 있는 주된 갈등은?

> 　인테리…… 인테리 중에도 아무런 손끝의 기술이 없이 대학이나 전문학교의 졸업증서 한 장을 또는 조그마한 보통 상식을 가진 직업 없는 인테리…… 뱀을 본 것은 이들 인테리다.
> 　부르죠아지의 모든 기관이 포화상태가 되어 더 수효가 아니 느니 그들은 결국 꾀임을 받아 나무에 올라갔다가 흔들리우는 셈이다. 개밥의 도토리다.
> 　인테리가 아니었으면 차라리…… 노동자가 되었을 것인데 인테리인지라 그 속에는 들어갔다가도 도로 달아나오는 것이 99프로다. 그 나머지는 모두 어깨가 축 처진 무직 인테리요 무기력한 문화 예비군 속에서 푸른 한숨만 쉬는 초상집의 주인 없는 개들이다. 레디메이드 인생이다.
> 　　　　　　　　　　　　　　　　　　　　　　　　　　　　　　　　　　　　　－ 채만식, <레디메이드 인생>

① 개인의 내면적 갈등
② 개인과 운명의 갈등
③ 인간과 자연의 갈등
④ 개인과 사회의 갈등
⑤ 개인과 개인 사이의 갈등

---

**정답과 해설**

**018** ④ 이 작품은 직업 없이 무능력한 인테리인 개인과, 부르죠아지의 모든 기관이 포화상태라 인테리가 취업할 곳이 없는 상황임에도 불구하고 인테리를 양산하는 사회와의 갈등을 그리고 있다.

# 019

**다음 소설의 갈등의 양상을 <보기>의 내용에서 고르면?**

2003 국가직 9급

> 1905년 —
> 을사년 겨울, 일본 군대의 포위 속에서 맺어진 '을사 보호 조약'이란 매국 조약을 계기로 소위 '조선 토지 사업'이란 것이 전국적으로서 실시되던 일, 그리고 이태 후인 정미년에 가서는 '한국 정부는 시정 개선에 관하여 통감의 지도를 수할 사'란 치욕적인 조목으로 시작된 '한일 신 협약'에 따라 더욱 그 사업을 강행하고 역둔토(驛屯土)의 대부분과 삼림 원야(森林原野)들을 모조리 국유로 편입시키는 등 교묘한 구실과 방법으로써 농민들로부터 빼앗은 뒤, 다시 불하하는 형식으로 동척과 일인 수중에 옮겨 놓던 그 해괴망측한 처사들이 문득 내 머리 속에서도 떠올랐다.
> "쥑일 놈들."
> 건우 할아버지는 그렇게 해서 다시 국회의원, 다음은 하천 부지의 매립 허가를 얻은 유력자…… 이런 식으로 소유자가 둔갑되어 간 사연들을 죽 들먹거리더니,
> "이 꼴이 되고 보니 선조(先祖) 때부터 둑을 맨들고 물과 싸워 가며 살아온 우리들은 대관절 우찌 되는기요?"
> 그의 꺽꺽한 목소리에는, 건우가 지각을 하고 꾸중을 듣던 날 '나룻배 통학생임더' 하던 때의 그 무엇인가를 저주하듯이 감정이 꿈틀거리고 있는 것 같았다. 얼마나 그들의 땅에 대한 원한이 컸던가를 가히 짐작할 수가 있었다.
>
> – 김정한, <모래톱 이야기>

**보기**

소설에는 등장인물이 겪게 되는 대립적 관계인 갈등이 여러 유형으로 나타나게 마련이다. 소설에 나타나는 갈등은 대개 ㉠한 개인의 내면적 갈등, ㉡개인 대 개인의 갈등, ㉢개인 대 사회의 갈등, ㉣인간(개인)대 운명의 갈등 등의 유형으로 나뉜다.

① ㉠ 한 개인의 내면적 갈등
② ㉡ 개인 대 개인의 갈등
③ ㉢ 개인 대 사회의 갈등
④ ㉣ 인간 대 운명의 갈등

**정답과 해설**

019 ③ 이 작품에는 일제에 의해 선조부터 전해 내려오던 땅을 빼앗기게 된 '건우 할아버지'와 그의 땅을 빼앗은 일제 강점기 사회의 갈등이 나타나므로, ㉢ 개인 대 사회의 갈등을 확인할 수 있다.

# 제 3 장 • 문학 이론

### 1 미적 범주

※ 미적 범주를 이해하기 위한 주요 개념
- 있어야 할 것: 가치 있는 것, 추구하는 것
- 있는 것: 가치가 현재 존재하고 있는가, 아직 존재하지 않는가
- 융합: 가치 추구, 가치에 대한 수용 여부
- 상반: '있는 것'을 부정하거나 '있어야 할 것'을 부정

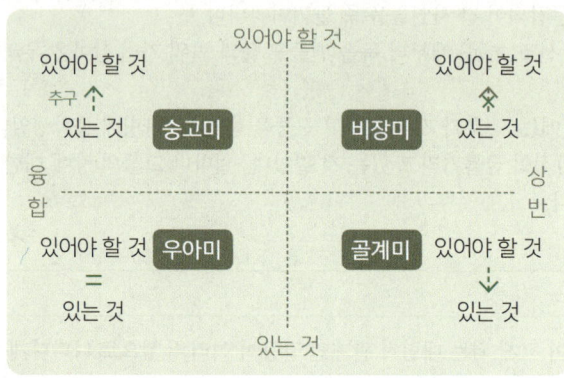

(1) 숭고미(존경, 종교적 예찬)
 종교적인 신앙이나 예찬이 드러남, 자연에 대한 예찬은 제외

(2) 우아미(아름다움 인식, 안빈낙도, 물아일체)
 자연의 아름다움, 자연에 대한 예찬일 경우에는 우아미

(3) 비장미(극도의 슬픔, 죽음을 각오한 결심, 좌절)
 실현되지 못한 가치에 대한 추구의 좌절을 담은 경우(이상 실현 ×)

(4) 골계미(풍자·해학적인 것)
 풍자나 해학 등 재밌는 표현은 골계미

---

## 001
2002 국가직 7급

다음 시에서 보이는 가장 두드러진 심미적 가치는?

> 설움에 겹도록 부르노라.
> 설움에 겹도록 부르노라.
> 부르는 소리는 비껴가지만
> 하늘과 땅 사이가 너무 넓구나.
>
> 선 채로 이 자리에 돌이 되어도
> 부르다가 내가 죽을 이름이여!
> 사랑하던 그 사람이여!
> 사랑하던 그 사람이여!

① 숭고미(崇高美)
② 우아미(優雅美)
③ 골계미(滑稽美)
④ 비장미(悲壯美)

---

**정답과 해설**

**001** ④ 해당 작품은 사랑하는 사람과의 사별로 인한 극도의 슬픔이 나타나므로 주어진 현실을 극복할 수 없는 비극적 상황에서 나타나는 아름다움인 비장미(悲壯美)를 확인할 수 있다.
**오답피하기** ① 숭고미(崇高美)는 일상을 벗어난 위대한 것을 추구하는 경우에 나타나는 아름다움을 뜻하며, 존경이나 종교적 예찬이 나타나는 경우에 확인할 수 있다. ② 우아미(優雅美)는 소박한 것을 추구하는 데서 느끼는 아름다움을 뜻하며, 자연의 아름다움이 나타나는 경우에 확인할 수 있다. ③ 골계미(滑稽美)는 부조화의 재미와 기묘함에서 나타나는 아름다움을 뜻하며, 해학과 풍자가 나타나는 경우에 확인할 수 있다.

## 002

2005 경기 지방직 9급

다음 시에서 느낄 수 있는 미의식은?

> 남으로 창을 내겠소
> 밭이 한참갈이
> 괭이로 파고 / 호미론 김을 매지요
> 구름이 꼬인다 갈 리 있소
> 새 노래는 공으로 들으랴오
> 강냉이가 익걸랑 / 함께 와 자셔도 좋소
> 왜 사냐건 / 웃지요

① 우아미
② 비장미
③ 골계미
④ 숭고미

## 003

2010 경기 교육행정직 9급

김상헌의 시조 <가노라 삼각산아~>에서 가장 강하게 느껴지는 미의식은 무엇인가?

> 가노라 삼각산아 다시 보자 한강수야
> 고국산천을 떠나고자 하랴마는
> 시절이 하 수상하니 올동말동 하여라

① 숭고미
② 비장미
③ 우아미
④ 골계미

## 004

2019 국가직 9급

괄호 안에 들어갈 단어를 순서대로 바르게 나열한 것은?

> 한국 문학의 미적 범주에서 눈에 띄는 전통으로 풍자와 해학이 있다. 풍자와 해학은 주어진 상황에 순종하기보다 그것을 극복하고자 하는 건장한 삶의 의지에서 나온 ( ㉠ )을(를) 통해 드러난다. ( ㉠ )은(는) '있어야 할 것'으로 행세해 온 관념을 부정하고, 현실적인 삶인 '있는 것'을 그대로 긍정한다. 이때 있어야 할 것을 깨뜨리는 것에 관심을 집중한 것이 ( ㉡ )이고, 있는 것이 지닌 긍정에 관심을 집중하는 것이 ( ㉢ )이다.

| | ㉠ | ㉡ | ㉢ |
|---|---|---|---|
| ① | 골계(滑稽) | 해학(諧謔) | 풍자(諷刺) |
| ② | 해학(諧謔) | 풍자(諷刺) | 골계(滑稽) |
| ③ | 풍자(諷刺) | 해학(諧謔) | 골계(滑稽) |
| ④ | 골계(滑稽) | 풍자(諷刺) | 해학(諧謔) |

### 정답과 해설

**002** ① 화자는 자연에서의 행복한 전원생활을 누리고 있다. 자연 친화적인 정서가 나타나므로 우아미를 발견할 수 있다.

**003** ② 화자는 고향을 떠나는 과정에서 극도의 슬픔을 느끼고 있으므로 비장미가 나타난다.

**004** ④ ㉠: 제시문에서 '풍자와 해학은 ㉠을(를) 통해 드러난다'고 언급하고 있으므로 ㉠에 '풍자'나 '해학'이 들어가는 것은 어색하고, '풍자'와 '해학'의 두 개념을 아우르는 용어가 들어가는 것이 자연스럽다. 따라서 ㉠에는 '풍자'와 '해학'을 제외한 선택지에 나와 있는 '골계'가 들어가는 것이 적절하다. '골계'의 사전적 의미는 '익살을 부리는 가운데 어떤 교훈을 주는 일'이다.
㉡: 제시문에서 ㉡은 '있어야 할 것을 깨뜨리는 것에 관심을 집중한 것'이라고 하였으므로 긍정과 부정 중 부정 쪽에 가깝다. '풍자'와 '해학' 중 이에 더 가까운 것은 '풍자'이다. '풍자'의 사전적 의미는 '① 남의 결점을 다른 것에 빗대어 비웃으면서 폭로하고 공격함. ② 현실의 부정적 현상이나 모순 따위를 빗대어 비웃으면서 씀.'이다.
㉢: 제시문에서 ㉢은 '있는 것이 지닌 긍정에 관심을 집중하는 것'이라고 하였으므로 긍정과 부정 중 긍정 쪽에 가깝다. '풍자'와 '해학' 중 이에 더 가까운 것은 '해학'이다. '해학'의 사전적 의미는 '익살스럽고도 품위가 있는 말이나 행동'이다.

## 2 비평 방법

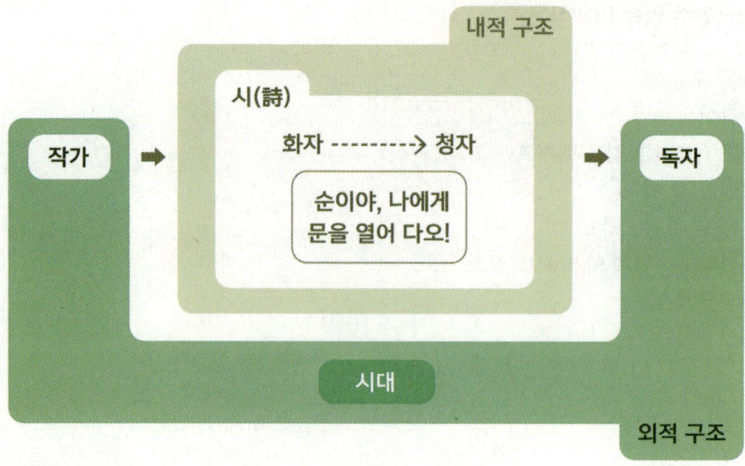

(1) 외재적 비평이란?
작품 외적인 세계와 작품을 연결시켜 감상하는 방법
① 반영론적 관점(작품의 내용을 시대와 결부하는 비평 방법)
② 표현론적 관점(작품의 내용을 작가의 삶과 결부하는 비평 방법)
③ 수용론적 관점(작품의 내용을 독자의 경험 및 깨달음과 결부하는 비평 방법)

(2) 내재적 비평이란?
외적 구조를 배제한 채, 작품 내부에 존재하는 화자, 청자, 메시지, 수사법 등 작품 내적 구조만 살펴보는 비평 방법 = 절대주의적 관점(외적 구조를 배제하는 비평 방법)
※ 시인에 대해서 분석하면 외재적 비평, 화자에 대해서 분석하면 내재적 비평이다.

(3) 종합주의적 관점
하나의 관점에 한정해서 문학 작품을 이해하는 것이 아니라 외적 구조와 내적 구조 등 다양한 요인들을 토대로 종합적인 이해가 이루어져야 한다는 의미이다.

---

### 005
2016 법원직 9급

<보기>와 같은 관점에서 윤동주의 시 <쉽게 씌어진 시>를 감상한 것은?

**보기**
문학작품이 독자와 맺는 관계를 중심으로 해석하는 관점을 효용론적 관점, 또는 수용론적 관점이라고 한다. 이에 따르면 시(詩)는 독자에게 교훈을 줄 수도 있고 즐거움을 줄 수도 있다.

① 이 시의 창작 시기로 미루어 생각해 보면 '어둠'은 일제 강점기라는 부정적 현실이라고 해석할 수 있어.
② 내면적 자아와 현실적 자아가 갈등하고 화해하기까지의 과정을 순차적으로 보여 주면서 시상을 전개하고 있어.
③ '육첩방'은 당시 일본 유학중이던 시인이 생활하던 공간으로서 시인의 현실적 상황을 상징적으로 보여 주는 역할을 해.
④ 자기 삶에 대해 반성하는 화자의 모습을 통해 안일하게 살아가는 나의 삶의 태도를 되돌아보는 계기가 되었어.

### 006
2016 기상직 9급

다음 작품을 절대주의적 관점으로 이해하지 않은 것은?

먼 후일 당신이 찾으시면 / 그때에 내 말이 "잊었노라." / (중략)
오늘도 어제도 아니 잊고 / 먼 후일 그 때에 "잊었노라."
― 김소월, <먼 후일>

① 가정적 상황을 통해 화자의 정서를 드러내고 있다.
② 대상인 '당신'에 화자가 꿈꾸던 조국 광복을 투영하고 있다.
③ 반어적 진술을 활용하여 화자의 정서를 강조하고 있다.
④ 반복과 변조의 기법을 사용하여 시상을 전개하고 있다.

---

**정답과 해설**

**005** ④ 작품의 내용을 독자의 경험이나 깨달음과 결부하여 작품을 감상하는 것을 뜻하는 외재적 관점 중 효용론적 관점(수용론적 관점)에 해당하는 것은 평소 삶의 태도를 되돌아보고 있는 ④이다.
**오답피하기** ① 작품의 내용을 시대상과 연결하였으므로 외재적 관점 중 반영론적 관점에 따른 감상이다. ② 작품 외부 요소를 배제하고 시상의 전개 과정에 집중한 감상이므로 내재적 관점에 따른 감상이다. ③ 작품의 내용을 시인의 삶과 연결하였으므로 외재적 관점 중 표현론적 관점에 따른 감상이다.

**006** ② 외부 요소를 배제하는 내재적 비평 방법인 절대주의적 관점에 따른 감상이 아닌 것은 '조국 광복'이라는 시대 상황을 언급하고 있는 ②이다. ②는 시대상을 언급하고 있으므로 반영론적 관점에 해당한다.
**오답피하기** ① 작품 외부 요소를 배제하고 화자의 정서에 집중한 감상이므로 절대주의적 관점에 따른 감상이다. ③ 작품 외부 요소를 배제하고 화자의 정서에 집중한 감상이므로 절대주의적 관점에 따른 감상이다. ④ 작품 외부 요소를 배제하고 시상 전개 과정에 집중한 감상이므로 절대주의적 관점에 따른 감상이다.

**memo**

최소국어

권규호공무원국어

# 제3부

# 독해

제1장     내용일치와 유기성
제2장     제목 및 주제 찾기
제3장     범위·사례형 문제
제4장     접속어 찾기
제5장     빈칸 추론
제6장     순서 맞추기
제7장     논리적 오류
제8장     설명 방식
제9장     화법·작문

# 제1장 • 내용일치와 유기성

## 1 내용일치와 유기성

### 1. 글의 유기성과 말 바꾸기

글은 유기적으로 이루어져 있다. 글에서 핵심 논제의 경우, 지칭하는 표현이 달라지더라도 반복되어 나타난다. 따라서 독자의 독해는 달라지는 표현을 같은 의미의 논제로 이해하는 것이라 할 수 있다.

한편 이는 문제 출제의 원리와 밀접하게 닿아 있다. 출제자는 지문의 내용을 문제로 출제할 때 지문과 동일한 표현을 쓰지 않는다. 같은 의미지만 다른 표현으로 선택지를 구성한다. 따라서 문제 풀이의 해법은 선택지에 있는 말을 지문의 말로 바꾸는 것이다. 이는 독해 문제를 해결하는 가장 우선적인 원칙이다!

### 2. 끊어 읽기-끊어 풀기

지문의 길이가 길 경우, 내용일치 문제를 해결하는 데 지장을 받을 수 있다. 이를 효과적으로 타파할 수 있는 방법이 끊어 읽고, 끊어 푸는 것이다. 한 문단씩 끊어 읽으면서 선택지를 해결하다 보면 답을 쉽게 찾아낼 수 있다.

### 3. 추론 문제

추론 문제는 기본적으로 지문의 내용일치를 바탕으로 한다. 추론 문제의 선택지는 지문의 내용을 다루는 영역과 그 내용으로부터 추론하는 영역으로 나눌 수 있다. 문제의 정답은 일반적으로 지문의 내용을 다루는 영역에서 도출된다. 따라서 선택지를 지문의 내용을 묻는 영역과 추론하는 영역으로 나눌 수 있어야 하며, 지문의 내용에 초점을 맞추어 문제를 해결하는 방식을 체화해야 문제를 해결할 수 있다.

## 유기성과 말 바꾸기

### 001
2018 지방직 9급

**다음 글의 내용을 잘못 이해한 사람은?**

> 심리학에서는 동조(同調)가 일어나는 이유를 크게 두 가지로 설명한다. 첫째는, 사람들은 자기가 확실히 알지 못하는 일에 대해 남이 하는 대로 따라 하면 적어도 손해를 보지는 않는다고 생각한다는 것이다. 둘째는, 어떤 집단이 그 구성원들을 이끌어 나가는 질서나 규범 같은 힘을 가지고 있을 때, 그러한 집단의 압력 때문에 동조 현상이 일어난다는 것이다. 만약 어떤 개인이 그 힘을 인정하지 않는다면 그는 집단에서 배척당하기 쉽다. 이런 사정 때문에 사람들은 집단으로부터 소외되지 않기 위해서 동조를 하게 된다. 여기서 주목할 것은 자신이 믿지 않거나 옳지 않다고 생각하는 문제에 대해서도 동조의 입장을 취하게 된다는 것이다.
>
> 동조는 개인의 심리 작용에 영향을 미치는 요인이 무엇이냐에 따라 그 강도가 다르게 나타난다. 가지고 있는 정보가 부족하여 어떤 판단을 내리기 어려운 상황일수록, 자신의 판단에 대한 확신이 들지 않을수록 동조 현상은 강하게 나타난다. 또한 집단의 구성원 수가 많거나 그 결속력이 강할 때, 특정 정보를 제공하는 사람의 권위와 지위, 그에 대한 신뢰도가 높을 때도 동조 현상은 강하게 나타난다. 그리고 어떤 문제에 대한 집단 구성원들의 만장일치 여부도 동조에 큰 영향을 미치게 되는데, 만약 이때 단 한 명이라도 이탈자가 생기면 동조의 정도는 급격히 약화된다.

① 영희: 줄 서기의 경우, 줄을 서 있는 사람이 많을수록 나중에 오는 사람들이 그 줄 뒤에 설 확률이 더 높아.

② 철수: 특히 응집력이 강한 집단에 항거하는 것은 더 어려운 일이야. 이런 경우, 동조 압력은 더 강할 수밖에 없겠지.

③ 갑순: 동조 현상에 영향을 미치는 요인은 우매한 조직의 결속력보다 개인의 신념이라고 볼 수 있겠군.

④ 갑돌: 아침에 수많은 정류장 중 어디에서 공항버스를 타야 할지 몰랐는데 스튜어디스 차림의 여성이 향하는 정류장 쪽으로 따라갔었어. 이 경우, 그 스튜어디스 복장이 신뢰도를 높였다고 할 수 있겠네.

### 지문의 유기성 파악하기

### 선택지의 말을 지문의 말로 바꾸기

① 영희: 줄 서기의 경우, 줄을 서 있는 사람이 많을수록 나중에 오는 사람들이 그 줄 뒤에 설 확률이 더 높아.
　　집단의 구성원 수가 많을수록　　　　　　　　　　　　　　　　　　　동조 확률이 높다.

② 철수: 특히 응집력이 강한 집단에 항거하는 것은 더 어려운 일이야. 이런 경우, 동조 압력은 더 강할 수밖에 없겠지.
　　결속력이 강할수록 동조 현상은 강하게 나타난다.

③ 갑순: 동조 현상에 영향을 미치는 요인은 우매한 조직의 결속력보다 개인의 신념이라고 볼 수 있겠군.
　　자신이 믿지 않거나 옳지 않다고 생각하는 문제에 대해서도 동조의 입장을 취한다.

④ 갑돌: 아침에 수많은 정류장 중 어디에서 공항버스를 타야 할지 몰랐는데 스튜어디스 차림의 여성이 향하는 정류장 쪽으로 따라갔었어. 이 경우, 그 스튜어디스 복장이 신뢰도를 높였다고 할 수 있겠네.
　　그에 대한 신뢰도가 높을 때 동조 현상은 강하게 나타난다.

### 정답과 해설

**001** ③ 집단의 결속력이 동조 현상에 영향을 미친다는 것은 확인이 가능하나, 개인의 신념이 결속력보다 더 많은 영향을 미치는지는 제시문을 통해 알 수 없으며, 1문단에 따르면 개인의 신념과 어긋나는 상황에도 동조 현상이 나타날 수 있기 때문에 옳지 않은 설명이다. 또한 조직의 우매성에 대해 언급한 부분 역시 찾을 수 없다.

**오답피하기** ① 2문단에 따르면 집단의 구성원 수가 많을수록 동조 현상이 강하게 나타나게 된다. 따라서 제시문을 올바르게 이해했다고 볼 수 있다. ② 2문단에 따르면 집단의 압력 때문에 동조 현상이 일어나며 이러한 집단의 결속력이 강할 때 동조 현상이 강하게 나타나게 된다. 따라서 제시문을 올바르게 이해했다고 볼 수 있다. ④ 2문단에 따르면 특정 정보를 제공하는 사람의 권위와 지위, 그에 대한 신뢰도가 높을 때 동조 현상이 강하게 나타나게 된다. 따라서 제시문을 올바르게 이해했다고 볼 수 있다.

## 지문의 유기성 파악하기

### 002
2014 국가직 7급

**다음 글을 읽은 독자의 반응으로 적절하지 않은 것은?**

> 인간의 변화는 단지 성숙의 산물만은 아니다. 성숙에 의한 변화는 대체로 신체적, 성적 발달에 국한되는 경우가 많다. 인간은 자기가 속한 환경 속에서 여러 가지를 경험하고 배우며 살아간다. 이러한 경험과 배움을 학습이라고 하는데, 인간의 지적, 정의적 특성은 특히 그와 같은 후천적 학습의 영향이 크다 할 수 있다.
>
> 그런데 학습이라 할 때는 경험한 것 모두를 다 지칭하지는 않는다. 학습이란 경험의 결과 상당히 지속적으로 변화가 일어나는 경우를 두고 말한다. 약을 복용한 후나 우리 몸이 피로할 때 일어나는 일시적 변화는 학습이라 하지 않는다.
>
> 학습을 개념화하는 데는 어떤 측면을 강조하여 보느냐에 따라 약간 차이가 있을 수 있다. 행동에 초점을 맞추어 행동의 변화를 학습이라 하기도 하고, 지식에 초점을 두어 지식의 획득을 학습으로 보기도 하며, 정의적 측면을 강조하여 유의미한 인간적 경험, 예를 들면 무엇을 배운 결과 삶의 보람을 느낀 것을 학습이라 보기도 한다.
>
> 따라서 좀 더 넓은 뜻으로 학습을 정의하자면, 학습은 경험에 의한 비교적 지속적인 지적, 정서적, 행동적 변화를 의미한다고 볼 수 있다.

① 인간의 변화에는 성숙만이 아니라 학습도 있는 거야.
② 아이가 자라서 키가 커지는 것은 성숙에 의한 변화겠네.
③ 학습의 개념이 성립되려면 비교적 지속적인 변화라는 성격을 지녀야 해.
④ 과학을 배워서 보람을 느꼈다면, 이는 지적 변화에 초점을 둔 학습 개념이지.

---

### 정답과 해설

**002 ④** 3문단에 따르면 무엇을 배운 결과 삶의 보람을 느낀 것은 정의적 측면의 학습에 해당한다. 따라서 지적 변화에 초점을 둔 학습 개념이라는 설명은 적절하지 않다.
**오답피하기** ① 1문단에 따르면 인간의 변화에는 신체적, 성적 발달인 '성숙'과 경험과 배움을 통한 '학습'이 있다. ② 1문단에 따르면 성숙에 의한 변화에는 신체적, 성적 발달이 있다. 아이가 키가 커지는 것은 신체적 발달이므로 성숙에 의한 변화로 볼 수 있다. ③ 2문단의 '학습이란 경험의 결과 상당히 지속적으로 변화가 일어나는 경우를 두고 말한다.'라는 설명을 통해 알 수 있다.

### 선택지의 말을 지문의 말로 바꾸기

① 인간의 변화에는 성숙만이 아니라 학습도 있는 거야.
② 아이가 자라서 키가 커지는 것은 성숙에 의한 변화겠네.
　　　　　　　　신체적 발달
③ 학습의 개념이 성립되려면 비교적 지속적인 변화라는 성격을 지녀야 해.
　　　　　　　　　　　　상당히
④ 과학을 배워서 보람을 느꼈다면, 이는 지적 변화에 초점을 둔 학습 개념이지.
　　　　　　정의적 측면　　　⇔　정의적 측면

## 끊어 읽기-끊어 풀기

### 003
2018 지방직 9급

**다음 글에서 알 수 없는 것은?**

소설의 출현은 사적 생활이라는 개념의 출현과 밀접한 관련이 있다. 왜냐하면 소설 읽기와 쓰기에 있어 사적 생활은 필수적인 까닭이다. 어쩌면 사적 생산과 소비 형태 탓에 사생활은 소설이라는 장르의 태동 때부터 소설의 중심 주제였는지도 모른다. 혹은 이와는 반대로 사적 경험이라는 비교적 새로운 개념을 탐색해야 할 필요 탓에 소설이 생긴 것인지도 모른다. …… 사적 공간은 개인, 가족, 친구, 그리고 자기 자신 등과의 교류에 필요한 은밀한 공간이 실제 생활 속에 구현되도록 도왔다. 자기만의 내적인 것에 대한 추구는 사람들의 이상이 되었고 점점 그 중요성이 커지면서 사람들의 존재 방식과 글쓰기 행태에 변화를 요구하였다.

이전의 지배적 문학 형태인 서사시, 서정시, 희곡 등과는 달리 소설은 낭독하는 전통이 없었다. 또한 낭독을 이상으로 삼지도 않고, 청중의 참여를 전제로 하지도 않았다. 소설 장르는 여럿이 함께 모여 문학 작품을 감상하는 청중 개념의 붕괴와 밀접한 관련이 있다. 19세기는 르네상스 시대와 17세기와는 달리 공통의 규범과 가치를 나누는 단일 사회가 아니었다. 따라서 청중이 한자리에 모여 동일한 가치를 나누는 일이 점차 불가능해졌다. 혼자 소리 내지 않고 책을 읽기 시작했다는 것은 사람들이 이미 사적 생활에 상당한 의미를 두게 되었음을 뜻한다. ……

이러한 사적 경험으로서의 책 읽기에 대응되어 나타난 것이 사적인 글쓰기였다. 사적으로 글을 쓸 경우 작가는 이야기꾼, 음유 시인, 극작가들과 달리 청중들로부터 아무런 즉각적 반응도 얻을 수 없다. 인류학자, 언어학자들에 의하면 언어의 의미는 그것을 쓸 때의 상황에 크게 좌우된다고 한다. 그러나 글쓰기, 그중에도 특히 인쇄에 의해 복제된 글쓰기는 작가에게서 떨어져 나와 결국 아무에게도 속하지 않는 자율적 담론을 창조하게 되었다.

① 사적인 글쓰기의 출현으로 작가는 독자와 직접 소통할 수 있게 되었다.
② 자기만의 내적인 것에 대한 추구가 새로운 형태의 글쓰기를 요구하였다.
③ 소설은 사적 공간에서의 책 읽기와 글쓰기가 가능해진 시기에 출현하였다.
④ 희곡작가는 낭독을 통해 청중들과 교류하며 공통의 규범과 가치를 나누고자 하였다.

### 선택지의 말을 지문의 말로 바꾸기

① 사적인 글쓰기의 출현으로 작가는 독자와 직접 소통할 수 있게 되었다.
　　소설의 출현으로　　　　　　　　　　동일한 가치를 나눌 수 있게 되었다.
② 자기만의 내적인 것에 대한 추구가 새로운 형태의 글쓰기를 요구하였다.
　　　　　　　　　　　　　　　　소설
③ 소설은 사적 공간에서의 책 읽기와 글쓰기가 가능해진 시기에 출현하였다.
　　　　　사적 생활이라는 개념의 출현 시기
④ 희곡작가는 낭독을 통해 청중들과 교류하며 공통의 규범과 가치를 나누고자 하였다.

---

### 지문의 유기성 파악하기

### 정답과 해설

**003** ① 3문단에서 사적으로 글을 쓸 경우 작가는 청중들로부터 아무런 즉각적 반응도 얻을 수 없다는 내용이 나타나 있다. 따라서 사적으로 글을 쓴 작가와 독자가 직접 소통할 수 있다는 내용은 적절하지 않다.
**오답피하기** ② 1문단의 '자기만의 내적인 것에 대한 추구는 ~글쓰기 행태에 변화를 요구하였다.'에서 확인할 수 있다. ③ 1문단의 '소설 읽기와 쓰기에 있어 사적 생활은 필수적인 ~사생활은 소설이라는 장르의 태동 때부터 소설의 중심 주제였는지도 모른다.'에서 확인할 수 있다. ④ 2문단에서 '서사시, 서정시, 희곡'과는 다르게 '소설'은 낭독하는 전통이 없다는 언급이 나타나 있다. 이는 여러 청중이 모여 문학 작품을 감상하며 모두가 한자리에서 동일한 가치를 나누는 일이 사라지게 만들었다. 따라서 소설이 발생하기 전에는 낭독의 전통이 살아 있었으므로 희곡작가는 낭독을 통해 청중과 교류하며 공동의 가치를 나누었을 것이다.

## 지문의 유기성 파악하기

### 004

**다음 글쓴이의 입장에 부합하는 것은?**

2019 지방직 9급

> 효(孝)가 개인과 가족, 곧 일차적인 인간관계에서 일어나는 행위를 규정한 것이라면, 충(忠)은 가족이 아닌 사람들과의 관계, 곧 이차적인 인간관계에서 일어나는 사회적 행위를 규정한 것이었다. 그런데 언제부터인가 우리는 효를 순응적 가치관을 주입하는 봉건 가부장제 사회의 유습이라고 오해하는가 하면, 충과 효를 동일시하는 오류를 저지르는 경향이 많아졌다. 다음을 보자.
> 
> "부모에게 효도하고 형제를 사랑하는 사람은 윗사람의 명령을 거역하는 경우가 드물다. 또 윗사람의 명령을 어기지 않는 사람은 난동을 일으키는 경우도 드물다. 군자는 근본에 힘쓴다. 근본이 확립되면 도가 생기기 때문이다. 효도와 우애는 인(仁)의 근본이다."
> 
> 위 구절에 담긴 입장을 기준으로 보면 효는 윗사람에 대한 절대 복종으로 연결된다. 곧 종족 윤리의 기본이 되는 연장자에 대한 예우는 물론이고 신분 사회의 엄격한 상하관계까지 포괄적으로 인정하는 것이다. 하지만 이 구절만을 근거로 효를 복종의 윤리라고 보는 것은 성급한 판단이다. 왜냐하면 원래부터 효란 가족 윤리 또는 종족 윤리로서 사회 윤리였던 충보다 우선시되었을 뿐만 아니라, 유교의 기본 입장은 설사 부모의 명령이라 하더라도 옳고 그름을 가리지 않는 맹목적인 복종은 그 자체가 불효라고 보았기 때문이다.
> 
> 유교에서는 부모와 자식의 관계가 자연에 의해서 결정된다고 한다. 이 때문에 부모와 자식의 관계는 인위적으로 끊을 수 없다고 본다. 이에 비해 임금과 신하의 관계는 공동의 목표를 위한 관계로서 의리에 의해서 맺어진 관계로 본다. 의리가 맞지 않는다면 언제라도 끊을 수 있다고 생각하는 것이다.

① 효는 가부장제 사회에서 비롯한 일차적 인간관계이다.
② 효는 부모와 자식 간의 관계이므로 조건 없는 신뢰에 기초한 덕목이다.
③ 윗사람에 대한 복종을 절대시하지 않는 것이 유교적 윤리의 한 바탕이다.
④ 충의 도리를 다함으로써 효의 도리에 도달할 수 있다는 것이 인의 이치이다.

---

### 선택지의 말을 지문의 말로 바꾸기

① 효는 가부장제 사회에서 비롯한 일차적 인간관계이다.
　　<반박> 효를 ~ 봉건 가부장제 사회의 유습이라고 오해하는가 하면

② 효는 부모와 자식 간의 관계이므로 조건 없는 신뢰에 기초한 덕목이다.
　　　　　　　　　　　　　　　　　　맹목적인 복종

③ 윗사람에 대한 복종을 절대시하지 않는 것이 유교적 윤리의 한 바탕이다.
　　유교에서는~의리가 맞지 않는다면 언제라도 끊을 수 있다고 생각하는 것이다.

④ 충의 도리를 다함으로써 효의 도리에 도달할 수 있다는 것이 인의 이치이다.
　　효란 가족 윤리 또는 종족 윤리로서 사회 윤리였던 충보다 우선시되었다.

---

### 정답과 해설

**004 ③** 3문단의 '효를 복종의 윤리라고~때문이다.'에서 윗사람에 대한 맹목적인 복종을 하지 않는 것은 유교적 윤리의 한 바탕임을 알 수 있다.

**오답피하기** ① 글쓴이는 효를 가부장제 사회의 유습이라고 생각하는 것을 오해라고 보고 있다. 따라서 효가 가부장제 사회에서 비롯되었다는 내용은 적절하지 않다. ② 효가 조건 없는 신뢰에 기초한 덕목이라는 내용은 나타나지 않는다. ④ 글쓴이는 충과 효를 동일시하는 것은 오류라고 보고 있다. 따라서 충의 도리를 다함으로써 효의 도리에 도달할 수 있다는 것이 인의 이치라는 내용은 적절하지 않다.

## 추론 문제

### 005
2019 국가직 9급

**(가)와 (나)를 통해서 추정하기 어려운 내용은?**

> **(가)** 찬성공 형제께서 정경부인의 상(喪)을 당하였다. 부윤공의 부인 이 씨가 우연히 언문 소설을 읽다가 그 소리가 밖으로 들렸다. 찬성공이 기뻐하지 않으며 제수를 계단 아래에 서게 하고, "부녀자의 무식을 심하게 책망할 필요는 없지만, 어찌 상중(喪中)에 있으면서 예의에 어긋난 책을 소리 내어 읽어서 스스로 평민과 같아지려 할 수 있는가?" 하고 꾸짖었다.
>
> **(나)** 전기수: 늙은이가 동문 밖에 살면서 입으로 언문 소설을 읽었는데, 「숙향전」, 「소대성전」, 「심청전」, 「설인귀전」과 같은 전기소설이었다. … 잘 읽었기 때문에 옆에서 구경하는 사람들이 빙 둘러섰다. 가장 재미있고 긴요하여 매우 들을 만한 구절에 이르면 갑자기 침묵하고 소리를 내지 않았다. 사람들이 다음 이야기를 듣고 싶어서 다투어 돈을 던졌다. 이를 바로 '요전법(돈을 요구하는 법)'이라 한다.

① 상층 남성들은 상중의 예법에 대해 매우 엄격하였다.
② 혼자 소설을 보면서 소리 내어 읽기도 하였다.
③ 하층에서도 소설을 창작하는 사람이 많았다.
④ 상층이 아닌 하층에서도 소설을 즐겼다.

### 지문의 유기성 파악하기

### 선택지의 말을 지문의 말로 바꾸기

① 상층 남성들은 상중의 예법에 대해 매우 엄격하였다.
　찬성공이　　　　제수를 ~ 꾸짖었다.

② 혼자 소설을 보면서 소리 내어 읽기도 하였다.
　부윤공의 부인 이 씨가 우연히 언문 소설을 읽다가 그 소리가 밖으로 들렸다.

③ 하층에서도 소설을 창작하는 사람이 많았다.
　　　　　　　　?

④ 상층이 아닌 하층에서도 소설을 즐겼다.
　사람들이　　다음 이야기를 듣고 싶어서 다투어 돈을 던졌다.

### 정답과 해설

**005** ③ (가)와 (나)의 내용을 통해 하층에서도 소설을 창작하는 사람이 많았음을 알 수 없다.
**오답피하기** ① (가)에서 찬성공은 부윤공의 부인 이 씨가 상중에 언문 소설을 소리 내어 읽는다며 꾸짖고 있다. 이를 통해 상층 남성들은 상중의 예법에 대해 매우 엄격하였음을 알 수 있다. ② (가)에서 부윤공의 부인 이 씨는 언문 소설을 소리 내어 읽고 있다. 이를 통해 혼자 소설을 보면서 소리 내어 읽기도 하였음을 알 수 있다. ④ (나)에서 사람들이 전기수가 입으로 언문 소설을 읽는 것을 구경하고 있다. 이를 통해 상층이 아닌 하층에서도 소설을 즐겼음을 알 수 있다.

### 지문의 유기성 파악하기

## 006

2020 지방직 9급

**다음 글을 통해 추론할 수 없는 것은?**

> 자신의 신념과 일치하는 정보는 받아들이고 그렇지 않은 정보는 무시하는 경향을 확증 편향(confirmation bias)이라 한다. 자신의 믿음이나 견해와 일치하는 정보는 수용하고 그와 반대되는 정보는 무시하거나 부정하는 심리 경향이다. 사회 심리학자인 로버트 치알디니는 자신이 가진 기존의 견해와 일치하는 정보는 두 가지 이점을 가지고 있다고 한다. 첫째, 그러한 정보는 어떤 문제에 대해 더 이상 고민하지 않고 마음의 휴식을 취할 수 있게 해 준다. 둘째, 그러한 정보는 우리를 추론의 결과에서 자유롭게 해 준다. 즉 추론의 결과 때문에 행동을 바꿔야 할 필요가 없다. 첫째는 생각하지 않게 하고, 둘째는 행동하지 않게 함을 말한다.
> 
> 일례로 특정 정치 성향을 가진 사람들을 대상으로 조사했을 때, 사람들은 반대당 후보의 주장에서는 모순을 거의 완벽하게 찾은 반면, 지지하는 당 후보의 주장에서는 모순을 절반 정도만 찾아냈다. 그 결과, 자신의 동의하지 않는 정보를 접했을 때 뇌 회로가 활성화되지 않았고, 자신이 동의하는 주장을 접했을 때 긍정적인 반응을 보이면서 뇌 회로가 활성화되는 것을 확인할 수 있었다.

① 사람에게는 자신의 신념이나 행동을 바꾸려 하지 않는 경향이 있다.
② 사람에게는 정보를 객관적으로 판단하지 못하는 심리적 특성이 있다.
③ 사람에게는 지지자의 말만 듣고 자기 신념을 강화하는 경향이 있다.
④ 사람에게는 새로운 정보를 접했을 때 심리적 불안을 느끼는 특성이 있다.

---

### 정답과 해설

**006** ④ 지문에서는 확증 편향과 관련하여 사람들이 자신의 신념과 일치하는 정보는 긍정적으로 수용하고, 그렇지 않은 정보는 무시한다는 내용을 서술하였다. 사람들이 새로운 정보를 접했을 때 심리적 불안을 느낀다는 것은 지문을 통해 추론할 수 없다.

**오답피하기** ① 1문단에서 자신의 신념과 일치하는 정보는 수용하고 그렇지 않은 정보는 무시하거나 부정하는 경향을 확증 편향이라고 하였고, 이를 설명하며 확증 편향이 나타나는 예를 제시했으므로 추론할 수 있다. ② 2문단에서 사람들은 반대당 후보의 주장에서는 모순을 완벽하게 찾았으나 지지하는 당 후보의 주장에서는 모순을 절반 정도만 찾아냈다고 하였으므로 적절하다. ③ 2문단에서 사람들은 자신이 동의하는 주장을 접했을 때 긍정적인 반응을 보인다고 하였으므로, 지지자의 말을 듣고 자신의 신념을 강화할 것임을 추론할 수 있다.

---

### 선택지의 말을 지문의 말로 바꾸기

① 사람에게는 자신의 신념이나 행동을 바꾸려 하지 않는 경향이 있다.
  자신의 믿음이나 견해와 일치하는 정보는 수용하고 그와 반대되는 정보는 무시하거나 부정

② 사람에게는 정보를 객관적으로 판단하지 못하는 심리적 특성이 있다.
  자신의 믿음이나 견해와 일치하는 정보는 수용하고 그와 반대되는 정보는 무시하거나 부정

③ 사람에게는 지지자의 말만 듣고 자기 신념을 강화하는 경향이 있다.
  자신의 믿음이나 견해와 일치하는 정보는 수용하고 그와 반대되는 정보는 무시하거나 부정 → '자기 신념 강화'는 파생되어 따라나옴

④ 사람에게는 새로운 정보를 접했을 때 심리적 불안을 느끼는 특성이 있다.

## 007

**다음 글에서 추론할 수 있는 것은?**

2021 지방직 9급

포도주는 유럽 문명을 대표하는 술이자 동시에 음료수다. 우리는 대개 포도주를 취하기 위해 마시는 술로만 생각하기 쉬우나 유럽에서는 물 대신 마시는 '음료수'로서의 역할이 크다. 유럽의 많은 지역에서는 물이 워낙 안 좋아서 맨 물을 그냥 마시면 위험하기 때문에 제조 과정에서 안전성이 보장된 포도주나 맥주를 마시는 것이다. 이런 용도로 일상적으로 마시는 식사용 포도주로는 당연히 고급 포도주와는 다른 저렴한 포도주가 쓰이며, 술이 약한 사람들은 여기에 물을 섞어서 마시기도 한다.

소비의 확대와 함께, 포도주의 생산을 다른 지역으로 확산시키려는 노력도 계속되어 왔다. 포도주 생산의 확산에서 가장 큰 문제는 포도 재배가 추운 북쪽 지역으로 확대되기 힘들다는 점이다. 자연 상태에서는 포도가 자라는 북방 한계가 이탈리아 정도에서 멈춰야 했지만, 중세 유럽에서 수도원마다 온갖 노력을 기울인 결과 포도 재배가 상당히 북쪽까지 올라갔다. 대체로 대서양의 루아르강 하구로부터 크림반도와 조지아를 잇는 선이 상업적으로 포도를 재배할 수 있는 북방한계선이다.

적정한 기온은 포도주 생산 가능 여부뿐 아니라 생산된 포도주의 질을 결정하는 중요한 요인이다. 너무 추운 지역이나 너무 더운 지역에서는 포도주의 품질이 떨어질 수밖에 없다. 추운 지역에서는 포도에 당분이 너무 적어서 그것으로 포도주를 담그면 신맛이 강하게 된다. 반면 너무 더운 지역에서는 섬세한 맛이 부족해서 '흐물거리는' 포도주가 생산된다(그 대신 이를 잘 활용하면 포르토나 셰리처럼 도수를 높인 고급 포도주를 만들 수 있다). 그러므로 고급 포도주 주요 생산지는 보르도나 부르고뉴처럼 너무 덥지도 않고 너무 춥지도 않은 곳이다. 다만 달콤한 백포도주의 경우는 샤토 디켐(Château d'Yquem)처럼 뜨거운 여름 날씨가 지속하는 곳에서 명품이 만들어진다.

포도주의 수요는 전 유럽적인 데 비해 생산은 이처럼 지리적으로 제한됐기 때문에 포도주는 일찍부터 원거리 무역 품목이 됐고, 언제나 고가품 취급을 받았다. 그런데 한 가지 기억해야 할 점은 이렇게 수출되는 고급 포도주는 오래된 포도주가 아니라 바로 그해에 만든 술이라는 점이다. 우리는 포도주는 오래될수록 좋아진다고 믿는 경향이 있지만, 대부분의 백포도주 혹은 중급 이하 적포도주는 시간이 지날수록 오히려 품질이 떨어진다. 시간이 흐를수록 품질이 개선되는 것은 일부 고급 적포도주에만 한정된 이야기이며, 그나마 포도주를 병에 담아 코르크 마개를 끼워 보관한 이후의 일이다.

① 고급 포도주는 모두 너무 덥지도 춥지도 않은 곳에서 재배된 포도로 만들어졌다.
② 루아르강 하구로부터 크림반도와 조지아를 잇는 선은 이탈리아보다 남쪽에 있을 것이다.
③ 유럽에서 일상적으로 마시는 식사용 포도주는 저렴한 포도주거나 고급 포도주에 물을 섞은 것이다.
④ 병에 담겨 코르크 마개를 끼운 고급 백포도주는 보관 기간에 비례하여 품질이 개선되지는 않을 것이다.

### 선택지의 말을 지문의 말로 바꾸기

① 고급 포도주는 모두 너무 덥지도 춥지도 않은 곳에서 재배된 포도로 만들어졌다.
<반박> 다만 달콤한 백포도주의 경우는 샤토 디켐처럼 뜨거운 여름 날씨가 지속하는 곳에서 명품이 만들어진다.

② 루아르강 하구로부터 크림반도와 조지아를 잇는 선은 이탈리아보다 남쪽에 있을 것이다.
<반박> 루아르강 하구로부터 크림반도와 조지아를 잇는 선이 상업적으로 포도를 재배할 수 있는 북방한계선이다.

③ 유럽에서 일상적으로 마시는 식사용 포도주는 저렴한 포도주거나 고급 포도주에 물을 섞은 것이다.
<없는 내용>

④ 병에 담겨 코르크 마개를 끼운 고급 백포도주는 보관 기간에 비례하여 품질이 개선되지는 않을 것이다.
시간이 흐를수록 품질이 개선되는 것은 일부 고급 적포도주에만 한정된 이야기이다.

### 지문의 유기성 파악하기

### 정답과 해설

**007 ④** 4문단에서 포도주를 병에 담아 코르크 마개를 끼워 보관한 이후의 일로, 시간이 흐를수록 품질이 개선되는 것은 일부 고급 적포도주에만 한정된 것이라고 하였다. 따라서 병에 담겨 코르크 마개를 끼운 고급 백포도주는 보관 기간에 비례하여 품질이 개선되지는 않을 것이라고 추론할 수 있다.

**오답피하기** ① 3문단에서 너무 더운 지역에서도 포르토나 셰리처럼 도수를 높인 고급 포도주를 만들 수 있다고 하였다. 또한 달콤한 백포도주는 샤토 디켐처럼 뜨거운 여름 날씨가 지속하는 곳에서 명품이 만들어진다고 하였다. 따라서 고급 포도주는 모두 너무 덥지도 춥지도 않은 곳에서 재배된 포도로 만들어졌다고 볼 수 없다. ② 2문단에서 자연 상태에서는 포도가 자라는 북방 한계가 이탈리아 정도에서 멈춰야 했지만, 포도 재배가 상당히 북쪽까지 올라갔다고 하였다. 또한 루아르강 하구로부터 크림반도와 조지아를 잇는 선이 상업적으로 포도를 재배할 수 있는 북방한계선임을 설명하고 있다. 따라서 루아르강 하구로부터 크림반도와 조지아를 잇는 선은 이탈리아보다 남쪽이 아니라, 북쪽에 있을 것이라고 볼 수 있다. ③ 1문단에서 유럽의 일상적으로 마시는 식사용 포도주로는 저렴한 포도주가 쓰이며, 술이 약한 사람들은 여기에 물을 섞어서 마시기도 한다고 하였다. 따라서 유럽에서 일상적으로 마시는 식사용 포도주는 저렴한 포도주거나, 고급 포도주가 아닌 저렴한 포도주에 물을 섞은 것이라고 볼 수 있다.

### 지문의 유기성 파악하기

**008**

2022 지방직 9급

다음 글에서 추론한 내용으로 가장 적절한 것은?

> 논리실증주의자들에 따르면, 만약 어떤 것이 과학일 경우 거기에서 사용되는 문장은 유의미하다. 그들은 유의미한 문장의 기준으로 소위 '검증 원리'라고 불리는 것을 제안했다. 검증 원리란, 경험을 통해 참이나 거짓을 검증할 수 있는 문장은 유의미하고 그렇지 않은 문장은 유의미하지 않다는 것이다. 다음 두 문장을 예로 생각해 보자.
>
> (가) 달의 다른 쪽 표면에 산이 있다.
> (나) 절대자는 진화와 진보에 관계하지만, 그 자체는 진화하거나 진보하지 않는다.
>
> 위 두 문장 중 경험을 통해 검증할 수 있는 것은 무엇인가? 비록 현실적으로 큰 비용이 들기는 하지만 (가)는 분명히 경험을 통해 진위를 밝힐 수 있다. 즉 우리는 (가)의 진위를 확정하기 위해서 무엇을 경험해야 하는지 알고 있다는 것이다. 이런 점에 근거하여 논리실증주의자들은 (가)는 검증할 수 있고, 유의미한 문장이라고 판단한다. 그럼 (나)는 어떠한가? 우리는 무엇을 경험해야 (나)의 진위를 확정할 수 있는가? 논리실증주의자들은 그런 것은 없다고 주장하고, 이에 (나)는 검증할 수 없고 과학에서 사용될 수 없는 무의미한 문장이라고 말한다.

① 논리실증주의자들에 따르면 무의미한 문장을 사용하는 것은 과학이 아니다.
② 논리실증주의자들에 따르면 과학의 문장들만이 유의미하다.
③ 검증 원리에 따르면 아직까지 경험되지 않은 것을 언급한 문장은 무의미하다.
④ 검증 원리에 따르면 거짓인 문장은 무의미하다.

---

### 정답과 해설

**008** ① 제시문에 따르면 어떤 것이 과학일 경우 거기에서 사용되는 문장은 유의미하다. 따라서 무의미한 문장을 사용하는 것은 과학이 아니라고 볼 수 있다.
**오답피하기** ② 제시문에 따르면 어떤 것이 과학일 경우 거기에서 사용되는 문장은 유의미하다. 그러나 이것이 과학의 문장만 유의미하다는 것을 보장하지는 않는다. 과학 이외의 문장들도 유의미할 수도 있다. ③ 제시문에 따르면 경험을 통해 참이나 거짓을 검증할 수 있는 문장은 유의미하고 그렇지 않은 문장은 유의미하지 않다. 그러나 아직까지 경험되지 않은 것이 검증할 수 없음을 의미하지 않는다. 아직까지 경험되지 않은 것도, 미래에 경험을 한다면 검증할 수 있으므로 유의미한 문장이 될 수 있다. ④ 제시문에 따르면 '검증 원리'란 경험을 통해 참과 거짓을 검증할 수 있는 문장은 유의미하고 그렇지 않은 문장은 유의미하지 않다는 것이다. 따라서 경험을 통해 거짓을 검증할 수 있는 문장도 유의미할 것이다.

### 선택지의 말을 지문의 말로 바꾸기

① 논리실증주의자들에 따르면 무의미한 문장을 사용하는 것은 과학이 아니다.
　⇒ 참인 명제의 대우 　　　　　　　　　　　　　　　　　　　유의미한 문장 사용

② 논리실증주의자들에 따르면 과학의 문장들만이 유의미하다.
　⇒ 명제가 참이더라도 명제의 역은 참이 성립되지 않음

③ 검증 원리에 따르면 아직까지 경험되지 않은 것을 언급한 문장은 무의미하다.
　　　　　　　　　　　달의 다른 쪽 표면에 산이 있다.

④ 검증 원리에 따르면 거짓인 문장은 무의미하다.
　　　　　　　　　　참과 거짓을 검증할 수 있는 문장

## 009

**다음 글에서 추론할 수 있는 것만을 <보기>에서 모두 고르면?**

2022 지방직 9급

컴퓨터에는 자유의지가 있을까? 나아가 컴퓨터에 도덕적 의무를 귀속시킬 수 있을까? 컴퓨터는 다양한 전기회로로 구성되어 있고, 물리법칙, 프로그래밍 방식, 하드웨어의 속성 등에 따라 필연적으로 특정한 초기 상태로부터 다음 상태로 넘어간다. 마찬가지로 두 번째 상태에서 세 번째 상태로 이동하고, 이러한 과정이 계속해서 이어진다. 즉 컴퓨터는 결정론적 법칙의 지배를 받는 시스템이라는 것이다. 그럼 이러한 시스템에는 자유의지가 있을까?

결정론적 법칙의 지배를 받는 시스템의 중요한 특징은 주어진 조건에 따라 결과가 하나로 고정된다는 점이다. 다시 말해, 이러한 시스템에는 항상 하나의 선택지만 있을 뿐이다. 그런 뜻에서 결정론적 지배를 받는다는 것과 자유의지를 가진다는 것은 양립할 수 없음이 분명하다. 어떤 선택을 할 때 그것과 다른 선택을 할 수도 있다는 것은 자유의지의 필요조건이기 때문이다. 결국 결정론적 법칙의 지배를 받는 시스템은 자유의지를 가지지 않는다. 또한 자유의지를 가지지 않는 시스템에 도덕적 의무를 귀속시킬 수 없음은 당연하다.

―보기―
ㄱ. 컴퓨터는 자유의지를 가지지 않으며 도덕적 의무의 귀속 대상일 수도 없다.
ㄴ. 도덕적 의무를 귀속시킬 수 있는 시스템은 결정론적 법칙의 지배를 받지 않는다.
ㄷ. 어떤 선택을 할 때 그것과 다른 선택을 할 수 없는 시스템은 자유의지를 가지지 않는다.

① ㄱ, ㄴ
② ㄱ, ㄷ
③ ㄴ, ㄷ
④ ㄱ, ㄴ, ㄷ

---

### 보기의 말을 지문의 말로 바꾸기

ㄱ. 컴퓨터는 자유의지를 가지지 않으며 도덕적 의무의 귀속 대상일 수도 없다.
　　결정론=조건에 따라 결과가 하나로 고정됨=자유의지×, 도덕적 의무×

ㄴ. 도덕적 의무를 귀속시킬 수 있는 시스템은 결정론적 법칙의 지배를 받지 않는다.
　⇒ 참인 명제의 대우　　　　　　　자유의지×, 도덕적 의무×

ㄷ. 어떤 선택을 할 때 그것과 다른 선택을 할 수 없는 시스템은 자유의지를 가지지 않는다.
　　　　　　결정론=조건에 따라 결과가 하나로 고정됨=자유의지×, 도덕적 의무×

---

### 지문의 유기성 파악하기

### 정답과 해설

**009** ④ 제시문에서는 컴퓨터에 자유의지가 없으며, 도덕적 의무를 귀속시킬 수 없음을 논리적으로 증명하고 있다. 그리고 그 근거로 컴퓨터는 결정론적 법칙의 지배를 받으므로 결과가 하나로 고정되는데, 자유의지를 가진다는 것의 필요조건은 어떤 선택을 할 때 그것과 다른 선택을 할 수도 있다는 것이라고 설명하고 있다. 즉, 컴퓨터는 결정론적 법칙의 지배를 받아 다른 선택을 할 수 없으므로, 자유의지가 없고 도덕적 의무를 귀속시킬 수도 없다는 것이다.

ㄱ. 컴퓨터는 자유의지를 가지지 않으며 도덕적 의무의 귀속 대상일 수도 없다고 한 것은 제시문의 궁극적 주장에 해당한다.

ㄴ. 제시문에서는 컴퓨터는 결정론적 법칙의 지배를 받으므로, 도덕적 의무를 귀속시킬 수 없다고 설명하였다. 그러나 이를 반대로 도덕적 의무를 귀속시킬 수 있는 어떤 시스템(컴퓨터가 아닌 시스템)이 있다면 그것은 결정론적 법칙의 지배를 받지 않음을 의미하는 것으로 볼 수 있다.

ㄷ. 자유의지를 가진다는 것의 필요조건은 어떤 선택을 할 때 그것과 다른 선택을 할 수도 있다는 것이다. 따라서 어떤 선택을 할 때 그것과 다른 선택을 할 수 없는 시스템(컴퓨터와 같은 시스템)은 자유의지를 가지지 않는다고 추론할 수 있다.

# 제 2 장 • 제목 및 주제 찾기

## 지문의 유기성 파악하기

### 1 글의 제목 및 주제 찾기 문제

#### 1. 유기적으로 연결된 지문
유기적으로 연결된 지문은 문장의 힘을 바탕으로 어떤 부분에 글의 무게 중심이 실렸는지를 따져 봐야 한다. 물론 이를 위해서는 글을 유기적으로 독해할 수 있어야 한다.

#### 2. 병렬적으로 연결된 지문
병렬적으로 연결된 지문은 각 문단의 내용을 모두 담고 있는 것이 주제가 된다. 따라서 각 문단의 내용을 요약한 후, 그것을 모두 포괄하고 있는 것을 정답으로 하면 된다.

### 유기적으로 연결된 지문

**001**  2011 국가직 9급

'허균'이 궁극적으로 말하고자 하는 바는?

> 옛날에 어진 인재는 보잘것없는 집안에서 많이 나왔었다. 그 때에도 지금 우리 나라와 같은 법을 썼다면, 범중엄(范仲淹)이 재상 때에 이룬 공업(功業)이 없었을 것이요, 진관(陳瓘)과 반양귀(潘良貴)는 곧은 신하라는 이름을 얻지 못하였을 것이며, 사마양저(司馬穰苴), 위청(衛青)과 같은 장수와 왕부(王符)의 문장도 끝내 세상에서 쓰이지 못했을 것이다.
> 하늘이 냈는데도 사람이 버리는 것은 하늘을 거스르는 것이다. 하늘을 거스르고도 하늘에 나라를 길이 유지하게 해 달라고 비는 것은 있을 수 없는 일이다.
> — 허균, 〈유재론〉

① 인재는 많을수록 좋다.
② 인재를 중하게 여겨야 한다.
③ 인재를 차별 없이 등용해야 한다.
④ 인재를 적재적소에 배치해야 한다.

### 같은 말로 바꾸기

옛날에 어진 인재는 보잘것없는 집안에서 많이 나왔었다. 그 때에도 지금 우리 나라와 같은 법을 썼다면, 범중엄(范仲淹)이 재상 때에 이룬 공업(功業)이 없었을 것이요, 진관(陳瓘)과 반양귀(潘良貴)는 곧은 신하
  (보잘것없는 집안에서 나온 어진 인재)              (보잘것없는 집안에서 나온 어진 인재)
라는 이름을 얻지 못하였을 것이며, 사마양저(司馬穰苴), 위청(衛青)과 같은 장수와 왕부(王符)의 문장도
                          (보잘것없는 집안에서 나온 어진 인재)
끝내 세상에서 쓰이지 못했을 것이다.
하늘이 냈는데도 사람이 버리는 것은 하늘을 거스르는 것이다. 하늘을 거스르고도 하늘에 나라를 길이
유지하게 해 달라고 비는 것은 있을 수 없는 일이다.
                (하늘이 냈는데도 보잘것없는 집안이라고 쓰지 않는 것)

---

### 정답과 해설

**001** ③ 보잘것없는 집안에서 나온 인재도 하늘이 낸 것이므로 그들을 버리는 것은 하늘을 거스르는 것이라고 말하고 있다. 이는 인재 등용에 차별을 해서는 안 된다는 의미이다.
**오답피하기** ①, ② 제시문은 하늘이 내린 인재를 인간이 버려서는 안 된다는 것을 강조하고 있다. 인재가 많을수록 좋다는 내용이나 인재를 중하게 여겨야 한다는 내용은 제시문의 핵심 내용과 관련된 내용일 뿐이다. ④ 제시문은 인재를 적재적소에 배치해야 한다는 내용과 관련이 없다.

# 002

2015 국가직 7급

**다음 글의 중심 내용으로 가장 적절한 것은?**

> 한국 한자음이 어느 시대의 중국 한자음에 기반을 두고 있는지에 대해서는 학자들에 따라 이견이 있다. 어느 한 시대의 한자음에 기반을 두고 있을 수도 있고, 개별 한자들이 수입된 시차에 따라서 여러 시대의 중국 한자음에 기반을 두고 있을 수도 있다. 그러나 확실한 것은 한국 한자음은 중국 한자음과도 다르고 일본 한자음과도 다르고 베트남 옛 한자음과도 다르다는 것이다. 물론 그것이 그 기원이 된 중국 한자음과 아무런 대응 관계도 없는 것은 아니다. 그러나 그것은 한국어 음운체계의 영향으로 독특한 모습을 띠는 경우가 많다. 그래서 한국 한자음을 영어로는 'Sino-Korean'이라고 한다. 이것은 우리말 어휘의 반 이상을 차지하고 있는 한자어가, 중국어도 아니고 일본어도 아닌 한국어라는 것을 뜻한다. 우리가 '학꾜'라고 발음할 때, 중국인도 일본인도 따로 한국어를 공부하지 않는 한 그것이 'xuexiao'나 'がっこう'인 줄을 알아차리기는 힘들다.

① 한국 한자음의 특성
② 한국 한자음의 역사
③ 한국 한자음의 기원
④ 한국 한자음의 계통

## 지문의 유기성 파악하기

## 같은 말로 바꾸기

한국 한자음이 어느 시대의 중국 한자음에 기반을 두고 있는지에 대해서는 학자들에 따라 이견이 있다. 어느 한 시대의 한자음에 기반을 두고 있을 수도 있고, 개별 한자들이 수입된 시차에 따라서 여러 시대의
<u>한국 한자음이 어느 시대 중국 한자음에 기반을 두고 있는지 이견이 있다.</u>
중국 한자음에 기반을 두고 있을 수도 있다. 그러나 확실한 것은 한국 한자음은 중국 한자음과도 다르고 일본 한자음과도 다르고 베트남 옛 한자음과도 다르다는 것이다. 물론 그것이 그 기원이 된 중국 한자음과 아무런 대응 관계도 없는 것은 아니다. 그러나 그것은 한국어 음운체계의 영향으로 독특한 모습을 띠는 경우
<u>한국 한자음은 다른 나라의 한자음과 다르다.</u>
가 많다. 그래서 한국 한자음을 영어로는 'Sino-Korean'이라고 한다.
이것은 우리말 어휘의 반 이상을 차지하고 있는 한자어가, 중국어도 아니고 일본어도 아닌 한국어라는 것을 뜻한다. 우리가 '학꾜'라고 발음할 때, 중국인도 일본인도 따로 한국어를 공부하지 않는 한 그것이
<u>한국 한자음은 다른 나라의 한자음과 다르다.</u>
'xuexiao'나 'がっこう'인 줄을 알아차리기는 힘들다.

### 정답과 해설

**002** ① 제시문에서 한국 한자음은 중국 한자음을 기원으로 하되, 여러 나라의 한자음과 모두 다르다고 설명하고 있다. 그리고 한국어 음운체계의 영향으로 독특한 모습을 띠는 경우가 많다고 설명하고 있다. 즉 한국 한자음이 다른 한자음과는 다른 독특한 특성이 있음을 설명하고 있다고 볼 수 있다. 따라서 '한국 한자음의 특성'이 제시문의 중심 내용으로 가장 적절하다.

**오답피하기** ② 한국 한자음의 역사에 대해서는 언급하고 있지 않다. ③ 첫 번째 문장에서 한국 한자음의 기원에 대해 여러 학자들의 이견이 있다는 것을 언급하고 있지만 중심 내용으로 보기는 어렵다. ④ '한국 한자음이 어느 시대의~기반을 두고 있을 수도 있다.'에서 한국 한자음의 계통에 대해 언급하고 있다고 볼 수 있으나 이는 중심 내용이 아니다.

지문의 유기성 파악하기

## 003

2017 1차 국가직 7급

다음 글의 중심 내용으로 가장 적절한 것은?

> 롤랑 바르트는 「기호의 제국」에서 "우리 얼굴이 '인용'이 아니라면 또 무엇이란 말인가?"라는 말을 한 적이 있다. 우리의 헤어스타일이나 패션, 감정을 나타내는 얼굴 표정 등은 모두 미디어로부터 '복제'된 것일 가능성이 높다. 작가가 다른 책의 구절들을 씨앗글로 인용하는 일을 계기로 한 편의 글을 완성하듯, 우리는 남의 표정과 스타일을 복사한다. 이렇게 다른 것을 복제하고 인용하는 문화는 확산되고 있다. 그것은 오늘날 성형의 트렌드가 확산되는 현상을 보면 잘 알 수 있다. 성형을 하는 사람은 쇼핑하듯 트렌드가 만든 미인 얼굴을 구매한다.

① 롤랑 바르트는 모방이나 복제 문화의 예찬론자이다.
② 모방이나 복제 문화의 대중화가 사람들의 미의식을 세련되게 한다.
③ 모방이나 복제 문화가 확산되고 있다.
④ 모방이나 복제 문화의 대중화로 인해 성형 수술이 유행하고 있다.

---

### 정답과 해설

**003** ③ 제시문에서는 복제, 인용하는 문화가 확산되고 있다고 말하고 있다. 그리고 이에 대한 구체적인 예로 '헤어스타일, 패션'과 '성형 수술' 등을 들고 있다. 따라서 '모방이나 복제 문화가 확산되고 있다'가 제시문의 중심 내용으로 가장 적절하다.

**오답피하기** ① 제시문을 통해서는 모방이나 복제 문화에 대한 롤랑 바르트의 입장을 명확하는 알 수 없다. ② 제시문을 통해서는 모방이나 복제 문화의 대중화가 사람들의 미의식을 세련되게 하는지에 대해 알 수 없다. ④ '성형 수술의 유행'은 모방·복제 문화의 확산에 대한 예시 중 하나이므로 중심 내용으로 적절하지 않다.

### 같은 말로 바꾸기

롤랑 바르트는 「기호의 제국」에서 "우리 얼굴이 '인용'이 아니라면 또 무엇이란 말인가?"라는 말을 한 적이 있다. 우리의 헤어스타일이나 패션, 감정을 나타내는 얼굴 표정 등은 모두 미디어로부터 '복제'된 것일 가능성이 높다. 작가가 다른 책의 구절들을 씨앗글로 인용하는 일을 계기로 한 편의 글을 완성하듯, 우리는 남의 표정과 스타일을 복사한다. 이렇게 다른 것을 복제하고 인용하는 문화는 확산되고 있다. 그것은 오늘
<u>우리의 패션, 표정 등은 모두 미디어로부터 복제된 것이다.</u>
날 성형의 트렌드가 확산되는 현상을 보면 잘 알 수 있다. 성형을 하는 사람은 쇼핑하듯 <u>트렌드가 만든 미인 얼굴을 구매한다.</u>
<u>우리의 패션, 표정 등은 모두 미디어로부터 복제된 것이다.</u>

# 004

2009 국가직 9급

**다음 글의 제목으로 가장 적절한 것은?**

> 우리는 비극을 즐긴다. 비극적인 희곡과 소설을 즐기고, 비극적인 그림과 영화 그리고 비극적인 음악과 유행가도 즐긴다. 슬픔, 애절, 우수의 심연에 빠질 것을 알면서도 소포클레스의 「안티고네」, 셰익스피어의 「햄릿」을 찾고, 베토벤의 '운명', 차이코프스키의 '비창', 피카소의 '우는 연인'을 즐긴다. 아니면 텔레비전의 멜로드라마를 보고 값싼 눈물이라도 흘린다. 이를 동정과 측은과 충격에 의한 '카타르시스', 즉 마음의 세척으로 설명한 아리스토텔레스의 주장은 유명하다. 그것은 마치 눈물로 스스로의 불안, 고민, 고통을 씻어내는 역할을 한다는 것이다.
>
> 니체는 좀 더 심각한 견해를 갖는다. 그는 "비극은 언제나 삶에 아주 긴요한 기능을 가지고 있다. 비극은 사람들에게 그들을 싸고도는 생명 파멸의 비운을 똑바로 인식해야 할 부담을 덜어주고, 동시에 비극 자체의 암울하고 음침한 원류에서 벗어나게 해서 그들의 삶의 흥취를 다시 돋우어 준다."라고 하였다. 그런 비운을 직접 전면적으로 목격하는 일, 또 더구나 스스로 직접 그것을 겪는 일이라는 것은 너무나 끔찍한 일이기에, 그것을 간접경험으로 희석한 비극을 봄으로써 '비운'이란 그런 것이라는 이해와 측은지심을 갖게 되고, 동시에 실제 비극이 아닌 그 가상적인 환영(幻影) 속에서 비극에 대한 어떤 안도감도 맛보게 된다.

① 비극의 현대적 의의
② 비극을 즐기는 이유
③ 비극의 기원과 역사
④ 비극에 반영된 삶

## 지문의 유기성 파악하기

### 고난도 문제

**005**  
2013 국가직 7급

다음 글의 주제로 가장 적절한 것은?

> 외래어는 원래의 언어에서 가졌던 모습을 잃어버리고 새 언어에 동화되는 속성을 가지고 있다. 외래어의 동화 양상을 음운, 형태, 의미적 측면에서 살펴보자.
>
> 첫째, 외래어는 국어에 들어오면서 국어의 음운적 특징을 띠게 되어 외국어 본래의 발음이 그대로 유지되지 못한다. 자음이든 모음이든 국어에 없는 소리는 국어의 가장 가까운 소리로 바뀌고 만다. 프랑스의 수도 Paris는 원래 프랑스어인데 국어에서는 '파리'가 된다. 프랑스어 [r] 발음은 국어에 없는 소리여서 비슷한 소리인 'ㄹ'로 바뀌고 마는 것이다. 그 외에 장단이나 강세, 성조와 같은 운율적 자질도 원래 외국어의 모습을 잃어버리고 만다.
>
> 둘째, 외래어는 국어의 형태적인 특징을 갖게 된다. 외래어의 동사와 형용사는 '-하다'가 반드시 붙어서 쓰이게 된다. 영어 형용사 smart가 국어에 들어오면 '스마트하다'가 된다. '아이러니하다'라는 말도 있는데 이는 명사에 '-하다'가 붙어 형용사처럼 쓰인 경우이다.
>
> 셋째, 외래어는 원래 언어의 의미와 다른 의미로 쓰일 수 있다. 일례로 프랑스어 madame이 국어에 와서는 '마담'이 되는데 프랑스어에서의 '부인'의 의미가 국어에서는 '술집이나 다방의 여주인' 의미로 쓰이고 있다.

① 외래어의 갈래  
② 외래어의 특성  
③ 외래어의 변화  
④ 외래어의 개념

### 같은 말로 바꾸기

외래어는 원래의 언어에서 가졌던 모습을 잃어버리고 새 언어에 동화되는 속성을 가지고 있다. 외래어의 동화 양상을 음운, 형태, 의미적 측면에서 살펴보자.

첫째, 외래어는 국어에 들어오면서 국어의 음운적 특징을 띠게 되어 외국어 본래의 발음이 그대로 유지
<u>외래어는 원래의 언어에서 가졌던 모습을 잃어버리고 새 언어에 동화되는 속성을 가지고 있다.</u>
되지 못한다. 자음이든 모음이든 국어에 없는 소리는 국어의 가장 가까운 소리로 바뀌고 만다. 프랑스의 수도 Paris는 원래 프랑스어인데 국어에서는 '파리'가 된다. <u>프랑스어 [r] 발음은 국어에 없는 소리여서 비슷한 소리인 'ㄹ'로 바뀌고 마는 것이다. 그 외에 장단이나 강세, 성조와 같은 운율적 자질도 원래 외국어의 모습을 잃어버리고 만다.</u>
→ 외래어는 원래의 언어에서 가졌던 모습을 잃어버리고 새 언어에 동화되는 속성을 가지고 있다.

둘째, 외래어는 국어의 형태적인 특징을 갖게 된다. 외래어의 동사와 형용사는 '-하다'가 반드시 붙어서
→ 외래어는 국어의 형태적인 특징을 갖게 된다. → 외래어는 원래의 언어에서 가졌던 모습을 잃어버리고 새 언어에 동화되는 속성을 가지고 있다.
쓰이게 된다. <u>영어 형용사 smart가 국어에 들어오면 '스마트하다'가 된다. '아이러니하다'라는 말도 있는데 이는 명사에 '-하다'가 붙어 형용사처럼 쓰인 경우이다.</u>
외래어는 국어의 형태적인 특징을 갖게 된다.
→ 외래어는 원래의 언어에서 가졌던 모습을 잃어버리고 새 언어에 동화되는 속성을 가지고 있다.

셋째, 외래어는 원래 언어의 의미와 다른 의미로 쓰일 수 있다. 일례로 프랑스어 madame이 국어에 와서는 '마담'이 되는데 프랑스어에서의 '부인'의 의미가 국어에서는 '술집이나 다방의 여주인' 의미로 쓰이고 있다.
외래어는 원래 언어의 의미와 다른 의미로 쓰일 수 있다.
→ 외래어는 원래의 언어에서 가졌던 모습을 잃어버리고 새 언어에 동화되는 속성을 가지고 있다.

---

### 정답과 해설

**005** ② 먼저 제시문의 1문단에서는 이 글에서 '외래어의 동화 양상'에 대해 음운, 형태, 의미적 측면에서 다룰 것임을 제시하고 있다. 그리고 나머지 내용에서 각각 음운, 형태, 의미적 측면에서의 외래어가 국어에 동화되면서 일어나는 특성들을 설명하고 있다. 따라서 '외래어의 특성'이 제시문의 주제로 가장 적절하다.

**오답피하기** ①, ④ 외래어의 속성, 특성(동화 양상)에 대해 설명하고 있을 뿐, 외래어의 갈래, 변화, 개념에 대해 언급하고 있지 않다. ③ 외래어의 변화는 일반적으로 외래어로 인정받은 어휘가 어떻게 변화하는지를 다루는 것이다. 윗글에서는 외국어에서 외래어로 변모하면서 나타나는 외래어만의 특징을 설명한 것이다. 따라서 '외국어에서 외래어로의 변화'를 다루는 것이지 '외래어의 변화'를 다루는 것은 아니다.

## 006

2017 기상직 9급

다음은 오늘날의 커뮤니케이션의 특수한 방식에 대하여 쓴 글이다. 해당 방식의 구체적인 내용이 분명하게 드러나는 제목을 붙이고자 할 때, 다음 중 가장 적절한 것은?

> 오늘날의 커뮤니케이션은 꽤 세련된 방식으로 이루어진다. 안부를 묻는 것도, 새해 인사도, 정치적 의견을 피력하는 것도, 물건을 사는 것도, 합격이나 불합격, 해고 통지도 모두 온라인으로 해결한다. 사람 얼굴이 보이지 않으니 행동이나 표정을 살필 일도 없고, 목소리도 들을 수 없으니 그 미묘한 마음의 디테일 역시 읽을 일이 없다. 그런 커뮤니케이션에서는 감정의 낭비가 없다. 이모티콘으로 최소한의 감정을 전달하지만 그런 문자 감정 기호는 지나치게 과장되거나 축소돼 진실성이 결여돼 있다. 그런 모든 감정 기호는 사실은 위안과 안심의 기호다. 문자 기호 커뮤니케이션에서는 격앙된 감정을 자제한다.
>
> 화를 내거나 우울한 기분을 전하는 기호조차 귀엽게 포장된다. 정말 화를 내고 싶으면 이모티콘이 아니라 욕을 써 버리면 되지만 온라인 커뮤니케이션에서 가장 금기시되는 것은 세련되지 못한 감정을 드러내는 것이므로 비난을 면하기 어렵다. 사실 진짜 욕, 진짜 화, 진짜 슬픔, 진짜 불안을 기호화한 이모티콘은 아직 보지 못했다. 따라서 조금씩 다른 그 모든 감정 기호는 사실 '좋아요'의 아류일 뿐이다. 온라인 커뮤니케이션의 두드러진 특징은 기억된다는 것이 아니라 기록된다는 것이다. 문자 기호의 커뮤니케이션은 소리 기호의 커뮤니케이션보다 더 큰 책임이 따르며, 따라서 절제와 세련됨을 요구한다.

① 오늘날의 커뮤니케이션
② 이모티콘의 의미와 기능
③ 위안과 안심의 감정 기호
④ 감정을 감추는 세련된 기호

## 지문의 유기성 파악하기

**병렬적 지문**

### 007

2013 국가직 9급

다음 글의 제목으로 가장 적절한 것은?

> 언제부터인가 이곳 속초 청호동은 본래의 지명보다 '아바이 마을'이라는 정겨운 이름으로 불리고 있다. 함경도식 먹을거리로 유명해진 곳이기도 하지만 그 사람들의 삶과 문화가 제대로 알려지지 않은 동네이기도 하다. 속초의 아바이 마을은 대한민국의 실향민 집단 정착촌을 대표하는 곳이다. 한국 전쟁이 한창이던 1951년 1·4 후퇴 당시, 함경도에서 남쪽으로 피난 왔던 사람들이 휴전과 함께 사람이 거의 살지 않던 이곳 청호동에 정착해 살기 시작했다.
>
> 동해는 사시사철 풍부한 어종이 잡히는 고마운 곳이다. 봄 바다를 가르며 달려 도착한 곳에서 고기가 다니는 길목에 설치한 '어울'을 끌어올려 보니, 속초의 봄 바다가 품고 있던 가자미들이 나온다. 다른 고기는 나오다 안 나오다 하지만 이 가자미는 일 년 열두 달 꾸준히 난다. 동해를 대표하는 어종 중에 명태는 12월에서 4월, 도루묵은 10월에서 12월, 오징어는 9월에서 12월까지 주로 잡힌다. 하지만 가자미는 사철 잡히는 생선으로, 어부들 말로는 그 자리를 지키고 있는 '자리고기'라 한다.
>
> 청호동에서 가자미식해를 담그는 광경은 이젠 낯선 일이 아니라 할 만큼 유명세를 탔다. 함경도 대표 음식인 가자미식해가 속초에서 유명하다는 것은 입맛이 정확하게 고향을 기억한다는 것과 상통한다. 속초에 새롭게 터전을 잡은 함경도 사람들은 고향 음식이 그리웠다. 가자미식해를 만들어 상에 올렸고, 이 밥상을 마주한 속초 사람들은 배타심이 아닌 호감으로 다가섰고, 또 판매를 권유하게 되면서 속초의 명물로 재탄생하게 된 것이다.

① 속초 자리고기의 유래
② 속초의 아바이 마을과 가자미식해
③ 아바이 마을의 밥상
④ 청호동 주민과 함경도 실향민의 화합

**정답과 해설**

**007** ② 제시문에서는 먼저 속초 청호동이 전쟁 중 함경도에서 피난을 온 사람들이 정착해 살던 곳이며, '아바이 마을'로 불리고 있음을 설명하고 있다. 그리고 그곳에 정착한 함경도 사람들이 함경도 대표 음식인 '가자미식해'를 만들었고, 그것이 속초의 명물로 자리 잡게 되었다는 것을 알 수 있다. 따라서 '속초의 아바이 마을과 가자미식해'가 제시문의 제목으로 가장 적절하다.

**오답피하기** ① 자리고기의 유래에 대해 설명하고 있기는 하지만 글의 전체 내용을 포괄하지 못하므로 글의 제목으로 적절하지 않다. ③ 속초의 명물인 '가자미식해'에 대해 설명할 뿐, 아바이 마을의 밥상에 대한 다른 정보는 알 수 없다. ④ 가자미식해를 통해 속초 사람들이 함경도 실향민에 대한 호감을 갖게 되었다고 언급하고 있을 뿐 화합하는 내용을 찾을 수 없으므로 중심 내용으로 볼 수 없다.

---

**같은 말로 바꾸기**

언제부터인가 이곳 속초 청호동은 본래의 지명보다 '아바이 마을'이라는 정겨운 이름으로 불리고 있다. 함경도식 먹을거리로 유명해진 곳이기도 하지만 그 사람들의 삶과 문화가 제대로 알려지지 않은 동네이기
<sub>아바이 마을의 특징①</sub>
도 하다. 속초의 아바이 마을은 대한민국의 실향민 집단 정착촌을 대표하는 곳이다. 한국 전쟁이 한창이던
<sub>아바이 마을의 특징②</sub>
1951년 1·4 후퇴 당시, 함경도에서 남쪽으로 피난 왔던 사람들이 휴전과 함께 사람이 거의 살지 않던 이곳 청호동에 정착해 살기 시작했다.

동해는 사시사철 풍부한 어종이 잡히는 고마운 곳이다. 봄 바다를 가르며 달려 도착한 곳에서 고기가 다니는 길목에 설치한 '어울'을 끌어올려 보니, 속초의 봄 바다가 품고 있던 가자미들이 나온다. 다른 고기는 나오다 안 나오다 하지만 이 가자미는 일 년 열두 달 꾸준히 난다. 동해를 대표하는 어종 중에 명태는 12월에서 4월, 도루묵은 10월에서 12월, 오징어는 9월에서 12월까지 주로 잡힌다. 하지만 가자미는 사철 잡히는 생선으로, 어부들 말로는 그 자리를 지키고 있는 '자리고기'라 한다.
<sub>가자미는 일 년 열두 달 꾸준히 난다.</sub>

청호동에서 가자미식해를 담그는 광경은 이젠 낯선 일이 아니라 할 만큼 유명세를 탔다. 함경도 대표 음식인 가자미식해가 속초에서 유명하다는 것은 입맛이 정확하게 고향을 기억한다는 것과 상통한다. 속초에 새롭게 터전을 잡은 함경도 사람들은 고향 음식이 그리웠다. 가자미식해를 만들어 상에 올렸고, 이 밥상을
<sub>고향을 그리워하는 마음을 올렸고</sub>
마주한 속초 사람들은 배타심이 아닌 호감으로 다가섰고, 또 판매를 권유하게 되면서 속초의 명물로 재탄생하게 된 것이다.

# 제3장 • 범위·사례형 문제

## 1 범위·사례형 문제

### 1. 기준점을 찾아 말 바꾸기
범위·사례형 문제는 정답의 근거가 범위 자체, 또는 바로 위나 바로 아래에 있다. 출제자는 정답의 근거를 그대로 제시하기보다는 말을 바꾸어서 제시하는 경우가 많다. 따라서 기준점이 선택지에서는 말이 바뀌어 있을 거라고 짐작하면서 문제를 해결하자.

### 2. 정답이 2개인 경우에는 기준점을 하나 더 찾는다.
범위·사례형 문제의 경우, 일반적으로 기준점이 하나이다. 그러나 간혹 기준점이 2개인 문제가 출제될 때도 있다. 정답이 2개 이상 도출되면 지문이나 발문에서 기준점을 하나 더 찾아보자.

---

### 001
2010 지방직 7급

**다음 글의 사례로 인용하기에 가장 적절한 것은?**

> 아리스토텔레스가 말한 완전한 사랑의 요소 중 가장 중요한 것은 유사성이다. 아리스토텔레스는 이 유사성에 대해 길고 상세한 설명을 덧붙이고 있다. 요약하자면 마음을 다해 사랑하는 두 사람의 관계는 차이성에서 동일성으로 향하는 줄기찬 노력의 과정이어야 한다는 것이다.
> 여기서 그는 동일성이 목표가 아니라 방향이라는 점을 강조한다. 완전히 같아진다는 것은 가능한 일도 아니거니와 가능하다 하더라도 그것은 완전한 사랑에 모순된다. 하나만으로는 사랑이 불가능하기 때문이다. 그러므로 완전한 동일성은 사랑의 완성이 아니라 파국이다. 비록 사랑이 두 사람 사이의 차이에서 비롯된 동화에의 열정이고 다름 속에서 같음을 만들어가는 긴장 넘치는 과정이기는 하나, 차이를 모두 제거해 버린 동일화는 마침내 사랑마저 제거해 버릴 것이다.

① 사랑은 분신을 만드는 일이다. 자기 자신을 대하듯이 사랑을 베풀어야 한다.
② 사랑은 두 사람이 서로 마주 보는 것이 아니라 두 사람이 함께 한 곳을 바라보는 것이다.
③ 그 사람의 미덕과 인품에 이끌려 자신도 모르게 가까이 다가갈 때, 비로소 사랑은 시작된다.
④ 사랑은 우리들을 행복하게 하기 위해서 존재하는 것이 아니라, 우리들이 고뇌와 인내에서 얼마만큼 견딜 수 있는가를 보기 위해서 존재한다.

---

#### 기준점 찾아 선택지의 말을 지문의 말로 바꾸기

아리스토텔레스가 말한 완전한 사랑의 요소 중 가장 중요한 것은 유사성이다. 아리스토텔레스는 이 유사성에 대해 길고 상세한 설명을 덧붙이고 있다. 요약하자면 마음을 다해 사랑하는 두 사람의 관계는 차이성에서 동일성으로 향하는 줄기찬 노력의 과정이어야 한다는 것이다.
여기서 그는 ①<u>동일성이 목표가 아니라 방향이라는 점을 강조한다.</u> ②<u>완전히 같아진다는 것은 가능한 일도 아니거니와 가능하다 하더라도 그것은 완전한 사랑에 모순된다.</u> 하나만으로는 사랑이 불가능하기 때문이다. 그러므로 완전한 동일성은 사랑의 완성이 아니라 파국이다. 비록 사랑이 두 사람 사이의 차이에서 비롯된 동화에의 열정이고 다름 속에서 같음을 만들어가는 긴장 넘치는 과정이기는 하나, 차이를 모두 제거해 버린 동일화는 마침내 사랑마저 제거해 버릴 것이다.

---

② 사랑은 두 사람이 서로 마주 보는 것이 아니라 두 사람이 함께 <u>한 곳을 바라보는</u> 것이다.
　　　　　　　　　　　　　　　　　　　　　　　　　　　같은 방향

---

**정답과 해설**

**001** ② 동일성이 목표가 아니라 방향이라는 점을 강조한다는 점에서 같은 방향을 바라본다는 ②가 이 글의 적절한 사례이다.
**오답피하기** ① 완전한 동일성을 추구하는 것은 파국이라고 했으므로 분신을 만든다고 한 것은 이 글의 내용과 일치하지 않는다. ③, ④ 제시문의 핵심어인 '동일성'과 관련이 없는 내용이다.

## 002

2015 국가직 9급

**리더십 부재와 잘못된 정책을 '등산'에 빗대어 설명한 것으로 가장 적절한 것은?**

① 사공이 많으면 배가 산으로 간다는 속담처럼 말이 많으면 어느 산을 오를 것인지 결정할 수 없습니다.
② 등산로를 잘 알지 못하더라도 길잡이가 용기 있는 결단을 내리면 많은 사람들이 등산에 성공할 수 있습니다.
③ 길잡이가 방향을 잘못 가리키고 혼자 가 버리면 많은 사람들이 산 정상에 오를 수 없어 등산의 기쁨을 맛볼 수 없습니다.
④ 등산의 목적은 다른 사람들보다 먼저 봉우리에 올랐다는 기쁨 그 자체이므로 길잡이는 항상 등산하는 사람들이 경쟁할 수 있도록 도와야 합니다.

### 기준점 찾아 선택지의 말을 지문의 말로 바꾸기

①리더십 부재와 ②잘못된 정책을 ③'등산'에 빗대어 설명한 것

③ 길잡이가 방향을 잘못 가리키고 혼자 가 버리면 많은 사람들이 산 정상에 오를 수 없어 등산의 기쁨을 맛볼 수 없습니다.
　　　　　잘못된 정책　　　　　　　　　리더십 부재

## 003

2015 지방직 9급

**다음 글의 내용과 가장 가까운 것은?**

> 정보의 가장 기본적인 원천은 인간이 체험하는 감각이다. 돌이 단단하고 물이 부드럽다는 것은 감각을 통해서 알 수 있다. 그러나 감각이 체계적인 지식으로 발전하는 데는 문제가 있다. 그것은 바로 감각이 주관적이어서 사람과 시기에 따라 동일하지 않기 때문이다. 그래서 예로부터 철학자들은 감각을 중시하지 않았지만, 존 로크와 같은 경험론자들은 감각의 기능을 포기하지 않았다. 왜냐하면 감각을 통하지 않고서는 어떤 구체적인 것도 얻을 수 없다고 생각했기 때문이다.

① 나는 생각한다. 그러므로 나는 존재한다.
② 마음을 다하면 인간의 본성을 알게 되고, 인간의 본성을 알게 되면 천명을 알게 될 것이다.
③ 종 치는 것을 보지 못했다면 종을 치면 소리가 난다는 것을 모를 것이다.
④ 세계의 역사는 다름이 아니라 바로 자유 의식의 진보이다.

### 기준점 찾아 선택지의 말을 지문의 말로 바꾸기

①정보의 가장 기본적인 원천은 인간이 체험하는 감각이다. 돌이 단단하고 물이 부드럽다는 것은 감각을 통해서 알 수 있다. 그러나 감각이 체계적인 지식으로 발전하는 데는 문제가 있다. 그것은 바로 감각이 주관적이어서 사람과 시기에 따라 동일하지 않기 때문이다. 그래서 예로부터 철학자들은 감각을 중시하지 않았지만, 존 로크와 같은 경험론자들은 감각의 기능을 포기하지 않았다. 왜냐하면 ②감각을 통하지 않고서는 어떤 구체적인 것도 얻을 수 없다고 생각했기 때문이다.

③ 종 치는 것을 보지 못했다면 종을 치면 소리가 난다는 것을 모를 것이다.
　　감각을 통하지 않고서는　　어떤 구체적인 것도 얻을 수 없다

---

### 정답과 해설

**002** ③ '리더십의 부재와 잘못된 정책'과 관련하여 등산에 빗대어 설명한 것은 리더를 길잡이에 비유한 ③이다.
**오답피하기** ① 등산에 비유하기는 했으나 리더십의 부재와 관련이 없는 내용이다. ② 리더십의 부재가 아니라 리더십이 있을 때와 관련한 내용이다. ④ 리더십의 부재가 아니라 리더의 역할에 대한 내용이다.

**003** ③ 제시문에서는 '감각'이 주관적이긴 하지만 경험론자들은 '감각'을 통해 다른 것들을 얻을 수 있으므로 '감각'이 중요하다고 보았다. 선택지 중에서 '감각, 주관적, 구체적인 것을 얻게 하는 것'과 말이 바뀌는 것을 찾아야 한다. ③을 보자. '종 치는 것을 본 것', 즉 시각적 '감각'에 대응되고, '종을 치면 소리가 난다'는 구체적인 사실을 알게 된 것에 대응되므로 정답이 된다.
**오답피하기** ①, ②, ④ 감각이 정보의 원천이라는 지문의 내용과 관련이 없다.

## 004

2016 지방직 9급

**밑줄 친 부분과 가장 유사한 속성을 지닌 현대인의 삶의 태도는?**

> 근대 이후 인간들은 불안감과 고독감에서 벗어나기 위해 <u>자신에게 주어진 자유로부터 도피하려는 경향</u>을 보인다. 그중 하나가 복종을 전제로 하는 권위주의적 양태이다. 이는 개인적 자아의 독립을 포기하고 자기 이외의 어떤 존재에 종속되고자 하는 것으로, 사라진 제1차적 속박 대신에 새로운 제2차적 속박을 추구하는 양상을 띤다. 이것은 때로 상대방을 자신에게 복종시킴으로써 심리적 안정과 만족을 얻으려는 형태로 나타나기도 한다. 일견 대립적으로 보이는 이 두 형태는 불안감과 고독감으로부터 벗어나기 위한 권위주의적 양상이라는 점에서는 동일한 것이다.

① 소속된 집단의 이익이나 정의보다는 개인의 이익이나 행복만을 추구하는 태도
② 집안에서 어떤 일을 결정할 때 부모나 어른의 의견보다는 아이들의 요구를 먼저 고려하는 태도
③ 어떤 상황에 대해 자신의 견해를 가지기보다는 언론 매체의 의견을 무비판적으로 수용하는 태도
④ 직업을 통해서 얻는 삶의 만족보다는 취미 활동을 통해서 얻는 삶의 즐거움을 더 중시하는 태도

### 기준점 찾아 선택지의 말을 지문의 말로 바꾸기

근대 이후 인간들은 불안감과 고독감에서 벗어나기 위해 자신에게 주어진 자유로부터 도피하려는 경향을 보인다. 그중 하나가 복종을 전제로 하는 권위주의적 양태이다. 이는 ①<u>개인적 자아의 독립을 포기하고 자기 이외의 어떤 존재에 종속되고자 하는 것</u>으로, 사라진 제1차적 속박 대신에 새로운 제2차적 속박을 추구하는 양상을 띤다. 이것은 때로 ②<u>상대방을 자신에게 복종시킴으로써 심리적 안정과 만족을 얻으려는 형태</u>로 나타나기도 한다. 일견 대립적으로 보이는 이 두 형태는 불안감과 고독감으로부터 벗어나기 위한 권위주의적 양상이라는 점에서는 동일한 것이다.

③ 어떤 상황에 대해 자신의 견해를 가지기보다는 언론 매체의 의견을 무비판적으로 수용하는 태도
　　개인적 자아의 독립을 추구하기보다는　　　　　어떤 존재에 종속되고자 하는 것

## 005

2016 지방직 7급

**다음 글에서 설명한 '정의'에 가장 적절한 것은?**

> 글에서 다루게 되는 대상을 명확하게 규정해 주는 방법을 정의라고 한다. 이때 정의하고자 하는 대상을 피정의항이라고 하고, 그 나머지 진술 부분을 정의항이라고 한다. 정의를 할 경우에는 다음 사항에 유의해야 한다. 첫째, 개념을 명확하게 드러낼 수 있도록 풀이해야 한다. 둘째, 정의하고자 하는 대상이나 개념이 정의항에서 되풀이되어서는 안 된다. 셋째, 정의항이 부정적인 진술로 나타나서는 안 된다. 넷째, 대상에 대한 묘사나 해석은 정의가 아니다.

① 책이란 지식만을 보존해 두는 것이 아니다.
② 입헌 정치란 헌법에 의하여 행해지는 정치이다.
③ 딸기는 빨갛고 씨가 박혀 있는 달콤한 과일이다.
④ 문학은 언어로 인간의 사상과 감정을 표현한 예술이다.

### 기준점 찾아 선택지의 말을 지문의 말로 바꾸기

① 책이란 지식만을 보존해 두는 것이 아니다.
　　　　　　　　　　　부정적 진술
② 입헌 정치란 헌법에 의하여 행해지는 정치이다.
　　　　　　　　　　　　개념을 되풀이 함
③ 딸기는 빨갛고 씨가 박혀 있는 달콤한 과일이다.
　　묘사

---

**정답과 해설**

**004** ③ 밑줄 친 부분에서의 '자신에게 주어진 자유로부터 도피'는 '복종'이자 개인적 자아의 독립을 포기하고 어떤 존재에 종속되고자 하는 행동으로 나타난다고 정리해 볼 수 있다. 이러한 내용은 자신의 의견을 피력하기보다 ③의 '언론 매체의 의견을 무비판적으로 수용하는 태도'와 맥락이 비슷하다.
**오답피하기** ① 현대인의 개인 이기주의적 태도를 가리키므로 복종하는 태도와는 관련성이 적다. ②, ④ 현대인의 삶에서 볼 수 있는 태도이지만 제시문에서 설명하고 있는 복종하는 태도와는 관련성이 적다.

**005** ④ 제시문에서는 정의를 할 경우의 유의 사항에 대해 설명하고 있다. 유의 사항을 간단히 정리하자면 개념을 명확하게 풀이할 것, 개념을 되풀이하지 말 것, 부정적으로 진술하지 말 것, 묘사나 해석하지 말 것이 있다. 이러한 유의 사항을 잘 지켜 대상을 정의한 것은 ④이다.
**오답피하기** ① 부정적인 진술로 '책'을 정의하고 있다는 점에서 적절하지 않다. ② 정의하고자 하는 대상(입헌 정치)을 정의항에서 되풀이하고 있으므로(~행해지는 정치이다) 적절하지 않다. ③ '딸기'에 대해 묘사하고 있다는 점에서 적절하지 않다.

## 006

다음 밑줄 친 부분의 의미를 풀어 쓴 것으로 적절한 것은?

> 2004년 1월 태국에서는 한 소년이 극심한 폐렴 증세로 사망했다. 소년의 폐는 완전히 망가져 흐물흐물해져 있었다. 분석 결과, 이전까지 인간이 감염된 적이 없던 인플루엔자 바이러스가 원인으로 밝혀졌다. 소년은 공식적인 고병원성 조류 인플루엔자 바이러스, H5N1의 첫 사망자가 되었다. 계절 독감으로 익숙한 인플루엔자 바이러스가 이렇게 치명적일 수 있었던 것은 인간의 면역 반응 때문이다. 인류 역사상 한 번도 만나본 적이 없던 새로운 바이러스가 침입하자 면역계가 과민 반응을 일으켜 도리어 인체에 해를 끼친 것이다. 이런 현상을 '사이토카인 폭풍'이라 부른다. 사이토카인 폭풍은 면역 능력이 강한 젊은 층일수록 더 세게 일어난다.
>   만약 집에 ㉠좀도둑이 들었다면 작은 손해를 각오하고 인기척을 내 도둑 스스로 도망가게 하는 것이 상책이다. 그런데 만약 ㉡몽둥이를 들고 도둑과 싸우려 든다면 도둑은 ㉢강도로 돌변한다. 인체가 H5N1에 감염되면 똑같은 일이 벌어진다. 처음으로 새가 아닌 다른 숙주 몸속에 들어온 바이러스는 과민 반응한 면역계와 죽기 살기로 싸운다. 그 결과 50%가 넘는 승률로 바이러스가 승리한다. 그러나 ㉣승리의 대가는 비싸다. 숙주가 죽어 버렸기 때문에 바이러스 역시 함께 죽어야만 한다. 이것이 바로 악명을 떨치면서도 조류 독감 사망 환자 수가 전 세계에 400명을 넘기지 않는 이유다. 이 질병이 아직 사람 사이에서 감염되는 사례가 나타나지 않는 이유도 바이러스가 인체라는 새로운 숙주에 적응하지 못했기 때문으로 추정할 수 있다.

① ㉠: 면역계의 과민 반응
② ㉡: 계절 독감
③ ㉢: 치명적 바이러스
④ ㉣: 극심한 폐렴 증세

# 제 4 장 • 접속어 찾기

## 1 접속어 찾기

문맥에 알맞은 접속어를 찾기 위해서는 글의 흐름을 유기적으로 파악해야 한다. 빈칸을 기점으로 앞뒤의 문장에 유의하여 표현은 바뀌었지만 같은 의미의 내용을 확인할 수 있어야 한다.

---

## 001
2015 지방직 7급

**다음 글의 ㉠~㉢에 들어갈 말로 가장 적절한 것은?**

> 〈2001: 스페이스 오디세이〉에서 스탠리 큐브릭은 영화 음악으로 상당한 예술적 성과를 거두었다. 원래 큐브릭은 알렉스 노스에게 영화음악을 의뢰했었다. ( ㉠ ) 영화를 편집할 때 임시 사운드 트랙으로 채택했던 클래식 음악들에서 만족스러운 효과를 얻자 그는 그 음악들을 그대로 영화에 사용했다. ( ㉡ ) 요한 슈트라우스의 '아름답고 푸른 다뉴브'와 리하르트 슈트라우스의 '차라투스트라는 이렇게 말했다'가 인간이 우주를 인식하고 새로운 경지의 정신에 다다르는 경이로운 장면들에 배경 음악으로 등장하게 되었다. 클래식 음악이 대중적인 오락물과 결합할 때, 그 음악은 평이한 수준으로 전락해 버리는 것이 흔한 일이다. ( ㉢ ) 큐브릭의 영화는 이미지와 결부된 클래식 음악의 가치가 높아진, 거의 유일한 경우이다.

|  | ㉠ | ㉡ | ㉢ |
|---|---|---|---|
| ① | 그러나 | 그리고 | 그런데 |
| ② | 하지만 | 그래서 | 그러나 |
| ③ | 그런데 | 그리고 | 그러나 |
| ④ | 그래서 | 그런데 | 하지만 |

---

### 지문의 유기성 파악하기

〈2001: 스페이스 오디세이〉에서 스탠리 큐브릭은 영화 음악으로 상당한 예술적 성과를 거두었다. 원래 큐브릭은 알렉스 노스에게 영화음악을 의뢰했었다. ( ㉠ ) 영화를 편집할 때 임시 사운드 트랙으로 채택했 ⇔ '알렉스 노스에게 의뢰한 음악' 던 클래식 음악들에서 만족스러운 효과를 얻자 그는 그 음악들을 그대로 영화에 사용했다. ( ㉡ ) 요한 슈트라우스의 '아름답고 푸른 다뉴브'와 리하르트 슈트라우스의 '차라투스트라는 이렇게 말했다'가 인간이 임시 사운드 트랙으로 채택했던 클래식 음악 우주를 인식하고 새로운 경지의 정신에 다다르는 경이로운 장면들에 배경 음악으로 등장하게 되었다. 클래식 음악이 대중적인 오락물과 결합할 때, 그 음악은 평이한 수준으로 전락해 버리는 것이 흔한 일이다. ( ㉢ ) 큐브릭의 영화는 이미지와 결부된 클래식 음악의 가치가 높아진, 거의 유일한 경우이다. ⇔ 평이한 수준으로 전락해 버리는 경우

---

### 정답과 해설

**001 ②** 이 문제를 해결하기 위해서는 ㉡이 가장 중요하다. ㉡ 앞에는 임시로 트랙에 깔았던 클래식 음악을 사용했다는 내용이 나타나고, ㉡ 뒤에는 '그래서' 클래식인 요한 슈트라우스, 리하르트 슈트라우스의 음악이 영화의 배경 음악이 되었다는 내용이 나타난다. ㉠에는 '그런데, 그러나, 하지만' 등 여러 가지 접속어가 들어갈 수 있지만 ㉡에는 '그래서'만 들어갈 수 있다. 따라서 정답은 ②번이 된다.

**오답피하기** ㉠ 큐브릭이 알렉스 노스에게 영화 음악을 의뢰했다는 앞 내용과 달리, 다음에는 클래식 음악을 영화에 사용했다는 내용이 나오므로 ㉠ 전후의 내용은 서로 상반된다. 따라서 ㉠은 역접의 접속어인 '그러나', '하지만'이나 전환의 접속어인 '그런데'가 적절하다. ㉢ 클래식 음악이 영화에 사용될 때 음악이 평이한 수준으로 전락한다는 앞 내용과 달리, ㉢ 다음에는 예외적으로 큐브릭의 영화에 사용된 클래식 음악의 경우에는 그 가치가 높아졌다는 내용으로 제시문이 종결되었으므로 ㉢은 역접의 접속어인 '그러나'나 '하지만'이 적절하다. 따라서 ㉠, ㉡, ㉢에 들어갈 접속어를 순서대로 나열한 것은 ② ㉠ '하지만', ㉡ '그래서', ㉢ '그러나'이다.

## 002

**㉠~㉢에 들어갈 적절한 접속어를 순서대로 나열한 것은?**

> 역사의 연구는 개별성을 추구하는 것이라고 할 수가 있다. ( ㉠ ) 구체적인 과거의 사실 자체에 대해 구명(究明)을 꾀하는 것이 역사학인 것이다. ( ㉡ ) 고구려가 한족과 투쟁한 일을 고구려라든가 한족이라든가 하는 구체적인 요소들을 빼 버리고, 단지 "자주적 대제국이 침략자와 투쟁하였다."라고만 진술해 버리는 것은 한국사일 수가 없다. ( ㉢ ) 일정한 시대에 활약하던 특정한 인간 집단의 구체적인 활동을 서술하지 않는다면 그것을 역사라고 말할 수 없는 것이다.

|   | ㉠ | ㉡ | ㉢ |
|---|---|---|---|
| ① | 즉 | 가령 | 요컨대 |
| ② | 가령 | 한편 | 역시 |
| ③ | 이를테면 | 역시 | 결국 |
| ④ | 다시 말해 | 만약 | 그런데 |

### 지문의 유기성 파악하기

역사의 연구는 개별성을 추구하는 것이라고 할 수가 있다. ( ㉠ ) 구체적인 과거의 사실 자체에 대해 구명(究明)을 꾀하는 것이 역사학인 것이다. ( ㉡ ) 고구려가 한족과 투쟁한 일을 고구려라든가 한족이라든가 하는 구체적인 요소들을 빼 버리고, 단지 "자주적 대제국이 침략자와 투쟁하였다."라고만 진술해 버리는 것은 한국사일 수가 없다. ( ㉢ ) 일정한 시대에 활약하던 특정한 인간 집단의 구체적인 활동을 서술하지 않는다면 그것을 역사라고 말할 수 없는 것이다.

### 정답과 해설

**002** ① ㉠ 다음에는 앞 내용인 '역사의 연구는 개별성을 추구하는 것'에 대한 자세한 설명이 나오므로, ㉠은 전 내용에 대해서 정리하여 설명할 때 사용하는 환언, 요약의 접속어인 '즉'이 적절하다. ㉡ 다음에는 앞 내용인 '구체적인 과거의 사실'의 예시가 나오므로, ㉡은 예를 들 때 사용하는 예시의 접속어인 '가령'이 적절하다. ㉢ 다음에는 앞 내용에서 전달하고자 하는 바를 정리하여 설명하고 있으므로 ㉢은 앞의 내용을 정리할 때 사용하는 환언, 요약의 접속어인 '요컨대'가 적절하다. 따라서 ㉠, ㉡, ㉢에 들어갈 접속어를 순서대로 나열한 것은 ① ㉠ '즉', ㉡ '가령', ㉢ '요컨대'이다.

## 003

**<보기>의 ㉠에 들어갈 접속 부사로 가장 옳은 것은?**

〈보기〉

　격분의 물결은 사람들의 주의를 동원하고 묶어내는 데는 대단히 효과적이다. 하지만 매우 유동적이고 변덕스러운 까닭에 공적인 논의와 공적인 공간을 형성하는 역할을 감당하지는 못한다. 격분의 물결은 그러기에는 통제하기도 예측하기도 어렵고, 불안정하며, 일정한 형태도 없이 쉽게 사라져 버린다. 격분의 물결은 갑자기 불어났다가 또 이에 못지않게 빠른 속도로 소멸한다. 여기서는 공적 논의를 위해 필수적인 안정성, 항상성, 연속성을 찾아볼 수 없다. ( ㉠ ) 격분의 물결은 안정적인 논의의 맥락 속에 통합되지 못한다. 격분의 물결은 종종 아주 낮은 사회적, 정치적 중요성밖에 지니지 않는 사건들과 관련하여 발생한다.

　격분 사회는 스캔들의 사회다. 이런 사회에는 침착함, 자제력이 없다. 격분의 물결에 특징적으로 나타나는 반항기, 히스테리, 완고함은 신중하고 객관적인 커뮤니케이션을 허용하지 않는다. 어떤 대화도, 어떤 논의도 불가능하다. 게다가 격분 속에서는 사회 전체에 대한 염려의 구조를 갖춘 안정적인 우리가 형성되지 않는다. 이른바 분개한 시민의 염려라는 것도 사회 전체에 대한 것이라기보다는 대체로 자신에 대한 염려일 뿐이다. ( ㉠ ) 그러한 염려는 금세 모래알처럼 흩어져 버린다.

— 한병철, 「투명사회」 중에서 —

① 그런데
② 그리고
③ 따라서
④ 하지만

# 제 5 장 • 빈칸 추론

## 1 빈칸 추론

빈칸에 들어갈 말은 기본적으로 앞 문장이나 뒤 문장의 내용의 반복이다. 다만 전후 문맥의 의미가 표현만 바뀌어서 나타날 뿐이다. 즉 빈칸 추론을 해결하는 데 있어서 가장 중요한 것은 유기성 파악이다.

## 001

2008 국가직 7급

**다음 글의 괄호 안에 들어갈 내용으로 적절한 것은?**

> 우리가 살아남고, 다음 세대들이 이 조그마한 행성 위에서 삶을 향유할 수 있게 하려면 탐욕이 아니라 자연의 순리가 사람살이의 척도가 되는 세상을 향해 조금이라도 나아가기를 염원하고 노력하는 수밖에 다른 선택이 없다. 대량 생산과 소비체제, 장거리 유통구조, 거대산업과 권력의 중앙 집중, 관료주의 학교와 병원의 위계질서, 행형제도, 비대화하는 도시공간과 황폐화하는 농촌, 과학기계 영농, 자가용에 의존하는 교통체계 - 도대체 이런 것들이 지탱 가능한 생활 방식인지 따져보아야 한다. 환경에 대한 인식이 높아진다 해도 그것을 자신의 일상생활과 관련짓지 못한다면 그런 인식은 헛된 것일 뿐이다. (                    )

① 진정 생명가치를 인식하고 선양하려면 우리가 탐닉해 있는 문명의 안락과 편의를 많은 부분을 포기할 필요가 있다.
② 많은 사람들은 아직도 자동차의 생태학적 부담을 인식하면서도 그것을 돌이킬 수 없는 운명이라고 생각하는지도 모른다.
③ 하기는 산업문화의 압력 밑에서 이것을 정면으로 파악하는 데 필요한 능력과 용기를 가진다는 것이 쉽지는 않을 것이다.
④ 이제 우리는 이러한 문명을 그대로 두고도 환경 재난을 막을 수 있는 획기적인 방법을 찾아내는 그 누군가를 기대할 수 없다.

### 빈칸과 같은 말 찾아 선택지의 말을 지문의 말로 바꾸기

> 우리가 살아남고, 다음 세대들이 이 조그마한 행성 위에서 삶을 향유할 수 있게 하려면 탐욕이 아니라 자연의 순리가 사람살이의 척도가 되는 세상을 향해 조금이라도 나아가기를 염원하고 노력하는 수밖에 다른 선택이 없다. 대량 생산과 소비체제, 장거리 유통구조, 거대산업과 권력의 중앙 집중, 관료주의 학교와 병원의 위계질서, 행형제도, 비대화하는 도시공간과 황폐화하는 농촌, 과학기계 영농, 자가용에 의존하는 교통체계 - 도대체 이런 것들이 지탱 가능한 생활 방식인지 따져보아야 한다. 환경에 대한 인식이 높아진다 해도 그것을 자신의 일상생활과 관련짓지 못한다면 그런 인식은 헛된 것일 뿐이다. (                    )

① 진정 생명가치를 인식하고 선양하려면 우리가 탐닉해 있는 문명의 안락과 편의를 많은 부분을 포기할 필요가 있다.
  (환경에 대한 인식이 실효를 얻기 위해서는)  (자신의 일상생활과 관련지어야 한다.)

### 정답과 해설

**001** ① 제시문에서는 일상에서 환경을 파괴하지 않는 삶의 방식을 추구해야 한다는 내용을 다룬다. 괄호의 앞에서는 환경에 대한 인식을 일상생활과 관련지어야 한다는 주장을 드러내므로 이를 뒷받침하는 문장인 ①이 적절하다.
**오답피하기** ② 자동차는 일상생활의 일부이므로 지엽적인 내용이다. ③, ④ 환경을 생각하는 것이 쉽지 않다는 내용은 앞 내용과의 통일성에 어긋난다.

## 002

**밑줄 친 부분에 들어갈 말로 가장 적절한 것은?**

> 다분히 진화 생물학적 관점에서, 질병은 인간의 몸 안에서 일어나는 정교하고도 합리적인 자기 조절 과정이다. 질병은 정상적인 기능을 할 수 없는 상태임과 동시에, 진화의 역사 속에서 획득한 자기 치료 과정이 _____ 이기도 하다. 가령, 기침을 하고, 열이 나고, 통증을 느끼고, 염증이 생기는 것 따위는 자기 조절과 방어 시스템이 작동하는 과정인 것이다.

① 문제를 일으킨 상태
② 비일상적인 특이 상태
③ 정상적으로 가동하고 있는 상태
④ 인구의 개체 변이를 도모하는 상태

### 빈칸과 같은 말 찾아 선택지의 말을 지문의 말로 바꾸기

> 다분히 진화 생물학적 관점에서, 질병은 인간의 몸 안에서 일어나는 정교하고도 합리적인 자기 조절 과정이다. 질병은 정상적인 기능을 할 수 없는 상태임과 동시에, 진화의 역사 속에서 획득한 자기 치료 과정이 _____ 이기도 하다. 가령, 기침을 하고, 열이 나고, 통증을 느끼고, 염증이 생기는 것 따위는 자기 조절과 방어 시스템이 작동하는 과정인 것이다.

③ 정상적으로 가동하고 있는 상태
　정교하고도 합리적인 자기 조절 과정

## 003

**괄호 안에 들어갈 말로 가장 적당한 것은?**

> 같은 시대를 살면서도 그 시대의 의미를 모두 똑같이 파악하고 있지 않은 경우도 있다. 자기가 살고 있는 현재의 시대를 파악하는 것은 더욱 어려운 일이겠지만, 지나간 시대의 역사적 의미를 파악하는 것도 그리 쉽지는 않다. 가령, 우리나라의 일제시대를 식민지 시대나 반봉건(半封建) 시대로 보는 사관이 있는가 하면, 근대화와 자본주의적 산업화가 이루어진 시대로 보는 사관도 있다. 심지어, 일본의 국수주의적 사가(史家)들은 일제의 점령기를 한국의 경제 발전과 교육 근대화에 크게 기여했던 시기로 긍정적으로 평가하려고까지 한다.
> 여기서 우리는 같은 시대의 의미를 파악할 때도 민족주의자의 눈과 제국주의자의 눈은 서로 다른 평가를 내리고 있음을 본다. 따라서 오늘의 시대적 의미를 파악하는 것도 어떤 사람의 눈으로 파악하느냐에 따라 달라지기 때문에, 역사를 파악하는 데 있어서는 누가 보는 역사냐 하는 것이 중요한 문제가 된다. 이런 점에서 역사의식은 곧 (　　)이라고 할 수 있다.

① 주체의식　　② 저항의식　　③ 근대의식　　④ 시민의식

### 빈칸과 같은 말 찾아 선택지의 말을 지문의 말로 바꾸기

> 여기서 우리는 같은 시대의 의미를 파악할 때도 민족주의자의 눈과 제국주의자의 눈은 서로 다른 평가를 내리고 있음을 본다. 따라서 오늘의 시대적 의미를 파악하는 것도 어떤 사람의 눈으로 파악하느냐에 따라 달라지기 때문에, 역사를 파악하는 데 있어서는 누가 보는 역사냐 하는 것이 중요한 문제가 된다. 이런 점에서 역사의식은 곧 (　　)이라고 할 수 있다.

① 주체의식
　누가 보는 역사냐

### 정답과 해설

**002** ③ 빈칸의 뒷부분에 기침이나 열, 통증 등이 '자기 조절과 방어 시스템이 작동하는 과정'이라는 언급이 있으므로 이와 관련하여 질병이 자기 치료 과정이 정상적으로 가동하고 있는 상태인 것으로 볼 수 있다.

**003** ① 괄호 앞 문장에서 '역사를 파악하는 데 있어서는 누가 보는 역사냐 하는 것이 중요한 문제'라는 언급이 나타나 있다. 따라서 괄호 안에는 '누가 보는 역사냐'와 관련된 내용이 나와야 한다. 제시문에서는 같은 시대의 의미를 파악할 때도 그 사람이 평소 생각하는 역사관에 따라서 다르게 평가한다는 내용이 나타나 있다. 따라서 괄호 안에는 '자신만의 분명한 기준에 의한 인식이나 판단'을 뜻하는 '주체의식'이 들어가야 한다.

**오답피하기** ② 일제 강점기를 근대화나 자본주의적 산업화의 시기로 보는 사람들이 있음이 나타나 있다. 이를 통해 '저항의식'을 갖고 역사를 파악하지 않는 사람도 존재함을 알 수 있다. ③ 일제 강점기를 역사적으로 평가할 때 근대화가 아닌 다른 것을 중요하게 평가하는 사람들이 있음이 나타나 있다. 이를 통해 '근대의식'을 갖고 역사를 파악하지 않는 사람도 존재함을 알 수 있다. ④ '시민의식'은 시민으로서 가져야 하는 생활 태도나 견해 등을 의미한다. 제시문에는 역사를 평가할 때 '시민의식'을 가져야 한다는 언급이 나타나 있지 않다.

## 004

2013 국가직 9급

**괄호 안에 들어갈 문장으로 가장 적절한 것은?**

> 힐링(Healing)은 사회적 압박과 스트레스 등으로 손상된 몸과 마음을 치유하는 방법을 포괄적으로 일컫는 말이다. 우리보다 먼저 힐링이 정착된 서구에서는 질병 치유의 대체 요법 또는 영적·심리적 치료 요법 등을 지칭하고 있다.
>
> 국내에서도 최근 힐링과 관련된 갖가지 상품이 유행하고 있다. 간단한 인터넷 검색을 통해 수천 가지의 상품을 확인할 수 있을 정도다. 종교적 명상, 자연 요법, 운동 요법 등 다양한 형태의 힐링 상품이 존재한다. 심지어 고가의 힐링 여행이나 힐링 주택 등의 상품들도 나오고 있다. 그러나 (                    ) 우선 명상이나 기도 등을 통해 내면에 눈뜨고, 필라테스나 요가를 통해 육체적 건강을 회복하여 자신감을 얻는 것부터 출발할 수 있다.

① 힐링이 먼저 정착된 서구의 힐링 상품들을 참고해야 할 것이다.
② 많은 돈을 들이지 않고서도 쉽게 할 수 있는 일부터 찾는 것이 좋을 것이다.
③ 이러한 상품들의 값이 터무니없이 비싸다고 느껴지지는 않을 것이다.
④ 자신을 진정으로 사랑하는 법을 알아야 할 것이다.

### 빈칸과 같은 말 찾아 선택지의 말을 지문의 말로 바꾸기

힐링(Healing)은 사회적 압박과 스트레스 등으로 손상된 몸과 마음을 치유하는 방법을 포괄적으로 일컫는 말이다. 우리보다 먼저 힐링이 정착된 서구에서는 질병 치유의 대체 요법 또는 영적·심리적 치료 요법 등을 지칭하고 있다.

국내에서도 최근 힐링과 관련된 갖가지 상품이 유행하고 있다. 간단한 인터넷 검색을 통해 수천 가지의 상품을 확인할 수 있을 정도다. 종교적 명상, 자연 요법, 운동 요법 등 다양한 형태의 힐링 상품이 존재한다. 심지어 고가의 힐링 여행이나 힐링 주택 등의 상품들도 나오고 있다. 그러나 (                    ) 우선 명상이나 기도 등을 통해 내면에 눈뜨고, 필라테스나 요가를 통해 육체적 건강을 회복하여 자신감을 얻는 것부터 출발할 수 있다.

② 많은 돈을 들이지 않고서도 쉽게 할 수 있는 일부터 찾는 것이 좋을 것이다.
우선 명상이나 기도 등을 통해 내면에 눈뜨고 ⇔ 고가의 힐링 여행이나 힐링 주택 등의 상품들

**정답과 해설**

**004** ② 괄호 앞에는 역접의 접속어 '그러나'가 사용되었으므로, 괄호 안에는 앞의 내용을 반박할 수 있는 내용이 등장해야 한다. 괄호 안에 들어갈 문장으로는 괄호 앞의 '고가의 힐링 상품'과 상반되는 '돈을 들이지 않고서도 할 수 있는 일'에 대해서 언급하고, 뒤에 등장하는 '명상, 기도, 필라테스, 요가'와도 호응하는 ②가 적절하다.

## 005

**다음 글의 ㉠에 들어갈 내용으로 가장 적절한 것은?**

　상표 보호와 관련한 이론은 크게 혼동 이론과 희석화 이론 두 가지로 나눌 수 있다. 상표는 특정 상품이나 서비스의 출처를 표시하여, 상표가 부착된 상품과 그렇지 않은 상품을 식별하게 해 주는 기능을 한다. 이에 근거해서 혼동 이론은 타인이 동일하거나 유사한 상표를 사용하여 출처에 대한 혼동을 불러일으키는 경우에 상표권자의 상표가 보호받아야 한다고 보았다. 이 이론에 따르면 소위 '짝퉁'에 해당하는 동종 상품의 경우, 상표의 식별이 어려울 수 있어 상표를 침해하였다고 판단할 수 있다. 그러나 상품의 종류가 달라서 동일하거나 유사한 상표의 사용이 혼동을 일으키지 않는다면, 상표권이 침해받지 않은 것이므로 그 행위를 규제할 수 없다. 예를 들어 '아사달'이라는 상표의 가방이 큰 인기를 끌어 '아사달'이 유명 상표가 되었다고 하자. 이럴 경우 '아사달'이라는 상표는 상품의 인지도를 높여 판매를 촉진함과 동시에 이미지를 제고하게 된다. 그런데 누군가가 '아사달' 구두를 만들어 팔 경우, '아사달' 구두는 '아사달' 가방의 상표를 침해한 것인가? 이러한 경우에 혼동 이론에서는 '아사달' 구두가 '아사달'이라는 상표의 혼동을 일으킨다고 볼 수 없다고 판단한다. 왜냐하면 ㉠ 때문이다.

① '아사달' 구두와 '아사달' 가방은 상표에 차이가 나기
② '아사달' 구두가 '아사달' 가방의 고객을 잠식할 수 있기
③ '아사달' 구두가 '아사달' 가방의 판매율을 떨어뜨릴 수 있기
④ '아사달' 가방과 달리 '아사달' 구두는 상표 보호 대상이 아니기
⑤ '아사달' 구두와 '아사달' 가방을 동일하거나 유사한 상표로 보지 않기

## 006

**다음 글에서 괄호 안에 들어갈 말로 적절한 것은?**

예술의 사회성에 대한 강조는 인간이 본질적으로 사회적인 존재라는 인식에 바탕을 둔 것이지만, 현대사회의 발달에 따른 예술 자체의 변모와도 관련된 것이다. (        ) 예술은 예술작품을 창조하는 예술가만을 위해서 존재하는 것이 아니다. 예술은 비평가를 포함한 청중 또는 관중의 존재를 배제할 수 없으며, 이 예술 공중은 예술작품을 수동적으로 수용할 뿐만 아니라, 능동적으로 재해석하고 또 예술 창작에 영향을 미치기도 한다. 예술이 매체를 필요로 한다는 사실도 예술의 사회성을 입증하는 증거의 하나이다. 하나의 작품이 예술작품으로 인정받기 위해서는 각 예술의 종류에 따라 사회적으로 또는 관행에 의해 인정된 재료나 절차에 따라야 한다. 예술의 매체는 기술의 발달, 사회의 변화에 의해 영향을 받으며 예술가의 예술 활동에 제한을 가한다. 예술은 습관, 경험, 기술의 복합에 의해 이루어지며, 또 그것을 통해서 식별된다. 한 사회가 예술이라는 개념을 소유하기 전에, 또는 예술적이라고 부르는 관행이 수립되기 전에 예술작품의 생산이나 예술적 감상은 존재할 수 없다.

① 개인적이고 환원될 수 없는 존재로서 예술의 개념이 확립되었다.
② 현대사회에서 예술은 사적인 것이라기보다는 공적인 성격을 갖는다.
③ 예술은 자체가 역사적 산물이며 예술의 개념은 시대에 따라 변천된다.
④ 예술의 연구는 인문주의적 전통 하에서 예술철학이라는 이름으로 수행되었다.
⑤ 예술사회학은 예술과 사회학 중 어디에 초점을 두느냐에 따라 상이한 성과를 초래하였다.

## 007

2019 경찰직 1차

**다음 밑줄 친 ㉠에 들어갈 표현으로 가장 적절한 것은?**

> 말을 하고 글을 쓰는 표현 행위는 사고 활동과 분리해서 생각할 수 없다. 창의적이고 생산적인 활동에는 당연히 사고 작용이 따르기 때문이다. 역으로, 말을 하고 난 뒤에나 글을 쓰고 난 뒤에 그 과정을 되돌아보면서 새로운 생각을 하거나 발전된 생각을 얻기도 한다. 또한 청자나 독자의 반응을 통해 자신의 생각을 바꾸거나 확신을 가지기도 한다. 이처럼 사고와 표현 활동은 지속적으로 상호 작용을 하게 된다.
> 
> ㉠_____는 점을 적극적으로 고려할 필요가 있다. 머릿속에서 이루어진 사고 활동의 내용을 구체적으로 말이나 글로 표현해 보면 부족하거나 개선할 점들을 찾을 수 있게 되고 이후에 좀 더 조직적으로 사고하는 습관도 생긴다. 한편 표현 활동을 하다 보면 어휘 선택, 내용 조직 등의 과정에서 어려움을 느끼게 된다. 이러한 어려움을 해결하기 위해 그에 대해 논리적이고 체계적으로 생각해 보게 되고 이를 통해 표현 능력이 향상된다. 이렇게 사고력과 표현력은 상호 협력의 밀접한 연관을 맺고 있다.
> 
> 흔히 좋은 글을 쓰기 위한 조건으로 '다독(多讀), 다작(多作), 다상량(多商量)'을 들기도 하는데, 많이 읽고, 많이 써 보고, 많이 생각하다 보면 좋은 글을 쓸 수 있다는 뜻이다. 여기에서 '다상량'은 충분한 사고 활동을 의미한다. 이는 물론 말하기에도 적용되는 것으로 표현 활동과 사고 활동의 관련성을 잘 말해 주고 있다.

① 충분한 사고 활동 후에 이루어지는 표현 활동은 세련되게 된다.
② 사고한 내용을 구체적으로 표현해 보면 사고력을 향상시킬 수 있다.
③ 사고와 표현 활동은 상호 작용을 하면서 각각의 능력을 상승시킨다.
④ 말하기보다 글쓰기가 상대적으로 사고 활동과 깊은 관련을 맺고 있다.

---

### 빈칸과 같은 말 찾아 선택지의 말을 지문의 말로 바꾸기

말을 하고 글을 쓰는 표현 행위는 사고 활동과 분리해서 생각할 수 없다. 창의적이고 생산적인 활동에는 당연히 사고 작용이 따르기 때문이다. 역으로, 말을 하고 난 뒤에나 글을 쓰고 난 뒤에 그 과정을 되돌아보면서 새로운 생각을 하거나 발전된 생각을 얻기도 한다. 또한 청자나 독자의 반응을 통해 자신의 생각을 바꾸거나 확신을 가지기도 한다. 이처럼 사고와 표현 활동은 지속적으로 상호 작용을 하게 된다.

㉠_____는 점을 적극적으로 고려할 필요가 있다. 머릿속에서 이루어진 사고 활동의 내용을 구체적으로 말이나 글로 표현해 보면(표현 활동을 해 보면) 부족하거나 개선할 점들을 찾을 수 있게 되고 이후에 좀 더 조직적으로 사고하는 습관도 생긴다(사고가 발달한다). 한편 표현 활동을 하다 보면 어휘 선택, 내용 조직 등의 과정에서 어려움을 느끼게 된다. 이러한 어려움을 해결하기 위해 그에 대해 논리적이고 체계적으로 생각해 보게 되고(사고 활동을 하다 보면) 이를 통해 표현 능력이 향상된다. 이렇게 사고력과 표현력은 상호 협력의 밀접한 연관을 맺고 있다.

흔히 좋은 글을 쓰기 위한 조건으로 '다독(多讀), 다작(多作), 다상량(多商量)'을 들기도 하는데, 많이 읽고, 많이 써 보고, 많이 생각하다 보면 좋은 글을 쓸 수 있다는 뜻이다. 여기에서 '다상량'은 충분한 사고 활동을 의미한다. 이는 물론 말하기에도 적용되는 것으로 표현 활동과 사고 활동의 관련성을 잘 말해 주고 있다.

③ 사고와 표현 활동은 상호 작용을 하면서 각각의 능력을 상승시킨다.
  → 사고력과 표현력은 상호 협력의 밀접한 연관을 맺고 있다.

### 정답과 해설

**007** ③ ㉠ 앞 문장에서 사고와 표현 활동은 지속적인 상호 작용을 한다고 언급한다. 또한 ㉠ 뒤에는 사고력과 표현력이 상호 협력의 밀접한 연관을 맺고 있어 상호 작용을 통해 각각의 능력을 상승시킨다는 예시가 나타난다. 따라서 ㉠에 들어갈 적절한 표현은 ③이다.

# 제6장 • 순서 맞추기

### 1 순서 맞추기 문제의 해법

**1. 선택지부터 먼저 보기**
① 선택지부터 먼저 본 후 어떤 문장이나 문단이 처음에 올지 파악하기
② 접속어나 지시어, 유기성을 활용하여 그다음에 올 문단 짐작하기
③ 방심하지 말고 끝까지 읽다가 위화감이 느껴지는 부분이 있으면 다른 답을 고르기

**2. 접속어나 지시어, 유기성을 활용하여 바로 붙어 있는 문단, 문장 파악하기**
① 선택지부터 먼저 볼 수 없을 때에는 바로 연결된 문단, 문장을 파악하기
② 선택지에서 그렇게 연결된 것을 고른 다음 더 자연스러운 흐름 찾기

### 2 순서 맞추기 문제를 해결하기 위한 전제

**1. 글은 일반적으로 넓은 데서 좁은 데로 이동한다.**

**2. 소재나 제재가 나열될 경우에는 나열된 순서대로 글이 배치된다.**

---

## 001
2015 국회직 9급

다음 글의 앞에 나왔을 내용으로 가장 적절한 것은?

> 가사가 처음부터 사대부층에 의하여 생성된 것은 아니었다. 고려말 나옹화상의 『서왕가』를 효시 작품으로 인정할 때, 가사는 고려말 승려 계층에 의하여 형성되었다고 보아야 할 것이지만, 사대부 계층에 가사가 수용된 이후로 본격적인 창작이 이루어지고 가사가 널리 성행하게 되었다는 점에서 가사는 사대부층에 기반을 둔 조선 시대의 대표적인 문학 양식이라 보아도 무방할 것이다.

① 가사의 장르적 특성
② 가사의 대표적인 창작 계층
③ 가사 창작 계층의 변동 양상
④ 조선 시대 사대부의 문학 활동

## 002
2018 국회직 9급

다음 밑줄 친 문장이 들어갈 위치로 가장 적절한 곳은?

> 그러나, 문학을 비롯한 모든 예술은 인간을 총체적으로 다룬다.

> 사실상 모든 예술학문은 인간을 위해 봉사한다. 그것은 인간에게만 또한 봉사하고 있다. ㉠ 인간을 대상으로 다루고 있는 인문과학은 인간의 어느 한 면만을 연구하고 관찰한다. ㉡ 사회학은 인간과 사회와의 관계를, 심리학은 인간의 심리를 분석하고 종합한다. ㉢ 문학은 어떤 개인이 인간의 한 측면만을 붙잡고 씨름함으로써 인간을 피상적으로, 그리고 단편적으로 파악할지도 모를 단점을 막고 인간을 총체적으로 보게 한다. ㉣ 인간이 단편적으로 파악될 때 억지가 생겨나고 불건강한 사회가 형성된다. ㉤ 문학은 그러한 불균형을, 인간을 총체적으로 제시함으로써 교정시킨다.

① ㉠  ② ㉡  ③ ㉢  ④ ㉣  ⑤ ㉤

---

**정답과 해설**

**001** ② 첫 문장이 '가사가 처음부터 사대부층에 의하여 생성된 것은 아니었다'이므로 그 앞은 '가사가 사대부층에 의해서 생성되었다'는 내용이 있어야 한다. 상대적으로 다른 선택지는 첫 문장의 내용과 유기적으로 연결되지 않는다.

**002** ③ 이 문제를 해결하기 위해서는 '사회학은 인간과 사회와의 관계를, 심리학은 인간의 심리를 분석하고 종합한다.'는 말이 곧 '인문과학은 인간의 어느 한 면만을 연구하고 관찰한다'는 말과 같은 말인지 알아야 한다. 이러한 유기성이 없다면 밑줄 친 문장이 ㉢에 들어가야 하는 것을 알 수 없다.

## 003

2019 국가직 9급

**다음 글에서 <보기>가 들어가기에 가장 적절한 곳은?**

> 보기
> 아침기도는 간략한 아침 뉴스로, 저녁기도는 저녁 종합 뉴스로 바뀌었다.

철학자 헤겔이 주장했듯이, 삶을 인도하는 원천이자 권위의 시금석으로서의 종교를 뉴스가 대체할 때 사회는 근대화된다. 선진 경제에서 뉴스는 이제 최소한 예전에 신앙이 누리던 것과 동등한 권력의 지위를 차지한다. 뉴스 타전은 소름이 돋을 정도로 정확하게 교회의 시간 규범을 따른다. ( ㉠ ) 뉴스는 우리가 한때 신앙심을 품었을 때와 똑같은 공손한 마음을 간직하고 접근하기를 요구하기도 한다. ( ㉡ ) 우리 역시 뉴스에서 계시를 얻기 바란다. ( ㉢ ) 누가 착하고 누가 악한지 알기를 바라고, 고통을 헤아려 볼 수 있기를 바라며, 존재의 이치가 펼쳐지는 광경을 이해하길 희망한다. ( ㉣ ) 그리고 이 의식에 참여하길 거부하는 경우 이단이라는 비난을 받기도 한다.

① ㉠  ② ㉡  ③ ㉢  ④ ㉣

## 004

2015 국가직 7급

**다음 글이 들어갈 곳으로 가장 적절한 것은?**

> 인형은 사람처럼 박자에 맞춰 춤을 추고 노래도 부르고 심지어 공연이 끝날 무렵에는 구경하던 후궁들에게 윙크를 하며 추파를 던지기까지 했다. 인형의 추태에 화가 난 목왕이 그 기술자를 죽이려고 하자 그는 서둘러 인형을 해체했고 그제야 인형의 실체가 드러났다.

( ㉠ ) 어느 날 서쪽 지방으로 순행을 나간 목왕은 곤륜산을 넘어 돌아오는 길에 재주가 뛰어난 기술자를 만났다. 목왕은 그 기술자에게 그가 만든 가장 훌륭한 물건을 가져오라고 명했다. 하지만 그가 가지고 온 것은 물건이 아니었다. 이를 이상히 여긴 목왕이 왜 물건을 가지고 오지 않고 사람을 데리고 왔는지 묻자, 그는 이것이 움직이는 인형이라고 답했다. ( ㉡ ) 이에 놀란 목왕은 그 인형을 꼼꼼히 살펴봤지만 사람과 다른 점을 하나도 발견할 수 없었다. ( ㉢ ) 그것은 색을 칠한 가죽과 나무로 만들어진 기계장치였다. 하지만 그것은 오장육부는 물론 뼈, 근육, 치아, 피부, 털까지 사람이 갖추어야 할 모든 것을 갖추고 있었다. 마침내 목왕은 그에게 "자네 솜씨는 조물주에 버금가도다!"라고 크게 칭찬했다. ( ㉣ )

① ㉠  ② ㉡  ③ ㉢  ④ ㉣

### 정답과 해설

**003** ① ㉠ 앞부분에서 뉴스 타전은 교회의 시간 규범을 따른다고 언급하고 있다. 아침과 저녁의 기도가 뉴스로 바뀌었다는 <보기>의 내용은 ㉠ 앞부분의 내용을 부연·상술하고 있는 것이다. 따라서 <보기>가 들어가기에 적절한 곳은 ㉠이다.

**004** ③ 제시된 문장 다음에 유기적으로 나타나야 할 내용은 '인형의 실체'이다. 그러나 글에서 '인형의 실체는 ~이다'라고 설명한 문장은 없다. 대신 '그것은 색을 칠한 가죽과 나무로 만들어진 기계장치였다'는 문장을 통해 '인형의 실체'를 밝히고 있다. '인형의 실체'와 '그것은 색을 칠한 가죽과 나무로 만들어진 기계장치였다'는 서로 같은 표현은 아니지만 같은 의미를 띠고 있다. 따라서 수험생들에게 유기성을 파악하는 눈이 없다면 이 문제를 해결하기란 쉽지 않다.

## 005

2014 국회직 9급

**다음 글에 <보기>의 문장을 첨가하고자 할 때 가장 알맞은 곳은?**

　세계화와 정보화로 대표되는 현대사회에서 사람들은 다양한 기호, 이미지, 상징들이 결합된 상품들의 홍수 속에서, 그리고 진실과 경계를 구분할 수 없는 정보와 이미지의 바다 속에서 살아가고 있다. ㉠ 이러한 사회적 조건들은 개인들의 정체성 형성에 커다란 변화를 가져다주었다. ㉡ 절약, 검소, 협동, 양보, 배려, 공생 등과 같은 전통적인 가치와 규범은 이제 쾌락, 소비, 개인적 만족과 같은 새로운 가치와 규범들로 대체되고 있다. ㉢ 그래서 개인적 경험의 장이 넓어지는 만큼 역설적으로 사람들 간의 공유된 경험과 의사소통의 가능성은 점차 줄어들고 있다. ㉣ 파편화된 경험 속에서 사람들이 세계에 대한 '인식적 지도'를 그리기란 더 이상 불가능해진 것이다. ㉤

┌ 보기 ┐
　개인들의 다양한 삶과 경험은 사고와 행위의 기준들을 다양화했으며, 이로 인해 전통적인 정체성은 해체되었다.

① ㉠　　　② ㉡　　　③ ㉢　　　④ ㉣　　　⑤ ㉤

---

**정답과 해설**

**005** ② <보기> 문장에서 핵심어를 파악하면 '전통적 정체성의 해체'라고 볼 수 있다. 본문을 보면 ㉡의 뒷 문장에서 전통적 가치와 규범이 대체되고 있다는 내용이 나와 전통적 정체성이 해체된다는 <보기>의 내용을 부연하고 있다는 것을 파악할 수 있다. 또한 ㉡의 앞 문장에서도 정체성이라는 단어가 쓰여 ㉡이 <보기>문장이 들어가기에 가장 적절한 위치라는 것을 알 수 있다. 다만 ㉢에 들어갈 수 없는 까닭은 유기성 때문이다. ㉡ 앞의 '개인들의 정체성 형성에 커다란 변화'가 <보기>의 '개인들의 다양한 삶과 경험은 사고와 행위의 기준들을 다양화했으며'이므로 <보기>의 문장은 ㉢보다 ㉡에 들어가는 것이 더 적합하다.

## 3. 글의 일반적인 서술 방식

### (1) 일화, 시사적 내용, 주요 개념(=소재)의 배경 → 주요 개념(=소재)

**006**      2013 국가직 9급

다음 글의 전개 순서로 가장 적절한 것은?

> ㄱ. 도구의 발달은 기술의 발전으로 이어져 인간은 자연 환경의 제약으로부터 벗어날 수 있게 되었다.
> ㄴ. 그리하여 인간은 자연이 주는 혜택과 고난 속에서 자신의 의지에 따라 선택적으로 자연을 이용하고 극복하게 되었다.
> ㄷ. 인류는 지혜가 발달하면서 점차 자연의 원리를 깨닫고 새로운 도구를 만들 줄 알게 되었다.
> ㄹ. 필리핀의 고산 지대에서 농지가 부족한 자연 환경을 극복하기 위해 계단처럼 논을 만들어 벼농사를 지은 것이 그 좋은 예이다.

① ㄱ-ㄷ-ㄴ-ㄹ
② ㄱ-ㄹ-ㄷ-ㄴ
③ ㄷ-ㄱ-ㄴ-ㄹ
④ ㄷ-ㄴ-ㄱ-ㄹ

**007**      2009 지방직 7급

다음 글의 전개 순서로 가장 자연스러운 것은?

> (가) 섹스, 폭력, 코미디, 엽기 등 말초적 자극에 열중해 온 한국영화. 음악성은 없고 꼭두각시 춤만 있는 대중음악. 대중을 문화의 향유자가 아니라, 팝콘 소비자 쯤으로 얕잡아 보는 것들이다. 그러니 대중이 외면할 수밖에. 〈원스〉처럼 진정성 하나로 무장한 〈우리 생애 최고의 순간〉에 관객이 몰리고 있다. 팬들은 살아있다.
> (나) 〈원스〉는 깊은 상처를 안고 살아가는 두 가난한 음악인의 삶과 아픔, 사랑과 이별을 담담하게 그린다. 거기엔 눈부신 액션이나 극적인 설정이나 이야기도 없다. 단 하나 눈길을 끄는 건 두 사람의 아픔을 나의 아픔으로 느끼게 하는 영화적 진실이다. 둘에게 노래는 상처를 치유하고, 영혼과 소통하는 수단이다. 물론 그들이 짓고 부른 노래가 〈라비앙로즈〉의 에디트 피아프가 부른 것보다 훌륭한 건 아니었다. 그러나 그 음악적 진정성은 우리가 마음속 깊이 갈망했던 삶의 진실을 되살리고 감동을 불러일으킨다.
> (다) 지난해 한국영화의 점유율은 50.4%로 겨우 절반을 넘겼다. 관객 수도 전년도보다 25%나 줄었고, 11년만에 처음으로 마이너스 성장을 기록했다. 그런 내리막 추세는 올해로도 이어져 첫 주 한국영화 점유율은 30%대에 그쳤다. 10일 개봉한 〈우리 생애 최고의 순간〉 덕택에 40%대를 회복했다. 대중음악 시장의 내리막 추세는 이보다 더 심하다. 가장 많이 팔린 가요 음반판매량은 2000년 196만 장에 이르렀으나, 2005년 35만 7천여 장으로 급락하더니 다시 지난해엔 19만여 장으로 꺾였다. 음반 제작사와 유통사는 절반 이상이 폐점했거나 개점 휴업 상태다. 가수들이 코미디나 개그 프로에 더 열중하는 이유를 알 만하다.
> (라) 이런 가운데 아일랜드 영화 〈원스〉의 성공은 주목할 만하다. 제작비 1억 4천만 원, 촬영 기간 불과 2주, 그리고, 주연 역시 연기 경험이 전무한 남녀 두 가수인 영화다. 이런 '초라한' 영화가 관객 21만 명을 끌 줄은 누구도 몰랐다. 독립영화로선 대박이었다. 미국에서도 마찬가지여서, 개봉관은 고작 두 곳이었으나 개봉 후 80일쯤엔 140곳으로 늘었다. 또 영화 음악을 담은 오리지널 사운드 트랙(오에스티)은 지난해 3만 6천여 장이 팔려, 오에스티 음반에선 부동의 1위를 차지했고, 국외 팝 전체에서도 1위를 기록했다. 오에스티 분야 2위인 〈라비앙로즈〉 음반 판매량은 3,900장이었다.

① (다) - (나) - (라) - (가)
② (나) - (라) - (다) - (가)
③ (다) - (라) - (나) - (가)
④ (나) - (가) - (다) - (라)

---

**정답과 해설**

**006** ③ 윗글의 핵심 개념은 '도구'이다. 따라서 제일 먼저 와야 할 내용은 ㄷ이다. ㄷ을 통해 '인류의 지혜'에서 자연스럽게 핵심 개념인 '도구' 그리고 '도구의 발달'로 글이 전개되고 있다.

**007** ③ 윗글에서 핵심적인 소재는 〈원스〉이다. 따라서 처음에 등장해야 할 내용은 (다)이다. 시사적인 내용으로 자연스럽게 〈원스〉로 글의 화제가 이동할 수 있게 해 준다. 그 뒤 (라)를 통해 핵심 소재인 〈원스〉를 소개해 주고, (나)를 통해 〈원스〉의 내용과 (가)를 통해 〈원스〉의 의의를 밝히면서 글을 마무리하고 있다.

### (2) 동일 내용 → 다음 내용

#### 008
2010 국가직 7급

다음 글의 연결 순서로 가장 자연스러운 것은?

> (가) 바위에 눌어붙은 기름들은 좀처럼 닦이질 않았다.
> (나) 바다에서 불어오는 바람은 찼고, 장화 속 발가락은 금세 딱딱해졌다.
> (다) 발을 옮길 때마다 장화에 찐득찐득한 기름이 달라붙었다.
> (라) 끌, 숟가락, 젓가락, 스테인리스 밥그릇까지 동원해 긁어내야 했다.
> (마) 그러기를 5시간, 닦아낸 돌은 겨우 12개였다.
> (바) 대천항에서도 배로 1시간 거리의 녹도는 아직까지 기름 투성이었다.
> (사) 지난 주말 충남 보령시 녹도로 기름 방제 자원봉사를 다녀왔다.

① (사) - (바) - (가) - (다) - (나) - (마) - (라)
② (사) - (바) - (나) - (가) - (마) - (다) - (라)
③ (가) - (라) - (나) - (마) - (사) - (다) - (바)
④ (사) - (바) - (다) - (가) - (라) - (나) - (마)

### (3) 정리적인 내용은 제일 마지막

#### 009
2015 교육행정직(한문 포함)

<보기>에 이어질 (가)~(다)의 순서로 가장 자연스러운 것은?

> **보기**
> 우리는 왜 글을 쓰는가? 우리의 경험이나 사고를 기록해 두거나 타인에게 더욱 확실히 전달하기 위해서이다. 글을 쓰는 목적을 이렇게 규정하면, 경험이나 사고는 시간적으로나 논리적으로 언어에 선행하며 그것들은 언어와 서로 분리가 가능한 독립적인 존재처럼 보이기 쉽다.

> (가) 글로 쓰이기 이전의 경험이나 사고는 의식 활동인 만큼 불확실하고 막연할 수밖에 없으며, 오래 지속되기도 어렵다. 의식 활동에 속하는 경험이나 사고는 언어로 기록될 때 비로소 그 내용이 더 확실해지고 섬세하며 복잡한 차원으로 발전될 수 있다. 우리가 글을 쓰는 것은 고차원의 경험과 사고를 위해서이다.
> (나) 글을 쓰는 근본적인 이유는 이와 같은 고차원의 경험과 사고 과정에서 인생과 세계에 대해 더 잘 생각하고 더 정확히 인식해 보자는 데 있다. 우리는 글을 씀으로써 자신을 포함해 인간의 삶과 세계를 더욱 투명하게 파악하고자 하는 것이다.
> (다) 그러나 경험이나 사고는 언어와 분리될 수 없다. 경험이나 사고는 언어에 의해 기록과 전달이 이루어진다는 점에서 그것은 곧 언어활동이다. 이렇게 보면 글을 쓰는 이유는 경험이나 사고의 기록과 전달에만 있지 않다. 경험이나 사고를 복잡한 차원으로 발전시키기 위해서도 필요하다.

① (가) - (나) - (다)
② (가) - (다) - (나)
③ (다) - (가) - (나)
④ (다) - (나) - (가)

---

**정답과 해설**

**008** ④ 윗글은 시사적인 내용인 (사)로 시작하여 (바)-(다)를 통해 '녹도가 기름투성이임'을 밝히고 있다. 그리고 (가)-(라)를 통해 '기름이 닦이지 않았다는 내용'을 (나)를 통해 '외부 환경의 어려움'과 (마)를 통해 '시간이 흐른 뒤의 결과'를 제시하고 있다.

**009** ③ <보기>에서는 우리가 글을 쓰는 이유가 '경험이나 사고를 기록해 두거나 타인에게 더욱 확실히 전달하기 위해서'라는 설명이 나타나 있다. 또한 경험이나 사고가 언어와 서로 분리가 가능한 독립적인 존재처럼 보이기 쉽다는 내용도 나타나 있다. 따라서 경험이나 사고가 언어와 분리될 수 없다고 <보기>의 내용을 반박한 (다)가 그 다음에 이어져야 적절하다. (다)에서는 글을 쓰는 이유가 경험이나 사고를 복잡한 차원으로 발전시키기 위해서라는 설명이 나타나 있다. 따라서 글을 통해 경험이나 사고를 복잡한 사고로 발전시킬 수 있음을 자세하게 설명한 (가)가 (다) 다음에 이어져야 적절하다. 마지막에는 글을 쓰는 근본적인 이유와 글쓰기를 통해 이루려는 목적을 정리한 (나)가 오는 것이 적절하다. 그러므로 <보기> 다음 올 내용의 전체 순서는 '(다)-(가)-(나)'가 된다.

## 010

**다음 글의 전개 순서로 가장 자연스러운 것은?**

2014 지방직 9급

(가) 상품 생산자, 즉 판매자는 화폐를 얻기 위해 자신의 상품을 시장에 내놓는다. 하지만 생산자가 만들어 낸 상품이 시장에 들어서서 다른 상품이나 화폐와 관계를 맺게 되면, 이제 그 상품은 주인에게 복종하기를 멈추고 자립적인 삶을 살아가게 된다.

(나) 이처럼 상품이나 시장 법칙은 인간에 의해 산출된 것이지만, 이제 거꾸로 상품이나 시장 법칙이 인간을 지배하게 된다. 이때 인간 및 인간들 간의 관계가 소외되는 현상이 나타난다.

(다) 상품은 그것을 만들어 낸 생산자의 분신이지만, 시장 안에서는 상품이 곧 독자적인 인격체가 된다. 사람이 주체가 아니라 상품이 주체가 된다.

(라) 또한 사람들이 상품들을 생산하여 교환하는 과정에서 시장의 경제 법칙을 만들어 냈지만, 이제 거꾸로 상품들은 인간의 손을 떠나 시장 법칙에 따라 교환된다. 이런 시장 법칙의 지배 아래에서는 사람과 사람 간의 관계가 상품과 상품, 상품과 화폐 등 사물과 사물 간의 관계에 가려 보이지 않게 된다.

① (가) - (다) - (나) - (라)
② (가) - (다) - (라) - (나)
③ (다) - (라) - (가) - (나)
④ (다) - (라) - (나) - (가)

### 정답과 해설

**010** ② (나)의 지시어 '이처럼'은 앞 내용을 결론 내릴 때 쓴다. 따라서 앞 내용에 상품이나 시장 법칙이 인간을 지배하게 된 내용이 나와야 한다. 그러나 (가), (다), (라)가 모두 이와 관련된다. 즉 (나)가 가장 뒤에 위치하게 된다. (라)의 접속어 '또한'은 앞뒤가 서로 대등하게 이어져야 한다. (라)는 인간이 상품과 시장의 경제 법칙을 만들어 냈지만 상품이 인간의 손을 떠나 시장 법칙에 따라 교환된다는 내용을 담고 있다. 따라서 (라) 앞에는 무언가가 인간의 지배를 떠난 것이 나와야 한다. 이와 관련된 것은 (가), (다)이다. (가)에 제시된 상품의 성격을 (다)에서 자세하게 정리하고 있으므로 흐름상 (가) 다음에 (다)가 오는 것이 맞다. 따라서 글의 전체 순서는 (가)-(다)-(라)-(나)가 된다.

## 제 7 장 • 논리적 오류

### 1 논리적 오류

**(1) 우연의 오류(=원칙 혼동의 오류):** 거의 대부분의 경우에 적용되는 일반적인 원리나 규칙을 우연적인 상황으로 인해 생긴 예외적인 특수한 경우에까지도 무차별적으로 적용할 때 생기는 오류(→특수한 상황에 대입시키는 말장난 같은 것)
  예 사람을 칼로 찌르는 것은 나쁘다. 따라서 외과 수술은 나쁜 행위이다.

**(2) 애매어의 오류:** 동일한 한 단어가 한 논증에서 맥락마다 서로 다른 의미를 지니는 것으로 사용될 때 생기는 오류(→다의어의 문맥적 의미를 잘못 적용하여 생기는 오류)
  예 모든 인간은 죄인이다. 따라서 모든 인간은 교도소에 가야 한다.

**(3) 결합의 오류:** 각각의 원소들이 개별적으로 어떤 성질을 지니고 있다는 내용의 전제로부터 그 원소들을 결합한 집합 전체도 역시 그 성질을 지니고 있다는 결론을 도출하는 오류(→부분의 특성이 전체에도 있을 거라고 생각하는 오류)
  예 조용한 아이들만 뽑아서 반을 구성했으니 이 반은 수업시간에 조용할 거야.

**(4) 분해의 오류:** 집합이 어떤 성질을 지니고 있다는 내용의 전제로부터 그 집합의 각각의 원소들 역시 개별적으로 그 성질을 지니고 있다는 결론을 도출하는 오류(→전체의 특성이 부분에도 있을 거라고 생각하는 오류)
  예 이 반은 수업시간에 반응이 없는 걸 봐서 개별 상담을 할 때도 조용할 거야.

**(5) 순환 논증의 오류:** 증명하려는 명제의 근거가 증명하려는 내용을 포함하는 오류(→'A 때문에 B가 일어난다. 왜냐하면 B는 A 했기 때문이다.' 식의 같은 말을 반복할 뿐, 논리적 근거를 대지 않는 오류)
  예 규칙적인 식사를 하고 운동을 열심히 하는 사람은 건강합니다. 왜냐하면, 건강한 사람은 규칙적인 식사를 하고 운동을 열심히 하기 때문입니다.

**(6) 무지의 오류:** 증명이 불가능하거나 알 수 없는 사실에 근거해 자신의 주장을 정당화하는 오류(→아무도 ~한 적 없으므로 틀렸다는 식의 오류)
  예 누구도 이 식당이 맛없다고 말한 사람은 없어. 그러니까 엄청 맛있는 집이란 소리지.

**(7) 성급한 일반화의 오류:** 일부의 불충분한 사례만으로 모든 경우에 대해 일반화하는 오류(→소수의 사례로 일반적인 결론을 내리는 오류)
  예 A랑 B는 ●●시 출신인데 착해. ●●시 사람들은 다 착한 게 틀림없어.

**(8) 대중에 호소하는 오류(=다수결의 오류):** 많은 사람이 동의한다는 이유로 참을 주장하거나 군중의 감정을 자극해 동의를 이끌어 내는 오류(→다수결로 논리적 참·거짓을 따지는 오류)
  예 국민의 67%가 사형 제도에 찬성했다. 그러므로 사형 제도는 정당하다.

**(9) 흑백 논리의 오류:** 모든 문제를 또는 논의의 대상을 양극의 두 가지로만 구분함으로써 빚어지는 오류(→중간항을 인정하지 않는 이분법적 오류)
  예 정부에 불만이 많은 사람들은 공산주의자다.

**(10) 부적합한 권위의 오류:** 논지와 직접 관련이 없는 권위자의 견해를 근거로 자신의 주장을 받아들이게 하는 오류(→증명하려는 논지와 관련 없는 사람의 입장을 근거로 내세우는 오류)
  예 그 청소기는 유명한 연예인이 쓰니까 성능이 좋을 거야.

**(11) 연민에 호소하는 오류:** 연민을 유발해 동의를 이끌어 내는 오류(→감정에 기대는 오류)
  예 저는 동생 둘과 부모님의 생계를 책임지는 가장입니다. 교수님께서 학점을 수정해 주시면 장학금을 받을 수 있어 저희 가족에게 큰 도움이 될 것입니다.

**(12) 의도 확대의 오류:** 의도하지 않은 결과에 대해 의도적인 것이라고 판단하는 오류(→의도를 곡해하는 오류)
- 예) 너는 폐암에 걸리고 싶어서 담배를 피우니?

## ✅ 연습문제

**01** A랑 B는 ●●시 출신인데 착해. ●●시 사람들은 다 착한 게 틀림없어.
성급한 일반화의 오류

**02** 사람을 칼로 찌르는 것은 나쁘다. 따라서 외과 수술은 나쁜 행위이다.
우연의 오류

**03** 국민의 67%가 사형 제도에 찬성했다. 그러므로 사형 제도는 정당하다.
다수결의 오류

**04** 조용한 아이들만 뽑아서 반을 구성했으니 이 반은 수업시간에 조용할 거야.
결합의 오류

**05** 이 반은 수업시간에 반응이 없는 걸 봐서 개별 상담을 할 때도 조용할 거야.
분해의 오류

**06** 누구도 이 식당이 맛없다고 말한 사람은 없어. 그러니까 엄청 맛있는 집이란 소리지.
무지의 오류

**07** 정부에 불만이 많은 사람들은 공산주의자다.
흑백 논리의 오류

**08** 저는 동생 둘과 부모님의 생계를 책임지는 가장입니다. 교수님께서 학점을 수정해 주시면 장학금을 받을 수 있어 저희 가족에게 큰 도움이 될 것입니다.
연민에 호소하는 오류

**09** 그 청소기는 유명한 연예인이 쓰니까 성능이 좋을 거야.
부적합한 권위의 오류

**10** 너는 폐암에 걸리고 싶어서 담배를 피우니?
의도 확대의 오류

**11** 규칙적인 식사를 하고 운동을 열심히 하는 사람은 건강합니다. 왜냐하면, 건강한 사람은 규칙적인 식사를 하고 운동을 열심히 하기 때문입니다.
순환 논증의 오류

**12** 모든 인간은 죄인이다. 따라서 모든 인간은 교도소에 가야 한다.
애매어의 오류

## 001

2009 국가직 7급

**밑줄 친 '손님의 77%'가 범한 오류와 유형이 가장 유사한 것은?**

> 손님이 별로 북적대지 않는 가게인데도 사람들은 북적댄다는 편견을 가질 수 있다. 작은 가게에 손님이 세 명뿐인 시간이 전체 영업시간의 75%, 손님이 열 명 있는 시간이 25%라고 하자. 그곳이 작은 가게여서 손님이 10명 있으면 붐빈다고 생각하고, 3명뿐이면 손님이 없다고 생각할 수 있다. 손님들을 대상으로 조사해 보면 비율로 보아 13명 가운데 10명꼴로 붐비는 시간에 가게에 있었으므로 <u>손님의 77%</u>가 '이 가게는 붐빈다.'는 주장을 할 수가 있다.

① NaCl은 Na와 Cl이 결합한 것이다. NaCl은 맛이 짜다. 따라서 Na도 맛이 짜고, Cl도 맛이 짜다.
② 지은희 선수가 한국 골프 선수로는 네 번째로 US여자오픈 우승을 차지했다. 따라서 한국 여자는 모두 골프에 소질이 있다.
③ 화성에서 식물을 발견할 확률은 1/2이다. 동물을 발견할 확률도 1/2이다. 따라서 화성에서 동물이든 식물이든 어떤 생명체를 발견할 확률은 1/2+1/2=1이다.
④ 1750년까지 인간이 축적한 지식의 양은 예수가 태어났을 때 보다 두 배 많아졌다. 그것은 1900년에 다시 두 배, 1968년에 다시 두 배가 되었다. 지식의 양이 이렇게 빠른 속도로 늘어나고 있으므로 누구도 지식의 발전을 따라잡기 어렵다.

## 002

2011 국회직 9급

**<보기>와 동일한 성격의 오류를 범한 것은?**

> **보기**
> 철수는 저번 중간고사 성적이 영희보다 더 높았다. 그러므로 철수가 영희보다 공부를 더 잘하는 학생이라고 할 수 있다.

① 오늘 집단 식중독에 걸린 학생들 중 아침에 우유를 먹은 학생들이 일부 있는 것을 보면 우유가 설사의 원인이라고 할 수 있다.
② 그 사람은 과거에 범죄를 저지른 적이 있으므로 그가 하는 말은 모두 믿을 수 없다.
③ 우주에 외계인은 존재하지 않는다. 왜냐하면 아직까지 내 앞에 나타나지 않았기 때문이다.
④ 여자가 남자보다 언어 표현력이 뛰어나다. 그러므로 영희가 철수보다 언어로 표현하는 능력이 더 좋다고 할 수 있다.
⑤ 이번에 나온 김철수 감독의 신작은 매우 많은 사람들이 관람했으므로 좋은 영화라고 할 수 있다.

---

**정답과 해설**

**001** ② '손님의 77%'가 범한 오류는 자신이 있었던 시간만으로 전체에 대해 판단하는 성급한 일반화의 오류이다. ②에서도 지은희 선수 개인의 사례를 한국 여자 모두에게 적용한 성급한 일반화의 오류를 범하고 있다.
**오답피하기** ① 전체인 NaCl의 맛이 짜므로, 그 부분인 Na와 Cl도 짜다고 한 것은 분해의 오류에 해당한다. 분해의 오류란 전체가 어떤 성질을 가지고 있기 때문에 그 부분도 그와 같은 성질을 가지고 있다고 추론하는 오류이다. ③ 화성에서 식물을 발견할 확률과 동물을 발견할 확률을 합쳐 전체의 생명체를 발견할 확률을 계산한 것은 결합의 오류에 해당한다. 결합의 오류는 전체에 속하는 부분적 속성으로부터 전체의 속성을 잘못 추론하는 오류이다. ④ 지식의 축적의 양이 이전보다 두 배씩 늘어나므로 누구도 지식의 발전을 따라잡기 어렵다고 한 것은 '아킬레우스와 거북이의 역설'과 유사하다. 제논의 역설 중 하나인 이것은 아킬레우스가 거북이보다 10배 빠르고, 거북이는 아킬레우스보다 100m 앞서 출발한다는 가정으로부터 시작한다. 이때 아킬레우스는 얼마큼의 거리를 가더라도 그동안 거북이도 아킬레우스가 간 거리의 1/10만큼 전진하므로, 거북이는 항상 아킬레우스보다 앞서게 된다고 주장한다. 즉 아킬레우스는 거북이를 절대 추월할 수 없다는 것이다.

**002** ① 한 번의 사례를 일반화하고 있는 성급한 일반화의 오류를 보인다. 이와 동일한 오류를 범한 것은 ①로 일부의 학생들의 사례를 일반화하고 있다.
**오답피하기** ② 인신공격의 오류에 해당하는 예이다. 인신공격의 오류란 어떤 사람이 하는 주장이나 행위가 그 내용과 관련 없는 성격, 사상, 지적 수준 등의 이유로 틀리거나 나쁘다고 일축하는 오류이다. ③ 무지의 오류에 해당하는 예이다. 무지의 오류란 단순히 명제가 증명되지 않았다는 것을 근거로 그 명제가 참이나 거짓이라고 주장하는 오류이다. ④ 분해의 오류에 해당하는 예이다. 분해의 오류란 전체가 어떤 성질을 가지고 있기 때문에 그 부분도 그와 같은 성질을 가지고 있다고 추론하는 오류이다. ⑤ 대중에 호소하는 오류에 해당하는 예이다. 대중에 호소하는 오류란 결론을 뒷받침할 전제와 근거를 대중을 끌어옴으로써 결론을 내리는 오류이다. 군중에 호소하는 오류, 다수결의 오류라고도 부른다.

## 003

다음 중 '선생님'과 같은 오류를 보이는 것으로 가장 적절한 것은?

> 선생님: 자네는 왜 보충 수업을 신청하지 않았는가?
> 학생: 저는 늦게까지 학교에서 통제 받으며 수업하는 것보다 자유롭게 제가 하고 싶은 공부를 하는 것이 낫다고 생각합니다.
> 선생님: 그럼, 자네는 대학 진학을 포기했다는 것인가?

① 담배를 피우면 폐암에 걸려 죽을 확률이 높아진다는 것도 모르니? 아니, 정말 그렇게도 죽고 싶어?
② 하나를 보면 열을 안다고, 너 지금 행동하는 걸 보니 형편없는 애구나.
③ 이 소설책이 가장 좋은 책입니다. 올 상반기 동안에 가장 많이 팔린 책이거든요.
④ 아버지, 저는 과학자가 되기보다는 물리학자가 되겠습니다.

## 004

다음의 '정치가'가 범하고 있는 논리적 오류를 바르게 지적한 것은?

> 19세기에 영국의 한 정치가는 착실하고 부지런한 농부는 모두 적어도 한두 마리의 젖소를 소유하고 있다는 것을 알게 되었다. 대신 젖소를 못 가진 농부들은 게으르고 언제나 술에 취해 있는 게 보통이었다. 그래서 이 정치가는 게으른 농부들을 부지런하게 만들기 위해서 그들에게 젖소를 한 마리씩 주자고 제안하였다.

① 특수한 사례를 일반화하여 전체에 적용하고 있다.
② 원인이 되는 사실과 결과가 되는 사실을 혼동하고 있다.
③ 우선 적용할 원칙과 나중 적용할 원칙을 착각하고 있다.
④ 지엽적인 공통점을 바탕으로 두 대상을 유추하고 있다.

## 005

다음 중 <보기>에서 보이는 오류의 유형과 같은 오류가 있는 것은?

> 보기
> "그 놈은 나쁜 놈이니 사형을 당해야 해. 사형을 당하는 걸 보면 나쁜 놈이야."

① 분열은 화합으로 극복할 수 있다. 그러므로 우리는 분열을 치유하기 위해 모두가 하나되는 사회를 만들어야 한다.
② 국민의 67%가 사형 제도에 찬성했다. 그러므로 사형 제도는 정당하다.
③ 하나를 보면 열을 안다고, 국어 성적이 좋은 걸 보니 혜림이는 공부를 잘하는 학생이구나.
④ 이번 학생회장 선거에서 나를 뽑지 않은 것으로 보아 너는 나를 아주 싫어하는구나.

---

### 정답과 해설

**003** ① 제시된 선생님과 학생의 대화에는 '의도 확대의 오류'가 나타나 있다. 이는 의도하지 않은 결과에 대해 의도적인 것이라고 판단하는 오류를 뜻한다. 제시문은 보충 수업을 신청하지 않은 행동의 의도를 대학 진학을 포기한 것으로 잘못 해석했다. ①은 또한 담배를 피우는 행동의 의도를 죽고 싶어하는 것으로 잘못 해석했다.
**오답피하기** ② '성급한 일반화의 오류'를 범했다. 이는 일부의 불충분한 사례만으로 모든 경우에 대해 일반화하는 오류를 뜻한다. ③ '대중(군중)에 호소하는 오류'를 범했다. 많은 사람이 동의한다는 이유로 참을 주장하거나 군중의 감정을 자극해 동의를 이끌어 내는 오류를 뜻한다. ④ '범주의 오류'를 범했다. 이는 다른 범주에 속하는 말들을 같은 범주에 속하는 것으로 생각하고 사용한 경우에 발생한 오류를 뜻한다. 또한 반대로 같은 범주에 속하는 말들을 다른 범주에 속하는 것으로 생각하여 사용한 경우에 발생하는 오류도 이에 속한다.

**004** ② 제시문의 정치가가 범한 논리적 오류는 본말전도의 오류에 해당한다. 본말전도의 오류란 전제와 결과를 혼동하여 거꾸로 놓는 오류를 의미한다. 농부들의 부지런한 태도로 인해 그들이 한두 마리의 젖소를 소유하게 된 것인데, 정치가는 젖소 때문에 그들이 부지런한 태도를 갖게 되었다고 잘못 판단한 것이다.
**오답피하기** ① 성급한 일반화의 오류에 대한 설명이다. ③ 원칙 혼동의 오류와 유사한 오류이다. 다만 원칙 혼동의 오류는 일반적인 법칙을 적용할 수 없는 특수한 경우에 일반 법칙을 적용하는 오류를 의미한다. 따라서 원칙 혼동의 오류와 우선 적용할 원칙과 나중 적용할 원칙을 착각한 오류는 유사하지만 구별된다. ④ 잘못된 유추의 오류에 대한 설명이다.

**005** ① <보기>는 순환 논증의 오류를 범하고 있다. 순환 논증의 오류란 증명하고자 하는 내용이 증명의 근거가 되는 오류이다. 이와 유사한 오류가 나타난 것은 역시 증명하고자 하는 내용과 근거가 동일한 ①이다. ①에서는 분열을 치유하기 위해 하나되는 사회를 만들어야 한다는 주장을 하고 있는데, 이의 근거로 분열을 화합으로 극복할 수 있다는 주장과 같은 내용을 내세우고 있다.
**오답피하기** ② 대중에 호소하는 오류 또는 다수결의 오류에 해당하는 예이다. ③ 성급한 일반화의 오류에 해당하는 예이다. ④ 흑백 논리의 오류에 해당하는 예이다.

## 006

2016 지방직 7급

**다음 글의 논리적 오류와 같은 종류의 오류가 있는 것은?**

> 규칙적인 생활을 하고 운동을 열심히 하는 사람은 건강합니다. 왜냐하면, 건강한 사람은 규칙적인 생활을 하고 운동을 열심히 하기 때문입니다.

① 분열은 화합으로 극복할 수 있다. 화합한 사회에서는 분열이 일어나지 않는다.
② 미확인 비행 물체(UFO)가 없다는 주장이 입증되지 않았으므로 미확인 비행 물체는 존재한다.
③ 지금 서른 분 가운데 열 분이 손을 들어 반대하셨습니다. 손을 안 드신 분은 모두 제 의견에 찬성하는 것으로 알겠습니다.
④ A 지역에서 생산한 사과도 맛이 없고, B 지역에서 생산한 사과도 맛이 없습니다. 따라서 올해는 맛있는 사과를 맛볼 수 없을 것입니다.

## 007

2017 서울시 9급

**다음 예문과 같은 유형의 논리적 오류가 나타난 것은?**

> 이 식당은 요즘 SNS에서 굉장히 뜨고 있어. 그러니까 엄청 맛있을 거야.

① 이 식당 음식을 꼭 먹어보도록 해. 만나는 사람들마다 이 집 이야기를 하는 걸 보니 맛이 괜찮은가 봐.
② 누구도 이 식당이 맛없다고 말한 사람은 없어. 그러니까 엄청 맛있는 집이란 소리지.
③ 여기는 유명한 개그맨이 맛있다고 한 식당이니까 당연히 맛있겠지. 그러니까 꼭 여기서 먹어야 해.
④ 이번에는 이 식당에서 밥을 먹자. 내가 얼마나 여기서 먹어 보고 싶었는지 몰라. 꼭 한번 오게 되기를 간절하게 바랐어.

## 008

2017 기상직 9급

**논증의 과정에서 범할 수 있는 오류와 그 예를 연결한 것으로 적절하지 않은 것은?**

① 정선, 김홍도, 신윤복, 강희안, 장승업 등은 모두 탁월한 화가들이다. 그러므로 한민족은 세계에서 가장 뛰어난 미술적 재능을 지닌 민족이다.
→ 성급한 일반화의 오류
② 지난 학기에 학사 경고를 받은 학생은 모두 26명이다. 그중 남학생이 18명이고 여학생이 8명이다. 그러므로 남학생들이 여학생들보다 학업에 소홀했다.
→ 원천 봉쇄의 오류
③ 참된 능력은 언제나 드러나기 마련이다. 능력 있는 자는 자신이 내세우지 않아도 그 재능을 인정받는다. 그러므로 능력 있는 자는 자신의 재능을 알리려고 애쓸 필요가 없다.
→ 순환 논증의 오류
④ 우리 사회 특히 산업 현장에서는 대학이 유능한 전문 기능인을 길러 주기를 원한다. 다시 말해 전인 교육보다 기능 교육이 중시되기를 사회는 대학에게 요청하고 있다. 그러나 대학이 기능 교육만을 담당할 수는 없다. 대학은 학문을 하는 곳이며, 학문이란 진리를 탐구하는 일이다. 대학이 진리 탐구를 포기하고 권력의 시녀가 되었을 때 상아탑의 이념은 없어지고 만다.
→ 논점 일탈의 오류

---

### 정답과 해설

**006** ① 제시문은 순환 논증의 오류를 범하고 있다. 순환 논증의 오류란 증명하려는 명제의 근거가 증명하려는 내용을 포함하는 오류이다. 이와 같은 오류를 범하고 있는 것은 ①이다. ①은 분열은 화합으로 극복할 수 있다는 결론을 증명하기 위해 화합한 사회는 분열이 일어나지 않는다는 결론과 같은 전제를 이용하고 있다.
**오답피하기** ② 무지의 오류의 예이다. ③ 흑백논리의 오류의 예이다. ④ 성급한 일반화의 오류의 예이다.

**007** ① 제시문은 대중에 호소하는 오류를 범하고 있다. 이와 같은 오류가 나타난 것은 많은 사람들이 해당 의견에 동의한다고 해서 해당 의견이 참인 것을 주장하는 ①이다.
**오답피하기** ② 무지의 오류이다. ③ 부적합한 권위의 오류이다. ④ 연민에 호소하는 오류이다.

**008** ② 원천 봉쇄의 오류는 특정 주장에 대한 반론이 일어날 수 있는 유일한 원천을 비판하여 반박 자체를 불가능하게 만들어 자신의 주장을 옹호하는 것을 뜻한다. 하지만 일부 남학생과 여학생의 사례를 가지고 모든 남학생과 여학생을 일반화한 ②는 성급한 일반화의 오류에 해당한다. 성급한 일반화의 오류는 일부의 불충분한 사례만으로 모든 경우에 대해 일반화하는 것을 뜻한다.
**오답피하기** ① 일부 한국 화가의 사례를 가지고 전체 한민족을 일반화하고 있으므로 성급한 일반화의 오류에 해당한다. 성급한 일반화의 오류는 일부의 불충분한 사례만으로 모든 경우에 대해 일반화하는 것을 뜻한다. ③ '참된 능력은 언제나 드러나기 마련이다.'라는 명제의 근거인 '능력 있는 자는 자신이 내세우지 않아도 그 재능을 인정받는다.'는 그 자체가 명제를 포함하고 있다. 따라서 증명하려는 명제의 근거가 증명하려는 내용을 포함하는 것을 뜻하는 순환 논증의 오류가 나타난 사례이다. ④ 대학에게 기능 교육을 요구하는 상황을 다루다가 갑자기 대학이 지닌 진리 탐구 역할의 중요성에 대해 주장하고 있다. 이는 어떤 결론을 뒷받침하는 내용이 결론과 연관성이 약한 것을 뜻하는 논점 일탈의 오류가 나타난 사례이다.

## 009

2018 국가직 9급

**㉠~㉣의 예를 추가할 때 가장 적절한 것은?**

논리학에서 비형식적 오류 유형에는 우연의 오류, 애매어의 오류, 결합의 오류, 분해의 오류 등이 있다. 우선 ㉠우연의 오류란 거의 대부분의 경우에 적용되는 일반적인 원리나 규칙을 우연적인 상황으로 인해 생긴 예외적인 특수한 경우에까지도 무차별적으로 적용할 때 생기는 오류이다. 그 예로 "인간은 이성적인 동물이다. 중증 정신 질환자는 인간이다. 그러므로 중증 정신 질환자는 이성적인 동물이다."를 들 수 있다. ㉡애매어의 오류는 동일한 한 단어가 한 논증에서 맥락마다 서로 다른 의미를 지니는 것으로 사용될 때 생기는 오류를 말한다. "김 씨는 성격이 직선적이다. 직선적인 모든 것들은 길이를 지닌다. 고로 김 씨의 성격은 길이를 지닌다."가 그 예이다. 한편 각각의 원소들이 개별적으로 어떤 성질을 지니고 있다는 내용의 전제로부터 그 원소들을 결합한 집합 전체도 역시 그 성질을 지니고 있다는 결론을 도출하는 경우가 ㉢결합의 오류이고, 반대로 집합이 어떤 성질을 지니고 있다는 내용의 전제로부터 그 집합의 각각의 원소들 역시 개별적으로 그 성질을 지니고 있다는 결론을 도출하는 경우가 ㉣분해의 오류이다. 전자의 예로는 "그 연극단 단원들 하나하나가 다 훌륭하다. 고로 그 연극단은 훌륭하다."를, 후자의 예로는 "그 연극단은 일류급이다. 박 씨는 그 연극단 일원이다. 그러므로 박 씨는 일류급이다."를 들 수 있다.

① ㉠ - 모든 사람은 죽는다. 소크라테스는 사람이다. 그러므로 소크라테스는 죽는다.
② ㉡ - 부패하기 쉬운 것들은 냉동 보관해야 한다. 세상은 부패하기 쉽다. 고로 세상은 냉동 보관해야 한다.
③ ㉢ - 미국 아이스하키 선수단이 이번 올림픽에서 금메달을 차지했다. 그러므로 미국 선수 각자는 세계 최고 기량을 갖고 있다.
④ ㉣ - 그 학생의 논술 시험 답안은 탁월하다. 그의 답안에 있는 문장 하나하나가 탁월하기 때문이다.

## 010

2018 서울시 9급

**<보기>와 같은 유형의 논리적 오류에 해당하는 것은?**

> 보기
>
> 네가 내게 한 약속을 지키지 않은 것은 곧 나를 사랑하지 않는다는 증거야.

① 항상 보면 이등병들이 말썽이더라.
② 내 부탁을 거절하다니, 넌 나를 싫어하는구나.
③ 김씨는 참말만 하는 사람이다. 왜냐하면 그는 거짓말을 하지 않는 사람이기 때문이다.
④ 거짓말을 하는 것은 죄악이다. 그러므로 의사가 환자에게 거짓말을 하는 것은 당연히 죄악이다.

### 정답과 해설

**009** ② ②의 첫 문장에 나온 '부패'의 의미와 두 번째 문장에 나온 '부패'의 의미가 서로 다르다. 따라서 ㉡ 애매어의 오류의 예로 볼 수 있다. 애매어의 오류란 동일한 한 단어가 맥락에 따른 서로 다른 의미를 지니지만 이를 구분하지 않음으로써 생기는 오류이다.
**오답피하기** ① 삼단 논법이 활용되었으며 논리적 오류는 찾아볼 수 없다. ③ 분해의 오류의 예이다. ④ 결합의 오류의 예이다.

**010** ② <보기>는 흑백 논리의 오류를 범하고 있다. 이때 ②에서 부탁을 거절하는 것은 나를 싫어하는 것이라며 문제를 양극의 두 가지로만 구분하였으므로, <보기>와 같은 흑백 논리의 오류가 사용되었다. (의도 확대의 오류로 볼 수도 있다.)
**오답피하기** ① 성급한 일반화의 오류이다. ③ 순환 논증의 오류이다. ④ 원칙 혼동의 오류 또는 우연의 오류이다.

# 제8장 • 설명 방식

## 1 설명 방식

**(1) 정의**: 대상의 뜻을 명백히 밝혀 규정하는 것이다.
  - 예) 항공기는 사람이나 물건을 싣고 공중을 비행할 수 있는 탈것을 말한다.

**(2) 비교·대조**: 두 대상의 공통점이나 차이점을 밝히는 것이다.
  - 비교: 대상의 공통점을 밝히는 것
    - 예) 호랑이와 사자는 모두 육식 동물이다.
  - 대조: 대상의 서로 다른 속성을 밝히는 것
    - 예) 호랑이는 숲에서 살지만 사자는 초원에서 산다.

**(3) 예시**: 구체적인 예를 들어 필자의 주장이나 설명을 쉽게 전달하는 것이다.
  - 예) 명예훼손죄는 사실 또는 허위를 적시하여 타인의 명예를 훼손할 때 성립한다. 예를 들어, SNS에 타인에 대한 거짓말을 유포해 타인의 명예가 훼손되었다면 명예훼손죄가 성립한다.

**(4) 분류/구분**: 대상들을 공통적인 특성을 기준으로 나누는 것이다.
  - 구분: 상위 항목에서 하위 항목으로 나누어 가는 것
    - 예) 동물은 포유류, 파충류, 조류 등으로 나눌 수 있다.
  - 분류: 하위 항목에서 상위 항목으로 묶어 가는 것
    - 예) 배, 사과, 수박 등은 모두 과일에 해당한다.

**(5) 분석**: 대상을 이루고 있는 구성 요소 또는 부분으로 나누어 각각을 설명하는 것이다.
  - 예) 시계는 시침, 분침, 초침으로 이루어져 있다.

**(6) 인과**: 어떤 원인에 의해 초래된 결과나 어떤 결과를 가져오게 한 원인을 분석함으로써 내용을 전개하는 것이다.
  - 예) 공급이 증가해서 가격이 낮아졌다.

**(7) 부연**: 이해하기 쉽도록 덧붙여 자세히 설명하는 것이다.
  - 예) 25번지로 오시면 됩니다. 편의점이 있는 건물입니다.

**(8) 유추**: 서로 다른 범주에 속하는 대상 간의 유사성을 근거로 대상의 원리나 개념 등에 대해 보다 쉽게 접근하는 것이다.
  - 예) 지구에는 생물이 있다. 화성은 지구와 비슷하니 화성에도 생물이 있을 것이다.
    컴퓨터의 CPU는 인간의 두뇌와 비슷하다.

**(9) 연역**: 일반적인 사실이나 주장에서 특수한 개별 사례들을 이끌어 내는 전개 방식으로 전제가 참일 경우 결론이 필연적으로 참이다.
  - 예) 소크라테스는 인간이다.
    모든 인간은 죽는다.
    → 소크라테스는 죽는다.

**(10) 귀납**: 개별 사례들의 공통점에서 일반적인 사실, 주장을 이끌어 내는 전개 방식으로 전제가 참일 때 결론이 개연적으로 참이다.
  - 예) 이순신은 죽었다.
    세종대왕은 죽었다.
    → 그러므로 모든 사람은 죽는다.

**001**

2017 국가직 7급 2차

다음 글과 논증 방식이 가장 가까운 것은?

> 기존의 틀을 벗어나려면 새로운 가치가 필요하다. 운동선수가 뜀틀을 넘으려면 도약대가 있어야 하듯, 낡은 사고, 인습, 그리고 변화에 저항하는 틀을 뛰어넘기 위해서는 믿고 따를 분명한 디딤판이 필요하다. 또한, 기존의 틀을 벗어나려면 운동선수가 뜀틀을 향해 달려가는 것처럼 변화하고자 하는 의지도 필요하다. 도전하려는 의지가 수반될 때에 뜀틀 너머의 새로운 사회를 만날 수 있다.

① 미국 헌법은 미국 시민의 투표권을 보장한다. 미국 여성은 미국 시민이다. 그러므로 미국 헌법은 미국 여성의 투표권을 보장한다.
② 나는 유해한 모든 일을 피하려고 한다. 전자파가 유해하다는 것은 널리 알려진 사실이다. 전자레인지는 전자파를 방출하는 대표적인 기기이다. 따라서 나는 전자레인지 사용을 자제하려고 한다.
③ 전선을 통한 전기의 흐름은 도관을 통한 물의 흐름과 유사하다. 지름이 큰 도관은 지름이 작은 도관에 비해 많은 양의 물을 전달할 수 있다. 따라서 큰 지름의 전선은 작은 지름의 전선보다 많은 양의 전기를 전달할 수 있을 것이다.
④ 주말이면 동네에서 크고 작은 문화 행사를 한다. 박물관에는 다양한 문화재들이 항상 전시되어 있으며, 대학로의 소극장이나 예술의 전당 같은 문화 공간에서는 다양한 공연이 열리고 있다. 문화는 우리 생활 구석구석에 스며들어 있다.

**002**

2013 국가직 9급

다음 글의 논지 전개 방식으로 가장 적절한 것은?

> 언젠가부터 우리 바다 속에 해파리나 불가사리와 같이 특정한 종들만이 크게 번창하고 있다는 우려의 말이 들린다. 한마디로 다양성이 크게 줄었다는 이야기다. 척박한 환경에서는 몇몇 특별한 종들만이 득세한다는 점에서 자연 생태계와 우리 사회는 닮은 것 같다. 어떤 특정 집단이나 개인들에게 앞으로 어려워질 경제 상황은 새로운 기회가 될지도 모른다. 하지만 이는 사회 전체로 볼 때 그다지 바람직한 현상이 아니다. 왜냐하면 자원과 에너지 측면에서 보더라도 이들 몇몇 집단들만 존재하는 세계에서는 이들이 쓰다 남은 물자와 이용하지 못한 에너지는 고스란히 버려질 수밖에 없고 따라서 효율성이 극히 낮기 때문이다.
> 다양성 확보는 사회 집단의 생존과도 무관하지 않다. 조류 독감이 발생할 때마다 해당 양계장은 물론 그 주변 양계장의 닭까지 모조리 폐사시켜야 하는 참혹한 현실을 본다. 단 한 마리 닭이 걸려도 그렇게 많은 닭들을 죽여야 하는 이유는 인공적인 교배로 인해 이들 모두가 똑같은 유전자를 가졌기 때문이다. 따라서 다양한 유전 형질을 확보하는 길만이 재앙의 확산을 막고 피해를 줄이는 길이다.
> 이처럼 다양성의 확보는 자원의 효율적 사용과 사회 안정에 중요하지만 많은 비용이 들기도 한다. 예를 들어 출산 휴가를 주고, 노약자를 배려하고, 장애인에게 보조 공학 기기와 접근성을 제공하는 것을 비롯해 다문화 가정, 외국인 노동자를 위한 행정 제도 개선 등은 결코 공짜가 아니다. 그럼에도 불구하고 다양성 확보가 중요한 이유는 우리가 미처 깨닫고 있지 못하는 넓은 이해와 사랑에 대한 기회를 사회 구성원 모두에게 제공하기 때문이다.

① 다양성 확보의 중요성에 대해 관점이 다른 두 주장을 대비하고 있다.
② 다양성 확보의 중요성에 대해 유추를 통해 설명하고 있다.
③ 다양성이 사라진 사회를 여러 기준에 따라 분류하고 있다.
④ 다양성이 사라진 사회의 사례들을 나열하고 있다.

## 003
### 다음 글의 설명 방식과 가장 가까운 것은?

2014 국가직 9급

> 여름 방학을 맞이하는 학생들이 잊지 말아야 할 유의사항이 있다. 상한 음식이나 비위생적인 음식 먹지 않기, 물놀이를 할 때 먼저 준비 운동을 하고 깊은 곳에 들어가지 않기, 외출할 때에는 부모님께 행선지와 동행인 말씀드리기, 외출한 후에는 손발을 씻고 몸을 청결하게 하기 등이다.

① 이등변 삼각형이란 두 변의 길이가 같은 삼각형이다.
② 그 친구는 평소에는 순한 양인데 한번 고집을 피우면 황소 같아.
③ 나는 산·강·바다·호수·들판 등 우리 국토의 모든 것을 사랑한다.
④ 잣나무는 소나무처럼 상록수이며 추운 지방에서 자라는 침엽수이다.

## 004
### 다음 글과 같은 방식으로 논리를 전개한 것은?

2015 국가직 9급

> 진리가 사상의 체계에 있어 제일의 덕이듯이 정의는 사회적 제도에 있어 제일의 덕이다. 하나의 이론은 그것이 아무리 멋지고 간명한 것이라 하더라도 만약 참되지 않다면 거부되거나 수정되어야 한다. 이와 마찬가지로 법과 제도는 그것이 아무리 효율적으로 잘 정비되어 있다고 하더라도 만약 정의롭지 않다면 개혁되거나 폐기되어야 한다.

① 의지의 자유가 없는 사람에게는 책임을 물을 수 없다. 그런데 인간에게는 책임을 물을 수 있다. 그러므로 인간의 의지는 자유롭다고 보아야 한다.
② 여자는 생각하는 것이 남자와 다른 데가 있다. 남자는 미래를 생각하지만 여자는 현재의 상태를 더 소중하게 여긴다. 남자가 모험, 사업, 성 문제를 중심으로 생각한다면 여자는 가정, 사랑, 안정성에 비중을 두어 생각한다.
③ 우리 강아지는 배를 문질러 주면 등을 바닥에 대고 누워버려. 그리고 정말 기분 좋은 듯한 표정을 짓지. 그런데 내 친구 강아지도 그렇더라고. 아마 모든 강아지가 그런 속성을 가지고 있는 것 같아.
④ 인생은 여행과 같다. 간혹 험난한 길을 만나기도 하고, 예상치 않은 일을 당하기도 한다. 우연히 누군가를 만나고 그들과 관계를 맺기도 한다. 여행을 끝내고 집으로 돌아왔을 때 편안함을 느끼는 것처럼 생을 끝내고 죽음을 맞이할 때 우리는 더없이 편안해질 것이다.

## 005

**다음 글의 주된 설명 방식이 적용된 것으로 가장 적절한 것은?**

2018 국가직 9급

> 문학이 구축하는 세계는 실제 생활과 다르다. 즉 실제 생활은 허구의 세계를 구축하는 데 필요한 재료가 되지만 이 재료들이 일단 한 구조의 구성 분자가 되면 그 본래의 재료로서의 성질과 모습은 확연히 달라진다. 건축가가 집을 짓는 것을 떠올려 보자. 건축가는 어떤 완성된 구조를 생각하고 거기에 필요한 재료를 모아서 적절하게 집을 짓게 되는데, 이때 건물이라고 하는 하나의 구조를 완성하게 되면 이 완성된 구조의 구성 분자가 된 재료들은 본래의 재료와 전혀 다른 것이 된다.

① 르네상스 시대의 화가들은 원근법을 사용하여 세상을 향한 창과 같은 사실적인 그림을 그렸다. 현대 회화를 출발시켰다고 평가되는 인상주의자들이 의식적으로 추구한 것도 이러한 사실성이었다.

② 소설을 구성하는 요소는 물론 많지만 그중에서도 인물, 배경, 사건을 들 수 있다. 인물은 사건의 주체, 배경은 인물이 행동을 벌이는 시간과 공간, 분위기 등이고, 사건은 인물이 배경 속에서 벌이는 행동의 세계이다.

③ 목적을 지닌 인생은 의미 있다. 목적 없이 살아가는 사람은 험난한 인생의 노정을 완주하지 못한다. 목적을 갖고 뛰어야 마라톤에서 완주가 가능한 것처럼 우리의 인생에서도 목표를 가지고 꾸준히 노력하는 사람이 성공한다.

④ 신라의 육두품 출신 가운데 학문적으로 출중한 자들이 많았다. 가령, 강수, 설총, 녹진, 최치원 같은 사람들은 육두품 출신이었다. 이들은 신분적 한계 때문에 정계보다는 예술과 학문분야에 일찌감치 몰두하게 되었다.

## 006

**다음 글에서 보여 주는 설명 방식을 사용하고 있는 것은?**

2013 지방직 7급

> 지금 지구 상공에는 수많은 인공위성이 돌고 있다. 인공위성은 크게 군사용 위성과 평화용 위성으로 나뉜다. 첩보위성, 위성 파괴 위성 등은 전자에 속하고, 통신 위성, 기상 관측 위성, 지구 자원 탐사 위성 등은 후자에 속한다.

① 동사는 주어의 동작이나 작용을 나타내는 반면, 형용사는 주어의 성질이나 상태를 나타낸다.

② 표준 발음법은 총칙, 자음과 모음, 음의 길이, 받침의 발음, 음의 동화, 경음화, 음의 첨가 등으로 이루어져 있다.

③ 여닫다, 우짖다, 검푸르다, 검붉다, 뛰놀다, 설익다, 부슬비 등은 일반적인 우리말의 통사적 구성 방법과 어긋나게 형성된 낱말의 예라 할 수 있다.

④ 자음은 조음 위치 및 조음 방법에 따라 다시 나뉜다. 양순음, 치조음, 경구개음, 연구개음, 후음 등은 조음 위치에 따라 자음을 하위 갈래로 나눈 것이고, 파열음, 파찰음, 마찰음, 비음, 유음 등은 조음 방법에 따라 자음을 하위 갈래로 나눈 것이다.

### 정답과 해설

**005** ③ 제시문은 문학과 실제 생활을 대조하고 있다. 또는 문학의 세계를 건축물에 빗대어 설명하는 유추의 방식이 나타나 있다. 이와 유사하게 대조와 유추가 적용된 것은 '목적을 지닌 인생'과 '목적 없이 사는 인생'을 대조하였으며, 목표를 가지고 꾸준히 노력하는 삶의 중요성을 설명하기 위해 이를 마라톤을 완주하는 과정에 빗대어 유추한 ③이다.

**오답피하기** ① 둘 이상의 대상의 유사점을 바탕으로 설명하는 '비교'의 서술 방식이 나타나 있다. ② 대상을 이루고 있는 구성 요소 또는 부분으로 나누어 각각을 설명하는 '분석'의 서술 방식이 나타나 있다. ④ 구체적인 예를 들어 필자의 주장이나 설명을 쉽게 전달하는 방법인 '예시'의 서술 방식이 사용되었다.

**006** ④ 제시문은 인공위성의 종류를 구분, 분류하고 있다. 구분과 분류의 설명 방식이 나타난 것은 자음의 종류를 구분, 분류하는 ④이다.

**오답피하기** ① 둘 이상의 대상 사이의 차이점을 바탕으로 설명하는 방법인 대조의 서술 방식이 사용되었다. ② 전체 대상을 그 구성요소로 나누어 설명하는 분석의 서술 방식이 사용되었다. ③ 구체적인 예를 들어 필자의 주장이나 설명을 쉽게 전달하는 방법인 예시의 서술 방식이 사용되었다.

## 007

2017 지방직 7급

**다음 글의 진술 방식에 대한 설명으로 적절하지 않은 것은?**

> 언어도 인간처럼 생로병사의 과정을 겪는다. 언어가 새로 생겨나기도 하고 사멸 위기에 처하기도 하는 것이다. …(중략)… 하와이어도 사멸 위기를 겪었다. 하와이어의 포식 언어는 영어였다. 1778년 당시 80만 명에 달했던 하와이 원주민은 외부로부터 유입된 감기, 홍역 등의 질병과 정치 문화적 박해로 1900년에는 4만 명까지 감소했다. 당연히 하와이어 사용자도 급감했다. 1898년에 하와이가 미국에 합병되면서부터 인구가 증가하였으나, 하와이어의 위상은 영어 공용어 교육 정책 시행으로 인하여 크게 위축되었다. 1978년부터 몰입식 공교육을 통한 하와이어 복원이 시도되고 있으나, 하와이어 모국어를 구사할 수 있는 원주민 수는 현재 1,000명 정도에 불과하다. …(중략)…
> 언어의 사멸은 급속하게 진행된다. 어떤 조사에 따르면 평균 2주에 1개 정도의 언어가 사멸하고 있다. 우비크, 쿠페뇨, 맹크스, 쿤월, 음바바람, 메로에, 컴브리아어 등이 사라진 언어이다. 이러한 상태라면 금세기 말까지 지구에 존재하는 언어 가운데 90%가 사라지게 될 것이라는 추산도 가능하다.

① 통계 수치를 활용하여, 언어 사멸 현상을 설명하고 있다.
② 예상되는 반론을 제기하고, 언어가 사멸된다고 주장하였다.
③ 구체적인 예를 활용하여, 언어 사멸의 위기를 증명하였다.
④ 언어를 생명체에 비유하고, 수많은 언어가 사멸할 수 있다고 주장하였다.

## 008

2017 지방직 9급 1차

**다음 글의 논증 구조를 옳게 파악한 것은?**

> ㉠ 동물들의 행동을 잘 살펴보면 동물들도 우리가 사용하는 말 못지않은 의사소통 수단을 가지고 있는 듯이 보인다. ㉡ 즉, 동물들도 여러 가지 소리를 내거나 몸짓을 함으로써 자신들의 감정과 기분을 나타낼 뿐 아니라 경우에 따라서는 인간과 다를 바 없이 의사를 교환하고 있는 듯하다. ㉢ 그러나 그것은 단지 겉모습의 유사성에 지나지 않을 뿐이고 사람의 말과 동물의 소리에는 아주 근본적인 차이가 존재한다는 점을 잊어서는 안 된다. ㉣ 동물들이 사용하는 소리는 단지 배고픔이나 고통 같은 생물학적인 조건에 대한 반응이거나, 두려움이나 분노 같은 본능적인 감정들을 표현하기 위한 것에 지나지 않는다. ㉤ 따라서, 동물들이 내는 소리가 때때로 의사소통의 수단으로 이용된다고 해서 그것을 대화나 토론이나 회의와 같은 언어활동이라고 할 수는 없다.

① ㉠은 논증의 결론으로 주제문이다.
② ㉡은 ㉠의 논리적 결함을 지적한 것이다.
③ ㉢은 ㉠, ㉡을 부정하고 새로운 논점을 제시한 것이다.
④ ㉤은 ㉢, ㉣에 대한 근거이다.

---

**정답과 해설**

**007** ② '예상되는 반론'은 제시문에서 찾을 수 없다.
**오답피하기** ① 첫 문단의 마지막에 현재 하와이어 모국어를 구사할 수 있는 원주민의 수가 1000명에 불과하다는 통계 자료를 보여주고 있다. ③ 언어가 사멸 위기에 처하기도 한다는 예로 하와이어를 들고 있으므로 예시가 나타난다. ④ 언어를 인간에 빗대어 표현하고 있다.

**008** ③ ㉠과 ㉡은 '동물 역시 인간과 같은 의사소통 수단을 가지고 있다'는 내용을 갖는 데 반해, ㉢은 이를 부정하고 '사람의 언어와 동물의 소리는 근본적으로 차이가 있다'고 새로운 논점을 제시하고 있으므로, 논증 구조를 옳게 파악한 선택지는 ③이다.
**오답피하기** ① 논증의 결론이자 주제문은 ㉠이 아닌 ㉤이다. ② ㉡은 ㉠의 내용을 풀어서 좀 더 상세히 설명하고 있다. ④ ㉣은 근거로서 ㉢을 뒷받침하고 있으며, ㉢과 ㉣을 근거로 삼아 결론인 ㉤을 도출하고 있다.

## 009

2018 서울시 7급

**<보기>에 나타난 설명 방식으로 가장 옳지 않은 것은?**

> ─ 보기 ─
> 필로티(pilotis) 문제가 아니라 왜 필로티 건축인가를 물어야 한다. 이는 주차 문제와 관련이 있다. 소형 주택·상가에서 법정 주차대수를 맞추려면 대지 내에 빼곡히 주차면을 만들어야 한다. 반면에 상부 건물은 대지 경계선으로부터 띄워야 하므로 1층을 필로티로 하여 차가 삐죽 나오도록 하는 것은 논리적 귀결이다. 세월호 평형수가 저렴하도록 반(半)강제된 여객 운임과 관련이 있듯이 필로티에 대한 선호 또한 저렴 주택, 나아가 저렴 도시와 관련이 깊다. 다세대·다가구주택은 단독 주택용 필지에 부피 늘림만 허용한 1970, 80년대 주택공급 정책의 결과다. 공공에서 책임져야 할 주차·도로·녹지를 모두 개별 대지 안에서 해결하려니 설계는 퍼즐 풀기가 되었고 이때 필로티는 모범답안이었다.

① 현상 이면의 구조적 문제를 파악하고 있다.
② 인과관계를 통해 사회 현상을 설명한다.
③ 반복되는 사회적 문제를 환기한다.
④ 유추를 통해 해결 방안을 제시한다.

## 010

2019 국가직 9급

**다음 글의 글쓰기 전략으로 볼 수 없는 것은?**

> 고전파 음악은 어떤 음악인가? 서양 음악의 뿌리는 종교 음악에서 비롯되었다. 바로크 시대까지는 음악이 종교에 예속되어 있었으며, 음악가들 또한 종교에 예속되어 있었다. 고전파는 이렇게 종교에 예속되었던 음악을, 음악을 위한 음악으로 정립하려는 예술 운동에서 출발하였다. 따라서 종래의 신을 위한 음악에서 탈피해 형식과 내용의 일체화를 꾀하고 균형 잡힌 절대 음악을 추구하였다. 즉 '신'보다는 '사람'을 위한 음악, '음악'을 위한 음악을 이루어 나가겠다는 굳은 결의를 보여 준 것이다.
>
> 또한 고전파 음악은 음악적 형식과 내용의 완숙을 이룬 음악이기도 하다. 이 시기에는 하이든, 모차르트, 베토벤 등 음악의 역사에서 가장 위대한 작곡가들이 배출되기도 하였다. 이때에는 성악이 아닌 기악만으로도 음악이 가능하게 되었으며, 교향곡의 기본을 이루는 소나타 형식이 완성되었다. 특히 옛 그리스나 로마 때처럼 보다 정돈된 형식을 가진 음악을 해 보자고 주장하였기에 '옛것에서 배우자는 의미의 고전'과 '청정하고 우아하며 흐림 없음, 최고의 예술적 경지에 다다름으로서의 고전'을 모두 지향하게 되었다.
>
> 이렇듯 역사적으로 고전파 음악은 종교의 영역에서 음악 자체의 영역을 확보하였으며 최고 수준의 음악적 내용과 형식을 수립하였다. 고전파 음악이 서양 전통 음악 전체를 대표하게 된 것은 고전파 음악이 이룩한 역사적인 성과에서 비롯된 것일지도 모른다. 따라서 고전 음악의 개념을 이해하기 위해서는 고전파 음악의 성격과 특질에 대한 이해가 선행되어야 할 것이다.

① 고전파 음악이 지닌 음악사적 의의를 밝힌다.
② 고전파 음악의 음악가를 예시하여 이해를 돕는다.
③ 고전파 음악의 특징이 형식과 내용의 분리에 있음을 강조한다.
④ 질문을 통해 화제를 제시함으로써 호기심을 유발한다.

# 제 9 장 • 화법·작문

## 1 화법·작문

### 1. 대화의 원리

**(1) 공손성의 원리**

공손성의 원리란 상대방에게 정중하지 않은 표현은 최소화하고 정중한 표현은 최대화하라는 것이다.

① **요령의 격률**: 상대의 부담을 최소화하고 이익을 최대화하라.
- 예 (문이 열려 추위를 느끼는 상황에서) 미안하지만 문 좀 닫아줄 수 있을까?
  - 문이 열려 추운 상황에서 상대에게 '문 닫아!'보다 '문을 닫아줄 수 있을까?'라고 표현하여 간접적으로 문을 닫아줄 것을 요청하고 있다. 따라서 요령의 격률에 해당한다. 요령의 격률은 '상대의 부담을 최소화'하는 것이다.

② **관용의 격률**: 자신의 이익을 최소화하고 부담을 최대화하라.
- 예 제가 잠시 다른 생각하느라 놓쳤습니다. 다시 말씀해 주시겠습니까?
  - 상대의 이야기를 못 들은 것을 자기가 다른 생각을 한 탓으로 여기고 있다. 즉, 책임 소재를 자신에게 돌리고 있다. 어떤 일에 대한 책임을 자신에게 돌리는 것은 자신의 이익을 최소화하고 부담을 최대화한 것이다. 따라서 관용의 격률에 해당한다.

③ **찬동의 격률**: 상대에 대한 비방은 최소화하고 칭찬은 최대화하라.
- 예 성현이는 농구를 정말 잘하는구나.
  - 상대가 농구를 잘한다며 칭찬을 하고 있다. 이렇듯 상대에 대해 비방하지 않고 칭찬을 하는 것이 찬동의 격률이다.

④ **겸양의 격률**: 자신에 대한 칭찬은 최소화하고 비방은 최대화하라.
- 예 (상대가 자신을 칭찬한 상황에서) 과찬이십니다. 아직 부족한 점이 많습니다.
  - 상대가 자신을 칭찬했을 때 '감사합니다.'라고 하기보다 '과찬이십니다.'라고 표현하고 있다. 이처럼 상대에게 칭찬을 들었을 때 '아직 부족합니다. 부끄럽습니다.'와 같이 스스로를 낮추어 겸손하게 표현을 하는 것이 겸양의 격률이다.

⑤ **동의의 격률**: 상대방과의 의견 차이를 최소화하고 일치를 최대화하라.
- 예 집들이 선물로 TV를 사자는 네 생각은 정말 좋아. 근데 가격이 비싸서 힘들 것 같아. 대신 토스트기는 어떨까?
  - 집들이 선물에 대한 의견 차이가 있을 때 먼저 상대의 말에 공감해 주고 이에 대한 자신의 생각을 이어서 말하고 있다. 이처럼 상대의 의견에 동의하는 부분은 공감을 한 후 이견이 있는 부분을 언급하는 것이 동의의 격률이다.

---

## 001
2017 교행직 9급

'손님'의 말에 나타난 공손성 원리로 가장 적절한 것은?

> **손님**: 바쁘실 텐데 초대해 주셔서 감사합니다. 음식이 참 맛있네요. 요리 솜씨가 이렇게 좋으시니 정말 부럽습니다.
> **주인**: 뭘요, 과찬이세요. 맛있게 드셨다니 감사합니다.

① 상대방에 대한 비난을 최소화하고 칭찬의 표현을 최대화한다.
② 상대방에 대한 부담은 최소화하고 혜택의 표현을 최대화한다.
③ 자신에 대한 혜택은 최소화하고 부담의 표현을 최대화한다.
④ 자신에 대한 칭찬은 최소화하고 비난의 표현을 최대화한다.

---

**정답과 해설**

**001** ① 손님은 주인의 음식 솜씨가 좋다면서 부럽다고 한다. 이는 상대방에 대한 칭찬을 최대화한 것이다.

### (2) 협력의 원리

① **양의 격률**: 필요한 만큼만 정보를 제공하고 필요 이상의 정보를 제공하지 말라.
- 예) 선민: 진원아, 너 뮤지컬 좋아하니?
  진원: 응, 좋아해. 특히 조승우가 나온 지킬 박사가 제일 좋아. 저번에 지킬 박사를 보러 갔는데……
  뮤지컬을 좋아하냐는 물음에 대해 자신이 지킬 박사를 보러 갔던 내용까지 부연하고 있다. 이는 청자의 물음에 대해 필요 이상의 정보를 제공한 것이다. 이처럼 필요 이상의 정보를 제공하지 말라는 것이 양의 격률이다. 이때 필요 이상의 정보를 제공해서도 안 되지만 필요 이하, 즉 필요한 양보다 적게 제공해도 양의 격률을 어긴 것이다.

② **질의 격률**: 진실한 정보만을 제공하도록 노력하고 증거가 불충분한 것은 말하지 말라.
- 예) 수정: 동구야, 시험 범위 알려 줄 수 있어?
  동구: (알고 있으면서) 나도 잘 몰라.
  동구는 시험 범위를 알고 있음에도 불구하고 모른다고 말한다. 이는 거짓말을 한 것이므로 진실한 정보만을 제공하라는 질의 격률을 위반한 사례이다. 이렇듯 질의 격률은 진실성과 관련된다. 즉, 진실하지 않으면 질의 격률을 어긴 것이다. 가령, '지영이는 깃털보다 가볍다.'와 같은 표현도 진실성에 어긋나므로 질의 격률을 어긴 사례이다. 또한 주장을 뒷받침하는 근거가 불충분할 경우에도 질의 격률을 위반한 것이다.

③ **관련성의 격률**: 해당 대화의 화제와 관련되는 말을 하라.
- 예) 하영: 오늘 곱창 먹으러 갈래?
  주희: 저 가방 예쁘지 않아?
  주희는 곱창을 먹으러 가자고 제안하는 하영이에게 가방이 예쁘다고 말하고 있다. 이처럼 대화의 맥락과 다른 화제를 꺼내면서 엉뚱한 말을 하는 경우 관련성의 격률을 어긴 것이다.

④ **태도의 격률**: 모호하거나 중의적인 표현을 피하고 간결하고 조리 있게 말하라.
- 예) 하은: 넌 어떤 음식을 좋아해?
  석진: 뭐 아무거나 다 좋아해.
  어떤 음식을 좋아하냐는 질문에 '아무거나'라고 애매모호한 표현을 사용하고 있다. 이처럼 애매한 표현을 사용한 경우 태도의 격률을 어긴 것이다. 또한 '아빠는 나보다 사과를 좋아한다.'와 같이 중의적인 표현을 사용하는 것도 태도의 격률을 위반하는 사례에 해당한다.

---

## 002  2016 국가직 9급

**다음 글을 근거로 할 때, <보기>의 대화에서 ⓒ의 대답이 갖는 특징으로 적절하지 않은 것은?**

> 그라이스(Grice)는 원활한 대화 진행을 위한 요건으로 네 가지의 '협력의 원리'를 제시한 바 있다. 첫째, 주고받는 대화의 목적에 필요한 만큼만 정보를 제공하고 필요 이상의 정보를 제공하지 말라는 양의 격률이다. 둘째, 진실한 정보만을 제공하도록 노력하고 증거가 불충분한 것은 말하지 말라는 질의 격률이다. 셋째, 해당 대화 맥락과 관련되는 말을 하라는 관련성의 격률이다. 넷째, 모호하거나 중의적인 표현을 피하고 간결하고 조리 있게 말하라는 태도의 격률이다. 그러나 모종의 효과를 위해 이 네 가지의 격률을 위배하는 일은 일상 대화에서 빈번하게 이루어지는데, 일반적으로 언중들은 그것을 자연스럽게 받아들일 뿐 아니라 때에 따라서는 협력의 원리를 지키는 것이 예의에 어긋난 경우도 많다.

┌ 보기 ┐
대화(1) ㉠: 체중이 얼마나 되니?
　　　　 ㉡: <u>55kg인데 키에 비해 가벼운 편입니다.</u>
대화(2) ㉠: 얼마 전 시민 운동회가 있었다며?
　　　　 ㉡: <u>응. 백 미터 달리기에서 비행기보다 빠른 사람을 봤어.</u>
대화(3) ㉠: 너 몇 살이니?
　　　　 ㉡: <u>형이 열일곱 살이고, 저는 열다섯 살이지요.</u>
대화(4) ㉠: 점심은 뭐 먹을래?
　　　　 ㉡: <u>생각해 보고 마음 내키는 대로요.</u>

① 대화(1): 관련성의 격률을 위배하였다.
② 대화(2): 질의 격률을 위배하였다.
③ 대화(3): 양의 격률을 위배하였다.
④ 대화(4): 태도의 격률을 위배하였다.

---

**정답과 해설**

**002** ① 체중이 얼마나 되냐는 질문에 자신의 체중을 말하고 있으므로 관련성의 격률을 위배하지 않았다. '키에 비해 가벼운 편'이라는 점도 체중이 얼마나 되냐는 질문과 관련된 것이므로 관련성의 격률을 위배하지 않았다.

## 2. 토의

① 개념: 여러 사람 사이에서 갈등이 발생했을 때 다양한 의견을 자유롭게 나누며 갈등을 해결하는 공동의 문제 해결 과정이다.

② 특징: 논의를 통해 문제 해결을 모색하는 화법 형태이므로 토론과 달리 찬반으로 나뉘지 않는다.

③ 대표적인 유형: 패널 토의, 심포지엄, 포럼, 회의, 원탁 토의

### (1) 패널 토의(배심 토의)

① 과정: 4~6명으로 구성된 패널(배심원)들이 청중 앞에서 각각의 문제 해결 방안을 발표하고 이견을 조정하여 해결책을 찾는 토의 형태

② 특징: 토의 참여자는 대표성을 띤 전문가들로 구성

③ 목적: 이견을 조정하여 문제를 해결

④ 주제: 다양한 결론이 나올 수 있는 시사 문제
　예) 100년의 역사를 되돌아보면서 새로운 100년을 준비하는 교훈

### (2) 심포지엄

① 과정: 사전에 토의 주제를 배당받은 발표자가 여러 각도에서 학술적인 주제에 대해 청중 앞에서 발표한 후 청중과 질의응답을 하는 토의 형태

② 특징: 발표자 간 의견 교환 ×

③ 목적: 문제에 대한 이해(특별한 결론을 도출 ×)

④ 주제: 주로 학술적인 주제
　예) 에이즈로 인한 경제 사회적 영향

### (3) 포럼

① 과정: 공공의 장소에서 문제에 대해 청중과 담당자 간 직접 토의하는 형태

② 특징: 청중들이 문제에 관해 직접적인 이해관계에 있음.

③ 목적: 공동의 이익과 복지에 도달

④ 주제: 정책안이나 개발안
　예) 도시개발 계획

### (4) 회의

① 과정: 회의 규칙에 따른 회의 진행

② 특징: 회원 상호 간 직접 토의

③ 목적: 의사 결정

④ 주제: 회원의 복지, 규칙 등과 관련된 주제
　예) 학급 티셔츠 모양을 어떻게 할 것인가?

### (5) 원탁 토의

① 과정: 10명 내외의 사람들이 동등한 입장에서 의견을 자유롭게 나누는 토의 형태

② 특징: 모든 참여자들이 동등한 자격으로 토의에 참여, 특별한 규칙이 없음.

③ 목적: 의사 결정

④ 주제: 일상에서부터 사회, 경제까지 범위가 다양
　예) 학교 교육에 대한 신뢰도 제고

## 003

2018 교행직 9급

다음 토의의 '평가 의견'에서 고려하지 않은 사항은?

| 토의 주제 | 관내 도서관 이용 활성화를 위한 시설 개선 |
|---|---|
| 개선안 | 일반 열람실의 확대와 세미나실 설치 |
| 평가 의견 | • 현재 과밀 상태인 일반 열람실을 확대하면 이용자의 편의가 증진되고 이용자 수도 더욱 증가할 것으로 예상됨. 그러나 이를 위해서는 건물 개조까지 필요한데 관련 예산이 부족함.<br>• 세미나실은 서고의 유휴 공간에 적은 비용으로 설치할 수 있으므로 회의 공간 부족에 따른 불편을 해결할 수 있음. 또한 다양한 연령층을 대상으로 한 독서 프로그램을 추가할 수도 있어 이용자가 늘어날 것으로 기대됨. |

① 시설 개선에 필요한 경비
② 시설 개선에 관한 외부 사례
③ 시설 개선에 따른 편의 증진
④ 시설 개선에 따른 이용자 증가

## 004

2018 지방직 7급

다음 글에서 토의 참여자의 말하기 방식에 대한 이해로 가장 적절한 것은?

사회자: 우리나라의 교통 체증 문제는 매우 심각합니다. 이에 대한 해결방안을 마련하고자 여러 분야의 권위자를 모셨습니다. 각자의 의견을 말씀해 주시겠습니까?
김 국장: 교통 체증 문제는 승용차 10부제 실시로 해결할 수 있지 않을까요?
윤 사장: 그것은 사업자 입장에서 아주 불만스러운 제도입니다. 재정이 좋은 사업자는 번호판이 다른 차를 하나 더 구입하면 되겠지만, 영세한 사업자들은 그렇게 하기 힘듭니다.
박 위원: 버스 전용 차로제가 어떨까요? 이 제도가 잘 활용되면 승용차 이용자도 출퇴근 시간에 대중교통 수단을 이용할 것입니다.
김 국장: 승용차 10부제가 실시되면 대중교통을 이용하는 사람이 늘 것으로 기대됩니다. 승용차 이용을 제한하지 않고서는 교통 체증 문제를 해결하기 어렵습니다.
윤 사장: 자본주의 국가에서 재산권의 침해가 과연 옳은지 생각해 봐야 합니다.
사회자: 서로 주장을 조금씩 양보하면 어떨까요? 예를 들어, 승용차 10부제에서 상업용은 제외하는 방안이 그것입니다.
윤 사장: 상업용 승용차가 따로 있는 것은 아니지요. 사업하는 사람이 타고 다니는 승용차는 어떤 의미에서 다 상업용이지요.
김 국장: 어려움을 같이 감수해야 합니다. 모두 손해를 보지 않겠다고 한다면 어떤 해결방안도 찾기 어렵습니다.
박 위원: 두 분 말씀 모두 일리가 있다고 생각합니다. 대중교통 이용이 승용차 이용보다 훨씬 편리하다고 생각하면 굳이 승용차를 이용하지 않을 것입니다. 명절 귀성길에 시행했던 고속버스 전용 차로제의 효과가 그것을 증명합니다.
사회자: 버스 전용 차로제에 대해서는 이의가 없군요. 이번 토의는 좋은 방안을 생각해 보자는 데 그 의의를 두었습니다. 승용차 10부제와 같이 미진한 안건에 대해서는 다음 번에 논의하도록 하겠습니다. 감사합니다.

① 사회자: 참여자의 의견을 수용하여 주제를 전환하고 있다.
② 김 국장: 상대방의 주장을 수긍하면서도 자신의 생각을 적극적으로 관철하고자 한다.
③ 윤 사장: 당면한 문제점을 부각하면서 타협의 가능성을 열어 놓고 있다.
④ 박 위원: 참여자의 의견을 경청하며 구체적인 대안을 제시하고 있다.

### 정답과 해설

**003** ② 시설 개선에 관한 외부 사례는 평가 의견에 드러나지 않는다.

**004** ④ '두 분 말씀 모두 일리가 있다고 생각합니다. 대중교통 이용이 승용차 이용보다 훨씬 편리하다고 생각하면 굳이 승용차를 이용하지 않을 것입니다. 명절 귀성길에 시행했던 고속버스 전용 차로제의 효과가 그것을 증명합니다.'에서 파악할 수 있다.

### 3. 토론

① 개념: 논제에 대해 찬반으로 나뉘어 자신의 주장의 합리성과 정당함을 내세우고, 상대의 주장의 부당함을 밝히는 화법의 한 형태
② 특징: 결론을 도출하기 위해 진행되는 토의와 달리 결론을 이미 도출하여 자신의 주장이 옳음을 주장. 양측 중 어느 쪽이 더 옳은지 제3자의 판정이 존재
③ 대표적인 유형: 반대 신문식 토론(CEDA 토론)

**(1) 참여자 입장**
① 찬성: 현재에 대한 변화를 주장
  예 현행 사형제도 - '폐지' 주장
② 반대: 현재를 유지할 것을 주장
  예 현행 사형제도 - '유지' 주장

**(2) 토론의 형식**
① 입론: 논제에 대한 찬성 측 또는 반대 측의 주장과 논거
② 교차 조사(반대 신문): 단순히 상대의 입론에 대해 궁금한 점을 질문하는 것이 아니라 상대측 입론의 모순점, 문제점을 드러내는 것
③ 최종 변론: 입론과 반대 신문이 끝난 뒤 자기 측 입장의 합리성과 정당성을 총괄하여 정리하는 것

**(3) 토론 논제**
① 개념: 문제 해결에 관한 제안이나 주장
② 특징
  - 찬성 측과 반대 측 입장 명확히 구분
  - 찬성 측 입장을 담은 긍정형 평서문으로 서술
  - 단 하나의 쟁점만 포함
  - 가치 판단을 담은 표현 ×

---

### 005
2018 해경직 2차

'위험에 처한 다른 사람을 구조할 수 있음에도 고의로 구조하지 않은 행동을 한 사람은 법적인 책임을 져야 한다.'라는 논제에 대하여 찬성 측 의견의 근거로 삼을 수 있는 것을 모두 고른 것은?

> ㉠ 개인의 자유를 쉽게 침해당할 우려가 높다.
> ㉡ 방관자가 많아지면 사회가 점차 냉혹하고 흉악해질 것이다.
> ㉢ 위험 상황에 대한 판단 기준이 애매하여 법적 조치를 취하기 어렵다.
> ㉣ 최소한의 도덕이라는 법의 정신에도 위배되는 과도한 법의 적용이다.
> ㉤ 사회 공동체를 유지하기 위한 최소한의 윤리로서의 법 제정이 필요하다.
> ㉥ 위급한 상황에 처한 이를 외면하는 것은 인간의 본분을 저버린 행위이다.

① ㉠, ㉢, ㉣
② ㉡, ㉢, ㉤
③ ㉡, ㉣, ㉤
④ ㉡, ㉤, ㉥

---

**정답과 해설**

**005** ④ 찬성 측은 현재에 대한 변화를 주장하는 입장이다. 따라서 고의로 위험에 처한 사람을 구조하지 않은 사람은 법적인 책임을 져야 한다는 것을 주장해야 한다. ㉡, ㉤, ㉥은 법적인 책임을 져야 한다는 주장에 부합하는 근거로 적절하다.

## 006

**토론자들의 말하기 방식에 대한 설명으로 적절한 것은?**

2019 국가직 9급

> **사회자:** 학교 폭력 문제가 나날이 심각해지고 있습니다. 이와 관련해 오늘은 '학교 폭력을 방관한 학생에게도 책임을 물어야 한다'를 주제로 토론을 해 보도록 하겠습니다. 먼저 찬성 측 말씀해 주시죠.
> 
> **찬성 측:** 친구가 학교 폭력에 의해 희생되고 있는데도 자신에게 피해가 올까 두려워 아무런 조치를 취하지 않은 학생들이 많다고 합니다. 이러한 행동으로 인해 학교 폭력은 점점 확산되고 있습니다. 학교 폭력을 행하는 것을 목격했음에도 어떤 조치도 취하지 않은 것은 폭력에 대해 묵시적으로 동의한 것과 같습니다. 폭력을 직접 행사하는 행위뿐 아니라, 불의에 저항하지 않는 정의롭지 못한 행위에 대해서도 합당한 책임을 물어야 할 것입니다.
> 
> **사회자:** 다음으로 반대 측 의견 말씀해 주시죠.
> 
> **반대 측:** 특정 학생에게 폭력을 직접 행사해서 피해를 준 사실이 명백할 때에만 책임을 물을 수 있을 것입니다. 또한 사건에 대한 개입과 방관은 개인의 자율적 의지에 달린 문제이므로 외부에서 규제할 성질의 문제가 아닙니다.
> 
> **사회자:** 그럼 이번에는 반대 측부터 찬성 측에 대해 반론해 주시지요.
> 
> **반대 측:** 과연 누구까지를 학교 폭력의 방관자라고 규정지을 수 있을까요? 집에 가는 길에 우연히 폭력을 목격했을 경우, 자신의 친구로부터 폭력에 관련된 소문을 접했을 경우 등 방관자라고 규정하기에는 애매한 경우가 많습니다. 어떠한 행위를 처벌하려면 확고한 기준이 필요한데, 방관자의 범위부터 규정하기가 불명확하다고 볼 수 있습니다.
> 
> **찬성 측:** 불의를 방관한 행위에 대해 사회가 책임을 묻지 않는다면 이후로도 사람들은 아무런 죄책감 없이 불의를 모른 체하고 방관할 것입니다. 결국 이는 사회 전체의 건전성과 도덕성을 떨어뜨릴 것이고, 정의에 근거한 시민의 고발정신까지 약화시킬 것입니다.

① 찬성 측은 친숙한 상황에 빗대어 자신의 견해를 펼치고 있다.
② 찬성 측은 자신의 경험을 제시하여 논지를 보충하고 있다.
③ 반대 측은 윤리적 방법으로 해결책을 제시하고 있다.
④ 반대 측은 논제에 의문을 제기하여 주장을 강화하고 있다.

---

**정답과 해설**

**006** ④ '과연 누구까지를 학교 폭력의 방관자라고 규정지을 수 있을까요? 집에 가는 길에 우연히 폭력을 목격했을 경우, 자신의 친구로부터 폭력에 관련된 소문을 접했을 경우 등 방관자라고 규정하기에는 애매한 경우가 많습니다.'에서 파악할 수 있다.

## 4. 글쓰기 계획 및 개요

### 007
2018 해경직 2차

'직원들의 기부 참여도, 어떻게 높일 것인가'라는 제목으로 글을 쓰기 위한 계획이다. ㉠에 들어갈 내용으로 가장 옳은 것은?

<글쓰기 계획>
**현상**: 우리 회사 직원들의 기부 참여도가 낮음.
**문제 의식**: 관심이 없어서일까? 방법을 몰라서일까?
**조사 내용**: 기부에 대한 직원들의 인식, 직원들의 기부 참여 유형
**조사 결과**: 기부 활동의 필요성과 당위성에 대한 직원들의 인식은 높으나 직원들이 참여하는 기부 유형은 두세 가지로 한정되어 있음.
**결과 분석**: 인식과 참여의 괴리는 기부 유형에 대한 직원들의 정보 부족임.
**서술 방향**: (　　　㉠　　　)

① 직원들의 실제 기부 참여도가 낮은 것을 지적하고, 그 이유로 특정 기부 유형에 대한 개인적 선호를 제시한다.
② 기부에 대한 직원들의 무관심을 지적하고, 기부가 개인과 사회에 미치는 긍정적 영향을 환기한다.
③ 직원들이 생각은 있지만 기부에 적극적으로 참여하지 않는 현실을 지적하고, 의식과 실천의 합일을 촉구한다.
④ 기부 참여도가 낮았던 이유는 직원들이 다양한 기부 유형을 알지 못했기 때문임을 밝히고, 구체적인 참여 프로그램을 소개한다.

### 008
2013 기상직 9급

다음 개요의 결론으로 가장 적절한 것은?

**제목**: 장애인 문제와 사회적 관심
**서론**: 장애인 문제에 대한 사회적 관심의 증대
**본론**
　가. 장애인을 위한 복지 실태
　　- 장애인을 배려한 시설의 부족
　　- 장애인에 대한 법적·제도적 장치 부족
　나. 장애인 문제 해결을 위한 대책
　　- 장애인을 배려한 시설 확충
　　- 장애인 복지법 정비 및 제도의 개선
**결론**: (　　　　　　)

① 장애인 복지 시설을 늘려야 한다.
② 장애인 중심으로 사회 구조를 바꾸어야 한다.
③ 장애인을 위한 사회적 배려와 실질적인 지원이 필요하다.
④ 장애인을 줄일 수 있는 대책을 마련해야 한다.

### 정답과 해설

**007** ④ 논설문의 서술 방향은 문제의 원인에 있다. 원인이 기부 유형에 대한 직원들의 정보 부족이므로 방향은 '기부 유형에 대해서 직원들에게 정보를 알려준다'이다.

**008** ③ 장애인 문제와 사회적 관심을 주제로 하고 있으므로 결론에는 ③이 적절하다.

**memo**

**memo**